障がいのある人のスポーツ指導教本

指導教本

（初級・中級）

2020年改訂カリキュラム対応

（公財）日本障がい者スポーツ協会 ［編］

ぎょうせい

発刊にあたって

　人々がスポーツをする目的は、「健康の維持・増進」「仲間との交流」「技術の向上や大会などで勝ちたい」など様々です。これは障がいのある人々にとっても同様です。加えて「障がいによる機能の維持・回復」という目的でスポーツに参加する方も多くおられます。

　ひとくちに「障がいがある」といってもその種類や程度は様々であり、さらに個々のスポーツ経験や運動能力などは十人十色です。そのため、「スポーツをしてみたいけれど経験がなく、けがや障がいの悪化が心配」「障がいがあるのでスポーツ用具を使ったり、ルールに従ってスポーツができないのでは」と心配な思いからスポーツを始める一歩が踏み出せない方もいることでしょう。このような際に身近な地域に自身の障がい特性を理解し、適切に指導をしてくれるスポーツ指導者がいれば安心して楽しくスポーツを始めることができます。

　障がい者スポーツ指導者（以下、「指導者」）の養成は1966（昭和41）年から始まり、2020（令和2）年1月末現在、全国に約2万8千人の指導者が登録されております（うち障がい者スポーツ指導員は約2万7千人）。近年では日本スポーツ協会のスポーツ指導者や理学療法士、スポーツ推進委員、学校教員など多様な人材が指導者として地域の活動に参画してきています。そのような中、全国各地域において指導者は、スポーツ指導はもとより、障がいのある人が身近な地域で安心・安全にスポーツができる環境づくり、障がいのある人とスポーツをする機会をつなぐ取り組み、障がい者スポーツの魅力の発信など、様々な役割を担い、活躍されています。

　2011（平成23）年のスポーツ基本法の制定を皮切りに、スポーツ基本計画の策定、東京2020オリンピック・パラリンピック競技大会の開催決定やスポーツ庁の設立など、わが国のスポーツを取り巻く環境は近年大きく変化してきました。一方、最近ではスポーツ指導者の暴力・ハラスメント、組織や団体のガバナンス・コンプライアンス違反など、様々な事案が社会問題となっています。これらは、今やスポーツ界全体における喫緊の課題であり、関係者はスポーツがもつ意義や価値、そして指導者の責務や影響力の大きさを改めて見つめ直すことが求められています。

　このような背景を踏まえ、当協会では指導者のあるべき姿について技術委員会を中心に検討を重ね、10年ぶりに障がい者スポーツ指導員の基準カリキュラムを改正いたしました。

　新しいカリキュラムのポイントは、①スポーツのインテグリティを重要視できる指導員の養成、②スポーツの楽しさ、大切さを伝え、自身で考え発信できる指導員の養成、③地域との連携を見据えた指導員の養成となっています。

　また、本書では、皆様が障がいのある人のスポーツや指導方法等を学習するうえでより活用しやすいように、各カリキュラム別に章立てし、構成いたしました。「障害」の表記は、本協会の名称に合わせ、法令用語や固有名詞などを除き「障がい」としております。

　発刊にあたり、ご執筆いただいた本協会の技術委員会、医学委員会、科学委員会の各委員をはじめ、各分野の専門家や障がいのある人々にスポーツ指導をされている方々に心より感謝申し上げます。

　本書を指導時の手引として、また、指導者をめざす皆さんの知識の拠り所としてご活用いただければ幸いです。

2020（令和2）年2月

公益財団法人日本障がい者スポーツ協会

目　　次

第Ⅲ編　障がい者スポーツの推進と障がい者スポーツ指導員の参画

第Ⅳ編　安全管理

第VII編　全国障害者スポーツ大会

本書掲載内容／障がい者スポーツ指導員養成カリキュラム　対照表

『障がいのある人のスポーツ指導教本（初級・中級）　2020年改訂カリキュラム対応』

編構成と章：

- 第Ⅰ編　障がい者スポーツの意義と理念：第1章・第2章・第3章
- 第Ⅱ編　障がい者スポーツ指導とコミュニケーション：第4章・第5章
- 第Ⅲ編　障がい者スポーツの推進と障がい者スポーツ指導員の参画：第6章・第7章・第8章・第9章
- 第Ⅳ編　安全管理：第10章・第11章・第12章
- 第Ⅴ編　身体の仕組みと障がいの理解：第13章・第14章・第15章・第16章
- 第Ⅵ編　障がい者スポーツの指導の基礎：第17章・第18章・第19章・第20章・第21章・第22章
- 第Ⅶ編　全国障害者スポーツ大会：第23章・第24章・第25章・第26章・第27章

資格	カリキュラム	時間	1	2	3	4	5	6	7	8	9	10	11	12	13	14	15	16	17	18	19	20	21	22	23	24	25	26	27
初級	スポーツのインテグリティと指導者に求められる資質	1.5	◎		○				○																				
初級	障がい者スポーツの意義と理念	1.5	○		◎																								
初級	コミュニケーションスキルの基礎	1.5				◎	○																						
初級	障がいのある人との交流	1.5				○	◎									○													
初級	障がい者スポーツに関する諸施策	1.5						◎	○							○													
初級	障がい者スポーツ推進の取り組み	1.5	○					○	◎																				
初級	安全管理	1.5										◎				○													
初級	各障がいの理解	6							○							◎													
初級	各障がいのスポーツ指導上の留意点と工夫	3				○										○			◎										
初級	全国障害者スポーツ大会の概要	1.5							○																◎				
中級	スポーツの意義と価値	3	○	◎	○	○					○																		
中級	地域における障がい者スポーツ振興	1.5						○	○	◎																			
中級	障がい者スポーツ指導員としてのキャリア形成	3	○			○					◎																		
中級	リスクマネジメント	1.5										○	◎	○															
中級	救急処置法	3										○	○	◎															
中級	身体の仕組みと体力づくり	3													◎	○	○												
中級	障がい各論	12													○	○	◎												
中級	補装具の理解	1.5														○		◎											○
中級	障がい者のスポーツ指導における留意点	4.5											○				○	○	○	◎	○							○	○
中級	発育・発達に応じた指導法	3													○					○	◎								
中級	スポーツ心理学	1.5					○												◎										
中級	スポーツと栄養※	2													○							◎							
中級	最重度障がい者のスポーツの実際（重症心身障がい児・者を含む）	1.5																○	○				◎						
中級	全国障害者スポーツ大会の歴史と目的と意義	1.5																							○	◎	○		
中級	全国障害者スポーツ大会の実施競技と障害区分	3									○	○	○	○											○	○	◎		○
中級	全国障害者スポーツ大会選手団編成とスタッフの役割	1.5																							○			◎	○
中級	全国障害者スポーツ大会競技の指導法と競技規則	12																							○		○	○	◎

◎……カリキュラムに合致しているもの（講義で使用するもの）
○……◎と合わせて理解しておくとよいもの
※……「スポーツと栄養」は理学療法士対象の中級指導員カリキュラム

第I編
障がい者スポーツの意義と理念

第1章　スポーツのインテグリティと指導者に求められる資質

【学びのポイント】

1）スポーツのインテグリティについて理解を深め、スポーツに関わる者のあるべき姿、行動を学ぶ。

2）スポーツ指導者に求められる資質や求められる障がい者スポーツ指導者像について学ぶ。

3）障がい者スポーツ指導員のそれぞれの資格ごとの役割、心構え、視点を理解する。

4）ボランティアの魅力や心得、活動する際の留意点等を学ぶ。

1　スポーツのインテグリティとは

【解説】※1　PHP研究所編『実践！グッドコーチング～暴力・パワハラのないスポーツ指導を目指して～』PHP研究所、2019年ではスポーツ指導のあり方や、陥りがちな好ましくないスポーツ指導について、事例をあげわかりやすく説明している。

【解説】※2　サッカーの試合中ファウルを受けていないのに倒れ込んだり、ペナルティエリアで大げさに倒れてPKを得ようとする行為。

【解説】※3　脊髄を損傷している選手が故意に尿を膀胱にためたり、体の一部を車いすで圧迫したりして人為的に血圧をあげた状態にし、心理的、精神的興奮を促しパフォーマンスをあげようとする行為。眼底出血や脳出血を起こすおそれがある。

【解説】※4　組織の関係者が主体的に意思決定、合意形成するシステム。統治、支配、管理、またそのための機構や方法。この他、コンプライアンス（法令遵守、倫理や社会規範に則って行動すること）、アカウンタビリティ（アカウンティング（会計）とレスポンシビリティ（責任）の合成語。会計責任、説明責任。企業が出資者に対して行うべき会計上の責任のこと。現在では組織が広く関係者に対して負う説明責任を指すことがある）という言葉も理解しておくとよい。

「日本で開催される2019年のラグビーワールドカップ、2020年のオリンピック・パラリンピックは間近に迫っています。今こそ改めて、スポーツ界全体を挙げ、旧弊を取り除き、スポーツ・インテグリティ（誠実性・健全性・高潔性）を高めていかなければなりません。」

これは2018（平成30）年6月に鈴木大地スポーツ庁初代長官が「我が国のスポーツ・インテグリティの確保のために」と題して出したメッセージの一部である。このメッセージが出された背景には、まだわが国のスポーツ界には旧弊が残っており、スポーツのインテグリティが脅かされているという現実がある。

日本スポーツ振興センター(2015)によれば、インテグリティとは高潔さ・品位・完全な状態を意味する言葉で、スポーツにおけるインテグリティとは「スポーツが様々な脅威により欠けるところなく、価値ある高潔な状態」を指すとされている。日本スポーツ仲裁機構（2014）では、インテグリティ（高潔性）とは、「高潔性、すなわち、誠実であるとともに強固な倫理原則を維持できている状態を意味し、特に、スポーツ界においては、インテグリティを脅かすとして社会的に問題視されている事象として、ドーピング、八百長、差別、暴力、パワーハラスメント※1、セクシャルハラスメント、スポーツ事故等がある」としている。

スポーツのインテグリティを脅かす要因をまとめたものが**表1**である。アスリートやコーチだけでなく、観客や保護者などスポーツに関わるすべての人がそうした要因の主体となりうることがわかる。

例えば、サッカー選手のシミュレーション※2や脊髄損傷選手のブースティング※3などはアスリートがコート内で行うチート行為といえる。コーチによる体罰はコートの外（場合によってはコートの中）での暴力・ハラスメントである。補助金の不正受給や目的外使用は競技団体や地域スポーツクラブなどがコート外で行う違反行為でありガバナンス※4の欠如によるものである。観客による選手や相手サポーターに対する差別的発言もスポーツのインテグリティを脅かす行為である。

「私たちは未来からスポーツを託されている」。これは2012（平成24）年に起こったバスケットボール指導者の暴力による高校生の自殺や女子柔道日本代表選手たちに対する指導者による暴力事件などを受けて文部科学大臣の下に設置された「スポーツ指導者の資質能力向上のための有識者会議（タスクフォース）」の報告書に記載されている言葉である。これは何を言わんとしているのか。スポーツ指導者に

なろうとしているみなさんはこの言葉の意味を考え、指導者にふさわしい行動をとると同時に資質を高めていかなくてはならない。

表1　スポーツ・インテグリティを脅かす要因から見た分類

分類1	「関わり」の次元	する	支える	みる
分類2	「行為主体」の次元	アスリート	コーチ、審判 医科学支援スタッフ スポーツ団体 メディア 保護者 その他（アントラージュ）	観客 サポーター 視聴者
分類3	「活動の場」の次元	コート内、コート外		
分類4	「脅かす要因」の次元	ドーピング 不正受給、不正行為、人種差別、八百長、チート行為 暴力・ハラスメント ガバナンス欠如、汚職、不正な組織的圧力、その他		

(Tomozoe & Katsuta 2014)

2　スポーツ指導者に求められる資質

　コーチ育成のためのモデル・コア・カリキュラム作成専門委員会（2015）は指導する対象者に関係なく、スポーツを指導する者として共通する資質能力を示している（**表2**参照）。

表2　スポーツ指導者に求められる資質

思考（理念・哲学）		スポーツの意義と価値の理解、コーチングの理念・哲学（人が好き、スポーツが好き、スポーツの意義と価値の理解、プレーヤーやスポーツの未来に責任を持つ、社会規範、スポーツの高潔性）
態度・行動（人間力）	対自分	学び続ける姿勢（自己研鑽）、前向きな思考・行動、くじけない心、課題発見力、課題解決力、自己統制、内省、社会規範
	対他者（人、社会）	基本的人権の尊重、相互理解、プレーヤーズ・ファースト、暴力・ハラスメントの根絶、コミュニケーションスキル、マネジメントスキル、目標設定、協力・協調・協働、長期的視点、関係構築力
知識・技能（スポーツ知識・技能）	共通	あらゆるコーチング現場に共通するスポーツ科学
	専門	個々のコーチング現場別（競技別、年代別、レベル別、障害の有無など）に求められる専門知識・技能

(公財)日本体育協会（2015）

　2020年度に改訂された障がい者スポーツ指導員養成カリキュラムもこうした点を考慮した内容となっている。求められる障がい者スポーツ指導者像は以下のとおりとした。

① （思考）スポーツを愛し、その意義と価値を自覚するとともに、スポーツ指導の重要性と社会的責任を理解し、スポーツとプレーヤーの未来に責任を持つ人。

② （態度・行動　対自分）そのために常に自身を振り返りながら学び続け、プレーヤーとともに成長できる人。

③ （態度・行動　対他者）いかなる暴力もハラスメントも行使・容認せず、プレーヤーの権利や尊厳、人格を尊重し公平に接することができる人。

④　（態度・行動　対社会）地域の行政、スポーツ、福祉、教育関係者などと連携、協同し、障がい者スポーツの振興を図ることができる人。

⑤　（知識・技能）プレーヤーの自立、パフォーマンスの向上、人間的成長のために、障がいや障がい者スポーツに関する専門的な知識や技術、経験を持ち、プレーヤーズ・ファーストの目線でコミュニケーションを図り、長期的な視点で支援できる人。

とくに、⑤の障がい者スポーツ指導者としての専門的知識や技能は他のスポーツ指導者にはない独自の知識で、障がい者スポーツ指導者を特徴づけ価値づけるものである。具体的には、障がいの原因になっている病気やその特徴、障がい者の生活環境、障がい者との接し方や障がいに配慮したスポーツ指導方法、障がい者スポーツのクラス分けやルールなどである。

3　障がい者スポーツ指導員の役割、心構え、視点

求められる障がい者スポーツ指導者像をもとに、障がい者スポーツ指導員の役割を初級、中級、上級別に示す（**表3**参照）。

表3　障がい者スポーツ指導員の役割

初級障がい者スポーツ指導員
障がいや障がい者スポーツ、安全管理等に関する基礎的な知識や障がい者に対応するための基本的な技術を持ち、地域に住む障がい者を運動やスポーツへと導く。プレーヤーに運動やスポーツの楽しさ、基本的な運動の仕方やその意義や価値を伝える。地域の大会や行事に積極的に参加し、指導員組織の事業にも積極的に参加し、地域の障がい者スポーツ振興を支える。中級障がい者スポーツ指導員資格取得をめざすなど自己研鑽を積むようにする。

中級障がい者スポーツ指導員
障がいや障がい者スポーツ、安全管理等に関する専門的な知識と障がい者に対応するための技術と経験を持ち、地域に住む障がい者を運動やスポーツへと導く。指導計画を立て、プレーヤーに運動やスポーツの楽しさ、各競技の基本的な技術や練習方法を指導する。障がい者がスポーツすることの意義や価値をプレーヤーと障がい者スポーツを取り巻く人々に伝える。地域の大会や行事では運営のリーダーとして参加者を支援し、スタッフをまとめる。また、全国障害者スポーツ大会の役員として参加する。地域の障がい者スポーツ振興の課題を理解し、関係諸団体と連携してその解決をめざす。上級障がい者スポーツ指導員資格取得をめざすなど自己研鑽を積むようにする。

上級障がい者スポーツ指導員
障がいや障がい者スポーツ、安全管理等に関するより専門的な知識と障がい者に対応するための高度な技術と豊富な経験を持ち、地域に住む障がい者を運動やスポーツへと導く。指導計画を立て、プレーヤーに運動、スポーツの楽しさや競技の専門的な技術や練習方法を指導する。障がい者がスポーツすることの意義や価値をプレーヤーに伝えるとともに広く社会にアピールする。地域の大会や行事を企画、運営し、参加者を支援し、スタッフをまとめる。また、全国障害者スポーツ大会の中心的な役員として活動する。地域の障がい者スポーツ振興のリーダーとして課題を理解し、関係諸団体と積極的に連携を図りその解決に取り組む。初級および中級障がい者スポーツ指導員の研鑽を促進、支援するとともに自ら研鑽して知識や技術を習得するようにする。

4　ボランティアの魅力、ボランティアの心得、留意点

障がい者スポーツ指導員資格を取得した人たちの中にはボランティアとして障がい者スポーツに関わる人も多い。ボランティア（volunteer）はもともと「自警団」を意味する言葉としてイギリスで使われていた。それが自らの意思で兵役についた兵士を意味する「志願兵」を表す言葉となり、今もボランティア（志願兵）は徴兵に対する言葉としても使われている。しかし、一般的には自らの意思で経済的報酬

を求めずに様々な社会的な活動、公益につながる活動に関わる人という意味で使われる。ボランティアの特徴は「自発性」「無償性」「社会性」「先駆性」の4つである。

　スポーツボランティアは、上記の活動の特徴を踏まえ、スポーツという文化の発展のために金銭的報酬を期待することなく、自ら進んで活動する人のことであり、日常的なボランティア（地域スポーツクラブや競技団体などで定期的な活動を支える）、イベント（非日常的）ボランティア（各種スポーツ大会運営等）、アスリートボランティア（トップアスリートによるスポーツ指導や福祉施設訪問など）がある。

　以下にボランティア活動の心得と留意点について示しておく。

① できることから少しずつ

　ボランティア活動はボランティアをする側、サポートを受ける側が双方ともに学びあいながら成長していくことが期待される。まずは一般的なマナーとしてのあいさつや言葉づかい、自分の立場を踏まえたうえで積極的に周囲と協調するような態度、ボランティア活動にふさわしい服装に気をつけるなどできることから少しずつ始めることが大切である。

② 明るく、楽しく、自己責任

　ボランティアは自発性に基づく活動である。まずはその自分の気持ちを大切にすること。そうすればボランティアするときも明るく振る舞うことができる。活動にともなういろいろな苦労もあるはずだが、その苦労を楽しむくらいの余裕を持って活動したいものである。楽しむということはいいかげんにやることとは違う。ボランティアに際しては健康面を含めた自己管理とルールを守る自己規制が必要である。

③ 多様性を尊重する

　いろいろなボランティアのやり方、考え方がある。自分たちがやっていることが正しいとか本筋と考えるのではなく、いろんなやり方や考え方があることをまず受け入れること。そのことで自分たちがやっていることも認められる。そのうえで違いや共通項を見出し、自分たちの活動につなげていくことが大切である。

④ 守秘義務の遵守

　ボランティア活動中に知りえた名簿やプライバシーに関わることなどの個人情報は慎重に取り扱わなくてはならない。みだりに人に話したりすることも避ける必要がある。また、SNSへの投稿などにも細心の注意を払わなくてはならない。

⑤ 手段と目的を見誤らない

　活動の主役は障がいのある選手や参加者である。したがって、ボランティアの技能の高さを主張するのではなく参加者がより上手になるよう、また、怪我なく楽しく過ごすよう謙虚な気持ちをもって活動することが大切である。

⑥ 万一のリスクに備えて

　安全に対する配慮は、活動場所への移動、準備や片づけを含めて事前・活動中・事後に及ぶ。イベントなどでは主催者が団体保険に加入していることが多いが、スポーツ事故に対する備えを含め、個人レベルでもボランティア保険などに加入しておくことが望ましい。

第2章　スポーツの意義と価値

【学びのポイント】

1）人々の生活をより豊かなものに導くスポーツの意義や価値を理解し、文化としてのスポーツの在り方を学ぶ。

2）スポーツ文化の4つの構成要素を理解し、それぞれが相互に関連していることを学ぶ。

3）一人ひとりの身体状況や知的発達段階に応じた規則や用具等の工夫が取り入れられる障がい者スポーツの文化的特性について学ぶ。

4）スポーツのインティグリティを脅かすものについて具体的な事例をあげて、その対応や防止策、指導者としての心構え等、グループでの演習を通じて理解を深める。

1　スポーツは文化そのもの

　文化とは、「人間がその生活を支え、豊かにし、向上させるための創意・工夫・努力の結晶であり、考え方や行動の仕方、道具などの物質のすべてを含むものである」[1]。また、文化はある社会の一員としての人間によって獲得された知識・信仰・芸術・道徳・法およびその他の能力や慣習を含む複合体[2]とされている。

　この点でスポーツもまさに文化といえる。スポーツを行うことで仲間とのコミュニケーションを楽しみ、技術や戦術を洗練させることで相手を凌駕しようとする。その中で身体を動かすことの喜びを味わい、その過程を通して成長していく。その結果、私たちの生活を豊かにし、人間の可能性を発展させるのである。スポーツには互いに共有するルールやマナーといった制度、ラケットや車いす、ボールといった物質、そして、身体を動かすことを楽しんだり、それによって体力や健康を維持したりしようとする考え方を見出すことができる。これらは少しずつ変化しつつも世代をこえて継承されていくものである。

　ところが、私たちはスポーツと文化を別のものとして考えることがしばしばである。生産性の低かった時代、人々が欲求を抑えることなく、おもむくままに行動することは、ときの為政者からみれば驚異だった。欲求を満たせない庶民が不満を持ち、大きな力となれば支配者の地位を揺るがしかねないからだ。そのために、その欲求を抑えたり、精神と身体は別のものであり、身体を精神がコントロールすべきものという心身二元論の考え方がとられるようになった。そこでは身体に関わる運動やスポーツは精神性を高めるとされた他の文化とは違うものとされ、他の文化よりも価値の低いものと思われるようになった。さらに、生産的なものや経済的価値が重視される社会においては生産をともなわない、消費的行為であるスポーツは「お遊び」として価値の低いものとされたのである。

　先述のようにスポーツは文化そのものである。決して他の文化的な営みと比べて価値の低いものではない。人間の自然な欲求である身体を動かすことの喜びをより洗練された方法で満たし、他者との関係をつくり、人々の生活をより豊かなものにしてくれる文化としてスポーツを理解することは、スポーツを人間にとって必要な価値ある、意義ある存在として認めることにほかならない。

2　スポーツ文化の構成要素

（1）　スポーツ観

　スポーツ文化はスポーツ観、スポーツ規範、スポーツ技術・戦略・戦術、スポーツ物的事物によって構成されている。スポーツ観は「スポーツを人間と社会にとって望ましいものとして意味付け、スポーツを支持し、正当化する観念」[3]である。なぜ人間にとってスポーツは必要なのか、社会に対してスポーツはどのような存在意義を持つのか、というスポーツの価値を示し、その意義や価値が実現するようスポーツを方向づけていく考え方がスポーツ観である。

　スポーツ観はスポーツ手段論とスポーツ目的論の2つに分けられる。スポーツ手段論はスポーツを社会的に認められている他の価値と結びつけ、その社会的価値を実現する手段として位置づけ、正当化するものである[※1]。

　これに対して、スポーツ目的論はスポーツをすること自体に意義と価値を見出すものである。スポーツを行う過程で経験する喜びや悲しみ、楽しみや苦しみ、気持のよさに価値を認めスポーツを行うことを正当化するのがスポーツ目的論である。「シュートが決まったときの快感が忘れられない」「無心でボールを追うことがサッカーの魅力」「息のあったチームプレーができるとうれしい」という言葉はスポーツ目的論に動機づけられたスポーツ実践のあらわれである。

　スポーツが社会において自立的に存在し、独自の文化的価値を認められるためにはスポーツ目的論に基づいたスポーツの価値が多くの人々に認められ、指導者から選手へ、そして次の世代へと継承されていかなくてはならない。

（2）　スポーツ規範

　スポーツ規範には大会などへの参加資格規定、競技規則、クラス分け規定、アンチドーピング規定、スポーツ関連組織の内部規約など成文化されたものやスポーツマンシップやフェアプレイの精神といった不文律などがある。スポーツ規範はスポーツの価値を実現するために定められた行動準則である。したがって、これらのスポーツ規範が遵守されることで、スポーツの価値は社会的に認められる。逆にルール違反はスポーツの社会的価値の実現を放棄することと同じである。

　スポーツ規範は競技する選手たちの公平性を保ち、安全性を担保し、競技を速やかに運営し、競技の楽しみを損なわせないためのものである。また、規範が明示化され、関係者に共有されることでスポーツの透明性と公明性が担保される。

（3）　スポーツ技術・戦略・戦術

　スポーツ技術とは「スポーツ規範に従って、スポーツの目標を達成するために選択された組織的な運動の仕方」と定義される[4]。スポーツの目標とはサッカーや車いすバスケットボールであればシュートして得点すること、陸上競技トラック種目や競泳であればできるだけ早くゴールすることである。そのためのフォーメーションプレーやパス、シュート、スタートダッシュの仕方やキックの方法、腕のかき方などが各競技に特有の技術である。競技者はゲームやレースの状況によってそれらの技術を選択し、得点やゴールをめざすのである。1つひとつのスポーツ技術を個人が身につけ、実際にゲームやレースで発揮する力をスポーツ技能という。

【解説】※1　例えば、「人格の完成を目指し、平和で民主的な国家及び社会の形成者として必要な資質を備えた心身ともに健康な国民の育成」（教育基本法第1条）のための手段として位置づけられる体育の中で展開されるスポーツは教育的価値と結びついて正当化されている。健康や体力の維持増進のためのスポーツも同様に他の社会的価値と結びつき、その手段として位置づくことで正当化されている。

【解説】※2　プロ野球で、長いペナントレースを見越して、1つの試合に先発ピッチャーを3人、4人とつぎ込むのではなく、ローテーションを組み、先発、中継ぎ、抑えと役割分担をしてリーグ優勝を目指すことなどは戦略の好例である。

【解説】※3　スポーツをリハビリテーションの手段として行うか競技スポーツとして行うかはスポーツ規範の適用の厳密さやトレーニングの方法や内容に関係することである。また、新素材の義足やより洗練された機能の車いすの登場は走り方や、レース展開といったスポーツ技術や戦術に大

【解説】※4 第1章1参照。

各競技者やチームがスポーツの目標を達成するために状況に応じて合理的にスポーツ技術を選択し、プレーすることがスポーツ戦術である。サッカーでフリーキックの際に相手のディフェンダーのポジションをみて直接ゴールをねらうのか誰かの頭にあわせてキックするのか、そのために他の選手はどう連携して動くのかなどが戦術である。戦略とは、どのような戦術をどの時期に実施するのか、選手の起用をどうするのかなど、「長期的な目標達成のためのスポーツ戦術の選択的な構成の仕方」[4]のことをいう[※2]。

(4) スポーツ物的事物

スポーツ物的事物とは、スポーツに必要な施設・設備、用器具、衣服などのことである。これらはスポーツの目標を達成する過程で安全性を確保したり、平等性を担保したり、運動をより効率的合理的に進めていくために必要不可欠のものである。さらに、障がい者スポーツの領域では障がい者のスポーツ参加を支援し、保障するためにも必要なものとなる。

スポーツ文化の構成要素であるスポーツ観、スポーツ規範、スポーツ技術・戦術・戦略、そしてスポーツ物的事物は相互に関連しあって存在している[※3]。また、スポーツ文化自体、政治、経済、科学といった他の領域と影響しあっている[※4]。

3　スポーツ文化の特性

健康のためのスポーツ、教育のためのスポーツなどスポーツの手段的効用はスポーツの存在意義として非常に重要である。それを認めたうえで、スポーツの文化的自立性（他の文化とは違う独自機能をもち社会存在すること）を考えた場合、スポーツ手段論ではなく、スポーツ目的論からスポーツを理解しておく必要がある。他の文化的価値と結びついてでしかスポーツの価値が見出されないのであれば、例えば体力の維持向上の万能薬が開発されたとするとスポーツの存在価値は著しく低下することになる。

また、見るスポーツの視点からは、肉体美あふれる選手の疾走フォーム、そのスピード感、洗練された泳ぎの滑らかさや力強さ、フィギュアスケートや体操、アーティスティックスイミングなどの演技の美しさ、その他、見事なチームプレーの完成やシュート技術の素晴らしさなどがあげられる。

スポーツ規範はこうしたスポーツの文化的特性（社会的価値）を実現させるためのルールであり、スポーツの文化的品位を担保するものでもある。スポーツ界においては、ドーピングに対して非常に厳しい対応がとられる。これはドーピングがスポーツの品位と価値を損なわせ、スポーツの存在そのものを危うくさせる行為と考えられるからである。したがって、スポーツの現場で指導者はスポーツ技術だけを指導するのではなく、スポーツ観について考えることやスポーツ規範を守ることをもあわせて指導しなくてはならない。同様にスポーツ組織レベルではガバナンスをよくし、透明で公平、公正な組織運営が求められる[※5]。

4　障がい者スポーツの文化的特性

障がい者スポーツという特別なジャンルがあるわけではない。したがって、障がい者スポーツの文化的な特性は基本的にこれまで述べてきたスポーツの特性と同様

【解説】※4 大相撲がラジオで中継されるようになると土俵上に「仕切り線」が設けられた。そして中継時間内で取り組みが終わるよう仕切り時間に制限ができた。テレビ中継されるようになるとその仕切り時間がさらに短く制限されるようになった。バレーボールの国際大会ではカラーテレビで見やすくするためにコート内外で色分けがされていたり、放映時間内に勝負がつくようにサーブ権なしのラリーポイント制が採用された。これらはメディアがスポーツのルールを変えた事例である。

きく影響を及ぼすであろうし、競技規則や参加規程の変更が余儀なくされる場合も考えられる。このように1つの規範、1つの用具の変化や進化は他のスポーツ文化の構成要素に大きな影響を及ぼす。

【解説】※5　第1章1参照。

である。しかしながら、身体的な機能や知的発達段階が同じであることを出発点とするスポーツにはみられない特徴があることも事実である。

その1つは、クラス分けや持ち点制度の発想である。車いすバスケットボールは身体機能によって持ち点が決まり、コート上の5人の持ち点の合計が14点以下でなくてはならない。これは身体機能レベルが低い人から高い人までいることを前提とした制度で、チーム間の公平性を保つと同時に、身体機能レベルの低い人の参加を保障するものである。障がい者スポーツ独自のスポーツ規範といえる。

2つ目はスポーツを人間にあわせる（adapted）という発想である。一般的にスポーツではルールや使える用具に人間をあわせてきた。みんな同じルールや用具でスポーツをすることができた。障がいのある人の場合、一人ひとりの身体条件が異なる。このような人たちがスポーツに参加するためには一人ひとりに合わせたルールや用器具が必要となる。一人ひとり違う車いすや身体条件によって異なったスタート方法が認められている競泳などがその例である。一人ひとりの身体条件にスポーツをあわせていくことで誰もがスポーツに参加できるようになる。

最後は「創るスポーツ」という考え方である。スポーツをする、見る、支えるということはよく耳にする。しかし、スポーツを修正したり、新しく創ることはこれまであまり注目されてこなかった。障がい者スポーツでは多様な人々のスポーツ参加を可能にするためにスポーツを修正し、創造することをあたりまえのように行ってきた。これはスポーツ文化に主体的に関わり、自らその文化を創出するという、優れて人間的な行為である。人間の多様性を出発点としてきた障がい者スポーツだからこそ見出すことのできた、新たなスポーツ文化の享受様式だといえる。多様な人間がいることを認めることで多様なスポーツ文化の作り手そして担い手となることができる。

5　スポーツのインテグリティを脅かすもの（アクティブラーニング）

ここではスポーツのインテグリティについて話し合い、それをグループごとにまとめ発表し合う。以下に話し合いの進め方の例を示す。これらを参考にスポーツのインテグリティを脅かすものについて話し合い、その結果を発表する[6]。

① 「第1章1　スポーツのインテグリティとは」「2　スポーツ指導者に求められる資質」「3　障がい者スポーツ指導員の役割、心構え、視点」をもう一度読む。

② スポーツのインテグリティを脅かすものの具体的な事例、事件を出し合う。

③ 出し合った事例、事件等の中でいくつかをあげ、事件発生後どのような経緯をたどったか確認する。

④ 出し合った事例、事件の中のいくつかについて、原因を考える。

⑤ 出し合った事例、事件等の中でいくつかあげ、防止策としてどのような対応をしたか確認する。

⑥ 事件を起こさないために競技団体等スポーツの組織がやるべきことは何か話し合う。

⑦ 事件を起こさないために指導者としてできること、指導者としての心構えは何か話し合う。

⑧ グループで話し合ったことをまとめて発表し合う。

【解説】※6　利用しやすい参考書として、PHP研究所編（2019）：『実践！グッドコーチング〜暴力・パワハラのないスポーツ指導を目指して〜』PHP研究所がある。

第3章　障がい者スポーツの意義と理念

【学びのポイント】

1）障がい者スポーツが障がい者個々人、スポーツ界、社会一般に及ぼす様々な効果について考え、その意義を学ぶ。

2）イギリスのストーク・マンデビル病院の医師グットマン博士の考え方、取り組みについて学び、障がい者スポーツの実践における5つの理念（考え方）を学ぶ。

1　障がい者スポーツの意義

「障がいのない人はスポーツをした方がよいが、障がいがある人はスポーツをしなければならない」（ハインツ・フライ）。障がい者スポーツの有名アスリートの言葉である。障がい者がスポーツをしなくてはならない理由は何だろうか。本章においてその答えを見つけていただきたい。

(1)　障がい者個々人に対して

障がい者スポーツ[※1]は何よりもまず障がいのある人個人にとって様々な意義がある。身体的にはリハビリテーション[※2]の手段となったり、健康や体力[※3]の維持増進などの好影響が考えられる。精神的にはスポーツをすることが生き甲斐となったり、自信をつけたり、物事に積極的に取り組むようになるなどの効果が考えられる。社会的にみると、スポーツすること自体が社会参加であり、信頼できる仲間をつくったり、スポーツで身につけた自信と体力で行動範囲が広がったりすることなどがあげられる。

個々人に対するスポーツの意義や効果には障がいの有無に関係なく同様のものがあげられるが、冒頭のハインツ・フライの言葉にもみられるように、障がい者の場合、より積極的に運動やスポーツを行わなければ生活の質（QOL）や日常生活動作（ADL）、健康や体力が維持できないことがある。この点で障がい者が運動やスポーツを実施することは障がいのない人よりも大きな意義を持つ場合がある。自立、自信、社会参加などについても同様である。

(2)　スポーツ界に対して

障がい児教育は教育の原点といわれることがある。同様に、障がい者スポーツ指導はスポーツ指導の原点ということができる。指導者には指導対象者の年齢や体力、身体状況、運動技術のレベル、知的発達状況などを勘案した対象者にあった運動内容と指導方法が求められるから

【解説】※1　障がい者のための特別なスポーツがあるわけではない。参加を保障し、けがや障がいの悪化を生じさせないように競技規則や用具、運動の仕方（技術）を変更したり、新たにつくるなどした、障がいのある人も参加可能なスポーツ。

【解説】※2　障がいのある人々が生活していくための手段を得るための過程。医学的リハビリテーション、心理的リハビリテーション、社会的リハビリテーション、職業的リハビリテーションなどのアプローチに類型化できる。

【解説】※3　人が日常生活や不測の事態につねに余裕を持って対応するために絶えず保持すべき作業力や抵抗力。体力を身体的要素と精神的要素に分け、身体的要素の中では生命の維持に関係するような防衛体力と活動性の体力としての行動体力に分けた、猪飼道夫の「体力の分類」がよく知られている（第13章59頁図6参照）。

【解説】※4　縦軸はパフォーマンスの高さ、横軸は身体機能（身体の多様性）。右に行くほど低い。オリンピック（破線）は身体機能が高い人がパフォーマンスの高さの限界をめざす。パラリンピック（実線）はパフォーマンスの高さをめざす一方で様々な身体状況でもスポーツに参加できる可能性をも追求する。その結果スポーツを実践できる人の幅が広がる。

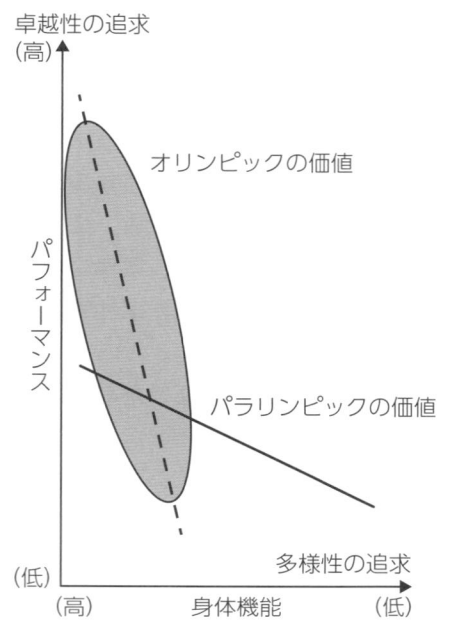

図1　オリンピックとパラリンピック：それぞれが持つ価値の重要性[※4]

である。こうしたきめ細やかな指導内容や方法は運動の苦手な人、子どもや高齢者の運動指導にも結びつくものである。さらに障がいのない人の日常的なスポーツ指導やスランプに陥ったり、成果が出せない人に対する指導にも生かせるものである。そして、そこには体罰の入り込む余地はない。このように障がい者スポーツの指導はスポーツ全般の指導に反映できる視点を持っている。

パラリンピックに電動車いすに乗り、自分の力ではラケットを握ることのできない重度障がいのあるニコラス・テーラー選手が車いすテニスの障がいの重い部に出場していた。ラケットをストラップで左手に巻きつけラケットを振る。両足にボールを挟んでボールを上に放り上げ、サーブを打つ。彼がテニスをプレーすることが可能であることを示してくれたおかげで、テニスを楽しめる人の範囲は大きく拡げられたに違いない。このように、障がいのある人がスポーツをできるように指導することは、人口減少時代に入った日本でスポーツ人口を増やしていくことにも寄与することになる。

(3) 社会一般に対して

わが国は多様な個人がそれぞれ能力を発揮しつつ、自立して共に社会に参加し、支えあう、「共生社会」の実現をめざしている。障がいのある人が障がいのない人と同様にスポーツに参加すること、障がいの有無に関係なく互いに人格と個性を尊重しあい、支えあいながら一緒にスポーツを楽しむことは、まさに共生社会の実現を意味している。さらにスポーツの場で使われる競技用車いすや義足、スキーなどは車でいえばレース用のF1カーのようなものである。ここで生かされた技術や素材はいずれ一般の車いすや義足などに応用され障がい者や高齢者の日常生活を過ごしやすくする。そしてそのことがまた社会参加を促し、共生社会を推進していくことになる。

2020（令和2）年の東京パラリンピックを契機に、多くの人々が障がい者がスポーツに参加しやすくなることや障がい者も生活しやすい街になることを期待している。パラリンピックを契機にそうしたことが実現すれば障がい者のみならず高齢者や妊婦、幼い子どもを連れた親など多くの人が住みやすいノーマライゼーション[※5]社会が実現することになる。

【解説】※5 北欧から世界に広まった障がい者福祉の理念。障がい者が社会の中で普通の生活が送れるような条件を整えるべきであり、共に生きる社会こそノーマルであるという考え方。

2 障がい者スポーツの理念

イギリスのストーク・マンデビル病院の医師、ルードウィッヒ・グットマン博士は「手術よりスポーツを」の方針を掲げ、スポーツを治療に取り入れる方法を用いた。1944年にパンチボール訓練を導入し、翌年から車いすによるポロやバスケットボール、卓球などを導入した。このトレーニングの成果を披露する場として1948年に病院内で16名の車いす利用者によるアーチェリー大会を開催した。これがパラリンピックの原点となった。彼が残した言葉「失われたものを数えるな、残されたものを最大限に生かせ」は現在も色褪せることのない障がい者スポーツの珠玉の言葉として根付いている。

ここでは障がい者スポーツを実践したり、指導するときにとくに理解しておくべき理念を5つのキーワードによって説明する。

① アダプテッド・フィジカル・アクティビティ（Adapted Physical Activity）

人間は普通、身体をスポーツにあわせるようにしてスポーツを行う。土俵の上で

有利な身体づくりをすると関取のような身体になるというのはその典型的な例である。アダプテッド・フィジカル・アクティビティはそれとは逆で、スポーツをその人の身体状況や知的発達状況にあわせるということである。具体的にはスポーツのルールや用具、運動の仕方（技術）を個人の身体的状況、あるいは知的な発達状況に応じてつくり変えるということである。下半身にある障がいは、車いすや義足といった用具を使用し、それにみあった運動の技術、そして、それにあわせたルール改正によって運動やスポーツに参加できるようになる。その意味では障がい者スポーツだけではなく、女性や子ども、高齢者の運動やスポーツにも当てはまる言葉である。ただし、スポーツの修正はそのスポーツの特徴や選手ががんばる局面を残すためにも最小限にとどめる必要がある。

② 人間第一主義（People First）

人間第一主義には２つの意味が込められている。第一は障がいに注目するのではなく、その人自身に注目するということである。障がいがその人のすべてを表しているわけでも、象徴しているわけでもない。障がいがあっても、障がいのない人と同様に、様々な個性、様々な性格の人がいる。また「障がい」と一言でいっても様々な種類や程度があり、「障がい者」としてひとくくりにできるような単純なものではない。障がいも含めたその人の個性や特性、性格など一個の個人として理解し、関わっていくことが重要である。

第二はできないことに注目するのではなく、できることに注目するということである。例えば下半身に麻痺がある人をみて、歩けない、走れない、段差があると車いすでの移動ができない……などと、できないことに注目するとなかなかよい発想ができない。逆に、下半身は麻痺しているが上半身は自由に使えるというふうに理解すると、車いすに乗ったまま卓球をしたり、バスケットボールをしたり、車いすで走ったりと様々な可能性が広がってくる。

③ インクルージョン（Inclusion）

インクルージョンとは、障がいのある人とない人が一緒にスポーツを楽しむ、スポーツの世界で共存するという意味である。スポーツにおけるインクルージョンにはスポーツの場でのインクルージョン、大会などにおけるインクルージョン、組織レベルでのインクルージョンの３つのレベルがある。障がいのある人とない人が一緒にスポーツを行う車いすダンスや、車いすテニスのニューミックス、キーパーが晴眼者の場合が多いブラインドサッカーなどはスポーツの場でのインクルージョンの典型例である。この場合、障がいのある人もない人も参加し、プレーすることが保障されること、安全性が確保されていることが重要である。

スポーツ大会における統合の例には車いすテニスの部が設けられているテニスの世界四大トーナメントや障がい者の部があるマラソン大会などがあげられる。

スポーツ組織としてのインクルージョンの例として、国際テニス連盟の傘下にある国際車いすテニス連盟やオリンピック・パラリンピック組織委員会などがある。完全に統合されていないまでも、障がい者スポーツ競技団体と一般スポーツ競技団体が連携している例は少しずつ増えてきている。様々なレベルでのインクルージョンはノーマライゼーション社会や共生社会の実現を力強くリードしていく力になる。

④ ２つの物差し（競争と個人的成長への注目）

スポーツには勝敗がつきものである。勝ちたいという思いが動機づけとなり、努力して練習する。それこそがスポーツの醍醐味であり、重要な要素である。したがって競争（勝敗）は評価の１つの物差しとなる。しかし、勝ち負けだけがすべて

ではないことも事実である。重要なことは努力して進歩することである。以前と比べてよくなったことは何か、その人にみられた成長は何かをみる目、これが2つめの物差しである。障がいがあるがゆえに記録が悪かったり、上手くいかなかったり、勝てなかったりしたとしても、評価できる点はたくさんある。それをみるための物差しを指導者は持っていなくてはならない。

⑤ エンパワメント（Empowerment）

エンパワメントとは個々人が自己決定したり、問題解決能力を身につけていくという考え方である。障がい者自身が物事の判断や決定をしていけるように支援をしていくという考え方で、障がい者の自立生活や権利擁護活動（アドボカシー）と結びついた理念である。スポーツの世界に置き換えても重要な考え方で、監督やコーチなど指導者の指示に単純に従うのではなく、自分で考え、自分で判断できる人、自立した選手に育てることが重要である。

第II編
障がい者スポーツ指導と
コミュニケーション

第4章　コミュニケーションスキルの基礎

【学びのポイント】

1）コミュニケーションを成立させるための要素や工夫があることを学ぶ。

2）スポーツ指導者に必要なコミュニケーションのスキルについて理解を深める。指導対象者とのよりよい関係構築に向けたポイントについて学ぶ。

3）障がいのある人とのコミュニケーションで、配慮すべきポイントや具体的な聞き方や伝え方の工夫などについて学ぶ。

4）インタビュートレーニング（演習）を行い、質問者と回答者、観察者の3役を経験し、質問の内容や態度を理解し、よりよいコミュニケーションを学ぶ。

1　なぜ、いま、「コミュニケーション教育」なのか

劇作家として知られる平田オリザは、言語教育に関わる者が、子どもたちに「伝える技術」をどれだけ教え込もうとしたところで、「伝えたい」といった気持ちが子どもの側にないのなら、その技術は定着していかないという。そして、その「伝えたい」という気持ちは「伝わらない」という経験からしか来ないのではないかと主張する[1]。つまり、平田は、私たちの生活のなかでの「伝わらない」という経験が決定的に不足していることを指摘しているのである[※1]。

【解説】※1　平田は、少子化や核家族化などによる体験（社会教育の機能や慣習）の欠如を公教育のシステムの中に組み込んでいかざるを得ないという。

こうした指摘に従うならば、指導者が、様々なやりづらさを抱える「障がい者」に向き合うことは、この「伝わらない」という経験の絶対的な不足を補う契機になるのかもしれない。なぜなら、例えば、視覚障がい者に対して「見て学ぶ」という教授法が適切でないように、私たちが障がい者スポーツに携わることは、現代社会が視覚重視であることを気づかせ、私たちがこれまで当たり前としてきたコミュニケーション（指導法）を振り返る大きなチャンスといえるからである。

しかし一方で考えなければいけないのは、この「伝わらない」という経験が、障がいの有無によってのみ形作られているわけではないということである。「健常者」同士のあいだにおいても意見の相違やもつれは存在する。つまり「健常者」や「障がい者」という枠組みに関係なく、私たち人間どうしのコミュニケーションに「わかりあえなさ」はつきものであり、それに伴うもどかしさや葛藤は避けて通れないのである。したがって、私たちはこの「わかりあえなさ」を前提とした者同士の「伝わらない」という経験から、いかに学び、対話相手や場面に合うと思われる道具立て（やりかた）を工夫しながら、粘り強く思考のすりあわせをしていけるかといったことを大切にしていかなければならない[※2]。

【解説】※2　「バラバラな人間が、価値観はバラバラなままで、どうにかしてうまくやっていく能力」、平田によれば「協調性から社交性」が求められる時代に入っている。

ドイツの社会学者であるルーマンは、コミュニケーションとは、情報、伝達、理解というコミュニケーションの三段階における要素が、それぞれの過程においてすべて適切に選択され、なおかつそれらの選択がすべて総合されたときに初めてコミュニケーションが成立するという[2]。つまり、私たちのコミュニケーションは選択の束によってなされ、その過程のうちの1つでも適切になされないと、コミュニケーション自体が成り立たなくなってしまう。多くの選択可能性がある中で、私たちは適宜、適切な選択を重ねながらコミュニケーションを成立させている。ただ、

考慮に入れなければならないのは、そのコミュニケーションが、誰と誰のあいだでなされているかであろう。例えば、スポーツの指導をする者と指導を受ける者との間柄が対等ならまだしも、上下関係が存在する場合、その選択の過程においては見えざる強要が秘められてしまうことがあり得る。その点は、指導者に限らず指導を受ける側も自覚する必要があるだろう。

2 コミュニケーションの「余白」に書き込まれていく自主性

図1は「ルビンの壺」（杯や盃ともされる）と呼ばれるもので、デンマークの心理学者であるエドガー・ルビンが考案した多義図形である。意識の志向性や視覚が集中する部分によって「壺」に見えたり「向き合う二人の人間」に見えたりするものである。しかも、この2つの図形は同時に見ることはできないという[3]。しかし、ここで同時に考えておかなければいけないのは、この多義図形である「ルビンの壺」が、「壺」や「向き合う二人の人間」のいずれ

図1　ルビンの壺[3]

でもないと理解する人びとや場が存在するだろうと仮定しておくことであろう。つまり、自らの考えを上回ることや予想もしない相手からのリアクションが起こった場合には、事前に想定していたプランや頭の中で意識せずとも前提にしてしまっていた考えを一旦、脇に置いて、相手の主張に耳を傾ける余地を自分の中に残しておくことが大切なのである。この「どうでもあり得る」可能性を自分の中に担保しておくことこそがコミュニケーションの豊かさであり、規定路線では収まりきらない人間同士が紡ぐコミュニケーションの醍醐味といえる。とくに障がいのあるスポーツや運動の愛好者等の指導にあたっては、こうしたコミュニケーションに「余白」を残しておく仕掛けこそが、個々人の自立的な選択を促す契機になり得るのではないだろうか。

私たちのコミュニケーションに残す「余白」を、脳血管障がい者の体育・スポーツ指導の経験が長い大久保[*3]は「ユーモア」[4]という言葉に置き換えている。この「ユーモア」はコミュニケーション上の「遊び」や「ゆとり」ともいえる。以下は、その大久保が整理したスポーツ指導者に必要なコミュニケーションスキルである。

① 観察する
障がい者スポーツ指導においては、スポーツに関する知識と技術にあわせて、障がいの理解がなければ、観察する力は生まれてこない。十分な観察（日常生活動作や動きのフォーム、様子、言動など）をしてから技術指導を行う。

② 聞く
聞くことで、相手が話し出すきっかけになる。（指導や助言を）伝える前には、まず、簡単な質問をしてみる。「今日の調子はどうですか」「先週の練習はきつかったですか」など、会話の糸口になる。

③ 伝える
伝え方は、言葉だけではない。障がいを理解し、伝わりやすい技術を身につける。聴覚障がい者に対しては、手話ができなかったら筆談でもよい。弱視の人には大きな文字板、知的障がい者には短いセンテンスで。とにかく、ためらわないで伝える努力をする。つねに相手の立場に立ち、自分の「伝え方」を振り返る。わかりやすく伝えることは、「伝えあう＝相互理解」につながる。

【解説】※3　大久保春美（1949年～2018年）。埼玉県総合リハビリテーションセンター健康推進担当部長として、長きにわたり障がい者へのスポーツ指導を通じスポーツの日常化をめざした健康増進と自立支援を行った。日本障がい者スポーツ協会では、技術委員会委員長を2006年から2017年まで務め、全国障害者スポーツ大会や指導者養成・育成、地域における障がい者スポーツの振興事業、女性障がい者のスポーツ参加など国内の障がい者スポーツの振興に尽力した。1998年長野冬季パラリンピック大会ではノルディックスキーの日本代表監督、2008年北京パラリンピック大会ではオリンピック・パラリンピックを通じ初の女性日本選手団団長を務め、その後2010広州アジアパラ競技大会でも日本選手団団長を務めるなど、リハビリテーションスポーツから競技スポーツ、地域振興から国際大会に至るまで幅広く障がい者のスポーツの発展に貢献し、大きな功績を残した。

④ 褒める

　まず褒める。相手との関係が和むはずである。褒められると、聞くための集中力が高まり、運動に対する意欲が高まるとともに、目標を達成する可能性が高まる。目標を達成すると自信がつき、自信がつけば目標実現に向ける意欲が高まる。このような連鎖の作用は、叱られてばかりでは生まれない。上手に褒めることで運動技能の習得が促進される。

⑤ 好感度

　話し方、服装、表情など、第一印象は大切である。話し方はもちろん、スポーツの場にふさわしい服装、笑顔、相手の目を見て話をする(アイコンタクト)、元気、はつらつとした態度など、人間関係を築く基本になる。

⑥ ユーモア

　ユーモアは、人の心が和み、楽しさが倍増する。ただし、品格のあるユーモアのセンスが必要である。くれぐれもハラスメントにならないように[4]。

　大久保は、こうした指導者と指導を受ける者とのあいだのコミュニケーションの積み重ねが、指導者に対する「安心」や「信頼」を生み、互いに「理解しあえる」ことで、選手の満足度が高くなるとともに、選手のスポーツや生活全般に対する意欲が高まると主張している[4]。

3　障がい者との具体的なやりとりを念頭に

　下記は、国土交通省がまとめた「発達障害、知的障害、精神障害のある方とのコミュニケーションハンドブック」[5]からの抜粋である。とくに外見からは障がいがあることがわかりにくく、人とのかかわりあいやコミュニケーションが苦手であるといった特徴がある発達障がい、知的障がい、精神障がいのある人への基本的な応対例である。スポーツへの参画は自立した社会生活を後押しするけれども、スポーツをするために利用する公共交通機関や公共施設、商業施設などでは、障がいにより手を貸してほしい場面、通常と違う応対が必要な場面などにおいて、合理的配慮の提供を受けられないなどの可能性があることが指摘されている。人によってその症状や反応が多様であることも念頭に置いておこう。

(1) 困っていることに気づく

　外見上では分からない場合でも、障がいによって困る状況が異なることを知る。まずは、強い口調や相手をとがめるような口調はせず、笑顔でゆっくり、やさしい口調で声をかける。その際、年齢にふさわしい、相手を尊重した応対が必要となる。声かけを断られることもあるが、その場合は声かけをやめる。パニックになってしまう人もいるため、後ろから声をかけてびっくりさせない。

(2) リラックスした雰囲気をつくり、相手の様子にあわせて、話をよく聞く

　正面に立って目を合わせると怖いと感じる人もいる。おどろかせない目線の合わせ方としては、斜め前に立ち、笑顔で目を合わせる。近すぎず、声が聞こえる距離を保つ。目線が怖い人もいるため、目線を合わせすぎないように心掛ける。相手が大きな声になってしまっているときは、こちらが小さめの声で話しかけるとよい場合がある。ことばが出ずに困っている様子のときには、相手の状況や気持ちを推測

して、こちらから質問をし、気持ちを確認する。この場合、「はい」「いいえ」で答えられるように質問するとよい。

(3) ゆっくり、はっきり、短く、具体的に話して内容を理解しているか確認する

「あちらですよ」といったような抽象的な表現ではなく「あと5分」「黄色の柱」など具体的なことばで伝える。たくさんのことを一度に言われるとわからなくなってしまう人や一度にたくさんのことが覚えられない人もいるため、大切なことはメモに書いて渡すなど、視覚的に伝える工夫をする。内容は繰り返し確認し、本人にも復唱してもらうことも必要。ざわざわした場所では、聞き取れない人や落ち着かなくなる人もいるため、静かな場所を選んで話をする。生活経験の不足や状況判断が苦手なため、待ち時間が長いと不安になる人がいることを知る。

(4) コミュニケーション支援アプリや声かけ変換表などの活用

コミュニケーションを支援するため、スマートフォンやタブレットなどでも利用できるアプリケーションがある。例えば、東京都障害者IT地域支援センターでは、障がいのある方に便利なアプリ一覧を紹介している[6]。

発達障がい、知的障がい、精神障がいのある人は、「○○してはいけません」と否定的な言葉や曖昧な言葉をかけられると、どうしてよいかわからなくなり、パニックとなってしまうことがある。「どう話すと理解が得られやすいか？」の参考として、話題となっているのが「声かけ変換表」(**表1**)。「こうすれば○○ですよ」と、効果的な行動を具体的に説明してあげることが重要となる。

表1 声かけ変換表 (例)

変換前	変換後
早くしてください	あと何分かかりますか
静かにしてください	声を「これくらいの大きさ」にしてもらえますか
走ってはいけません	歩きましょうか
危ない！	止まりましょう、ケガをしそうなので心配です
人の迷惑になりますよ	大きな声は、頭が痛くなってしまう人がいるので「このくらい」の声にしましょう
いつでもいいですよ	5分後ならいいですよ、○○の時間帯ならいいですよ
危ないからだめ！	もしケガをしたら心配です
何をしているんですか！	今、何をしていますか

情報提供をわかりやすくするために、文章の書き方やレイアウトについての方法を示した「わかりやすい情報提供のガイドライン」が全国手をつなぐ育成会連合会で作成されているので活用してみよう[7]。

4 よりよいコミュニケーションのための演習

〈演習案：インタビュートレーニング〉

【演習目標】日頃のコミュニケーションを再考する

① ひと言ことばや「頑張ります」からの脱皮

　単語で話すのではなく文章にして話せるように意識する。「頑張ります」は便利なことばではあるが、何をどう頑張るのかについて具体的に話す。

② 身をどこに置くのか

　相手をより引き出せる立ち位置や場所等を考える。

③ 相手に届くプレゼンテーションのために

　誰に向けての情報なのかについて常に意識し、伝える対象に合わせたことば選びや提示の仕方を工夫する。

④ 次の質問は相手の答えの中にある

　事前に用意した質問に固執するのではなく、相手の答えの中で分からなかった点や興味深かった点などを質問し返すことで、会話をつなげる。

⑤ 沈黙を恐れない

　沈黙も、メッセージの１つである。よい聞き手を目指そう。

【形式】

・１グループ３〜４名〈インタビュアー１名、インタビューの受け手１名、インタビューの観察者１〜２名〉

・１人あたり３分、インタビューし続ける

・終了後、観察者からインタビュアーならびにインタビューの受け手へフィードバックする（それぞれ１分ずつ、フィードバック内容は後述の受け手）

・インタビュー内容全般やそれに関わるお互いの経験談等について共有する（２〜３分）

・参加者全員がすべての役割を経験する

【質問内容および質問の背景例】[4]

・あなたは、障がい者スポーツの面白さや楽しさはどんなところにあると考えますか。

・目の前にいる選手は、最近、練習にあまり身が入っていないようです。悩みでもあるのでしょうか。

・あなたは、どのような障がい者スポーツの指導者になりたいですか。

・障がい者スポーツを通して社会に発信したいメッセージを教えてください。

【観察者が観察する際のポイント：フィードバック例】

・場所の選定は適切か（静かな場所？　二人きり？　人前？）

・立ったまま？　座り方は？　目の高さは？

・話の切り出し方は？

・ことばの選択は適切だったか（専門用語、外来語、仲間言葉の乱用はなかったか）

・表情は適切だったか

・ことば以外で用いた表現方法は？

・相手の答えの中から質問を拾えていたか

・聞き取りにくいことばはなかったか（声量や発声を含む）

・目線の配り方は？　会話の雰囲気は？

【解説】※４　他の講義内で課題となっている事柄について質問してみるのもよいだろう。質問の内容を、具体的なものから抽象的なものへと、徐々に上げていくと学習者は取り組みやすいであろう。

【演習上のポイント】

① 指導者が学習者へ準備するのはインタビュアーが行う質問内容のみとする。指導者が、その他の環境設定（座位、立位、横並び、正面立ちなど望ましいポジション取りなど）を限定することなく、学習者に考えさせる[※5]。質問内容の抽象度をあげておくことで、学習者が自由に会話を広げていけるようにする。質問は、学習者に対して将来の自分の指導者像や社会での役割等を思考する機会を提供できるものが望ましい。回答や質問の完成度を求めるのではなく、常に他の回答や会話の可能性があることを意識させる。

② 将来的にスポーツの試合において指導することを想定すると、本演習においてはインタビューする時間を測って時間への意識を高めておく方がよい。その際、自分の置かれた状況や場所の特性を把握する必要性を伝える。

③ コミュニケーションの核になるのは〈わたし〉と〈あなた〉の二者関係である。誰と誰のあいだにあるやりとりなのかを考えさせる（障がい特性の把握等も含む）。

【解説】※5 学習者の演習への取り組みに対する意欲が欠けていると思われる場合には、講義担当者の指示で、例えば、座位と立位によるやりとりにおける感覚の違いなどを体験させてみるのもよいだろう。

写真1 インタビュートレーニングの様子

講義担当者の方へ

〈90分の講義案〉

① 15分：私たちのコミュニケーションには、障がいの有無にかかわらず「伝わらなさ」が前提にあることを共有する→自らが持つ偏見に気づく事例を絡める

② 50分：インタビュートレーニング（観察者からのフィードバックとあわせて、講義担当者が気づいた点も伝達するとよい）

③ 15分：受講者に対して、講義の感想に加えて、インタビュートレーニングで用いた質問のいずれかについて、コメントシートに回答してもらう。その際、日頃、使用していることばをより適切なものに置き換えながら書くことを促す（インタビュートレーニングの演習目標①を参照）。

④ 10分：まとめ

〈講義全体のポイント〉

・「伝わらなさ」の体験は用意できたか。

・インタビューの場の設定は、学習者に行わせる。与えすぎない。

・日頃の話し方や姿勢がすべて滲み出てしまうことを伝えたか。

・日頃から思考の言語化に努める必要性があることを伝えられたか。日々、考えていないことは急に話せない。

・指導者はコミュニケーションの主役ではないことを伝えられたか。沈黙も表現の一つである。

・インテグリティの視点を共有する→ハラスメントへの意識（権力、性など）

第5章　障がいのある人との交流

【学びのポイント】
1）障がいのある人との交流を通じ、直接、障がいやスポーツの意義や価値について学び、障がい者にとってのスポーツの必要性について理解を深める。

1　障がい者との交流の必要性

　2009（平成21）年度の障がい者スポーツ指導者制度の改訂により、初級障がい者スポーツ指導員の養成カリキュラムに「障がいのある人との交流」が新たに加えられた。その理由は障がい者スポーツ指導者資格を取得しても実際の活動に結びつかない人が大勢おり、その大きな原因の1つが実際に障がい者とコミュニケーションをとったり、活動を一緒に行ったりした経験がなく、不安が大きいからということであったことによる。

　障がい者スポーツに関する座学と障がい者スポーツの実技によって構成されている講義や講習の前後で受講者の意識の変化をみたところ、障がい者に対する意識や障がい者スポーツに対する意識は肯定的に変化しているものの、障がい者への実際のスポーツ指導に関しては不安が増していたとする調査結果がある。講義を受けた結果、障がいや障がい者スポーツについて知識が身についたもののその分、不安が高じたためだと推察される。調査時の講義には実際に障がいのある人たちと接する機会はなかった。この点が不安の要因の1つと考えられる。受講者からは「実際に障がい者に接してみないとわからない」「障がいのある人と関わったことがないため不安である」という声が聞かれた。

　こうした調査結果や初級障がい者スポーツ指導員の意見などを受け、日本障害者スポーツ指導者協議会に設置されていた「障がい者スポーツの活用を考える研究委員会」では2006（平成18）年3月に障がい者スポーツ指導者の活動の活性化のための方策の1つとして「初級指導者養成カリキュラムの実技科目の中に障がいのある人との交流の時間を含めること」という提言を行った。前回2009年度のカリキュラム改訂ではこの提言を受けるかたちで「障がいのある人との交流」がカリキュラムに含まれることになった。

2　障がい者との交流の例

【解説】※1　日本障がい者スポーツ協会では1993年より、専門学校、短期大学、大学で在学中に障がい者スポーツ指導員の資格を取得できる資格取得認定校制度が発足した。

　障がい者との交流の仕方にはとくに指定された形はないので、講習会会場や講師の条件、資格取得認定校※1（以下、「認定校」）などの環境によって可能な形で総時間21時間の中に1.5時間が確保されればよい。

(1)　実技時間の中で交流する

　カリキュラムに設定されている実技時間の中で障がいのある人と交流する。例えば障がいのある指導者の指導を受けたり、実技のサポートに入っている障がい者と受講生が関わるようにする。また、受講者の中に障がいのある人がいる場合など、実技の中でその人と関わる場面を意図的に設定することも可能である。実技内容に

限らず、受講者からの質問や講師から受講者に質問などの時間があることが望ましい。

　ある指導者養成講習会では、実技でサウンドテーブルテニスを行ったとき、障がいのない実技指導者とともに、視覚障がいのある選手に来てもらい、実技講習を行った。サウンドテーブルテニスについて学ぶとともに、視覚障がい者の介助の仕方、日常生活で困っていること、スポーツをやってよかったことなどについて視覚障がいのある選手と受講生がディスカッションした。別の講習会では、車いすに乗った指導者が実技講習を行い、その際、自分がスポーツに関わるようになったいきさつ、初心者のころ求めていた情報や指導してほしかったことなどについても話をした。他の講習会では、講習期間中に講習会場となっている障がい者スポーツセンターを利用している精神障がい者を中心としたグループ（15名）の中に受講者が入り、サポートしたり一緒にプレーを行ったりしている。これらは実技時間の中での障がい者との交流の事例である。

写真1　車いすバスケットボール選手との交流　　写真2　陸上競技選手（両下肢義足）との交流

（2）　交流のための時間を別途設定する

　実技の中で交流することが難しい場合、障がいのある選手や指導者に来てもらい、別途交流の時間を設けることも可能である。その場合、障がいのある人の講演などの後、受講者と講師が交流できるような時間を設定することが望ましい。また、条件が許せば、障がいのある人がスポーツを行っている場に関わり、スポーツ実践の支援ができれば、より障がい者と関わることの不安解消につながるものと考えられる。日常的なスポーツの練習の場に関わったり、大会などの簡単な手伝いをすることなどはその例である。

　ある認定校では、学生が自分たちで障がい者スポーツの現場を探し、見学したり、ボランティアとして介助したりしたのち、それについてレポートを提出することになっている。他の認定校では教員が学生を引率して障がいのある子どもたちのレクリエーションプログラムに参加するなどしている。また、障がい者スポーツセンターで講習会をしている場合、講習会をスポーツ教室のある日に設定し、講習会時にスポーツ教室の見学、ボランティアができるように工夫している。これらは交流の時間を別途設定している事例である。

第 III 編
障がい者スポーツの推進と
障がい者スポーツ指導員の参画

第6章　障がい者スポーツに関する諸施策

【学びのポイント】

1）厚生労働省による障がい者スポーツのはじまりや歴史的発展の経緯を理解し、今日の日本障がい者スポーツ協会の歩みも含め学ぶ。

2）50年ぶりにスポーツ振興法を全面改正したスポーツ基本法の構成や内容について理解を深め、また初めて明記された障がい者スポーツに関する内容のポイントについて学ぶ。

3）障がい者スポーツに関する多くの事業が厚生労働省から文部科学省へ移管し、さらに文部科学省の外局としてスポーツ庁が設置されるなど、国のスポーツ振興を推進する体制の変化と現状について学ぶ。

4）スポーツ基本法の規定に基づき策定された「スポーツ基本計画」について理解を深め、現在のスポーツ振興がどのような計画で推進されているかを学ぶ。

1　わが国の障がい者福祉政策

(1)　障がい者福祉施策の変遷

①　各法の成り立ち

　障がい者福祉の法制度は、障害者基本法に基本的な理念が謳われ、その具体化のため、障がい児を対象とした児童福祉法（1947年施行）、身体障がい者を対象とした身体障害者福祉法（1949年施行）、知的障がい者を対象とした知的障害者福祉法（1960年に前身である精神薄弱者福祉法が施行）が制定されている。精神障がい者については、精神保健福祉法の前身である精神衛生法が1950（昭和25）年に制定され、1987（昭和62）年に精神保健法へと改正[※1]され、1995（平成7）年に現在の精神保健福祉法になった。発達障がい者については、2005（平成17）年に発達障害者支援法が制定され、2010（平成22）年の改正障害者自立支援法では、発達障がい者が障がい者の範囲に含まれた。

②　障害者権利条約の批准に向けた変遷

　2006（平成18）年、国連で「障害者の権利に関する条約（障害者権利条約）」が採択され、日本は2014（平成26）年に条約批准に向け、国内の法整備を進めていった。

　2011（平成23）年に障害者基本法の改正が成立したが、この法律は、障害者権利条約の理念を法制化したものであり、障がいの社会モデル[※2]を踏まえた障がいの定義の見直し、障がい者の意思決定支援の明記、障害者政策委員会の設置など、これまでの障がい者福祉の基盤を大きく変えるものであった。

　2013（平成25）年に「障害を理由とする差別の解消の推進に関する法律（障害者差別解消法）」が制定された。障害者差別解消法では、全ての国民が、障がいの有無によって分け隔てられることなく、相互に人格と個性を尊重し合いながら共生する社会の実現に向け、障がいを理由とする差別の解消を推進することを目的として、国の行政機関や地方公共団体、民間事業者に対して、「不当な差別的取扱い」の禁止、「障害者への合理的配慮」を求めることで、障がいのある人もない人も共に暮らせる社会を目指している。

　障がい者の人権保障に関連する法律としては、2011（平成23）年に障害者虐待防止法[※3]が制定された。

【解説】※1　精神障がい者の人権に配慮した適正な医療および保護の確保、社会復帰の促進を図る観点から改正された。

【解説】※2　従来、障がい者が困難に直面するのは「その人に障がいがあるから」であり、克服するのはその人と家族の責任であるという「個人モデル/医学モデル」の考え方が主流であった。一方、障害者権利条約では、障がいは主に社会によって作られた障がい者の社会への統合の問題であるという「社会モデル」の考え方が反映され、社会的障壁を取り除くのは社会の責務であるというとらえ方が現在の主流となっている。

【解説】※3　障がい者虐待についての規定、市町村への通報義務、通報窓口としての障害者虐待防止センターの設置など、国と自治体の責務が定められた。

障がい者の雇用については障害者雇用促進法が改正され、段階的に改正[※4]を進めた。

2014（平成26）年の精神保健福祉法の改正では、精神障がい者に治療を受けさせる義務を保護者に課していた現行規定を削除し、医療保護入院における保護者の同意要件を不要にするなど、見直しを行った。

③ 障害者総合支援法の成り立ち

障害者総合支援法の前身である障害者自立支援法は2006（平成18）年に施行された。これにより従来は障がい種別で異なる法律に基づいていた福祉サービスや公費負担医療などが共通の制度の中で提供される仕組みに変更となった。2013（平成25）年4月から「障害者の日常生活及び社会生活を総合的に支援するための法律（障害者総合支援法）」が施行された。障害者総合支援法では、障がい者の福祉サービスを一元化、利用の手続きや基準の可視化、サービス量と所得に応じた利用者負担、障害福祉計画によるサービスの確保、児童福祉法による給付の一本化が行われた。

（2） 障がい者の生活と実態

① 日本の障がい者数について

『障害者白書（令和元年版）』によると、身体障がい、知的障がい、精神障がいの障がい者数の概数は、身体障がい児・者が436万人、知的障がい児・者が108万2千人、精神障がい者が419万3千人である[※5]。

年齢別にみると、身体障がい者では、7割以上が65歳以上と高齢化が進んでいるが、知的障がい者の65歳以上の割合は約15％である。身体障がい者と比べて18歳未満の割合が高く、65歳以上の割合が低いのが知的障がいの特徴[※6]といえる。精神障がいでは、25歳以上65歳未満が約5割、65歳以上が約4割となっている。

② 利用可能なサービスについて

障害者総合支援法で提供される福祉サービスは、「自立支援給付」[※7]と、「地域生活支援事業（市町村地域生活支援事業・都道府県地域生活支援事業）」[※8]により構成されている。各サービスの内容は、日常生活の介護から就労、社会参加の支援まで多岐にわたり、自立支援給付と地域生活支援事業の組合せによって、障がい者およびその家族・介護者への総合的な支援が行われる。

市町村地域生活支援事業は、すべての市町村で実施される「必須事業」と市町村の判断・裁量で実施される「任意事業」に分けられる。必須事業の1つである「移動支援」[※9]は余暇活動の充実を目的として利用できるため、障がい者が日常生活の中で継続的に運動・スポーツを実施する環境を整えるうえでは重要な福祉サービスとなる。任意事業である「日中一時支援」は[※10]、活動内容として、事業者が運動・スポーツを提供する場合がある。児童福祉法に基づく福祉サービスでは、市町村が実施主体の障がい児通所施設「放課後等デイサービス」で、修学中の児童・生徒に対し、放課後や夏休み等の長期休暇において、生活能力の向上のための支援を継続的に提供するとともに、放課後の居場所づくりを推進している。2012（平成24）年の法改正に伴い民間事業者の参入が認められたため、事業者数が増加傾向にあり、スポーツ・レクリエーション活動を中心に提供する事業者や様々な放課後活動の一部にスポーツ・レクリエーションを取り入れている事業者もいる。障がい者の余暇活動を支援する福祉の立場では、スポーツは余暇の選択肢の1つであるが、障がい者のスポーツ環境づくりには重要な役割を果たしている。

【解説】※4　障がい者の職業安定を目的に、法定雇用率に未達の事業主からの障害者雇用納付金の徴収、職業リハビリテーションの実施、法定雇用率の算定基礎に精神障がい者の追加などを段階的に進めた。

【解説】※5　身体障がい者数と知的障がい者数は、生活のしづらさなどに関する調査に基づき推計。精神障がい者数は、医療機関を利用した精神疾患のある患者数を精神障がい者数としていることから、精神疾患による日常生活や社会生活上の相当な制限を継続的には有しない者も含まれる。

【解説】※6　知的障がいは発達期にあらわれるものであり、発達期以降に新たに生じるものではないから、身体障がいのように人口の高齢化の影響を大きく受けることはない。

【解説】※7　利用者に対して全国一律の基準で個別に支給を決定する。

【解説】※8　市町村および都道府県が地域の状況に応じて提供する。

【解説】※9　屋外での移動が困難な障がい者に対して、社会生活上、必要不可欠な外出や余暇活動等の社会参加を促すために外出時の移動を支援する。

【解説】※10　福祉サービスの事業所や障がい者支援施設、学校等の空きスペースに障がい者の日常生活の場を確保することで、日常的に介護している家族の就労支援や一時的な休息を目的とするサービス。

（1）　厚生労働省下での障がい者スポーツ

　わが国において、1964（昭和39）年の東京パラリンピック大会は、障がい者のスポーツが発展する契機となった大会である※11。大会終了後の1965（昭和40）年には、スポーツ大会の開催および奨励、国際競技大会への選手団の派遣、指導員の養成などを目的に「日本身体障害者スポーツ協会」が設立され、同年、「全国身体障害者スポーツ大会」が開催されることになった。

　1985（昭和60）年には、日本身体障害者スポーツ協会公認身体障害者スポーツ指導者制度が発足し、これを契機に障がい者スポーツ指導者資格取得者が組織化され（障がい者スポーツ指導者協議会など）、地方の大会や全国大会に審判員や補助員として関わるようになった。1993（平成5）年からは大学や短大、専門学校などで所定の授業の単位を取得することで障がい者スポーツ指導者資格が取得できる認定校制度が始まった。

　1998（平成10）年の長野パラリンピック大会は、従来リハビリテーションの延長としてとらえられていた障がい者のスポーツが「スポーツ」と認識される契機となった大会である。この時期、各新聞紙面では社会面で掲載されることの多かった障がい者スポーツがスポーツ面で掲載されるようになった。大会終了後の1999（平成11）年には、「日本身体障害者スポーツ協会」から、身体障がい、知的障がい、精神障がいの三障がいを対象とする「日本障害者スポーツ協会」（現　公益財団法人日本障がい者スポーツ協会）に改称し、内部組織として日本パラリンピック委員会を立ち上げた。2001（平成13）年には、「全国身体障害者スポーツ大会」と「全国知的障害者スポーツ大会（ゆうあいピック）」が統合して、「全国障害者スポーツ大会」が開催されることになった。

（2）　わが国のスポーツ施策と障がい者スポーツ

①　スポーツ基本法の成り立ち

　障害者基本法第25条※12を根拠に、障がい者のスポーツは厚生労働省管轄下での障がい者福祉施策の一環として展開されてきた。

　2011（平成23）年、スポーツ振興法を全面改正したスポーツ基本法が成立、施行した※13。具体的には第2条第5項に「スポーツは、障害者が自主的かつ積極的にスポーツを行うことができるよう、障害の種類及び程度に応じ必要な配慮をしつつ推進されなければならない」、同条第6項に「スポーツは、我が国のスポーツ選手（プロスポーツの選手を含む。以下同じ。）が国際競技大会（オリンピック競技大会、パラリンピック競技大会その他の国際的な規模のスポーツの競技会をいう。以下同じ。）又は全国的な規模のスポーツの競技会において優秀な成績を収めることができるよう、スポーツに関する競技水準（以下「競技水準」という。）の向上に資する諸施策相互の有機的な連携を図りつつ、効果的に推進されなければならない」と明記しており、障がい者のスポーツがスポーツ施策の一環として進められることになった。

②　所管省庁の変遷

　スポーツ基本法を受けて策定された第1期スポーツ基本計画をもとに、2012（平

成24）年度より文部科学省において障がい者スポーツ関連事業が行われるようになった。

2014（平成26）年4月には障がい者スポーツに関する事業の多くが厚生労働省から文部科学省に移管された。今まで厚生労働省が実施してきた全国障害者スポーツ大会開催事業や日本障がい者スポーツ協会補助事業を文部科学省が実施するようになった。

2015（平成27）年10月に文部科学省の外局としてスポーツ庁が設置されてからは、障がい者スポーツの普及・推進に関してはスポーツ庁健康スポーツ課内の障害者スポーツ振興室、障がい者スポーツの競技強化に関しては競技スポーツ課が推進している。オリンピック・パラリンピック課では、パラリンピックムーブメント※14の推進、2020年東京大会に向けたスポーツ団体などとの調整が行われている。

③ スポーツ基本計画とその振興

スポーツ基本法の規定に基づき、文部科学省では2012（平成24）年3月に第1期スポーツ基本計画を策定※15した。10年間程度を見通した5年間（2012年度～2016年度）を期間として、地方公共団体が「地方スポーツ推進計画」を定めるための指針となるよう、国と地方公共団体が果たすべき役割に留意して策定した。5年後の見直し時期では、スポーツ庁長官からの諮問を受け、スポーツに係る幅広い分野の有識者から構成されるスポーツ審議会において専門的な審議検討を行い、2017（平成29）年3月1日に答申をとりまとめた。答申を踏まえて策定された第2期スポーツ基本計画では、スポーツの主役は国民であり、国民に直接スポーツ機会を提供するスポーツ団体等であるとし、国民、スポーツ団体、民間事業者、地方公共団体、国等が一体となって施策を推進していくことが必要だとしている。5年間（2017年度～2021年度）の中長期的なスポーツ政策の基本方針として、（1）スポーツで「人生」が変わる！（2）スポーツで「社会」を変える！（3）スポーツで「世界」とつながる！（4）スポーツで「未来」を創る！を掲げ、「スポーツ参画人口」を拡大し、「一億総スポーツ社会」の実現に取り組んでいる。計画策定にあたったスポーツ審議会およびスポーツ基本計画部会のメンバーには、多くの障がい者スポーツ関係者が名を連ね、計画では「スポーツを通じた共生社会等の実現」に向け、以下の目標も示されている。

第2期スポーツ基本計画における障害者スポーツの振興等
（障害者の週1回のスポーツ実施率：成人19.2%→40%、7～19歳31.5%→50%）
- 地方公共団体等において障害者スポーツを総合的に振興する体制の整備
- 障害のある人とない人が一緒に親しめるスポーツ・レクリエーションの推進
- スポーツ施設のバリアフリー化、不当な差別的取扱いの防止による利用促進
- 全ての特別支援学校が地域の障害スポーツの拠点となることの支援
- 総合型クラブへの障害者の参加促進（40%→50%）
- 障害者スポーツ指導者の養成の拡充（2.2万人→3万人）
- 活動する場がない障害者スポーツ指導者を半減（13.7%→7%）
- 障害者スポーツの理解促進により、直接観戦経験者を増加（4.7%→20%）
- 全ての学校種の教員に対する理解促進、学校における障害児のスポーツ環境の充実

第7章　障がい者スポーツ推進の取り組み

【学びのポイント】

1）「スポーツ基本法」、「スポーツ基本計画」の策定により、都道府県、政令指定都市がスポーツ推進計画の改定や障がい者スポーツの振興について新たな取り組みを推進していることを理解する。

2）日本障がい者スポーツ協会が策定した「日本の障がい者スポーツの将来像（ビジョン）」がめざす障がい者スポーツの振興ならびに、自身の地域における障がい者スポーツ振興の現状と課題について学ぶ。

3）日本障がい者スポーツ協会公認障がい者スポーツ指導者制度を学び、各資格の役割と養成講習会の主催団体や受講対象等、資格取得方法について理解する。

4）地域の障がい者スポーツ協会、障がい者スポーツ指導者協議会の主な活動や役割について学び、資格取得後に活動する際の情報の入手方法や活動方法等について理解する。

1　各都道府県・指定都市の障がい者スポーツ推進の現状と課題

【解説】※1　スポーツ部局の一元化とは、これまで福祉部局が担当していた障がい者スポーツに関する業務をスポーツ部局へ移管し、障がい者スポーツを含め、すべてのスポーツ業務を一元化すること。2010年に東京都、佐賀県がスポーツ部局を一元化したことを契機に、2019年9月現在、計15の都道県の行政で組織改変があった。また政令指定都市では、2017年に川崎市と新潟市、2018年には札幌市においてスポーツ部局が一元化されている。

　2011（平成23）年に制定された「スポーツ基本法」や「スポーツ基本計画」の規定に基づき、2017（平成29）年3月に「第2期スポーツ基本計画」が策定された。

　各都道府県・指定都市（以下、「県市」）においては、第2期スポーツ基本計画の策定に基づき、自身の県市のスポーツ推進計画の見直しや改定がなされ、より具体的な目標を定め、取り組みが行われている。さらにスポーツ部局の一元化※1など、新たな組織体制で障がい者スポーツの振興を進める県市も増えつつある。

　日本障がい者スポーツ協会では、2012（平成24）年3月に、これまでの障がい者スポーツの歴史や直面する現状と課題等を踏まえ、さらなる発展を目指して、「日本の障がい者スポーツの将来像（ビジョン）」を発表した。その理念は「活力のある共生社会の創造」であり（図1）、障がい者スポーツの振興を「山」にたとえ、「山の裾野を広げる（障がい者スポーツの普及拡大）、山を高くする（競技力の向上）、木を繁らせる（社会の活力向上）」とし、山をバランスよく大きくしていくことを障がい者スポーツの振興の姿と表現した（図2）。そして、2020年、2030年の中長期の目標を設定し、その達成に向けアクションプランを策定し、関係諸団体の理解、協力を得ながら進めているところである。

図1　障がい者スポーツの将来像の理念

日本の障がい者スポーツの将来像（ビジョン）
理　念
「活力のある共生社会の創造」

1．一人ひとりの個性を尊重する
2．スポーツの価値はすべての人に共通する
3．すべての障がい者がスポーツの価値を享受できる
4．スポーツを通じた障がい者の社会参加を広げる
5．障がい者スポーツの発展により活力ある社会を創造する
6．スポーツ施策の一元的推進する社会をめざす

図2　障がい者スポーツの将来像のイメージ図

活力のある
共生社会を実現

好循環

競技力の向上（山を高くする）
社会の活力向上（木を繁らせる）
スポーツの普及拡大（裾野を広げる）

　また、東京2020オリンピック・パラリンピック競技大会の開催を契機として、障がい者のスポーツ参加の機運も高まっている中、各地域では障がい者スポーツの理解促進事業や障がい者がスポーツに参加できる環境づくりを推進するための事業（①人づくり：指導者養成・育成、②関係づくり：スポーツ教室、イベント事業、③拠点づくり：活動拠点設置・ネットワークづくり）を推進していく取り組みが行

われている。その中では様々なスポーツ関係団体と連携を構築し、互いの専門分野を活かしながら事業を協働、実施するなど、障がいの有無にかかわらず、誰もがスポーツを楽しむことができる環境整備に向けた取り組みが進められている（**図3**）。

しかし、各県市には地域毎に様々な課題があり、その解消のためには県市の障がい者スポーツ協会が中心となり、行政と障がい者スポーツ指導者協議会の3者で課題[※2]を共有し、多くのスポーツ関係団体や教育・福祉等の関係組織・団体との連携のもとに障がい者スポーツの振興を進めていくことが重要である。

図3　障がい者スポーツ振興事業の展開イメージ図

【解説】※2　日本障がい者スポーツ協会の事業である「地域における障がい者スポーツ振興事業」を実施した都道府県・指定都市の障がい者スポーツ協会から挙げられた過去5年間の主な課題の傾向は次のとおりである。各地域では、障がい者スポーツの更なる振興を推進していくために、この課題を整理し、解消していくための取り組みが進められている。
- 指導者の課題：1）地域のキーパーソン（中核）となる指導者の育成、2）指導者、支援者の資質向上・専門性の活用、3）地域の自立したスポーツ活動をめざした事業への協力・参画

2　日本障がい者スポーツ協会指導者制度の概要

(1)　制度の目的

障がい者スポーツ指導者制度[※3]は、わが国における障がい者スポーツの振興と競技力の向上にあたる障がい者スポーツ指導者の資質と指導力の向上を図り、指導活動の促進と指導体制を確立するために制定された制度である。その目的は、①障がい者の特性に応じたスポーツの指導体制を確立する、②指導者の資質と指導力の向上を図る、③指導者の協会および各組織内における位置づけを明確にするとともに、社会的信頼を確保する、④都道府県・指定都市並びに競技別に指導者の組織的連携を進め活動の促進を図ることの4つの事項の実現にある。

(2)　資格の種類と役割（※障がい者スポーツ指導員の詳細は第1章を参照）

①　障がい者スポーツ指導員

指導員は、初級、中級、上級の3種に分けられており、共通の役割として、障がいや障がい者スポーツに関する基礎的（初級）、専門的（中級、上級）な知識や障がい者を支援、指導するための基本的な技術を有し、地域の障がい者を運動やスポーツへと導くことが求められている。さらに、種別に応じて、スポーツ場面での役割も示されている。

1）初級障がい者スポーツ指導員

初級指導員は、プレーヤーに運動やスポーツの楽しさ、基本的な運動の仕方やその意義や価値を伝えるとともに、自身も地域の大会等の行事や指導者組織の事業にも積極的に参加し、地域の障がい者スポーツ振興を支える役割を担う。

2）中級障がい者スポーツ指導員

中級指導員は、プレーヤーの状況に合わせて指導計画を立て、基本的な技術や練習方法を指導するとともに、自身も地域の大会等の行事では運営リーダーとして活

- 拠点整備の課題：1）各地域で気軽に継続的にスポーツに取り組める環境の整備、2）組織間（行政・学校・地域クラブ等）の連携強化による拠点整備の充実と県域における地域格差の解消
- 事業企画の課題：1）ニーズの把握と実施内容の検討、2）継続性（自立した取り組み）を見据えた仕組みづくり、3）全国障害者スポーツ大会等の大イベントの開催機運に乗じた事業の企画（長期計画）
- 県域の障がい者スポーツを統括する県協会の基盤整備：1）財源確保、2）人材の補強、3）情報発信力の拡大、4）各関係機関と連携体制の構築

【解説】※3　1965年の第1回全国身体障害者スポーツ大会の翌年の1966年より「身体障害者スポーツ指導者講習会」が開催されていたが、これらを受講した指導者の組織的活動を推進するため、1985年に「財団法人日本身体障害者スポーツ協会公認身体障害者スポーツ指導者制度」が発足された。この制度は日本体育協会（現　日本スポーツ協会）の指導者制度を参考に組み立てられたものである。1993年には、資格取得認定

校制度が発足し、専門学校、短期大学、大学で在学中に資格取得ができることなった。2001年からは日本体育協会（現 日本スポーツ協会）公認指導者を対象に、2002年から日本理学療法士協会登録理学療法士を対象とした中級指導員養成講習会の開催がそれぞれスタートし、2005年には障害者スポーツ医の資格制度が確立された。また、2009年に制度の名称を、「財団法人日本障害者スポーツ協会公認資格認定制度」と改称し、資格取得方法が整理され、同年には、障害者スポーツトレーナーの資格制度が確立された。2011年より、「財団法人日本障害者スポーツ協会公認障害者スポーツ指導者制度」と改称され、障害者スポーツコーチ資格が医師、トレーナーと同様に独立した資格に制度改正が行われた。2012年に日本障害者スポーツ協会が公益財団法人へ移行し、2014年、協会名称が「公益財団法人日本障がい者スポーツ協会」へ表記変更したことに伴い、制度名、資格名称についても「障がい」に関する表記の整理が行われた。

動し、全国障害者スポーツ大会においても役員としての資質を有する。地域の障がい者スポーツ振興の課題を理解し、障がい者がスポーツすることの意義や価値を関係諸団体と共有しながら連携し、その解決をめざす役割を担う。

３）上級障がい者スポーツ指導員

上級指導員は、プレーヤーの競技レベルに合わせて指導計画を立て、専門的な技術や練習方法を指導するとともに、自身も地域の大会等の行事では企画、運営等のコーディネーターとして中心的な役割で活動し、全国障害者スポーツ大会においても中心的な役員としての資質を有する。障がい者スポーツ振興のリーダーとして県市の課題を理解し、障がい者がスポーツすることの意義や価値を広く社会にも伝えるとともに、関係諸団体と積極的に連携を図り、その解決に向けた取り組みを行う役割を担う。

② 障がい者スポーツコーチ

パラリンピック等の国際大会で活躍する競技者に対して、専門的な指導ができる高度な技術を有し、競技団体や都道府県の障がい者スポーツ協会等と連携して障がいのある競技者の育成、強化を実践する。また、パラリンピック等におけるメダル獲得に向けた戦略等のマネジメントを行う役割を担う。

③ 障がい者スポーツ医

障がい者のスポーツ・レクリエーション活動において、様々な疾患や障がいに対応し、多くの障がい者が安全にスポーツに取り組むための効果的な医学的サポートを行い、また、関係団体と連携して障がい者のスポーツ実施における健康維持、増進、競技力の向上を医学的な視点から推進する役割を担う。

④ 障がい者スポーツトレーナー

スポーツトレーナーとして、質の高い知識・技能、障がいに関する専門的知識を有し、障がい者の健康管理やスポーツ活動に必要な安全管理、また、アスレティックリハビリテーションやトレーニング、コンディショニング指導等を通じて協会や関係団体と連携して競技力の維持・向上を支援する役割を担う。

（3） 障がい者スポーツ指導者資格取得方法

各資格の詳細および基準カリキュラムの内容については、「障がい者スポーツ指導者制度」冊子を参照。

① 障がい者スポーツ指導員養成講習会

種類	主催団体	受講対象	資格取得
初級	都道府県・指定都市、同障がい者スポーツ協会及び障がい者スポーツ指導者協議会	受講年度の４月１日現在、18歳以上の者	基準カリキュラム（計21時間：約３〜４日間）をすべて受講で資格取得
中級	日本障がい者スポーツ協会及び都道府県・指定都市、同障がい者スポーツ協会、ブロック障がい者スポーツ指導者協議会	初級資格取得後２年以上、活動経験（80時間以上）がある者	基準カリキュラム（計57時間：約10日間）をすべて受講で資格取得
上級	日本障がい者スポーツ協会	中級資格取得後３年以上、活動経験（120時間以上）がある者	基準カリキュラム（計45.5時間：約７日間）をすべて受講で資格取得

※日本スポーツ協会公認スポーツ指導者、日本理学療法士協会登録理学療法士の場合、それぞれの資格取得者を対象とした別に定めるカリキュラム内容の中級障がい者スポーツ指導員養成講習会を受講することができる。

② 障がい者スポーツコーチ養成講習会

主催団体	受講対象	資格取得
日本障がい者スポーツ協会	中級障がい者スポーツ指導員資格以上を取得し、日本障がい者スポーツ協会登録競技団体・日本パラリンピック委員会加盟競技団体で選手強化・育成に関わり競技団体の推薦がある者	基準カリキュラム（計31.5時間：３日間×前・後期）をすべて受講し、後期の検定試験合格で資格取得

③ 障がい者スポーツ医養成講習会

主催団体	受講対象	資格取得
日本障がい者スポーツ協会	医師免許を取得して５年以上の者	基準カリキュラム（計19.5時間：３日間）をすべて受講で資格取得

④ 障がい者スポーツトレーナー養成講習会

主催団体	受講対象	資格取得
日本障がい者スポーツ協会	以下の①、②のいずれかに該当する者 ①日本スポーツ協会公認アスレティックトレーナー資格の保有者 ②PT、OT、柔整、あん摩マッサージ指圧師、灸鍼師のいずれかの資格を有し、かつ当協会登録競技団体・都道府県・指定都市の障がい者スポーツ協会又は指導者協議会の推薦がある者（活動経験2年以上）	基準カリキュラム（計32時間：3日間×1次・2次）の受講、及び1次（理論）・2次（実技）の検定試験の合格により資格取得

3 地域の障がい者スポーツ協会や指導者協議会について

　地域の障がい者スポーツ振興の推進において、中心的な役割を担う障がい者スポーツ協会と同指導者協議会の主な役割、活動については以下のとおりである。

(1) 都道府県・指定都市　障がい者スポーツ協会

役　割	協会数	対象障がい
都道府県・指定都市の障がい者スポーツの普及・振興の中心となる非営利組織	計57か所 （47都道府県・10指定都市）	身体・知的・精神（一部地域では、身体・知的のみの団体も有）

主な活動	1）全国障害者スポーツ大会予選会の実施、本大会への派遣 2）全国障害者スポーツ大会強化練習会の開催 3）障がい者スポーツ指導者の養成	4）スポーツ教室・イベント・大会の企画、開催 5）競技団体・クラブ・ボランティア育成・支援 6）障がい者スポーツ広報（普及啓発を含む）

(2) 都道府県・指定都市　障がい者スポーツ指導者協議会

役　割	協議会数	登録方法
日本障がい者スポーツ協会公認指導者として地域における障がい者スポーツの普及・啓発を進める者により運営された非営利組織	都道府県・市を含む計51組織が8ブロックに分かれて構成 （①北海道　②東北　③関東　④北信越　⑤中部・東海 ⑥近畿　⑦中国・四国　⑧九州）	指導員登録の際に記載（都道府県・指定都市を記入）した「活動登録地」にある協議会へ登録

主な活動	1）主催事業 ①指導員の資質向上研修会の実施 ②スポーツ教室・イベント・大会の企画、開催 ③広報誌・ホームページ等の情報提供	2）協力事業 ①全国障害者スポーツ大会予選会の運営協力 ②全国障害者スポーツ大会強化練習会の協力 ③全国障害者スポーツ大会への役員派遣協力 ④スポーツ教室・大会・イベントの運営協力 ⑤地域のスポーツ関係団体への支援・協力

4 資格取得後の活動方法と情報入手方法（地域への参加）

　障がい者スポーツ指導者資格を申請した者は、日本障がい者スポーツ協会に登録され、また、全国8ブロックに分けたブロック別指導者協議会ならびに申請時に活動登録地として指定した県市の指導者協議会に登録される。

　登録後は、日本障がい者スポーツ協会はもとより、県市の指導者協議会やスポーツ協会より、障がい者スポーツ指導者としての活動（スポーツ教室やイベントの協力等）の情報が提供されるが、2017（平成29）年に実施した「公認障がい者スポーツ指導員実態調査」[※4]においては、継続した活動につなげていくためには、活動に関する情報を積極的に取り入れることや、同じ目的を持った指導員同士のネットワークを構築することが大切であるとまとめられており、自ら情報を収集すること、積極的に活動に参画することが求められている。

　また、スポーツ現場での活動に備え、日頃から障がい者スポーツに関する研修会等を受講し、指導者としての資質向上、より専門性を高めていくための自己研鑽等、指導者として常に学び続けることが重要である。さらには地域のスポーツ現場における障がい者スポーツ指導者の役割は、障がい特性等に応じた支援から専門的な指導技術の実践だけではなく、様々なスポーツ関係者等と協力、連携し、障がい者へのスポーツ指導体制を整備していくコーディネーターとしての役割についても期待されているところである。

【解説】※4　公認障がい者スポーツ指導員実態調査は、日本障がい者スポーツ協会と障がい者スポーツ指導者協議会によって、2002年、2012年、2017年に障がい者スポーツ指導員資格を有する登録者すべてを対象に調査を実施した。調査結果から指導員の活動の実情や指導を行ううえでの課題などの声を把握し、資質向上のための研修会の企画や指導員の活動幅を広げていくための方策を検討し、ブロックや県域の指導者協議会での活動の活性化につなげていくなど、貴重な調査として位置づけられている。

第8章　地域における障がい者スポーツ振興

【学びのポイント】

１）地域の障がい者スポーツ振興の核となる障がい者スポーツ協会、障がい者スポーツ指導者協議会の活動や課題について学ぶ。

２）地域における障がい者スポーツ振興において、連携が期待される団体について理解し、連携の必要性や意義を学ぶ。

３）地域における障がい者スポーツ振興事業の事例から、課題に対しての企画、運営方法（事業内容、実施体制、地域団体との連携、継続していくための工夫等）、実際の成果や効果、新たな課題等について学ぶ。

1　地域における障がい者スポーツ団体等の役割・活動

　2011（平成23）年のスポーツ基本法施行を契機に、障がい者スポーツを取り巻く関係組織も変化してきている。ここでは、障がい者スポーツ振興に関係する組織をあげ、期待される役割の一例を示す。

（1）　地域振興の核となる組織

①　障がい者スポーツ協会

　全国の57都道府県・指定都市に設置されており、地域でのスポーツ振興の中心を担っている。専任職員の不在など、組織体制が充分ではない協会も多いが、既にある社会資源を生かしながら、地域のコーディネーターとして組織連携の発信役となり、地域の実状に応じた協働体制の構築が重要となる。

②　障がい者スポーツ指導者協議会

　地域の障がい者がスポーツを楽しむために重要な「指導者・支援者」として期待されるのが障がい者スポーツ指導員である。障がい者スポーツ協会には、その内部に指導体制が整備されていないこともあり、障がい者スポーツ指導者協議会との協働により、地域振興に向けた事業実施が可能となる。このように、障がい者スポーツ指導員は、障がい者スポーツ協会と協働することで、地域振興の中心的な担い手となる。また、指導のみならず、イベントやスポーツ教室の企画・運営・補助等、幅広い役割も期待される。

（2）　連携が期待される組織と役割

　従来、障がい者スポーツは、福祉分野で取り組まれることが多かったが、近年では、共生社会の実現に向け、障がいの有無に関係なく、スポーツ分野を含めた一体的な連携・協働が求められている。以下に、主な組織と役割をあげる。

主な関係団体	期待される主な役割
地方公共団体 (スポーツ・福祉・教育等)	各都道府県・指定都市において、行政として障がい者スポーツの振興方策を示す。障がい者スポーツの所管課は、従来、障害福祉等が主であったが、スポーツ部局に一元化する都道府県・指定都市も増えている。いずれにしても、組織の縦割りにとらわれず[1]、関係部局との連携が重要である。 近年では、障がい者スポーツ振興を推進させるため、複数の部局を交えての連絡調整会議や障がい者スポーツコーディネーター[※1]の任命・派遣などもみられるようになった。
学校・教育委員会	スポーツ庁「第2期スポーツ基本計画」では、「特別支援学校」を地域の障がい者スポーツの拠点として位置付けており、障がい児者のスポーツ活動促進および体育館等の有効利用、一般学校に在籍する障がい児へのアプローチなどが期待されている。
スポーツ推進委員協議会	行政と地域住民、スポーツ団体との間を連絡調整するコーディネートの役割を担っている。学校と地域など、関係者、関係団体をつなぐ中核的役割を担う[2]。 (全国に約5万人、区市町村単位で任命される)
総合型地域スポーツクラブ	身近な地域でスポーツに親しむことのできるよう、多世代、多種目、多志向、という特徴を持つスポーツクラブ。地域住民により、自主的・主体的に運営されるクラブであり、地域での障がい者のスポーツ活動の受け皿となり得る。
スポーツ・レクリエーション団体	各種スポーツ競技団体、レクリエーション協会等、実施競技に応じて、指導者・審判等の派遣、プログラムの提供等での連携が望まれる。
公共スポーツ施設	体育館・プール・トレーニングルーム等、地方公共団体の指定管理者が運営・管理していることが多い。貸館業務のほか、スポーツ教室等の自主事業を実施している施設もあり、障がい者の利用促進[※2]が期待される。
社会福祉協議会	安心して暮らすことができる地域福祉を実現するための、公共性と自主性をもった民間組織であり、障がいのある人へのスポーツを通した支援という側面で、福祉サイドからのアプローチにより、周知や広報等を中心に協働が可能。
障がい当事者団体	身体・知的・精神等の各障がい者団体など、当事者の団体として幅広くニーズを把握し、活動参加の中心的存在となる。
医療関係(病院・リハビリテーションセンター等)	医療関係者は、福祉サービス利用での障がい者との接点も多く、医師、理学療法士、作業療法士、社会福祉士、介護福祉士等、障がい者がスポーツにふれる機会拡充の窓口となる。
障がい者スポーツセンター	障がい者のスポーツ・レクリエーションの活動拠点であり、専門的な知識を有する指導員が常時配置されていることから、個人利用や各種スポーツ教室等で、障がい者のスポーツの日常化に寄与している。一方、その指導員などの豊富な資源を活かし、地域での出張教室やその他の公共スポーツ施設との連携・協働など、広域拠点としての情報発信も期待される。
大学・企業等	大学施設の利用や学生の人的協力は、継続可能な資源として非常に有効である。また、企業のCSR等の活動として障がい者スポーツを応援するケースも増えてきており、企業資源の活用も期待される。

【解説】※1　長野県や愛媛県などでは、障がい者のスポーツ活動を推進させるため、地域での相談・調整役となる「コーディネーター」の任命・派遣等を行っており、コーディネーターを中心とした地域に根ざした普及も広がっている。

【解説】※2　東京都では、「障がい者のスポーツ施設利用促進マニュアル」(2016年2月)を作成、配布し、スポーツ施設における障がい者の利用を促進させるための工夫や配慮などを周知している。

2　地域の関係団体との連携の必要性・意義およびその連携の在り方

(1)　関係団体との連携の必要性・意義

①　障がい者のスポーツ活動の継続・定着に向けた基盤づくり

　1つの組織での運営では限定されるものが、地域の資源と連携することで、スポーツ活動推進に必要な場所・指導者・用具等、内容が充実することは言うまでもない。また、組織間で役割を分担することで、その関係団体において事業化することにもつながり、地域に根付く可能性が高くなる。このように、障がい者が身近な地域でスポーツ活動をすすめ、定着するためには、多方面の連携体制を築くことが鍵となる。

　近年では、スポーツ推進委員等の関係団体指導者を対象に、障がい者スポーツ指導員資格の取得を促す取り組みも増えてきている。指導者の充実は、プログラムの充実にもつながり、障がい者スポーツ指導体制の確立に向けて好循環といえる。

②　障がい者のスポーツ参加機会拡大

　地域によっては、イベントやスポーツ教室を開催しても、障がい当事者の参加が少ないといった課題もよく聞かれるが、地域のネットワークが確立されれば、より

多くの障がい者へのアプローチが可能となり得る。この側面では、社会福祉協議会等の福祉関係団体や医療関係者との連携を通した情報伝達・広報が有効である。例えば、障がい児を対象に、スポーツイベントとして呼びかけても動員できなかったことが、「福祉機器展」とのタイアップイベントでは、多くの参加があった事例もある。医療や福祉機器関係者との連携も障がい者のスポーツ参加機会拡大に向けて有効である。

（2）　関係団体との連携の在り方

前述のとおり、スポーツ関係者と障がい福祉関係者が、各地域で連携・協働体制を構築し、障がいの有無にかかわらずスポーツの振興を一体的に図る[3]ことが今後ますます重要となってくる。連携・協働の一例としては、イベント等の開催において、行政、学校、スポーツ団体、社会福祉関係団体、スポーツ推進委員等の代表者から構成される「実行委員会」の設置[4]があげられる。障がい者スポーツイベント等の企画では、この実行委員会形式とすることで、関係団体との連携がより強固となり、それぞれの人材・資源等の強みを生かしたイベント運営につながる。

【解説】※3　事業実施に必要な要素（指導・会場・参加・安心・用具）を中央の5つの円で示し、関係団体がその役割を分担し得る主な活動想定範囲を外側の4つの円で示した。重なりあう部分も多いが、互いの強み・弱点を確認し、相互に補完しあえる関係性をめざしている。

図1　大阪市における地域スポーツ活動推進イメージ※3

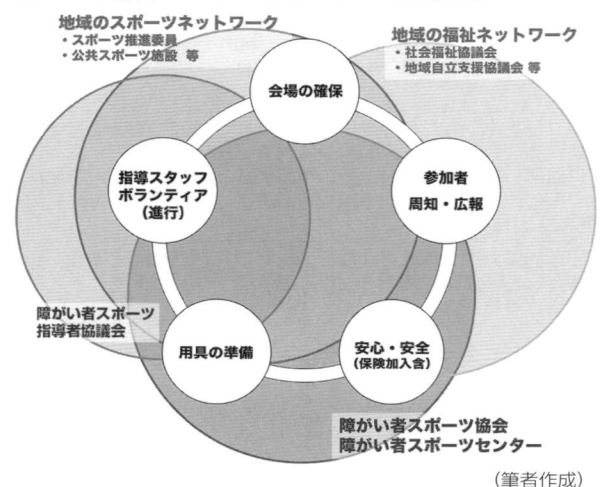

（筆者作成）

例えば、大阪市では、地域でのスポーツ活動の際に、図1のようなイメージを共有し、関係団体との役割分担を行っている。このように、地域での障がい者スポーツ教室などの活動においても、障がい当事者と講師だけではなく、会場となる施設や競技団体、スポーツ推進委員、ボランティア、福祉団体等との連携が、プログラムやスタッフの充実のみならず、周知・広報にも好影響を及ぼす。

3　「地域における障がい者スポーツの振興事業」の事例

各都道府県・指定都市では、地域の実状に応じた様々な事業が展開されている。ここでは、2つの事例を紹介する。

（1）　事例1：特定の地域へのスポーツ活動定着をめざした「障がい者スポーツ地域連携づくり事業」

埼玉県では、日本障がい者スポーツ協会「地域における障がい者スポーツの振興事業」を受託し、2016（平成28）年度から3年間、「障がい者スポーツ地域連携づくり事業」を開催した。県障害者スポーツ協会が組織連携の輪の中心となり、実行委員会を組織し、障がい者スポーツ指導員が主体的に活動するなど、地域振興・連携の好事例といえる。

主　催	一般社団法人埼玉県障害者スポーツ協会
概　要	交通アクセスが整っていないなど、スポーツ活動の場が制限されている地域において、自立したスポーツ活動を定着させるため、イベント開催を契機に、基盤整備に取り組んだ。 地域の組織間の連携づくりや人材の掘り起こしなど、複数年計画で取り組むことで、スポーツ活動を根付かせる足がかりとなった。
2018年度の 主な取り組み	[メインイベント] ちちぶふれあいピック（大会形式年１回） [準備・その他] ・事前企画会議（年４回）　　　・実行委員会（年４回） ・研修会／体験会（年３回）　　・意見交換会（大会後２回）
実行委員会体制	県障害者交流センター、県障がい者スポーツ指導者協議会、県立特別支援学校・行政（市町）、障がい者団体、障がい者事業所・県障害者スポーツ協会
その他連携団体	特別支援学校体育連盟、各種競技団体、行政（県）、地元ボランティア
障がい者スポーツ指導員の役割	企画会議・実行委員会への参画、指導員の育成、種目選定やブース運営（種目やルールの説明）
主な成果	・３年間の継続した活動を通して、地域で支える人たちが顔の見える関係となり、今後の協力体制の構築ができた。 ・複数回の企画会議、実行委員会を通して、地域からの主体的な発信がみられるようになった。 ・当該地域で指導員養成講習会を実施したことにより、地域の指導員が増加し、横のつながり・近隣の指導員と連携ができた。 ・地域の指導員が、その地域での活動を推進していくため、県を分割したブロック単位での活動・組織化に向け、動き出した。 ・行政が地域振興の必要性を認識するきっかけとなり、行政予算として継続開催を検討するまでに至った。

（2）　事例２：身近な地域でのスポーツ環境づくり「障がい者スポーツ・レクリエーションひろば」

　大阪市では、障がい者が身近な地域でスポーツに親しめるよう、市内24の区単位での地域活動を進めている。各区で展開するにあたり、障がい者スポーツ指導者協議会や各区に設置されている市立スポーツセンター、スポーツ推進委員協議会、社会福祉協議会等と連携・協働することで、本活動が地域に定着するよう取り組んでいる。

〈事業概要〉

主　催	社会福祉法人大阪市障害者福祉・スポーツ協会
目　的	障がいのある人が身近な地域でスポーツ・レクリエーション活動を楽しむ
内　容	音楽を使った体操・レクリエーション・軽スポーツ等、参加者の要望に合わせたプログラムを実施
参加者	障がいのある人とその介助者、家族、友人等 ※障がいのない人との交流促進にも活用 ※１回あたり平均60人程度が参加
開催頻度・時間	大阪市行政区単位に、年１～４回程度、平均90分～120分程度
会　場	公共スポーツ・文化施設他（市立スポーツセンター、区民ホール等）
障がい者スポーツ指導員の役割	主に運営補助として、進行をサポートしている。活動経験によっては、プログラムの一部をリードすることもある。
主な連携団体および役割	・スポーツ推進委員協議会：プログラムの進行、補助等 ・市立スポーツセンター：会場提供、運営補助等 ・社会福祉協議会／地域自立支援協議会：周知・広報・参加等
特記事項	・組織連携を進めるにあたり、地域の関係団体が「協力」から「共催」に発展するなど、関係団体の事業としても徐々に定着している。 ・市立スポーツセンターとの連携も年々深まっているが、これは指定管理者選定の評価基準に「障がい者スポーツ指導員の配置」が明記されたことなど行政による働きかけも大きい。2019（令和元）年度には、市立スポーツセンター職員を対象とした障がい者スポーツ指導員養成講習会も開催し、さらなる連携強化を図っている。 ・参加申込不要で、自由参加を基本としており、参加者の障がい種別・程度が当日までわからない中で、障がい者スポーツセンターのスポーツ指導員を中心に指導者協議会等と連携しながら、プログラムを組み立て進行している。

第9章　障がい者スポーツ指導員としての キャリア形成

【学びのポイント】

1) 障がい者スポーツ指導員として得ることができる知見について理解し、自身の指導員としての過去、現在の活動、将来の展望について整理し、自身の今後の障がい者スポーツ指導員としての在り方について学ぶ。

2) 学びの方法として、事前課題において自身の障がい者スポーツ指導員としての振り返りを行い、グループワークにおいて、それぞれが過去と現在の歩み、そして将来の指導者像について意見を出し合い、今後の自身の障がい者スポーツ指導員としての在り方を整理し、学ぶ。

1　障がい者スポーツ指導員としての活動により体得できる知見

【解説】※1　公認障がい者スポーツ指導員実態調査（公益財団法人日本障がい者スポーツ協会、2019）によると、障がい者スポーツ指導員の職業の内訳は、「福祉関係の施設・機関等のスタッフ」が21.0％と最も高く、以下、「無職」(13.8％)、「会社員」(12.1％)、「教育関係の施設・機関等のスタッフ」(11.9％)、「医療関係のスタッフ」(8.8％)、「スポーツ関係施設・機関等のスタッフ」(8.4％)、「自営業」(4.3％)、「学生」(3.6％)、「障がい者スポーツセンターのスタッフ」(1.9％)、「障がい者スポーツ協会のスタッフ」(1.6％)となっている。また、現在の活動への満足度を年代別にみると、20歳代および30歳代で最も低く、年齢が上がるともに満足度が高くなっている[1]。

　障がい者のスポーツ活動に関わる領域や人材が多様化しており、障がい者スポーツ指導員のバックグラウンド（経験、所属、職業、年代等）も多岐にわたっている[※1]。関わり方も、個人から集団まで、あるいは無償ボランティアから専門職まで幅が広く、さらには、障がい者がスポーツをする目的や障がいの種別および程度も個々で異なることから、そのアプローチの方法も様々である。

　障がい者スポーツ指導員としての活動から体得できる知見には以下のような特徴がある。

- スポーツの有用性およびスポーツの価値の多様性を再認識することができる。
- 日常生活における運動およびスポーツ活動の重要性を再認識することができる。
- 関連する多領域の現状や役割を知るとともに領域間における新たな関係づくりを創出することが期待できる。
- ステレオタイプ[※2]の指導法から脱却し、個々の特性や目的に応じた指導法の獲得が期待できる。
- 障がい者自身が持つ強み（ストレングス[※3]）の発見や、新たな価値観の再構築および自己実現の形成に携わることができる。

2　キャリア形成のイメージづくり

【解説】※2　「ある集団に関する単純化および固定化されたイメージ」である。例えば、「オリンピックに出場するようなトップアスリートはみな個性的で、ステレオタイプで語ることは難しいといわれており、また、個々が抱える心

　指導員自身のバックグラウンド（経験、所属、職業等）や、ライフステージ（年代）およびライフスタイル（生活・行動様式等）を踏まえて、自身の過去を振り返り、現在の活動状況を整理したうえで、将来的なキャリア形成をイメージしておくことは、指導員にとって大変重要なものとなる。初級障がい者スポーツ指導員として活動した後、中級および上級障がい者スポーツ指導員の取得を目指していく中では、どのように自身のキャリアを整理し、将来をイメージすべきだろうか。ここで

は、過去（初級障がい者スポーツ指導員としての活動）から、現在および将来（中級・上級障がい者スポーツ指導員としての活動）に至るまでのキャリア形成のイメージづくりの要点をまとめることとする。これらの内容を事前課題の作成やグループワークを行ううえでの参考にされたい。

〈事前課題のテーマ（例）〉

① **過去のスポーツ歴を整理する（実施者、指導者・支援者等）**

・あなたはこれまで、どのようなスポーツ活動の実施経験がありましたか？

・あなたはこれまで、どのようなスポーツ活動の指導・支援の経験がありましたか？

② **自身のライフスタイルにおける専門性を整理する（学問、職業等）**

・あなたが特に学んでいる（学んでいた）学問の領域は？

・あなたが従事している（従事していた）職業の領域は？

③ **これまでの障がい者を対象としたスポーツの指導・支援活動を整理する**

・あなたはこれまで、初級障がい者スポーツ指導員としてどのような指導・支援活動を行ってきましたか？（対象者の障がいの種別および程度、スポーツ、レクリエーション、健康づくり運動等の内容、立場および役割、年数および頻度）

・あなたのこれまでの障がい者スポーツ指導員としての活動の中で、特に印象に残っている場面や取り組みをあげてみましょう。（成功および失敗体験）

④ **指導者・支援者としてのあるべき姿を考える**

・これまでの経験（①～③）の中から、指導者・支援者として、あなた自身は何を学んだのか？　そして、どのような指導者・支援者であるべきか？　について、「思考」、「態度・行動（対自分）」、「態度・行動（対他者）」、「態度・行動（対社会）」、「知識・技能」の視点から考えてみましょう。（第1章2「スポーツ指導者に求められる資質」を参照）

⑤ **中級および上級障がい者スポーツ指導員としてのキャリアをイメージする**

・これから中級および上級障がい者スポーツ指導員としてステップアップしていく過程において、あなたがどのような役割を持ち、どのような活動を行っていきたいか？　について考えてみましょう。（第1章3「障がい者スポーツ指導員の役割、心構え、視点」を参照）

3　事前課題の確認と相互学習（グループワークの進め方）

　自身のキャリア形成を整理した後、グループワークを通じて指導者としてあるべき姿（指導者像）を形成（イメージ）することを目的として、自身の過去と将来の指導者としてのキャリアを多様な視点から整理し、指導者が相互に学び合うものとする。

〈グループワークのポイント〉

・発信力……自分の意見をわかりやすく伝える力

・傾聴力……相手の意見を丁寧に聞く力

・柔軟性……意見の違いや立場の違いを理解する力

・状況把握力……自分と周囲の人々や物事との関係性を理解する力

・ストレスコントロール力……ストレスの発生源に対応する力

　これらの要素はすべて「コミュニケーション」に関する能力[※4]である。メンバー全員がお互いの立場や考えを認めながら、目標に向かって意思疎通を図ることに

理的な課題は多様であるため、選手に対してステレオタイプ的判断を下すことは適切ではない。」とされている文献[2]もある。本文では、スポーツの集団への指導場面などにおける固定化された（個別性および柔軟性が欠如している）指導方法を表す用語として用いている。

【解説】※3　「能力や資源、強みのようなもの」[3]とされており、社会福祉の領域では、クライエント（患者・利用者・相談者等）の個別的な状況を自ら解決する能力のことであり、クライエントが抱えている問題を否定的ではなく肯定的に捉え解決に導いていく考え方を表す用語として用いられている。本文では、障がいのある部位や機能、能力（disability）のみに着目するのではなく、残された部位や機能および個々の特長に着目しながら、スポーツ活動を通じて心身の多様な能力を引き伸ばしていくことを表す用語として用いている。

【解説】※4　第4章「コミュニケーションスキルの基礎」も参照。

よってよいコミュニケーションが生まれ、真のグループワークが成立する[4]。

〈グループワークの展開例〉

① **効果的な議論のための"ルール""ツール""ロール"を設定する**

　・ルール……何をどのように議論するか？（テーマの設定）
　　　　　　　どのくらいの時間で行うか？（時間の設定）
　・ツール……机や椅子の配置、議論の内容の視覚化、情報の共有の仕方を設定する。
　・ロール……進行役や議事録をとる役などの役割分担を明確にする[4]。

② **自己紹介と事前課題の発表**

　・過去から現在の活動における、スポーツ歴およびコーチング歴の所属や期間および頻度等
　・印象的なスポーツ支援の場面における成功体験および失敗体験
　・障がい者スポーツ指導員としての将来的なビジョン

③ **ブレインストーミング[※5]の技法を用いた議論**

　・テーマ例１「障がい者スポーツ指導員としてあるべき姿とは？」（第１章２「スポーツ指導者に求められる資質」を参照）
　・テーマ例２「障がい者スポーツ指導員としてのキャリアをどのように形成していくか？」（第１章３「障がい者スポーツ指導員の役割、心構え、視点」を参照）

　上記を参考に議論するテーマを設定し、ホワイトボードを使って論点をあげていく、あるいは模造紙や付箋紙にアイディアを書き出していくなどして、情報を外部化して共有する。ポイントとなるキーワードをあげ、物理的に移動したり関連づけたりする。

④ **プレゼンテーション**

　プレゼンテーションとは、説明し知らせることではなく、聞き手が理解し納得する、つまり「聞き手を動かすこと」である。③の議論によって抽出された内容を効率的かつ効果的に発表した後、受講者の感想や意見を聴収することが望ましい[5]。

第IV編
安全管理

第10章　安全管理

【学びのポイント】

1）スポーツ指導者としての安全配慮義務について理解し、事故を回避する注意義務があることを学ぶ。

2）安全管理について、事故を未然に防ぐための留意点やスポーツ現場における対策について学ぶ。対策の１つとして、「ヒヤリ・ハット事例」から新たに安全対策を講じることの必要性について理解する。

1　スポーツ指導者の安全配慮義務の心得

　スポーツ指導者は、スポーツ活動時に発生し得る事故を予見し、できるだけ防がなければならないことは言うまでもない。**図1**は日本スポーツ協会「公認指導者養成テキスト」の「安全確保のための６つの指針」（安全指導と安全管理）である。指導者は、対象者に対し、生命・身体・健康等の安全に配慮し、安心してスポーツができる環境を提供する義務を負う。これが「指導者の安全配慮義務」である。

図1　安全確保のための６つの指針

1.スポーツルールを守ることを教えよう（安全指導）	2.絶対にケガをさせない心構えをもった活動計画の立案と実行をしよう（安全管理）	3.危険を感じたらすぐに安全対策に立ち上がろう
4.最悪を想定し、活動の中止を恐れない	5.地域の実情に応じた安全指導マニュアルを創り上げよう	6.保険に加入しよう

写真1　車いすツインバスケットボール

2　安全管理の留意点

　スポーツ活動時の事故を防止するためには、事故原因を人（ヒューマン）・施設（ハード）・プログラム（ソフト）の３点からとらえ、安心してスポーツができる環境を準備する必要がある。また、①スポーツ活動の準備段階、②スポーツ活動の当日、③スポーツ活動の終了後の一連で考え取り組むことが肝要である。

（1）　スポーツ活動の準備段階

① 　対象者の年齢、性別、障がいの種別や程度、コミュニケーション力、協調性、投薬、てんかん、スポーツ歴や技術レベルなどを確認しておく。

② 　用具や設備、空調の有無、AED設置や救急用品の有無と場所、施設入り口からの動線、施設へのアクセスを確認しておく。用具等が故障している場合は修理・修繕をしておく。

③ 　事故や事件・けがの発生に備え、緊急時対応マニュアルを作成しておく。スタッフで共有し、事前にシミュレーションをしておく。

④ 　医療・福祉関係機関や対象者の家族と連携し、障がい、健康状態、行動特性などを事前に把握し、緊急時の連絡先を共有しておく。

⑤ 　対象者に限らず、指導者・ボランティア・家族がけがをする場合や、施設の設

備や用具を破損するおそれもあるので保険に加入する。

⑥　自然災害時（雷、台風、地震等）の状況判断と活動中止時の連絡方法をマニュアル化しておく。

（2）　スポーツ活動当日

①　対象者への質問や観察、家族や関係者からの情報収集、バイタルチェックと健康状態を確認する（補装具等の点検を含む）。状態や運動中の変化によっては棄権等の判断をする。

②　ルールを遵守し、フェアプレイの原則に徹し、競技特性による事故を予見した活動、大会運営に努める。

③　天候の変化に即した活動継続の判断と行動をとる。

④　応急手当やけがの程度によっては救急搬送など医療機関と連携して行動する。事故発生時は、家族、施設、学校等へ速やかに連絡する。

（3）　スポーツ活動終了後

①　当日生じたヒヤリ・ハットについて確認し、対応策を考え、次に備える。

②　仮に、当日けがや事故が生じた場合は、必ず報告書に必要事項を記録する。その後、必要に応じて本人、家族、スポーツ活動に関わった関係者に確認を行う。

③　傷害保険が適用される場合は、保険会社、医療機関、本人へ連絡する。

④　事故やけがが発生した場合は、必ず原因分析と行動検証を行う。そのことにより、同じ事故を繰り返さないように予防することと、万が一起きた場合でも最小限に抑制することができる。

3　ヒヤリ・ハット

　ヒヤリ・ハットとは「ヒヤリとした」「ハッとした」という語源をもとに、多種複数の大きな事故や事件に至らぬ手前の状況を意味した言葉である。

　スポーツ活動時のヒヤリ・ハットの状況はスポーツ活動中とスポーツ活動外に分けられ、その要因には①実施者、②指導者、③関係者（審判員、競技補助員、トレーナー、組織団体、マスコミ・メディアなど）、④環境（天候など）、⑤施設（会場や用具など）、⑥第三者（観戦者やSNS※1などの発信者および受信者他）などがある。また、直接および間接的、または同時に発生することがあり、ヒヤリ・ハットの程度は、個人の経験、価値観や地域（慣習や文化）によるところも大きい（**表1**）。

【解説】※1　Social Networking Service（ソーシャル・ネットワーキング・サービス）の略で、ソーシャル（社会的な）ネットワーキング（つながり）を提供するサービスという意味である。

表1　ヒヤリ・ハットの具体事例

プール	水泳教室中に知的障がい児童の手がプールサイドから離れ、溺れそうになった。
	視覚障がい者同士が同じコースの中央付近で泳ぎ、危うく正面衝突しそうになった。
体育館	空調のない体育館で体温調整のできない頸髄損傷者が熱中症になりかけた。
	ふうせんバレーの練習中に、同じチームの障がい者同士が衝突しそうになった。
屋外	フライングディスクの競技中に、ディスクが待機していた選手に当たりそうになった。
	知的障がい者が陸上競技の練習中に、トイレに行くと言って行方不明になりかけた。

第11章　リスクマネジメント

【学びのポイント】
1）事故を未然に防ぐための準備として、スポーツ活動場面に潜在するリスクを理解し、対策や留意点を学ぶ。
2）障がい者へのスポーツ指導現場におけるヒヤリ・ハット事例や事故事例を通じて、参加者の障がい特性や事業の運営形態に応じたリスクの予測、対応、情報の共有等について学ぶ。

1　リスクマネジメントの基礎

リスクマネジメントとは、一般的に危機管理手法と言われ、リスク（危機）をコントロールし、最小限に抑制する方法という意味で使用されている。スポーツのリスクマネジメントが注目されたのは近年のことで、スポーツ活動におけるリスクとは単に対象者の事故やけがを引き起こす要因だけを指すのではない。指導者、組織、スポーツ文化や国までに影響を及ぼすこともあり、リスクにはスポーツ環境の変化や競争原理、さらにはメディアとの関係等、多種多様な背景が絡みあっていることを認識しなければならない。

安全管理で引用される代表的なものに「ハインリッヒの法則」がある（図1）。過去の労務災害における経験則が元となったリスクマネジメント

【解説】※1　Plan（計画）・Do（実行）・Check（評価）・Action（改善）を繰り返すことによって、安全な指導と安全管理に取組むためのもので継続的に改善していく手法のことである。

図1　ハインリッヒの法則

1件の重大な事故・災害
29件の軽微な事故・災害
300件のヒヤリ・ハット

幾千例の中に不安全行動、不安全状態の98％は予防できるもの、7万5千例の不安全行動は不安全状態の約9倍の頻度で出現している。［ドミノ理論］

Plan 計画
Do 実行
Check 評価
Action 改善

PDCAサイクル

に有効な観点で、「ひとつの重大事故の背後には、29件の小さな事故と300件のヒヤリ・ハットがある」と言われている。PDCAサイクル※1と組み合わせることで、事故の予防と減災へつながる。

2　スポーツ活動場面のリスク予測・準備と事後対応

（1）　リスクの予測と準備

リスクには、受動的なリスク（自然災害等）と能動的なリスク（スポーツ、仕事、移動など生活全般）があり、後者は個人選択が可能なリスクで、行動にともなう突発的な事故もあれば、予測により防げるものもある。昨今のスポーツ環境の変化にともない、障がい者スポーツは、多種・多様なものとなり、かつ競技力の向上がめざされている。**写真1**は脳血管疾患による片麻痺障がいのある者がロープクライミングを実施している様子である。リスクを予測し、備えておくことで、危険度の高

いスポーツを実施することもできる。指導者は、多種・多様なスポーツに対応し、リスクの予測と準備ができるよう、より多くの知識・技術・情報の収集をしなければならない。

写真1　ロープクライミング
(兵庫県立障害者スポーツ交流館)

写真2　車いす100m競走[※2]

【解説】※2　車いす100m走でのアクシデント。一般的には9レーンある会場で1レーンを使用せずレースが行われることが多いが、このレースでは1レーンも使用して行われたため、ゴール手前で1レーンの選手がトラック内側の鉄枠を乗り越える事態が起きた。危うく転倒は回避されたが、運営上において事前に予測・配慮できたリスクといえる。

リスクの予測で重要なことは、「まさか」ではなく「もしかして」という心構えを持つことであり、「リスクマネジメントプラン」を作成するなど、事前準備段階では、あらゆるスポーツ活動を想定したうえで知識や過去の経験および情報を共有しておくことが重要である。品質管理手法(QC：Quality Control)を用いたプロセスでプランを作成するのが有効である(**図2**)。

スポーツ活動時の事故やけがには、指導者の知識不足や対象者の技術面など人的な要因と天候などの環境的な要因が考えられる（**表1**）。ただし、リスクマネジメントを広義にとらえると、主に人権、事故による保障、法的な対応方法を学び、スポーツ教室の主催者である団体や施設等の立場から準備しなければならない。

図2　リスクマネジメントの手法

リスク抽出	・リスク（危険）の識別・確認 ・抽出作業に他者は否定しない
リスクの分析	・リスク（危険）の分析・損失の程度 ・リスク要因の洗出しと傾向集約
リスク予防と軽減策	・リスク要因から処理手法の決定 ・過去の情報検証

危機管理計画・再評価・記録保存

表1　リスクの例

区分	リスク
ひと	対象者や指導者、ボランティアのけがおよび事故、スポーツの継続（個人と他者優先性）、コミュニティ、満足度、肖像権、人権、個人情報漏えい、組織・団体のガバナンスやコンプライアンス
もの	用具の保証（破損、紛失）、施設評価、施設利用数、知的財産、盗難
かね	経済性（事業投資と考課）人員削減（失業）、スポンサー、商品販促力

(2)　事後対応

スポーツ競技団体、スポーツ施設、現場の指導者などで「リスクマネジメント委員会」（危機管理委員会）が組織化され、個人の経験や理論のない知識、技術によるものではない体制が不可欠である。これまでに企業界で提唱される「生き残れない企業の悪い風土：失敗の3C（ハートレークリープランド大）」を参照したい。

表2　失敗の3C

> 1. Complacency　コンプランセンシー　自己満足
>   これでいいんじゃないか、今のやり方でいいんだ
> 2. Conservatism　コンサバティイズム　保守主義
>   無意識のうちにやっている悪いことに気づかない前例主義
> 3. Conceit　コンシート　思い上がり
>   周りから見た自分と自分が思う自分は違うことに気づかない
>   お客様を素人扱いにする思い上がり

　リスクマネジメントは、情報共有が重要である。その共有した情報を一元的に管理し、活用できるようにしなくてはならない。

3　障がい者スポーツ指導現場におけるリスクマネジメント

(1)　障がい特性および運営形態（教室・大会など）に応じたリスクマネジメント

　一般のスポーツでは、対象者の年齢、性別、競技レベル等に配慮したプログラムで行われることが多い。一方、障がい者スポーツは、上記に加え対象者の障がい特性によって内在する危険が異なる。そのため、指導者は、危険が発生する要因（ひと、用具、施設、プログラム、天候、情報、経費など）に加え、障がいの特性に応じて複数のことを想定し、リスクに備えなければならない。

①　スポーツ教室のリスクマネジメント

　スポーツ教室のリスクには、①個人情報・人権（肖像権を含む）、②健全で安全な教室、③満足度（参加者・保護者）、④主催者の評価、⑤指導者個人の身分、⑥用具メーカーの責任などがあり、これらのリスク予防と軽減対応には計画的な準備が必要である。

写真3　車いすツインバスケットボールカバー

　障がい者スポーツの事故回避は、ルールや用具によるところが大きく、車いすツインバスケットボール下バスケットには台座の金属部分にクッションカバーが付けられている（**写真3**）。これは、過去に選手が転倒し、金属部分に頭部を打ちつける事故が発生したことから用具の改善が図られ、現在はルールとして義務づけられている。

②　スポーツ大会のリスクマネジメント

　スポーツ大会は、スポーツ教室に比べ対象者の数が多いことから、会場も広く、競技によっては公道、河川や海といった自然環境で行われることがある。そのため、予想を超えた事故が発生する場合もあり（例えば、スポーツ活動中に落雷で亡くなる報告[※3]も少なくはない）、「自然」という大きなリスク要因が潜んでいることや、大会が長期にわたれば移動中や宿舎での事故も予想されるため、24時間のリスクが想定される。

【解説】※3　2016/8/4、埼玉県川越市、高校野球部が他校と練習試合中、降雨はなく、落雷。生徒1人重体、4人負傷。1996/8/13、大阪府高槻市、雷鳴が響く中、開始されたサッカー大会の試合中に高校1年生1人が落雷に遭い、意識不明の重体。意識は戻ったが、重い後遺症。最高裁が審理を高裁に差し戻し、高松高裁は2008年9月17日学校と主催者に3億700万円の支払いを命じる判決。

（2） 障がい者スポーツ活動現場での事故事例

　筆者は、2009（平成21）年からの約10年間、日本障がい者スポーツ協会が主催する上級障がい者スポーツ指導員養成講習会において受講者を対象に「障がい者スポーツの事件事故・ヒヤリ・ハット」アンケートを実施した。約590件の事例が寄せられ、**表3**はその事例の一部を抽出し、「活動中」「活動外」別に記載したものである。内容を分析すると、事前に防げる事故やけがの程度を軽減できるものが多く、指導者の認識や組織的なリスクマネジメントが不十分な状況が示唆される。

表3　事故事例　　　　　　　　　　　　　　　　（注：●は事故事象　○は事故直後に対応）

区分	事故事例
スポーツ活動中	①道路　脊髄損傷（車いす）　男性 　●ロード練習中、後方から時速50kmの速度で追突される。 　○救急搬送。 ②スキー場　視覚障がい　男性　60代 　●滑降中、後方ガイド（声）からのコントロールができず樹木に衝突。頭蓋骨骨折、脳挫傷。 　○スキーパトロール隊に通報、救急搬送。 ③スキー場　知的障がい　男性　40代 　●リフト利用中、てんかん発作が起き、ガイドの制止を振り切り飛び降りて下腿骨骨折。 　○救助隊の応急処置、病院へ搬送。 ④アーチェリー 　●矢が防壁を越え、駐車場へ飛びこむ。 　○人身、物損事故には及ばなかった。 ⑤プール　視覚障がい　女性　30代 　●記録会にてゴールタッピング棒の先端が外れ、泳者への合図ができずタッチ板に手が強く当たり中指骨骨折。 　○即時、退水更衣後に受診。 ⑥卓球　脳血管障がい片麻痺　男性　50代 　●練習中、麻痺側のボール返球時に転倒。大腿骨骨折 　○近隣の病院へ搬送入院し治療。 ⑦体育館　内部障がい（透析者）　男性 　●運動会のプログラムに参加中、下腿骨折。 　○障がい特性から透析関係病院を探して救急搬送。
スポーツ活動外	①宿舎　知的障がい　男性 　●スポーツ大会期間中、宿舎から行方不明となる。 　○警察へ連絡、スタッフで捜し数時間後に発見される。 ②バス車中　脳性まひ（電動車いす）　男性 　●バス移動中、急ハンドル、ブレーキで転倒。全身打撲、電動車いす廃車。 　○10日間入院。車いすを固定するマジックテープの強度、手すり支持での安全確保が困難。 ③体育館　障がい者　男児 　●スポーツイベント（ボッチャ、卓球バレー）の写真がホームページ公開され、「肖像権侵害とクレーム」 　○イベントの案内チラシ、申込書には、写真撮影と画像使用に関する事項は記載なし。参加施設には、口頭確認したが、参加児童の保護者への承諾が周知されていなかった。イベント主催者と施設側で謝罪し、web画像を削除。 ④障がい者スポーツ競技団体webサイト情報 　●マルウェア感染（コンピュータへの妨害）、ランサムウェア感染による誤作動、表示タイムエラー、悪性プログラムの書き換え。

第12章　救急処置法

【学びのポイント】

1）救急処置の重要性、スポーツ指導者として必須となる救命手当、応急手当について学ぶ。

2）救命手当（一次救命処置）として、心肺蘇生法、AEDによる除細動、気道異物除去の方法と手順について、実技を交え適切な対応、留意点を学ぶ。

3）応急手当として、スポーツ活動中に発生が予想される外傷や骨折、肉離れ、熱中症等について理解し、適切な対応、留意点を学ぶ。

1　救急処置

（1）救命手当、応急手当

　一般市民の行う手当てには救命手当、応急手当がある。

　最も緊急度の高い救命手当（市民の行う一次救命処置）は心肺蘇生法（気道確保、人工呼吸、胸骨圧迫）[1]、AED[2]による除細動[3]、気道異物除去である。一次救命処置以外の処置である応急手当（傷の手当{止血法、包帯法}、骨折の手当{固定法}）、運搬法、各種傷病者に対する手当がある。

　現在普及しているBLS＝Basic life support＝一次救命処置は2015（平成27）年に改正されたものでCPR[4] & AED、異物除去を中心に掲げている。2020（令和2）年には世界で見直しが行われることになっている。

【解説】※1　意識障がいがあり、呼吸停止、心停止もしくはこれに近い状態になったとき人工呼吸、胸骨圧迫（心臓マッサージ）を行い心臓や呼吸の機能を回復させるための手当のことである。

・救命処置、救命治療	⇒ 医師の行う救急蘇生法	・救急救命処置	⇒ 救急救命士の行う処置
・応急処置・救命処置	⇒ 救急隊員の行う処置	・救命手当	⇒ 市民が行う一次救命手当
・応急手当	⇒ 一次救命処置を除いた市民の行う手当		

【解説】※2　Automated External Defibrillator ＝ 自動体外式除細動器の略語である。心臓の動きを機械が自動的に診断して、音声により手順を教えてくれる。一刻も早い除細動が傷病者の救命や予後の改善につながることから、2004（平成16）年7月から市民もAEDを使用できるようになった。

　救命の連鎖（Chain of Survival）とは、4つの鎖の輪にたとえて救命手当が連続性をもって行われることの重要性を示している。緊急事態が発生したら、「心停止の予防」、「早期認識と通報」、「一次救命処置」、「二次救命処置」が途切れることなくつながっていくことが救命率の向上に寄与する。

　救命手当、応急手当を実施する前に、傷病者の状態をよく調べる必要がある。よく見て、話しかけ、直接触れてみる。全身を注意深く観察することが大切である。直ちに手当が必要な状態か、とくに反応（意識）はあるか、呼吸はしているか、大出血をしていないかなどを調べる。

（2）心肺蘇生法の手順

　傷病者の発見⇒周囲の安全確認⇒大出血の確認⇒反応（意識）の確認⇒気道確保⇒呼吸確認⇒胸骨圧迫30回⇒人工呼吸（1秒を2回）の流れで実施する（**図1**）。

① 傷病者を発見したら、周囲の安全と大出血を確認しながらアプローチする。
② 耳もとで肩を軽く叩きながら反応の確認をする。なければ協力者を要請し、119番通報とAEDを依頼する。
③ 呼吸確認＝目で胸の動きを見る、耳で呼吸音を聞く、頬で呼吸を感じる（10秒以内）。
④ 胸骨圧迫＝約5cmの深さで1分間に100〜120回の速さで圧迫する。
⑤ 人工呼吸＝1秒かけて2回吹き込む（胸が少し上がる程度）。

図1　心肺蘇生法の実技手順

救命処置開始前における最初の対応
反応がなければ大声で応援を呼ぶ

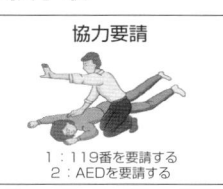

協力要請
1：119番を要請する
2：AEDを要請する

背臥位

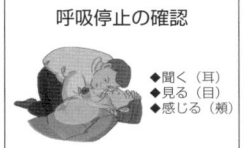

呼吸停止の確認
◆聞く（耳）
◆見る（目）
◆感じる（頬）

気道閉塞（舌根沈下）
舌根沈下による下咽頭部の気道閉塞

気道確保
頤（おとがい）部挙上と頭部後屈

頸椎損傷の気道確保
下顎挙上

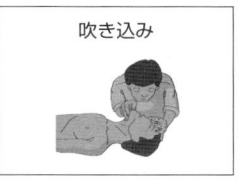

吹き込み

口対口人工呼吸
350〜500ml（約7ml／kg）
を1秒かけて2回吹き込む

胸骨圧迫の手技

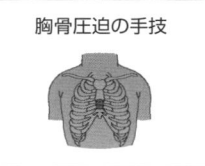

胸骨圧迫時の手の置き方1
成人では胸骨が少なくとも
5cm〜6cm沈む程度

胸骨圧迫時の手の置き方2

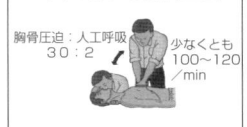

1人で行う心肺蘇生法
胸骨圧迫：人工呼吸
30：2
少なくとも
100〜120
／min

2人心肺蘇生法
胸骨圧迫：人工呼吸
30：2
少なくとも
100／min

出典：東京法令出版『応急手当指導者　標準テキスト』より執筆者作成

【解説】※3　突然の心筋梗塞、不整脈などで心臓が細かく震えだすと心臓から正常な血流を送りだすことができなくなる。このような状態を心室細動、無脈性心室頻拍という。この震えを止めることを除細動（電気ショック）という。このような状態の場合、なるべく早くAEDを使用しないと手遅れになる。1分間に約7〜10%ずつチャンスが失われるといわれている。世界的に一般市民が除細動を行うような取り組みがされている。これをPAD（パッド＝Public Access Defibrillator）といっている。震えている心臓を正常に戻すためには除細動（電気ショック）が最も有効な手段といえる。

【解説】※4　Cardio Pulmonary Resuscitationの略言葉で、人工呼吸と胸骨圧迫（心臓マッサージ）のことである。

（3）　AEDを用いた除細動

〈使用のポイント〉
　電源ON⇒パッド（電極）を貼る⇒コネクターをさす⇒AEDの指示に従い必要があればショックボタンを押す。
〈注意点〉
　①　電源を入れ忘れるとAEDは働かない。
　②　パッドを貼るときは胸が濡れていないか、貼付薬がないか等を確認してしっかり貼る。
　③　コネクターをさすと心電図の解析が始まる。
　④　ショックボタンを押す（通電）前に、誰も触れていないかを確認してからボタンを押す。

図2　自動体外式除細動器

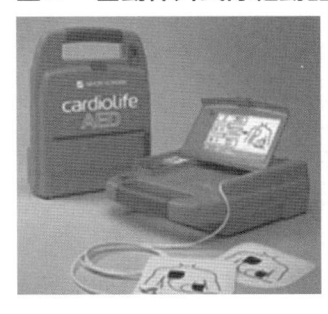
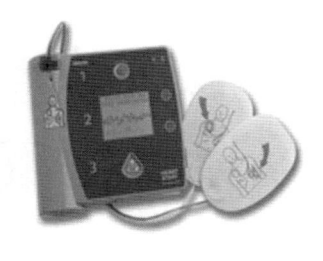
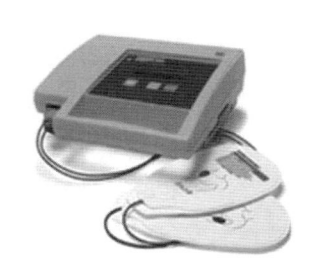
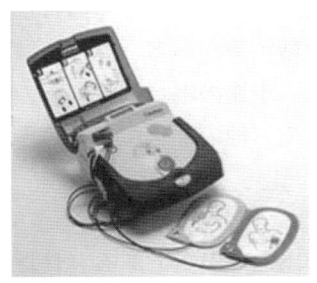
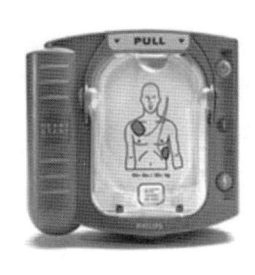
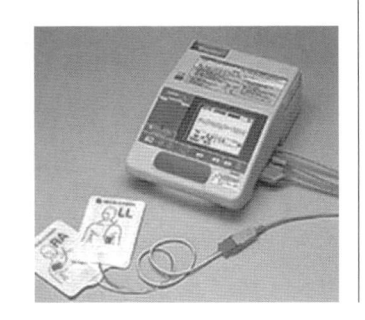

（4）　気道異物除去

　喉に物を詰めて苦しんでいる人をみたら、ただちに取り除かないと非常に危険である。

〈傷病者に反応（意識）がある場合〉

　・腹部突き上げ法（ハイムリック法）

　　傷病者の背後から傷病者のおへその上方でみぞおちの下方に片方のこぶしをあて、もう片方の手をこぶしにかぶせて数回強く圧迫する。

　・背部叩打法

　　背後から片方の手で胸を支え、頭部を充分に低くしてもう片方の手の付け根で肩甲骨の間を強く数回たたく。

　　なお、1歳未満や妊婦、お腹に手が回らない人にはできない。

（5）　けが（外傷）等に対する応急手当

〈応急手当の原則（RICE）〉

Rest：安静／患部を動かさない。ケガ人を落ち着かせる。声をかける、汗を拭いてあげる等精神的に落ち着かせる。

Ice：冷却／ケガをしたら早く冷やす。内出血を最小限で抑え痛みを軽減する。氷を砕いてポリ袋に入れて15分ぐらい冷やして感覚がなくなったらはずし15分くらいでまた15分冷やす。冷凍庫の氷は−20℃にもなり凍傷のおそれがある。

Compression：圧迫／患部の浮腫を押さえるのが目的。腫れてくる場合が多いので血行障がいに気をつける。

Elevation：高挙（高揚）／患部を心臓より高く持ち上げて、血液・リンパ液が流れ込むのを防ぐ。

（6）　外　傷

　切り傷、刺し傷、すり傷等があり、特に出血、痛み、細菌感染のおそれがある。

　・必ず手を洗ってから手当をする。素手で傷病者の血液に触らない。

　・傷口には滅菌ガーゼ等で保護をする。包帯を適切に使用する（三角巾等の使用ができるようにしておく）。

（7）　骨　折[※5]

①　観　察

　調べるときは全身をよく注意してみる。

1）意識がはっきりしているときは、聞いてみる。

　受傷時の状況（どこをどのように）

　　・骨折音を感じたか、体のどこが痛いか、痛いところを動かせるか

　　　＊動かしたり、無理に歩かせて調べてはいけない。本人が分からないことがあるので、目撃者に聞いて判断の参考にする。

2）健側と比較する

　　・腫れているか、形が正常かどうか、皮膚の色が変色しているか、ひどく痛むか

　　　＊必ずこれらの症状があるわけではない。泥酔者や精神障がい者、高齢者は痛みを訴えないことがある。転倒骨折→寝たきり。小児の場合、骨膜下の不完全骨折（例えば若木骨折）などでは痛みのみで、他の症状がないときがある。

3）開放性骨折の特徴

　　・神経、血管、筋肉などの損傷がひどいことがある。出血が多量である。骨折

【解説】※5　交通事故、転落事故、墜落事故、スポーツ事故など、強い外力により骨が折れたり、ひびが入ることをいう。高齢者（比較的女性に多い）は、骨がもろいために、弱い外力でも骨が折れることがある。皮下骨折と開放性骨折とがあり、また、骨が完全に折れている完全骨折と、ひびが入っている程度の不完全骨折とに分けることもできる。皮下骨折（非開放性骨折）は骨折部の皮膚に傷がないか、骨折部が体の表面の傷とつながっていない骨折をいう。開放性骨折は骨折部が体表面の傷と直接つながっている骨折をいう。強い外力だけでなく、皮下骨折の鋭い骨折端が内部から皮膚を破って外に出ていることもある。その他、誤った手当や運搬によって二次的に起こる。

部が汚れやすく、感染の危険が高い

　＊これらはいずれも骨折の治癒を長引かせ、化膿したり、関節が動くにくくなったり、ついには、手足の切断につながることなどがある。開放性骨折の手当は、特に慎重でなければならない。

② **手当の実際**

全身の観察（複数箇所骨折のケース）

- 骨折かどうかわからないときは、骨折として手当をする
- あわてないで手当をし、傷病者をむやみに移動しない（固定してから）

③ **皮下骨折の手当**

全身および骨折部を安静にする

- 患部の固定（手足の抹消を観察できるように、手袋や靴、靴下などは脱がせておく）、患部の高揚
- 変形を整復しないでそのまま固定して医療機関へ
- 体位は本人の楽な体位にし、毛布等で保温する

④ **開放性骨折の手当（原則的に皮下骨折の応急手当と同じ）**

- 出血を止め傷の手当をしてから固定。骨折端を元に戻そうとしてはいけない
- 骨折部をしめつけそうな衣類は脱がせるか、傷の部分まで切り広げる(脱健着患)

⑤ **固定法**

- 骨折部の痛みを和らげ、出血を防ぐ
- 骨折部の動揺で新たに傷がつくことを防ぐ手当である

⑥ **副子（副木）**

- 条件＝患部の上下の関節を含む長さ、幅、固さ（強度）、できれば軽いもの
- 前項の条件を備えるものであれば、どんな物でもよい。身近にある新聞紙、ダンボール、週刊誌、板、棒、杖、傘、野球のバット、毛布、座布団など

(8) 脊椎損傷

　脊髄が頸椎（第4頸椎）の上方で傷つくと、横隔膜運動による腹式呼吸も止まる。したがって、脊椎とくに頸椎の骨折は極めて危険なので、体位の変換や運搬に慎重を要する。運搬にはバックボードを使用する。

(9) 脱臼、捻挫、打撲、肉離れ、腱の断裂

① **脱　臼**[※6]

　脱臼は関節が外れたものである。間接周囲の靱帯、筋、血管の損傷をともなうことが多い。特に肩、肘、指に起こりやすい。適切な治療をしないと、関節が動かなくなったり、脱臼が習慣性になるおそれがある。

　　　＊肘内障がい→幼児に多く見られる肘関節の亜脱臼で、真の脱臼ではない。手を強く引っ張ったときに起きる。肘の痛みのために、上腕をだらっと下げ動かさなくなる。直ぐに医師の診療を受けさせる。

② **捻　挫**[※7]

　捻挫は、正常な運動範囲を超えて力が加わったために、関節が外れかかって戻ったものである。関節周囲の靱帯、筋、腱、血管の損傷がある。足首、手首、指、膝などに起こりやすい。

③ **打　撲**[※8]

　外部に傷がない場合でも、内部に損傷をともなうものもある。とくに頭、胸、腹

【解説】※6　症状：関節が変形し、腫れて痛む。脱臼したままの関節は、自分では動かせない。
手当：患部の安静、上肢ならば三角巾を利用して固定する。脱臼を元に戻そうとしたり、関節の変形を直そうとしてはいけない。関節周囲の血管、神経などを痛めることがある。できるだけ早く医師の診療を受けさせる。

【解説】※7　症状：腫れ、皮膚の変色、痛み、触った場合の痛みなどがある。X線で調べないと皮下骨折と区別しにくい。小さな骨折が捻挫にともなっていることも少なくない。
手当：冷水または氷嚢で患部を冷やし、安静にする。足首を捻挫した場合で、どうしても歩行しなければならないときには、足首捻挫の固定包帯やテーピングをする。

【解説】※8　手当：骨折、脱臼、捻挫と同様に安静にして、原則として冷やす。冷水または氷嚢で患部を冷やし、安静にする。初期には、動かしたり温めたり入浴したりすると内出血や腫れを悪化させる。

【解説】※9 手当：冷やして安静にする。背筋の場合は、板（バックボード）を入れる。冷水または氷嚢で患部を冷やし、安静にする。激しい痛みのあるときには、医師診療が必要。

【解説】※10 手当：歩かせない。下向きに寝かせて固定する。上向きのときは、足首を伸ばしたまま医療機関に送る。

【解説】※11 手当：冷たい水で冷やす。割り箸、厚紙などで固定する。患部を高くしておく。変形したり指が動かないときには、医師の診療が必要。

【解説】※12 暑い環境で生じる障がいの総称である。熱波により主に高齢者に起こるもの、高温環境で幼児に起こるもの、熱暑環境での労働で起こるもの、スポーツ活動中に起こるものなどがある。いずれにしても暑い環境下で生じる不具合はまず「熱中症」を疑うことが大切なポイントであり、またひとたび事故が起きると人命が失われるだけでなく、スポーツ活動中などでは指導者はその責任を問われ訴訟になる場合もある。

の打撲は、内臓損傷（脳、肝臓、膵臓、脾臓、腎臓、胃腸）や内出血をともない、痛みや貧血、一般状態の悪化を起こす。

④ **肉離れ**※9

筋肉を構成している筋繊維や結合組織の損傷である。背筋の肉離れは、不自然な格好で重いものを持ち上げたときなどに起こる。大腿、下腿などの場合はスポーツ外傷に多く、急に運動したり、筋肉に力が入って収縮しているところを強打した場合などに起こる。

⑤ **アキレス腱の断裂**※10

スポーツ中などに急に起こり、直ちに運動不能になり、つま先で立てず、部位を押さえると痛みを訴える。

⑥ **突き指**※11

硬い物を指先で急激に突いたとき、あるいは球技中ボールが指先に突き当たったとき等に起こる。単なる打撲、捻挫のこともあるが、骨折、脱臼、腱の断裂をともなっていることもある。

（10） 熱中症※12

Ⅰ度は現場の応急手当で回復可能だが、Ⅱ度以上は医療機関への搬送が必要である（表1）。応急手当には当然のことながら心肺蘇生法も含まれるので習得しておく必要がある。もし熱中症が発生したら適正に対処をしなければ大変な事故につながる可能性がある。スポーツ指導者は、受講者の生命を預かり、安全に指導することが求められることから救命手当については適切に対処できるようにしておかなければならない。スポーツ活動中の事故も例外ではなく、もし事故が発生したら適正に対処をしなければ大変なことにつながる可能性がある。

表1　熱中症の症状と応急手当

分類	症　状	応　急　手　当	従来の分類
Ⅰ度	めまい・失神（立ちくらみ）／大量の発汗／筋肉の痛み・硬直（こむら返り）	涼しい場所へ／衣服を緩めて安静／意識あれば水分補給	熱失神 熱疲労
Ⅱ度	頭痛／吐き気・嘔吐／倦怠感、虚脱感／集中力や判断力の低下	Ⅰ度と同じ手当とともに経口補水液（生理食塩水0.9%）を補給できないときは点滴が必要	熱痙攣 熱疲労
Ⅲ度	意識障がいや痙攣／運動障がい（呼びかけや刺激への反応がおかしい。会話がおかしい。身体がガクガクとひきつける。まっすぐに走れない、歩けないなど）／高体温（身体に触れると"熱い"）	死亡の危険性のある緊急事態／身体を冷やしながら病院へ／濡れタオルをあて風をおくる／太い血管を冷やす／心肺蘇生法（気道確保）	熱射病 重度の熱中症

経口補水液の作り方＝水1リットルに砂糖大さじ4杯半、塩小さじ半分を溶かす。果汁（レモンかグレープフルーツ）あれば少し加えると飲みやすい。

第 V 編
身体の仕組みと障がいの理解

第13章　身体の仕組みと体力づくり

【学びのポイント】

1）身体の仕組みと機能について、骨格と筋、神経系の仕組みと機能、呼吸器系・循環器系器官の機能について学ぶ。

2）体力とトレーニングの基礎知識を学び、体力づくりに活かすことができるトレーニング方法やその留意点について理解する。

1　身体の仕組みと機能

(1)　骨格と筋の仕組みと機能[※1]

①　骨格の種類

人間の骨は、新生児では約350個あり、成長にともない癒合するなどして成人の骨格は約200個の骨で構成されている（図1）。

それぞれの骨は、その形から、長管骨（上腕、前腕、大腿、下腿の骨）、短骨（手根部や足根部）、扁平骨（頭蓋骨や寛骨）、種子骨（膝蓋骨など）、不規則骨（椎骨、頭蓋骨）などに分類される。

図1　全身の骨格

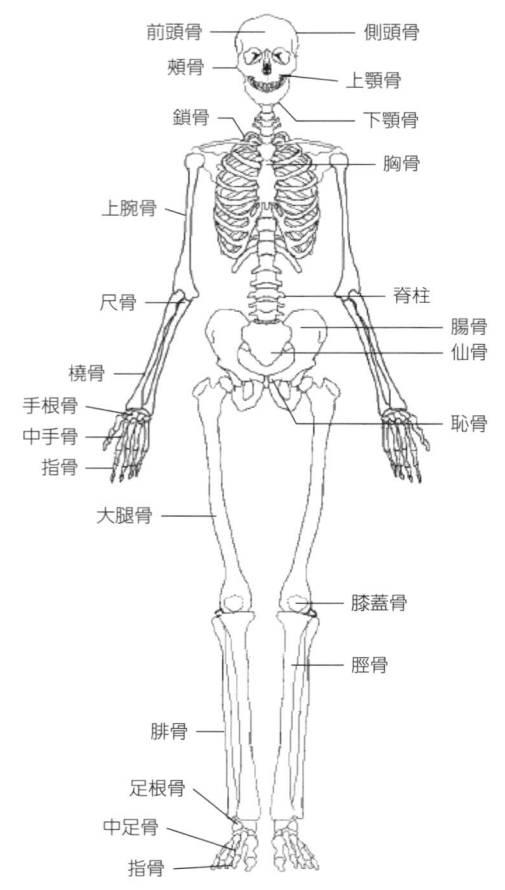

【解説】※1　骨の成長と新陳代謝：骨の成長は、成長軟骨といわれる骨端部の軟骨組織内で行われる軟骨性骨化（軟骨内骨化）と、骨膜にて行われる膜性骨化（膜内骨化）に分かれる。軟骨性骨化は、主に成長期に骨端軟骨（成長軟骨）で行われるもので、骨の長さの成長に関係している。これに対して、膜性骨化は太さの成長に関係している。骨組織内では、骨芽細胞が骨質を作り（骨新生）、破骨細胞が古い骨質を破壊（骨吸収）することにより新陳代謝が行われている。成人では、およそ3〜5ヵ月で、全身の骨が置き換わる。この骨新生と骨吸収のバランスにより、骨の成長や、骨量の増減に影響する。およそ20歳頃までの成長期には骨新生が盛んであり、その後、加齢とともに骨吸収が優位になり全身の骨量が減少する。このような年齢的な違いとともに、全身的な骨量は、力学的な要素（重力や筋収縮による圧迫力や牽引力）や、内分泌（性ホルモン、成長ホルモンなど）、栄養状態（カルシウム、ビタミンDなど）などによっても影響を受ける。とくに、閉経後の女性においては、内分泌系の影響から骨量の低下が著しくなる。骨量は、体脂肪量にも影響されており、無理な食事制限（エネルギー不足）などが骨量低下に影響を与えることがある。一方で、運動の実施などにより骨に重力などの物理的刺激が適度に加わることが、骨量の維持に有効であり、成長期のみならず、高齢者や障がい者の骨量維持のための運動習慣は重要である。

また、骨格は、頭部や体幹を構成している中軸性骨格と、上肢や下肢を構成している付属性骨格に大別することができる。

1）中軸性骨格（頭部と体幹の骨）

　a）頭蓋骨

　　　　脳頭蓋（前頭骨、後頭骨、頭頂骨、側頭骨、蝶形骨、篩骨、耳小骨）

　　　　顔面頭蓋（涙骨、鼻骨、鋤骨、上顎骨、下顎骨、下鼻甲介、頬骨、舌骨、口蓋骨）

　b）脊柱＝椎骨（頸椎、胸椎、腰椎、仙椎（仙骨）、尾椎（尾骨））

　c）胸郭＝肋骨、胸骨

2）付属性骨格（上肢と下肢）

　a）上肢骨・上肢帯（肩甲帯）：肩甲骨、鎖骨

　　　　・自由上肢骨：上腕骨、橈骨、尺骨、手根骨、中手骨、指骨

　b）下肢骨・下肢帯（骨盤帯）：寛骨（腸骨、坐骨、恥骨）

　　　　・自由下肢骨：大腿骨、膝蓋骨、脛骨、腓骨、足根骨、中足骨、指骨

② 骨格の機能

骨格の機能を整理すると以下の5項目になる。

1）支持：身体の柱の役割として、体重を支え、身体の形態を作る。

2）保護：骨により腔所（空間）や管を構成し、神経、血管、内臓等を守る。

3）運動：筋の力を受けて骨格そのものが動いて身体運動となる。

4）貯蔵：カルシウムなどの無機塩類を貯蔵する。

5）造血：骨髄腔にある骨髄（赤色骨髄）にて血液を作る。

図2　関節の運動

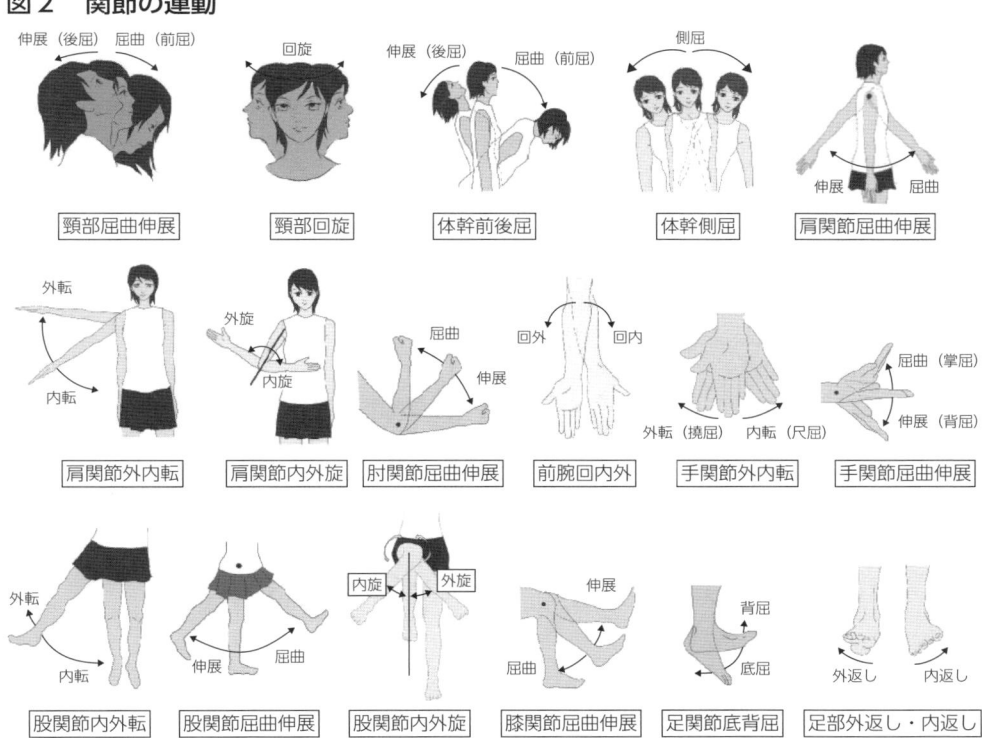

| 頸部屈曲伸展 | 頸部回旋 | 体幹前後屈 | 体幹側屈 | 肩関節屈曲伸展 |

| 肩関節外内転 | 肩関節内外旋 | 肘関節屈曲伸展 | 前腕回内外 | 手関節外内転 | 手関節屈曲伸展 |

| 股関節内外転 | 股関節屈曲伸展 | 股関節内外旋 | 膝関節屈曲伸展 | 足関節底背屈 | 足部外返し・内返し |

③ 関節の運動

骨の連結部分は、不動性結合と可動性結合がある。不動性結合は、線維性結合（頭蓋骨の縫合、靭帯結合、釘植）や、軟骨性結合（硝子軟骨結合、線維軟骨結合）、

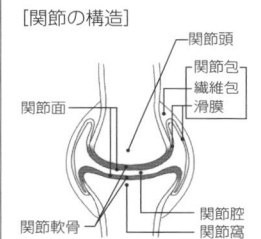

【解説】※4　運動神経と筋線維：筋線維は単独で収縮をすることはなく、必ず神経系の支配を受けている。1つの運動神経細胞は、複数の筋線維を支配し1つのユニットを形成している。このユニットのことを運動単位（神経筋単位）という。1つの運動神経細胞とそれに対して支配される筋線維の比を神経支配比というが、多数の筋線維が含まれていて神経支配比が大きい運動単位は、大きな力を出すことに長けている。一方で、神経支配比が小さい運動単位は、大きな力を出すことができないが、微細な運動には向いている。体幹や下肢の大きな筋肉は、神経支配比も大きな運動単位が集まっているために、大きな力を発揮することができる。また、眼球や舌、指先などの巧緻性を求められるような小さな筋肉は、構成している運動単位も小さい。多くの骨格筋は、大きさの違う運動単位が混ざって構成されている。小さな力を出すときには、小さな運動単位しか働いていないが、負荷が大きくなって、強い力を出す必要が出てくると、順次、大きな運動単位が筋収縮に参加する。これをサイズの法則という。末梢神経系の損傷は、筋線維を支配している運動神経が破綻している状態であり、筋収縮が阻害され弛緩性の麻痺を起こすことになる。

骨性結合（骨化）（頭蓋骨、寛骨）がある。一方で、可動性結合は、関節といわれる滑膜性結合である[※2]。

いろいろな関節の運動が組み合わさって人間の動きが形成されている（**図2**）。

④　骨格筋の仕組みと機能

筋肉は、自分自身の意思でコントロールできる随意筋と、コントロールできない不随意筋に分かれる。骨格筋は随意筋であり、不随意筋は心臓の本体である心筋と、消化器系や泌尿器系、血管系などを構成している内臓筋である。骨格筋や心筋は、顕微鏡下で見ると縞模様の構造であることから横紋筋といわれ、一方で内臓筋はなめらかな表面から平滑筋といわれる。

人間の運動を司る骨格筋は、筋線維束の集合体である。筋線維には、比較的ゆっくりと長く収縮する遅筋と呼ばれるⅠ型筋線維（TypeⅠ）と、強く早く収縮することができる速筋と呼ばれるⅡ型筋線維（TypeⅡ）に大別される。さらにⅡ型筋線維は、強い収縮ができるが持久力に劣るTypeⅡaと、強い収縮をしながら比較的持久力に長けているTypeⅡbがあるとされ、人間の骨格筋は、主にTypeⅠとTypeⅡbの筋線維で構成されている。これらの筋線維が働くための直接的なエネルギー源はATP（アデノシン3リン酸）である。その供給経路には無酸素系と有酸素系があり、無酸素系のATP供給によって行われる運動が無酸素性運動、有酸素系のATP供給によって行われる運動が有酸素性運動である[※3]。

⑤　主働筋と拮抗筋

関節が運動をするときに、収縮し、その関節を動かす役割を果たす筋を主働筋（主動作筋）と、その反対に位置し弛緩して伸ばされる筋を拮抗筋という。神経系と骨格筋の機能が正常な場合には、運動によって主働筋と拮抗筋の役割が変化して、スムーズな運動の変換ができるシステムになっている（**図3**）[※4]。

図3　主働筋と拮抗筋

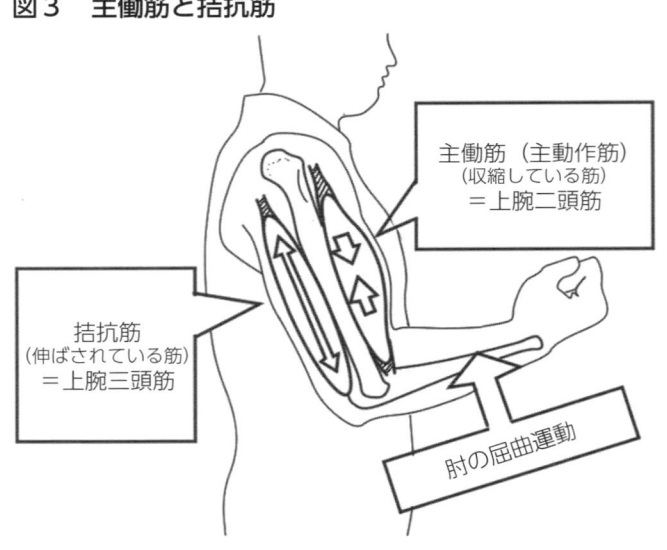

主働筋（主動作筋）
（収縮している筋）
＝上腕二頭筋

拮抗筋
（伸ばされている筋）
＝上腕三頭筋

肘の屈曲運動

(2)　神経系の仕組みと機能

①　神経系の分類[※5]

神経系は、解剖学的には中枢神経系と末梢神経系に大別される。中枢神経系は、脳と脊髄のことであり、末梢神経系は中枢神経系から出入りする神経の経路を示しており、脳から出入りする末梢神経を脳神経といい、脊髄から出入りする末梢神経

を脊髄神経という。脳神経は、左右で12対、脊髄神経は左右で31対であり、それぞれから枝分かれなどをして、筋や関節、全身の体表面などに分布している（**図4**）。

図4　神経系の分類

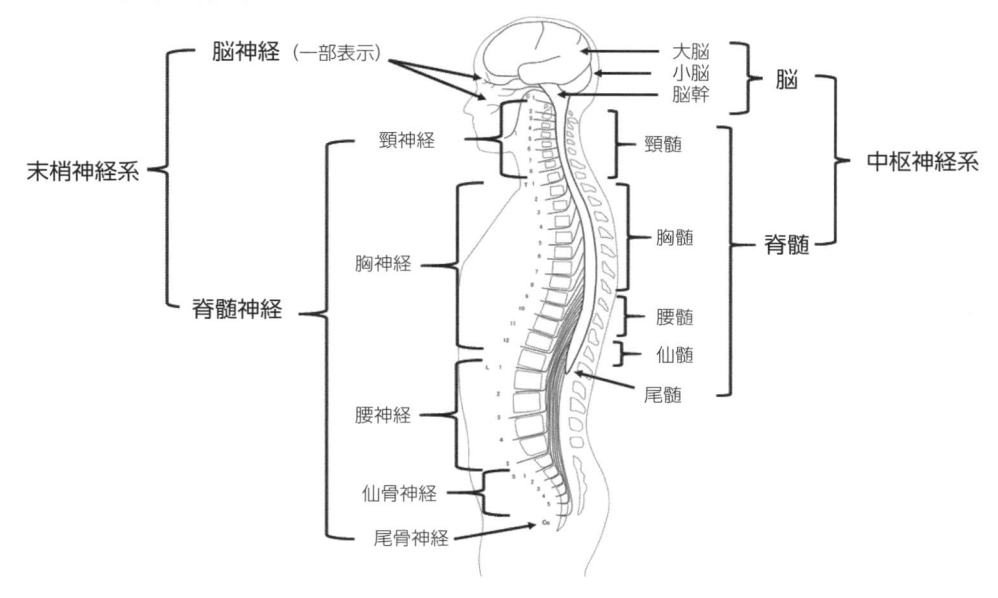

②　末梢神経系の仕組みと機能

　末梢神経系を機能的に分類すると、体性神経系と自律神経系に分けられる。

　体性神経系は、筋肉を支配する運動神経と、全身の皮膚や関節などの様々な部位における感覚受容器（アンテナの役割）からの情報を中枢神経に伝える感覚神経に分けられる。脊髄神経は、それぞれが出入りする脊髄の高さによって、支配する筋や、感覚の領域が決まっており、脊髄損傷や末梢神経損傷の機能診断の際に重要な手がかりになる（第15章1（1）「脊髄損傷」の項を参照）。

　自律神経系は、交感神経と副交感神経に分けられ、内臓器官などの活動を支配している。一般に、スポーツなど人間が活発に活動するときには交感神経が優位に働き、休息しているときや食物の消化活動に関わっているのが副交感神経である。激しい運動をともなうスポーツは交感神経の活性化が重要であり、一方で、射撃やアーチェリーなどのターゲットスポーツでは、副交感神経の働きも重要といわれる。障がい者スポーツにおいては、背景の疾患によっては、この自律神経の過剰な反応が問題になることがあり注意が必要である。

（3）　呼吸器系・循環器系器官の機能

①　呼吸器系器官の機能

　空気を肺に取り込み、肺の中にある肺胞において、血液に酸素を取り入れ、二酸化炭素を排出することを外呼吸という。それに対して、血液中に取り入れられた酸素を全身の各組織に運搬し、細胞レベルで酸素と二酸化炭素を交換することを内呼吸という（**図5**）。

　運動により細胞への酸素供給量が減ると、自律神経系の働きで、呼吸数と心拍数が上昇し、外呼吸と体内循環量を増やそうとする。呼吸を司る中枢神経は主に延髄であり、頸動脈や大動脈にあるセンサーによって血液中の酸素濃度、pHの変化などを感知し、必要に応じて自律神経系を介して、呼吸数や一回の呼吸量を増やそうとする。

呼吸運動は、安静時は横隔膜の収縮による肺腔内の気圧変化で外気の取り入れを行っているが、運動負荷により呼吸数や一回の呼吸量を増やすために、肋間筋や胸郭周囲筋の働きで、胸郭そのものの体積を変化させて強い呼吸運動が起きる。

②　循環器系器官の機能

　外呼吸によって酸素を多く含んだ血液は、肺から心臓に戻り、心臓から全身に送られる。心臓と肺との間の血液の流れを肺循環（小循環）といい、心臓から全身へ血液を送ることを体循環（大循環）という（図5）。

図5　呼吸と循環

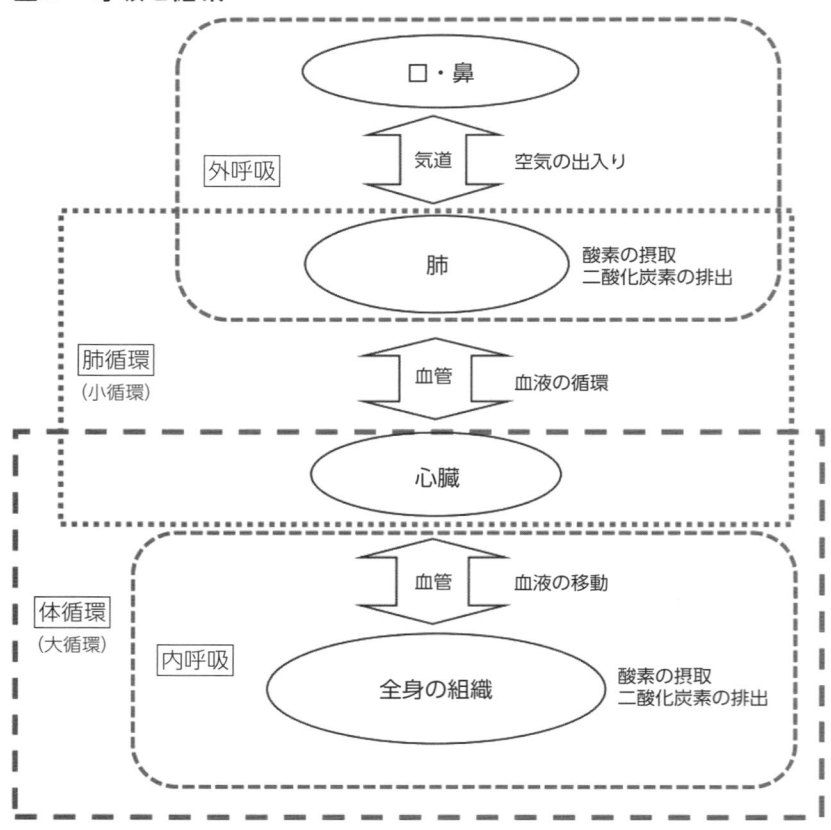

　血液は酸素を運搬するのみではなく、様々な栄養物質や、ホルモンの運搬を行う。また、免疫作用、抗菌、組織修復に必要な血球なども運搬している。

　心臓から遠く、重力抵抗を受けやすい下肢の静脈系は循環効率が悪くなりやすい。しかし、"ふくらはぎは第2の心臓"といわれるように、下腿部の筋肉を動かすことによって静脈に機械的な圧力がかかり、血液が心臓へ還流しやすくなる。一方で、脊髄損傷や下肢の末梢神経麻痺などがあると、このような筋収縮由来の静脈血還流が少なくなり、末梢部位の浮腫が発生し、血栓の形成や、心臓に負担が大きくなることに注意が必要である。

　運動により、心拍数が上昇することを心拍応答といい、血圧上昇などの変化を血圧応答という。一般に運動などによる心拍数の上昇は、"220－年齢＝最高心拍数"と推察され、年齢が高いほど、最高心拍数は低くなる。その分の循環する血流量を補填するために血圧応答が高くなりやすい。

　障がい者スポーツの場面においては、比較的高年齢で、循環器疾患や脳血管障がいなどの背景を持つアスリートの指導時には、このような循環器系の運動による変化の特徴を考慮するべきである。

2　体力とトレーニングの基礎知識

（1）　体　力

①　体力の定義

　体力とは、「身体の力、身体の作業、運動能力、疾病に対する抵抗力」（広辞苑）などと定義されるように、人間の身体の持っている様々な力を示す。大別すると、実際に行動を起こす力である行動体力と、身体の恒常性を維持して生体を守る力である防衛体力となり、**図6**のように整理される。

　行動体力は、行動を起こせる能力、行動を持続できる能力、行動を調整する能力であり、防衛体力は、様々なストレスに対する抵抗力といえる。身体にかかるストレスは、物理化学的ストレス（寒冷、暑熱、気圧、酸素などの濃度ほか）、生物的ストレス（細菌、ウイルス、異種タンパクほか）、生理的ストレス（運動、空腹、不眠、時差ほか）、精神的ストレス（不安、不快、苦痛、恐怖、不満ほか）に分けることができる。

図6　体力の要素（文献[1]より一部改変）

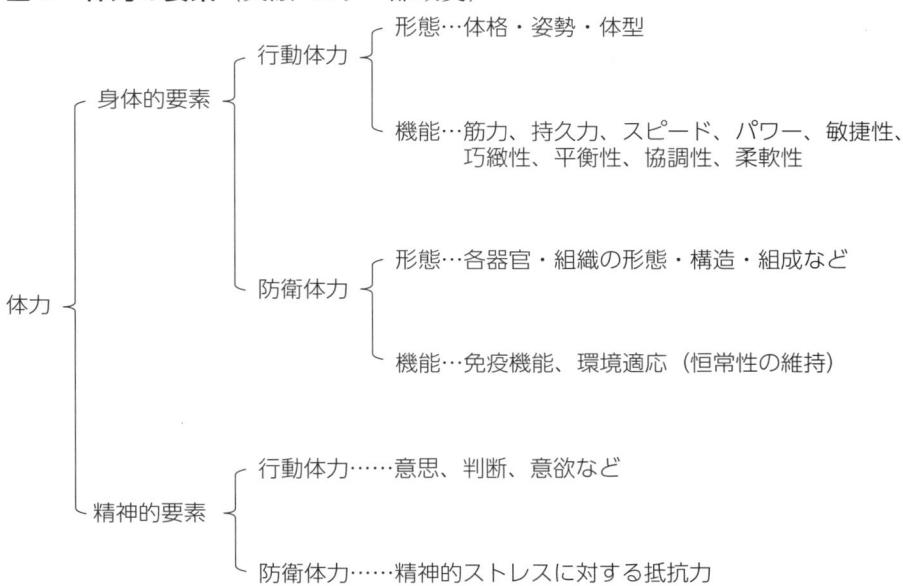

②　体力と競技力

　"競技力"とは、その競技において競技の専門性に応じ、チームもしくは個人が高いパフォーマンスを体現できる能力を示している。

　個人の競技力を構成している要素は、体力、技術力、精神力である。これらは並列に表されることがあるが、階層的な関係があり、最も基盤になっているのが体力であり、体力の上に技術力があり、体力や技術力を基盤にして精神力があると考えることができる。これを競技力の正三角形としてたとえることができる（**図7**）。

【解説】※6　体力の心理的限界と生理的限界：人間が意識的に発揮することができる能力の限界を心理的限界といい、生体が本来持っている能力の限界を生理的限界という。心理的限界に対して、生理的限界の能力水準は高く、無意識的に能力の予備力を持っていることを示している。この予備力が、俗に"火事場のバカ力"といわれるような、いざというときに予想外に大きな力が出せる能力になっている。トレーニング初期には、心理的限界が生理的限界に近づくことにより、例えば筋が太くなっていなくても強い力が発揮できるようになるなどの機能的な向上が見られる。これをトレーニングの短期的効果という。すなわち、運動単位の活動の同期化など、予備力として持っている力が発揮できるようになった結果である。一方で、筋力トレーニングを続けていると筋肥大が見られるように、生体そのものが変化する。これによって、生理的限界も高い水準に変化する。このことが、トレーニングの長期的効果と考えることができる。

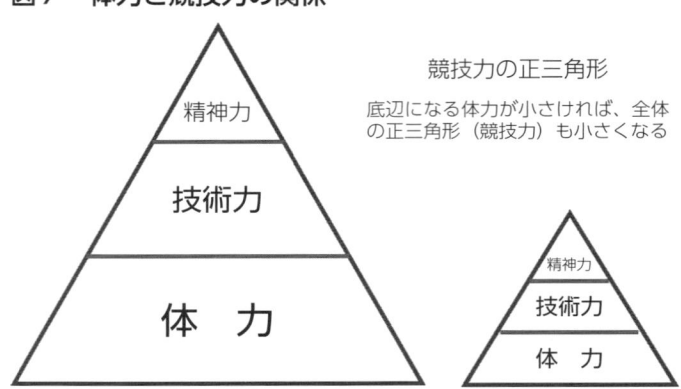

図7　体力と競技力の関係

競技力の正三角形

底辺になる体力が小さければ、全体
の正三角形（競技力）も小さくなる

（精神力）

技術力

体 力

（精神力）

技術力

体 力

（2）　トレーニングの基礎知識

①　体力とトレーニング[※6]

　身体と活動量との関係は、“生体機能は使えば発達し、使わなければ退化する、そして、過度に使えば障害を起こす”（ルーの法則）とされているが、スポーツの場面での生体機能とは、前述の体力を示す。したがって、適切なトレーニングをすることによって、体力を上げることができるし、スポーツによる怪我を予防することにつながる。

②　トレーニングの原理と原則[※7,※8]

　トレーニングの効果を上げるためには、ルーの法則に従った基本的な原理・原則がある。このトレーニングの原理と原則に則り、目的に合致したトレーニング内容を考えなくてはならない。

　トレーニングの原理とは、以下の３つである。

1）過負荷の原理……トレーニングにおいては、基本的に日常生活よりも大きい負荷がかかることにより効果が出る。また、慣れている運動（適応できている運動）を行う際には、更に負荷量が多くなることによってトレーニング効果が高くなる。

2）可逆性の原理……トレーニングの効果は、トレーニングを中止する期間があると徐々に効果は薄れ、やがては元に戻ってしまう。

3）特異性の原理……筋収縮の様態や、利用されるエネルギー供給系、負荷量など、トレーニングの内容によって得られる効果は異なり、それぞれのトレーニングの目的となる体力要素に適したトレーニングがある。

　トレーニングの原則とは、以下の５つである。

1）全面性の原則……トレーニングは、特定の部位や、特定の体力要素に関する内容だけを行うよりも、様々な体力要素を含めて、全身をバランスよくトレーニングした方がよい。

2）漸進性の原則……一定の負荷量でトレーニングを続けていても、一定水準の体力に到達すると、トレーニング効果としては、それ以上向上しない。体力水準を評価しながら負荷量を徐々に向上させることによって、トレーニング効果は向上する。

3）個別性の原則……体力の個人差を考慮し、体力に見合ったトレーニングをすることが大切である。また、目的によってトレーニングの種類、質、量などは異なる。特に障がい者スポーツ選手においては、その障がいの程度によってもトレーニング効果が異なることを考慮して、対象者に合ったトレーニングを検

【解説】※7　トレーニング効果の超回復理論と休息の重要性：適切なトレーニングを実施したのちに、適切な休息を取ることによって、生体は疲労状態から回復していくが、この際にトレーニングの前よりも高い体力水準に回復する。この現象を超回復という。休息期間が長すぎるとやがて体力水準は低下して元に戻る。一方で、休息期間が短すぎると疲労は蓄積し、体力水準はむしろ低下するが、これが過労状態である。トレーニングを実施する際には、休息期間を適切に入れることによってトレーニング効果をより高めることになり、様々な二次的障がいを防ぐことにもなる。十分な休息が得られず、トレーニング量が多過ぎることによってもトレーニング効果が低下する傾向が見られる。この現象を“オーバートレーニング”といい、様々なスポーツ障がいや、心身の変調をもたらすことになる。

【解説】※8　ハルトマンの7つの調整力要素：単に強い力やスピードがあっても競技力を向上させるための体力としては不十分であり、筋力やスピードをより効果的に発揮するための調整力を身につける必要がある。また、このことは、各競技における技術的要素の向上にもつながる。とくに障がい者においては、視覚や平衡感覚の機能低下を伴う選手や、麻痺などで様々な体性感覚が制限されている選手は少なくない。コーディネーション（調整力）

討しなくてはならない。

4）反復性・継続性の原則……トレーニングの効果を得るためには、そのトレーニングを繰り返し、かつ、一定期間続けて行う必要がある。

5）意識性の原則……トレーニングを行う際に、対象者自身がトレーニングの目的や方法、部位などを十分に認識して実施することにより、トレーニング効果は高くなる。

③ **トレーニングの実際**[9],[10],[11]

1）体力水準を把握する

トレーニング内容を決めるためには、必ず体力テストを実施して対象者の体力レベルを把握し、個人に合わせた質の高いトレーニングメニューを立てる必要がある。この質の高いトレーニングが高いトレーニング効果を生み、同時にスポーツ障がいなどのトレーニングによる弊害を予防することにもなる。例えば、体力テストによって最大筋力のレベルを把握しなければ、それを根拠としたパワートレーニングのメニューを立案することはできないうえに、無理な負荷による怪我を誘発してしまう可能性もある。このように体力水準を把握するための体力テストは必須事項である。また、体力テストは、トレーニングの効果を判定する際にも重要であり、定期的に実施しなければならない。

障がい者スポーツにおいては、まずは背景疾患や障がいについての情報収集をすることが重要である。そのうえで、体力テストを実施し、取り組もうとする競技の特性と、トレーニングによって向上させたい体力要素を明確にして、その人にとって適切なトレーニング内容を考える必要がある。

体力テストは、特殊な機器をそろえた施設での実施ができるとは限らないので、著者は、どこでも可能な、できるだけ簡易な方法での実施を推奨している。例えば小中学校などで実施しているスポーツテストの項目を参考にし、対象となる人の障がいの状態などを考慮して、実施可能なテスト方法を工夫することが勧められる。

例えば、筋力、筋パワー、筋持久力などを総合的に評価できる方法としてCS-30テスト（30秒間の椅子からの立ち上がりテスト）はどこでも実施可能であり、競技者から初心者まで広く評価できる方法の1つである。車いす競技者の場合には、この方法を応用して、ディップス（プッシュアップ）などを30秒間行う方法を用いることが可能である。

2）トレーニングの要素

トレーニングメニューを立てるための要素としては、トレーニングの"種類"、"強度"、"量"、"時間"、"頻度"があり、背景の障がいの状況と、個人の体力レベルに合わせ、トレーニングメニューを考える必要がある（個別性の原則）。

目的とした体力要素によってトレーニングの種類が決まってくる。筋力を上げるためには、ある程度最大筋力に近い高い負荷でのレジスタンストレーニングが必要になってくる。また、パワーの向上を目的にした場合には、中等度の負荷量により速い運動が求められる。一方で、持久力の向上を目指すためには、軽負荷で長時間、もしくは反復回数を多くしたトレーニングが必要になる。

3）トレーニングの進め方

トレーニングの進め方として大切なことは、いきなり競技に応じた専門的なトレーニングを導入しないことである。

まずは、基礎的な体力を向上させるトレーニングが重要である。これは、必ずしも競技力と直結していない体力項目も含まれることもあるが、身体機能の土台とな

トレーニングを取り入れることにより、運動中の姿勢の調整、運動を正確に巧みに行う力、運動における平衡感覚、力の強弱の調整、リズム感などの獲得を目指すことが必要である。調整力の要素は、"定位"（目標、自分の位置などから動きの変化を調整できること）、"変換"（条件に合った動作に素早く切り替えること）、"リズム"（視覚や聴覚からの情報やイメージから派生する動きのリズム）、"反応"（何らかの刺激に対して適切な反応をすること）、"バランス"（動きの中での姿勢を保ったり、立て直すこと）、"連結"（運動連鎖をタイミングよく同調させること）、"識別"（内外の刺激変化を感じ取り微調整すること）の7つであり、これらの要素をメニューに取り込んだ調整力トレーニングを検討すべきである。コーディネーショントレーニングと並列に考えたいトレーニングとして、敏捷性の要素を盛り込んだSAQ（Speed、Agility、Quickness）トレーニングがある。近年、非常に多くのスポーツ場面で取り入れられているラダーステップ、クレージーボール、ミラードリルなどがその例であり、複雑な動きに素早く対応できる能力を高めることができる。その他、エアロビクスダンスなど、持久力や柔軟性の向上も含め、リズミカルな動きを取り入れたトレーニング方法も有効である。

【解説】[9] トレーニングとウォーミングアップ・クーリングダウン：トレーニング効果を高めるためには、適切なウォーミングアップとクーリングダウンが必要である。基本的に、"どんな"、"どこの"トレーニングをやるのか？（やったのか？）によって、ウォーミングアップやクーリングダウンの内容も考慮すべきである。また、スポーツ障がいの予防のためにも、適切なウォーミングアップとクーリングダウンを指導することはスポーツ指導員としての必須事項である。一般にウォーミングアップの効果は、動作効率の向上（スムーズな筋力発揮（筋温上昇）、関節可動域の拡大（柔軟性向上）、酸素摂取量や筋酸素供給効率上昇、神経系機能の向

る能力としての体力向上と位置づけられる。ここが不十分なままで競技に入ることにより、スポーツ障がいなどの二次的な障がいを生じることになる。

この土台となる体力ができたうえで、競技のためのトレーニングにつなげる。

競技のためのトレーニングも、まずは基礎的なトレーニングを実施し、その後で専門的なトレーニングへと段階的に実施する。基礎的なトレーニングは、競技固有の動きを分解して考え、それぞれの動きの中で重要となる筋力や持久力を高めようとするものである。そして、次の段階で、これらを組み合わせて、より競技特性に合わせた複合的、応用的な動きを取り入れた専門的なトレーニングへと進める。

④ 障がい特性に応じたトレーニング

障がい者スポーツにおいては、背景にある疾患や障がいを考慮してトレーニングを実施する必要がある。

四肢の切断者の場合には、左右の筋力が均等でない場合が多いために、義足や義手を使う際や、体幹の回旋などの動作において左右均等な運動ができにくくなる傾向がある。また、代償動作によって反対側に過度な負担がかかり、スポーツ障がいの原因になることが少なくない。このような対象者においては、切断側の上肢や下肢を競技特性に適応させるためのトレーニング内容に工夫が必要である。断端の長さや、状態、使える関節などを考慮し、使用している義肢の性能も併せて考えたトレーニング方法が望まれる。また、熱放散に関わる手足が失われていることから、うつ熱や、大量発汗による脱水症状になりやすいことなども考慮すべきである。

脊髄損傷者は、損傷されている脊髄レベルによって残存している運動能力や感覚、自律神経系の影響などを考慮してトレーニングを計画しなくてはならない。頸髄損傷者や上位胸髄損傷者は、運動ストレスにより自律神経過反射が出現することがあることに注意が必要である。

頸髄損傷者では、運動負荷による心拍数が上がりにくいなどの循環器系の特徴を考えておく必要があり、心拍数を目安にした運動負荷の指標が成り立たないことを考える必要がある。また、一般に静脈還流は下腿の筋収縮によって影響を受けるが、対麻痺者はこれが期待できないことから、心臓の負担も大きくなる可能性があり、運動適応（運動負荷への慣れ）を考慮して運動負荷の漸増方法を工夫する必要がある。

視覚障がい者は、例えばウエイトトレーニング時のフォームなどを本人に視覚的にフィードバックすることが困難である。正しいトレーニングの実施のためには、トレーニング導入の際の介助方法などに工夫が必要である。また、トレーニング中の危険回避に制限があるので、安全なトレーニング環境の保持が大切である。

⑤ PDCAサイクル

トレーニングを継続するうえで大切なことは、計画を実行しながら、その内容が効果があるかを再評価、再検討し、必要に応じて修正していくことである。このサイクルをPDCAサイクルといい、Plan（計画）→Do（実行）→Check（評価）→Action（改善）という流れである。

これは、障がい者スポーツに限らず、すべてのスポーツの場面で考慮されるべき事項ではあるが、障がい者スポーツ選手は自らの障がいのために客観的な評価が困難な場合が少なくないことから、指導者は常にトレーニングの内容を検証して、より効果の高い方法を検討すべきである。

上、トレーニングへの意識向上（心理的効果＝"やる気"）である。また、クーリングダウンの効果は、疲労回復、末梢循環（とくに使った筋など）の改善、副交感神経の働きの促進、心理的効果（リラックス）とされ、クーリングダウンを適切に行うことは"超回復"を促すことにもつながる。

【解説】※10 トレーニングと代謝亢進現象（EPOC）：高い負荷のトレーニングを実施することによって体内の必要な酸素量が不足し、これを補うために、トレーニング中やトレーニング後にも呼吸量が増加する。これは酸素が足りない状態（酸素負債）ために起きるが、同時にトレーニング後の一定期間、身体の代謝量も上昇している現象がみられる。これをEPOC(excess post-exercise oxygen consumption)という。高負荷トレーニングによって損傷された組織の回復のための生理的対応現象と考えられているが、トレーニングの影響が、トレーニング後にも一定期間続いていることを示す現象である。このことは、日常的に一定頻度でトレーニングをしている人と、トレーニングを時々しか行わない人との総合的な代謝量の違いなどに影響している。

【解説】※11 トレーニングの適時性：成長期の人に対しては、年齢層によって有効なトレーニングの種類が異なっている。例えば、小学生から中学生低学年頃の年代は、筋や骨格が成長途中であるのに対して、神経系の成長は著しい。この時期には、巧緻性や平衡性を高めるトレーニングを多くすることによって、運動能力が向上する。また、この時期に高負荷な筋力トレーニングは未熟な骨・関節系の障がいをもたらす可能性を高める。このように、年齢、発育状況を考慮して、適切な時期に、適切なトレーニングをすることにより有効なトレーニング効果が得られることを"トレーニングの適時性"という。発育段階に応じた適切なトレーニングをすることにより、将来にわたって競技力の向上が期待でき、同時に、スポーツ障がいなどを防ぐことにもつながる。

◆コラム◆　健康づくりとトレーニング

健康とは、身体的、精神的、社会的側面で考えることができるが、ここでは、身体的視点（とくに体力面を中心に）からの健康づくりに焦点を絞って考えてみよう。

(1)　運動を続けることの効果

人間の身体は、使わない部位や機能は必ず低下する。特定の部位や機能だけでなく全身にもいえることである。すなわち、日常的な運動不足が全身的な体力低下につながることは明らかである。運動不足により、摂取カロリー量に対して消費カロリー量が減少すると、体力低下とともに体重増加につながる。とくに成人以降は、基礎代謝が低下するために、相対的に消費カロリー量が更に低下する。そのうえ、運動不足により代謝量が多い筋量が減り、その結果として消費カロリー量の低下は更に進むことになる。この結果、相対的体重増加により身体にかかる負荷が増大し、体力の低下に拍車がかかることになる。加えて体重増加とともに脂肪量の増加などの身体組成にも変化をもたらし、様々な生活習慣病の原因につながる。生活習慣病が悪化すれば運動そのものの制限につながることもあり、更に運動不足が進むことになる。このような一連の影響を"運動不足の悪循環"という。

"運動不足の悪循環"を防ぐためには、まずは、そこに陥る前に日常的、定期的、継続的なトレーニング実施により体力を維持しなければならない。これは、競技力向上のための専門的なものではなく、日常生活での運動量を増やす生活習慣を取り入れることでも効果はある。重要なことは、"運動不足の悪循環"に陥る前に生活習慣を改善することである。

車いすや義足を使用している人は、日常的な運動量が更に少なくなる傾向があり、意識的に定期的なトレーニングを日常生活に取り入れることが勧められる。車いすマラソンを継続している選手の呼吸・循環器系能力が、同年代の引退した選手と比較して明らかに高いという報告などから、運動を継続することの効果は健常者同様か、それ以上に大きいといえる。

(2)　健康づくりのためのトレーニングの基本的な考え方

健康づくりのための三本の柱は、"適切な運動"、"適切な食事"、"適切な休養"である。ここでの"適切な運動"を積極的な健康増進のためにという視点で表現するならば、"適切なトレーニング"と置き換えて考えることができる。

健康づくりのための"適切なトレーニング"の基本的な考え方としては、簡単で、どこでも、誰でも、そして継続できるようなトレーニングを工夫することである。その基本的な要素として、

① 抗重力筋のトレーニングにより自分自身の身体を支える筋力の維持・向上を図る
② 有酸素トレーニングにより全身持久力（心肺機能）の維持・向上を図る
③ コーディネーション（調整力）トレーニングにより転倒防止を図る
④ ストレッチングにより柔軟性の維持を図る

の4つが重要である。

自分の身体を負荷にした多彩な抗重力運動や、調整力を高めるリズミカルなダンスなどの動きも積極的に取り入れ、楽しく会話をしながらの有酸素運動などを工夫することが、健康づくりのためのトレーニングである。そして、運動前と後には十分なストレッチングをしてリラクゼーションを図ることにより、柔軟性の維持とともに、心の健康にもつながるだろう。

第14章　各障がいの理解

【学びのポイント】

1）障害者基本法に定められた三障がい（身体障がい、知的障がい、精神障がい）の概要について学ぶ。

2）近年の障がい層の変化や障がい者の高齢化、障がいの重度化など、障がい、障がい者の状況について理解を深める。

1　障がいの分類

　障害者基本法は、障がい者の法律や制度について基本的な考え方を示している。その中で障がい者の定義を「身体障害、知的障害、精神障害（発達障害を含む。）その他の心身の機能の障害（以下「障害」と総称する。）がある者であって、障害及び社会的障壁により継続的に日常生活又は社会生活に相当な制限を受ける状態にあるものをいう。」としている。①身体障がい、②知的障がい、③精神障がいの３つを三障がいという。全障がいのなかで、身体障がいが占める割合がもっとも高い。三障がいの大きな「くくり」の概要を理解しておくと、スポーツ事業の企画や運営が進めやすい。事業の内容によっては、さらに細かい分類が必要になってくるが、障がい名は同じでも身体の状況は様々であることを念頭におき、内容に沿った計画の組み立てや対応を行うことが大切である。全国障害者スポーツ大会の障害区分も、この原則に従って分けられている。

　図１は、障がいを種別に分類した概要図である。

　まず、三障がいに分けたうえで、身体障がいは、身体機能の面から、肢体不自由、視覚障がい、聴覚障がい、内部障がいの４つに区分した。さらに、肢体不自由は、身体運動の違いにより、切断・欠損、脊髄損傷、その他の機能障がい、中枢神経障がいの４つに区分した。

図１　障がいの概要

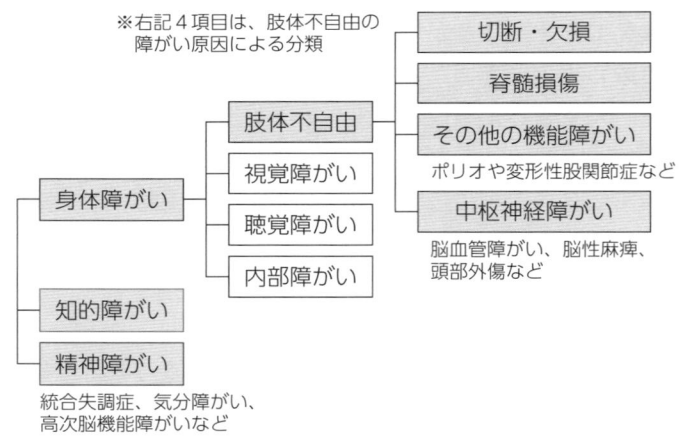

2 障がいの概要

障がいの種類やその特徴の詳しい内容については第15章を参照していただくとして、ここでは、その概要について説明する。

(1) 身体障がい

身体障害者福祉法では身体障がい者を身体障害者手帳の交付を受けた者と定義し、障がいの種類として、視覚障がい、聴覚または平衡機能の障がい、音声機能、言語機能またはそしゃく機能の障がい、肢体不自由、内部障がいを定めている。手帳の交付は1級から6級までであり、厚生労働省の「身体障害者障害程度等級表」には障がいの程度が等級別に表されている。障がいの程度は数字が大きくなるほど軽度化していく。

① 肢体不自由

肢体不自由は、障がいの発生原因にかかわらず、上肢や下肢、体幹に永続的な障がい(運動機能の障がい)がある場合をいう。前掲図1のとおり、運動機能が似通っている障がいをまとめて、「切断・欠損」、「脊髄損傷」、「その他の機能障がい」、「中枢神経障がい」とし、それぞれの特徴を説明する。

1つ目の切断・欠損は、先天的に四肢の形成が障がいされる場合や、生後(後天的)の事故などによって四肢を失うなど、形態的な障がいにより運動障がい(制約や制限など)が起こる場合である。2つ目の脊髄損傷は、脊髄に起因する障がいで、運動の伝達経路や筋肉の機能などに障がいが起こる場合(対麻痺や四肢麻痺など)である。3つ目のその他の機能障がいは、他の3つの機能障がいにあてはまらない場合である。4つ目の中枢神経障がいは、脳の機能に原因があって運動障がいが現れるものである。

② 視覚障がい

私たちの日常生活における情報の8割は視覚から得ているといわれている。視覚の機能は、視力、視野、色覚、光覚、コントラスト感度、調節・屈折、眼球運動、両眼視などの諸機能があるが、身体障害者福祉法における視覚障がいは、視力および視野に障がいがある場合をいう。視力と視野の障がいが重複、あるいは他の視覚機能の障がいを併せ持つなど、視覚に障がいのある人の「見え方」は人それぞれである。視覚障がい者の情報入手としてラジオ、テレビ、家族・友人を通している場合が多く、大切なコミュニケーション手段となるのが音声である。分かりやすい言葉を用いて的確に伝えることが大切である。

③ 聴覚障がい

聴覚障がいとは、一般には音が耳介から外耳道を経て大脳にある聴覚中枢に至るまでの経路のどこかに障がいがある場合をいう。障がいの部位によって、外耳・中耳の経路で起こる障がい(伝音難聴)と、内耳から聴覚中枢までの経路で起こる障がい(感音難聴)があり、障がいが両者にわたる場合を混合難聴という。障がいの部位によって、聞こえ方も異なってくる。また、聞こえ方や障がいの発生時期により、ろう(あ)者、難聴者、中途失聴者[※1]に分けて称することがある。コミュニケーションでは、相手の顔を見て話すことや身振り・手振りを添えながら表情をつけて対応することが大切である。

【解説】※1 聴覚障がいの原因や種類、聞こえの程度が様々なため聴覚障がい者を分類し定義することは難しく、よりよいコミュニケーションを築くために知っておくべき区分として理解しておく必要がある。一般的に「ろう(あ)者」とは、音声言語を習得する前に失聴した人で、多くは手話を第一言語としている。「難聴者」は、聞こえにくいけれど、まだ聴力が残っている人で、補聴器を使って会話できる人から、わずかな音しか入らない難聴者まで様々である。「中途失聴者」は、音声言語を獲得した後に聞こえなくなった人で、まったく聞こえない人でも話すことができることが多い。「難聴者」と「中途失聴者」の両方を含む広い意味で「難聴者」という場合がある。

④ 内部障がい

内部障がいは内臓機能の障がいであり、身体障害者手帳の交付対象となるのは、心臓機能障がい、じん臓機能障がい、呼吸器機能障がい、ぼうこうまたは直腸機能障がい、小腸機能障がい、ヒト免疫不全ウィルスによる免疫機能障がい、肝臓機能障がいの7つである。スポーツ活動にあたり、原因疾患が安定していることや主治医によるスポーツ活動についての意見の有無を確認しながらすすめていくことが必要である。

(2) 知的障がい

知的障がいとは、心身の発達期（概ね18歳未満まで）に現れた、生活上の適応障がいをともなう知的機能障がいのため、医療、教育、福祉などの援助を必要とする状態をいう。いったん知能が発達した後の事故などによる外傷や脳障がいによるものは含まない。療育手帳の交付は、知的機能（IQ）と社会生活能力、行動面の検査や観察などにより判断する。

(3) 精神障がい

精神障がいの定義は、医療や法律によっても異なり国際的にも統一されていない。精神障害者保健福祉手帳の交付対象となるのは、医学的視点からみて継続的に日常生活や社会生活に相当な制限を受ける状態にあり、精神疾患としては統合失調症、気分障がい（うつ病、躁うつ病など）、てんかん、薬物やアルコールによる急性中毒またはその依存症のほか、高次脳機能障がい、発達障がい（知的障がいに該当しない場合）が含まれている。

3　障がい層の変化

【解説】※2　1932（昭和7）年東京市（当時）に全国で唯一の肢体不自由児学校として設立。1944（昭和19）年6月閣議決定の「学童疎開促進要綱」にもとづき急速に一般学童の集団疎開が進められる一方で国の疎開地探しもなく、やむなく麻布分校を閉鎖し世田谷本校に現地疎開した。1945（昭和20）年3月10日東京大空襲後、松本保平校長は自力で疎開先を探すことを決断し、上山田ホテル（長野県）へ光明学校学童50数名の集団疎開が行われた。10日後、空襲により世田谷本校は麻布分校と共に焼失した。その後、全国的には学童疎開は1946（昭和21）年3月に解消されたが、終戦にもかかわらず校舎焼失のため帰る先がなく、世田谷新寮舎完成の1949（昭和24）年まで、4年間も上山田ホテルに留まることを余儀なくされた。光明学校の引揚は集団疎開の最後となった。

第二次世界大戦末期、東京の光明養護学校の学童疎開※2の話は有名だが、戦前・戦中、戦後しばらくの間、障がい者の厳しい現実と「生きにくさ」は想像以上のものであったと考えられる。また、戦争による負傷、栄養不良や感染症などによる病気や障がいは、この時代や社会を反映するものであったはずである。

第二次世界大戦後の日本は、積極的な民主化が図られ、1947（昭和22）年に「児童福祉法」、1949（昭和24）年に「身体障害者福祉法」、1960（昭和35）年には「精神薄弱者福祉法（現在の知的障害者福祉法）」が制定され、その後も施策の見直しや法の改正などが図られてきた。

日本の経済は、1950年代半ばまでに戦前の水準をほぼ回復し、1955（昭和30）年から1973（昭和48）年までの間に、年平均10％の成長を続けた。この高度経済成長期には、技術革新が進み、企業の設備投資や高層ビルの建設、新幹線や高速道路が開通し、1964（昭和39）年には東京オリンピックが開催された。

この目覚ましい日本の発展を支えた工場、輸送、ビル建設などの現場では、労働災害や交通事故、公害などが多発し、多くの障がい者を生む結果になったことは、意外と知られていない事実である。

この時代の特徴的な障がい者は、切断や脊髄損傷者などであったが、日本における障がい者スポーツの推進役を担ったのが脊髄損傷により車いすを使用した競技者たちであった。全国障害者スポーツ大会の前身である全国身体障害者スポーツ大会では、陸上競技種目「スラロームⅠ（110mスラローム）」が花形種目といわれ、車

いすのキャスターをあげて旗門を通過する選手の姿に、観客は魅了された。しかし、このスラローム種目に参加する脊髄損傷者は2000年頃から減少し、2008（平成20）年には大会の種目から消え、代わりに「30mスラローム」が採用され、重度の脳性麻痺や電動車いす使用者が参加する種目となった。脊髄損傷者が大幅に減少した背景には、職場の安全管理の徹底、自動車の性能向上（エアーバッグやシートベルトの普及）や交通法規の徹底などと関係があると思われる。

わが国は戦後の生活環境の改善や医学の進歩、医療保険や福祉など社会保障制度の整備により、今では世界一の長寿国となった。

一方で、がんや心臓疾患、脳血管障がい、骨関節疾患など、疾病構造も変化するとともに、高齢化にともなう障がい者の増加がみられる。

さらに、うつ病などの精神疾患との関連が多いといわれている自殺者は、2010（平成22）年以降は減少傾向にあるものの2018（平成30）年は20,840人で、同年の交通事故による死者数3,532人をはるかに上回っている。

このように、医療技術や予防医学、福祉サービスの向上、さらに人々の生活が変わることで、障がい層（障がいの種類など）は、その時代の特徴を反映するように変化している。

4　高齢化と重度化

わが国の総人口は、2018（平成30）年10月１日現在、１億2,644万人となっている。65歳以上の人口は、3,558万人となり、総人口に占める割合（高齢化率[3]）も28.1％となった。**表1**は、「年齢階級別にみた身体障がい者の推移」である。年齢階級別に、人口千人に対する身体障がい者の人数を算出したものである。70歳以上の身体障がい者は、1955（昭和30）年には29.4人、1980（昭和55）年に87.6人、2006（平成18）年には94.9人に増加し、2011（平成23）年以降100人を上回っている。身体障がい者の出現率は、高齢になるほど高くなる。

【解説】※3　総人口に占める65歳以上人口の割合のこと。わが国の65歳以上人口は、1950（昭和25）年には総人口の５％（309万人）に満たなかったが、1970（昭和45）年に７％を超え、さらに、1994（平成６）年には14％を超えた。高齢化率はその後も上昇を続け、2018（平成30）年10月１日現在、28.1％に達している。

表1　年齢階級別にみた身体障がい者の推移（人口千人対）

年　次	総数	18〜19歳	20〜29歳	30〜39歳	40〜49歳	50〜59歳	60〜64歳	65〜69歳	70歳以上
1955（昭和30）年	14.5	5.3	7.1	14.5	16.0	20.6	25.4	25.4	29.4
1980（昭和55）	23.8	3.5	4.9	7.0	16.0	33.7	55.8	68.7	87.6
2006（平成18）	32.7	4.5	4.1	6.1	11.6	24.4	48.9	58.3	94.9
2011（平成23）	35.2	4.3	4.2	6.0	10.0	19.8	44.1	53.5	105.4
2016（平成28）	39.9	4.1	5.9	6.4	9.0	20.3	40.6	56.1	104.3

資料：厚生労働省社会・援護局障害保健福祉部「身体障害児・者実態調査」、「生活のしづらさなどに関する調査」
（注）　人口千人対の身体障害者数算出の基礎人口は、総務省統計局の「国勢調査」および「推計人口」における18歳以上の人口を用いた。

図2は、「障害の種別にみた身体障がい者数の推移」である。視覚障がい、聴覚・言語障がいはほぼ横ばいであり、内部障がいの増加が著しい。このことは、障がいの発生原因や発生年齢とも関係しており、人口の高齢化の影響が内部障がいの増加に影響を及ぼしているといえる。視覚障がいは、増加率にさほど変化がないが、疾病構造は変わってきている。例えば、視覚障がいの原因疾患では、1988（昭和63）年の１位は糖尿病網膜症、次いで緑内障、白内障、網膜色素変性症、高度近視の順であった。2005（平成17）年になると、１位は緑内障、次いで糖尿病網膜症、

網膜色素変性症、（加齢）黄斑変性症の順になり、医学の進歩により白内障が減少した。それに代わり、黄斑変性症などの加齢にともなう疾病が増加している。

図2　障害の種別にみた身体障がい者数の推移

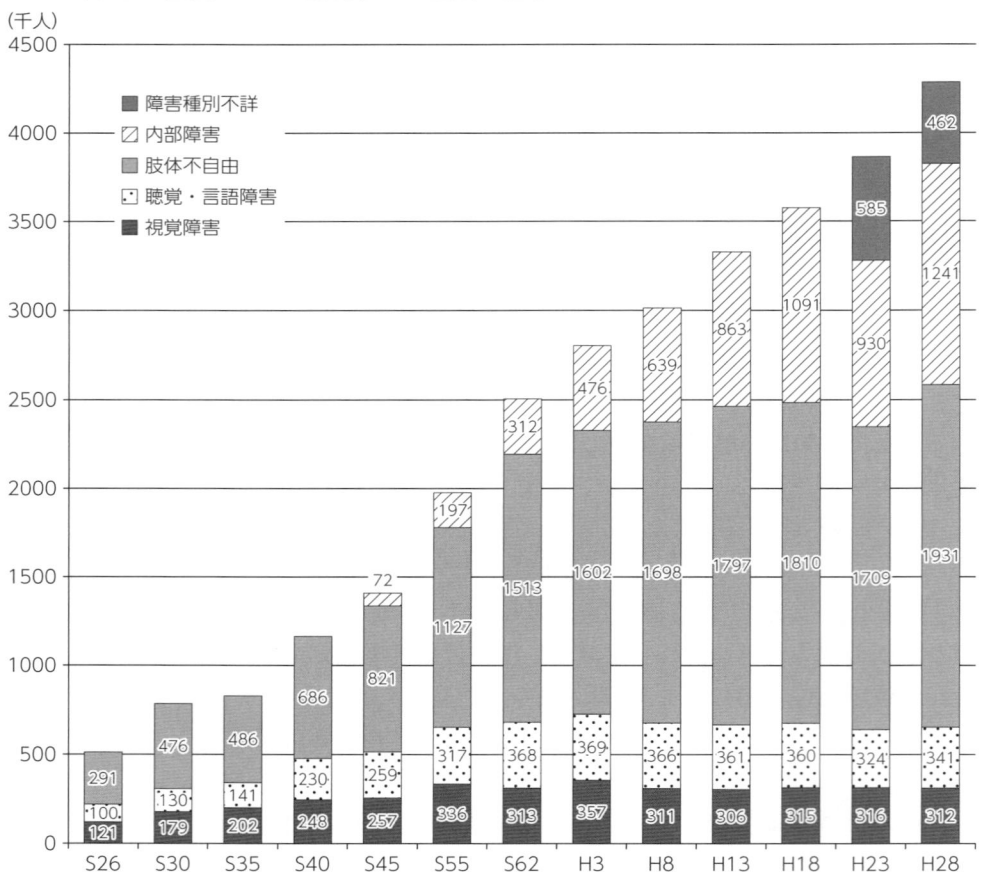

（注）　厚生労働省「身体障害児・者実態調査」（〜平成18年）、厚生労働省「生活のしづらさなどに関する調査」（平成23年〜）
出典：平成28年生活のしづらさなどに関する調査（全国在宅障害児・者等実態調査）結果の概要

　肢体不自由の数は増加傾向にあるが、原因疾患の1つである脳血管疾患数は年々減少しているものの（**図3**）、年齢階級別では男女ともに50歳以上で急増している（**図4**）。また、加齢にともない骨関節疾患も増加しており、わが国の高齢化による障がいの変化を読み取ることができる。

　高齢化にともない障がいの重複化も深刻な問題となっている。元々何らかの障がいを持ち、さらに他の障がいを併せ持つことで、障がいの重度化を招く結果となる。このように、障がい層の変化は、その時代の社会の特徴を映し出している。

図3 脳血管疾患患者数の推移

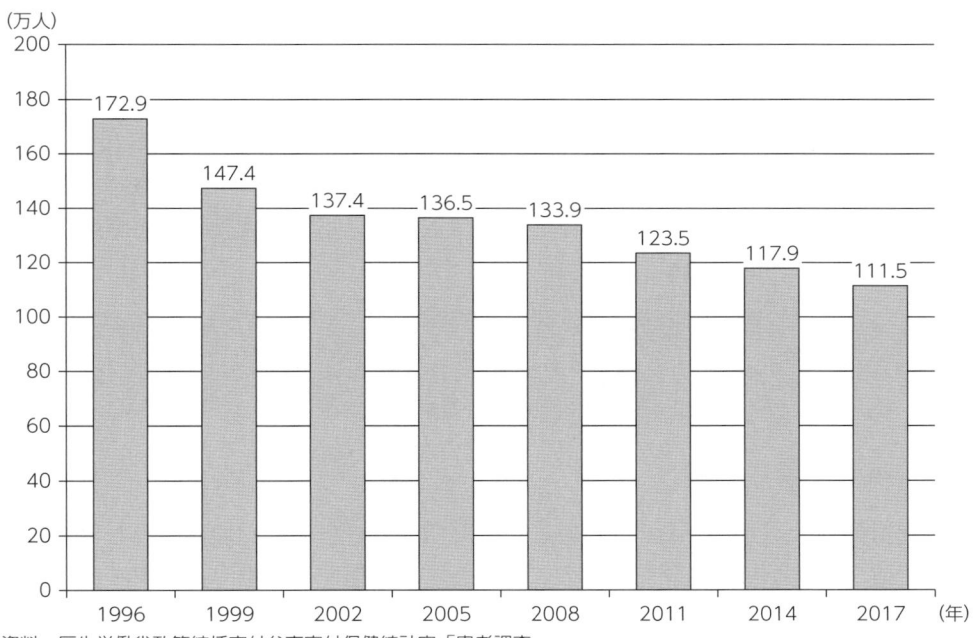

（万人）

資料：厚生労働省政策統括官付参事官付保健統計室「患者調査」

図4 性別・年齢階級別 脳血管疾患患者数（2017年）

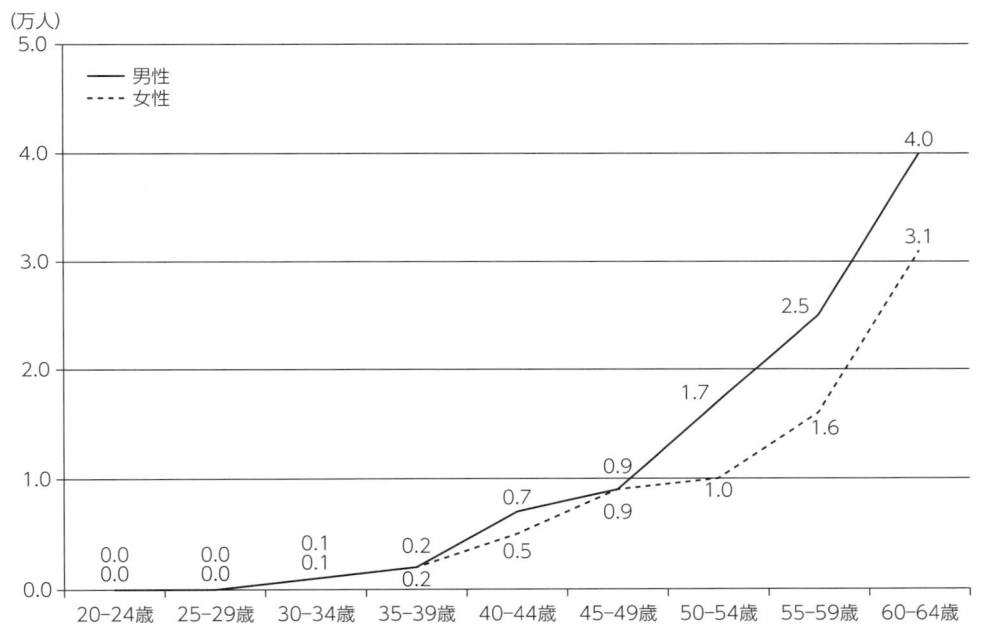

（万人）

資料：厚生労働省政策統括官付参事官付保健統計室「患者調査」

第15章　障がい各論

【学びのポイント】

1）身体障がい（肢体不自由、視覚障がい、聴覚・音声言語障がい、内部障がい）、知的障がい、精神障がいについて、それぞれの障がい特性や判定（診断）基準、また生活面やスポーツ実施時の留意点など、障がいに関して専門的（医学的）な知識を学ぶ。

1　身体障がい（肢体不自由）

（1）　脊髄損傷

脊髄損傷（spinal cord injury）とは、高所からの転落や交通事故などの外傷により脊椎・脊髄が損傷された状態のことをさす。受傷時に脊椎の骨折や脱臼をともなうことが多く、頸椎レベルの損傷では四肢の麻痺、胸椎以下では体幹や両下肢の麻痺を呈する。麻痺のレベル（高さ）・程度（完全・不完全）によって機能的な予後が決まる。

①　疫　学

わが国の脊髄損傷の疫学調査において患者登録など正確なシステムは存在しないが、1990～92（平成2～4）年に日本脊髄損傷医学会が行った調査では、年齢は平均48.6歳で20歳および50歳を中心とした二峰性[※1]のピークを示した。性別は男性が80％と多く、損傷の原因として交通事故（40％）が最も多く、次いで高所よりの転落（29％）、転倒（13％）、スポーツ（5.4％）であった。推計発生率は人口100万人あたり40.2人であった[1]。その後、2004～13（平成16～25）年の日本外傷データバンクをもとにした研究では、受傷者の平均年齢は53.5歳と上昇し、原因も転倒によるものが増える傾向にあり、人口の高齢化に伴い高齢者の軽微な外傷による脊髄損傷が増加していると思われる[2]。

②　障がいの内容・程度の評価

脊髄損傷によって起こり得る障がいとしては、四肢の運動・知覚障がい、膀胱直腸障がい[※2]などの自律神経障がいがある。頸髄損傷では、上下肢の運動麻痺以外に横隔膜機能の障がいに起因する呼吸機能障がいも起こり得る。また、下位胸椎から上部腰椎の損傷では腹筋から下肢の麻痺が起こる。脊髄の運動中枢は脊髄の位置によってその支配筋がほぼ決まっているので、損傷の位置（レベル）によって麻痺の部位が決まる。知覚神経もデルマトームといって体表上に地図のように神経の支配領域が決まっており、ほとんど個人差がないので、知覚麻痺の状態をみれば損傷部位がわかる。障がいの程度の評価に最も広く用いられているのは、ASIA機能障がいスケール（American Spinal Injury Association impairment scale）（**表1**）である。この分類は患者の基本的情報であり、麻痺の予後予測にも必要である。

【解説】※1　グラフの横軸に何らかのパラメーター（この場合は年齢）をとった場合、その形が2つの山のようになること。それぞれ別のメカニズムでピークを形成していると考えられることが多い。

【解説】※2　膀胱直腸を動かす骨盤自律神経は仙髄を中継点として脳とつながっているので、脊髄損傷によって仙髄が損傷して発症する。症状は麻痺の程度で様々であるが、尿意・便意がなくなり、自力での排尿、排便が困難となる。

表1　ASIA機能障がいスケール（ASIA impairment scale）

A	完全損傷高位以下の運動・知覚機能の完全麻痺
B	不完全運動機能は完全麻痺で、（S4・S5髄節を含めた）損傷高位以下の知覚機能のみ残存
C	不完全運動機能は保たれていて、損傷高位以下の主要筋群の少なくとも半分以上の筋力がMMT※3で3未満
D	不完全運動機能は保たれていて、損傷高位以下の主要筋群の少なくとも半分以上の筋力がMMTで3以上
E	性状運動・知覚機能ともに正常

③　障がいの注意すべき病態

　運動麻痺・知覚麻痺は前述のごとく損傷部位と程度によってほぼ決まっている。

　自律神経は神経系の中でも、無意識に内臓機能を調節するものをさす。内臓機能とは生命を維持するための基本的な機能であり、血圧の維持、消化管の運動、末梢の血流調節、心拍数の調節、膀胱からの排尿、発汗を含めた体温調節などがある。目に見えない現象で、外からはわかりにくいが、脊髄はこの自律神経の重要な通過路や中継点であり、また中枢的役割も持っているので脊髄損傷によって自律神経機能障がいが起こる。とくに上位胸椎より高位の損傷の場合、自律神経のうちでも交感神経の障がいが著明で、運動負荷に対して心拍数や血圧の上昇がみられないといった運動生理学的特性がある[3]。

　同様に末梢血管の収縮も起こりにくく、血圧のコントロールもしにくい。また、発汗不良による放熱機能低下をきたし体温調節が困難であり（うつ熱）、気温の高い時には熱中症対策を十分にすべきである。

　排尿障がいや腸管の運動不全による排便障がいもあり、排尿管理には、手圧排尿（手で下腹部を抑えて圧をかける）、自己導尿（自分でカテーテルを入れて排尿）、収尿器を使用するなどの方法で行う。排便管理には、グリセリン浣腸（盲腸ポートを作成している選手もいる）使用したりしている。

　また、麻痺領域に何らかの刺激（下肢に冷水をかける、膀胱に尿がたくさんたまる、膀胱カテーテルの刺激など）が加わったとき反射（無意識に起こる神経の反応、自律神経過反射）が起こり、血圧が上昇して頭痛、発汗、顔面紅潮が起こることがある。このような自律神経反射を利用して、意図的に膀胱に尿を充満して血圧を上げ、パフォーマンスを高めようとする行為をブースティングといい、ドーピングとして禁じられている。

　寝ていて急に起き上がるとめまいや気を失うような感覚になる、起立性低血圧という病態がある。これは健常者でも起こるが、脊髄損傷により末梢血管の自律神経異常がある人では起こりやすいと考えられる。

　褥瘡とは身体と支持面（車いす、ベッド）との接触局所で血行が不全となって、周辺組織に壊死を起こすものをいう。骨の突出しているところに起こりやすく、脊髄損傷では尾骨部、坐骨部、踵などに多い。知覚麻痺のため自覚症状がなく、また通常、目視しにくい部位であるため、見逃されることがある。圧力を分散できる良質のクッションの利用、接触面の頻回の移動（体位転換）などで予防する。また、低栄養（低たんぱく血症、貧血）なども内的因子として褥瘡が起こりやすい要因である。起こしてしまったら、感染を予防し処置を行う必要がある。同様に、知覚低下によって潰瘍、巻き爪などの皮膚のトラブルが自覚しにくく、注意を要する。

【解説】※3　MMT（manual muscle testing）：機械を使わずに、被検査者自身の肢体の重量もしくは検査者の徒手抵抗によって筋力を評価する検査法。0（ゼロ）〜5（ノーマル）の6段階に分けての評価であり、対象とする部位自体の重量に抗して動かせる場合を段階3として、それ以下で介助が必要な場合を段階2、筋収縮があるが運動ができない場合を段階1、筋収縮もみられない場合を段階0とする。一方で、自身の重量に加えて、検査者による徒手的な抵抗にも対抗できるレベルを段階4とし、さらに強いレベルを段階5としている。段階5は、一般健常人の基本的な筋力に相当すると解釈できる。

尿路感染症は排尿障がい、尿道カテーテルの使用などにより脊髄損傷では起こりやすい病態である。適切な排尿、カテーテルの清潔管理が重要である。発熱があるような場合は抗生剤の投与が必要な場合があるので医療機関への受診が望ましい。

　脊髄損傷ではちょっとした運動刺激、触覚や温度（寒さ）などの皮膚刺激で下肢の筋肉にけいれんが起こることがあり、痙性という。基本的にはそのままでも問題ないことが多いが、神経ブロックや抗けいれん剤による治療をする場合がある。火傷や切創などを知らずに受けたとき、けいれんによってわかることがある。

　さらに車いすスポーツ選手は上肢（特に肩・肘）のオーバーユース障がいが頻発する。

（2）　脳性麻痺

　脳性麻痺（Cerebral palsy：CP）とは、受胎から生後4週以内の新生児までの間に生じた、脳の非進行性病変に基づく、永続的な、しかし変化し得る運動および姿勢の異常と定義され、1つの疾患ではない。胎生期の原因としては風疹、トキソプラズマ症、サイトメガロウイルス感染症などの胎内感染、周産期の原因としては周産期仮死、低体重出生、核黄疸、分娩時の外傷、出生後の原因としては脳炎・髄膜炎があげられる。発生頻度は出生1,000人あたり2人程度といわれている。周産期医療の発達により一時期は少し減少したが、大幅な減少には至っていない。

①　症状、障がいの分類

　脳性麻痺の運動障がいは、わずかにぎこちなさのある軽いものから、痙縮で腕や脚がねじれて、補装具、松葉杖、車いすなどの補助具が必要になるほどのものまで、かなり幅がある。主なタイプは、痙直型、アテトーゼ型、運動失調型、混合型の4つであるが、話すために使う筋肉の制御が困難になって、話していることが理解しにくい場合や、斜視、また、脳の非運動野が損傷を受けて、知的障がい、行動障がい、視覚障がい、聴覚障がい、けいれんなど、別の障がいがみられることがある。

　痙直型は脳性麻痺の約70％を占め、筋肉が硬くなって筋力が低下する。症状が両上下肢に及ぶ場合（四肢麻痺）、主に両下肢に及ぶ場合（対麻痺）、あるいは片側の上下肢に及ぶ場合（片麻痺）がある。麻痺を起こした四肢は発育が悪く、関節の可動域制限や脱臼をきたすことがある。二次的障がいとして頸椎症、側弯症、股関節症、尖足変形などが起こる。側弯による胸郭変形、呼吸筋の失調で呼吸障がい、摂食・嚥下障がいが起こる場合もある。

　アテトーゼ型は脳性麻痺の約20％にみられ、筋肉が不随意的にゆっくりと動くことが特徴である。この動きは感情に影響されることがあり、睡眠中には生じない。アテトーゼ型では、一般に知能は正常で、けいれんを起こすのはまれであり、発語の困難な例がよくみられる。

　運動失調型は脳性麻痺の約5％を占めており、協調運動が困難で、動きが不安定である。速い動きや細かい動きが難しく、脚の間隔を広く開いた不安定な歩行になる。

　混合型は、上に述べたタイプのうち2つが複合したもので、ほとんどが痙直型とアテトーゼ型の混合型で、重い知的障がいがみられることがある。

②　注意すべき病態

　スポーツに際し注意すべき病態としては、けいれんとてんかんがある。けいれんを繰り返し、長く続くことを重責発作というが、脳浮腫や脳機能障がいの原因になり得るので、抗けいれん薬で速やかに治療する必要がある。また、てんかん発作が起こることもあり、突然、意識消失を起こすとスポーツ中では大変危険である。抗

てんかん薬を常時服用している人は飲み忘れに注意すると同時に、過労、気候や時差などの環境の変化、過度の緊張などで発作が起こりやすくなるので、それらに注意してなるべくリラックスできるように努める。

（3） 脳血管障がい

　脳血管障がい（Cerebral Vascular Disorder）とは"脳血管の病理学的変化、灌流圧の変化あるいは血漿、血球成分の変化などにより、脳に一過性ないし持続性の虚血または出血が生じたもの"と定義される。

① 分類

　1990（平成2）年に米国のNINDS（National Institute of Neurological Disorders and Stroke）が発表したNINDS-IIIが用いられる（**表2**）。

表2　NINDS-III分類

```
A．無症候性
B．局所性脳機能障がい
 1．一過性脳虚血発作
 2．脳卒中
  1）脳梗塞
  2）脳内出血
  3）クモ膜下出血
  4）脳動静脈奇形に伴う頭蓋内出血
C．血管性痴呆
D．高血圧性脳症
```

　無症候性脳血管障がいとは、血管性の脳実質病巣による神経症状がなく、脳卒中の既往もないが、MRIやCTなどの画像診断上、血管性の脳実質病変（梗塞巣、出血巣）が確認できる状態をいう。脳ドックなどで発見される場合が多い。
　局所性脳機能障がいには一過性脳虚血発作（TIA）と脳卒中がある。
　TIAは、症状持続が1時間未満である以外は脳卒中と類似しているが、ほとんどのTIAの持続時間は5分未満である。一過性の一側での脱力感、筋力低下、めまい、ふらつきなどが起こることもある。
　脳卒中には、脳梗塞、脳内出血、クモ膜下出血、脳動静脈奇形にともなう頭蓋内出血が分類される。脳梗塞はさらに、アテローム血栓性脳梗塞、心原性脳塞栓、ラクナ梗塞、その他の脳梗塞の4種類に分類される。脳内出血の主な原因は高血圧であるが、血液疾患（白血病、血小板減少性紫斑病）も原因となる。クモ膜下出血は外傷性を除くと脳動脈瘤の破裂によるものが多い。

② 脳血管障がいにともなう障がい

　脳血管障がいにともなう障がいとしては、運動障がい、知覚障がい、知的障がい、情動障がい、高次脳機能障がいがある。運動障がいは通常、一側の上下肢の麻痺（片麻痺）として発症するが、病巣が脳幹部の場合は両側の麻痺、小脳の場合は運動失調を呈する場合がある。運動障がいの回復過程を順序により判断するために考案された尺度としてブルンストロームステージ（Brunnstrom stage）がある。麻痺の程度は6段階で表され、ローマ数字で表記される。

Stage Ⅰ＝弛緩性麻痺（完全麻痺）

　　筋肉が完全に緩んでしまっている状態で、自分ではまったく動かせず、脳卒中発症早期にみられる。

Stage Ⅱ＝連合反応の出現

　　連合反応とは、身体の一部を強く働かせると、麻痺した部位まで筋収縮や運動が起こることで、例えば「あくび」や「くしゃみ」をすると、上肢では腕や指が曲がり、下肢では足がピンとまっすぐに伸びたりする不随意の反応をいう。

Stage Ⅲ＝共同運動パターンの出現

　　共同運動とは、個々の関節だけを動かそうとしても、その肢の他の筋肉までいっしょになって動いてしまう現象で、屈筋共同運動（足や手が全体的に屈曲方向に曲がってしまう）と伸筋共同運動（足や手が全体的に伸びてしまう）の２つがある。

Stage Ⅳ＝分離運動の出現

　　一肢のそれぞれの関節が少し分離して動くようになる。

Stage Ⅴ＝分離運動の進行

　　共同運動・痙性の出現が弱くなり、より多くの運動(分離運動)が可能になる。

Stage Ⅵ＝さらに分離が進み正常に近づく

　　共同運動・痙性の影響がほとんどなくなり、運動の協調性や速度も正常化し、個々の関節が自由に動くが、少しぎこちなさが残る。

　知覚障がいは運動障がいと同側に起こり、自覚的しびれ感だけの場合から、知覚脱出（まったく感じない）まで程度は様々である。視床部の出血後ではしびれ感が強く、耐えられない痛み（視床痛）を感じる場合があり、精神的にも大きな影響がある。

　知的障がいは脳卒中の病巣が小さい場合でも起こることがあり、記憶障がいや認知症になることもある。

　情動障がいとしては、脳卒中後にうつ状態に陥りやすいことが知られている。

　高次脳機能障がいには失語症、失行症、失認症、記憶障がい、注意障がい、遂行機能障がいなどがある。失行症、失認症などは一見周りからみてわかりにくいこともあるが、スポーツをするうえでも重要な機能に関わるため注意を要する。

③　**注意すべき病態**

　スポーツをするうえでは、脳卒中の原因疾患である、高血圧、不整脈などの十分なコントロールが必要で、その状態によって運動負荷を調節する。また、麻痺の程度、状態で適切な運動を選択すると同時に、転倒などのアクシデントを予防する手段を考える。

（4）　切断、欠損

　（四肢）切断とは四肢の一部が何らかの原因により切り離された状態を示し、原因としては交通事故や労働災害などの外傷が多く、10歳代は骨腫瘍術後もある。ま

た高齢者では糖尿病や血管障がいによる切断がよくみられる。

① 分 類

切断部位によって、上肢では、肩関節離断、上腕切断、肘関節離断、前腕切断、手関節離断、部分的手切断、下肢では股関節離断、大腿切断、膝関節離断、下腿切断、足関節離断、部分的足部切断に分類される。スポーツを行う場合、肘関節、膝関節の機能が温存されているかどうかは大きな影響がある。とくに下腿切断で断端に十分な支持性があれば、種目によっては義足をつけて健常者と変わらないパフォーマンスを発揮することが可能である(陸上競技、スキーなど)。最近、スポーツ用義足で出場した走り幅跳びの選手がオリンピックに迫る記録を出し注目されているが、義足の競技用ツールとしての妥当性（エネルギーを蓄積する機能）についてはまだ議論がある。

② 切断にともなう症状

障がいは切断の部位で決まるが、切断した四肢があるように感じる幻肢やその痛みを感じる幻肢痛が問題になることがある。

③ 注意すべき病態

義肢を使用してスポーツをする場合は、日常生活よりはるかに断端部への物理的負担が大きい。断端部の皮膚の状態に注意し、皮膚損傷、血流不全、骨の突出や神経腫などにも気を配る。義肢との適合や断端を清潔に保つことが重要である。原疾患別には骨腫瘍では抗がん剤の使用や再発の有無、高齢者では全身の栄養状態もチェックする。

2 身体障がい（視覚障がい）

視覚障がいとは、視力や視野に障がいがあり、眼鏡やコンタクトレンズを装用してもうまく見えない状態をいう。視覚障がいの基本を理解するうえで、眼の構造と名称、視力、視野、視覚障がいになる主な原因疾患の把握は大切である。

(1) 眼の構造と名称

人の眼球（**図1**）はカメラにたとえるとわかりやすい。外見上で見えている眼球はほんの一部であり、その大部分は周囲を脂肪組織で囲まれて、眼窩とよばれる顔面の骨のくぼみに収められている。外界の情報が角膜を通って眼球内に入り、眼球後方の視神経を介し、最終的には脳の後方で認識している。この道筋を視路という。

図1 眼球の断面

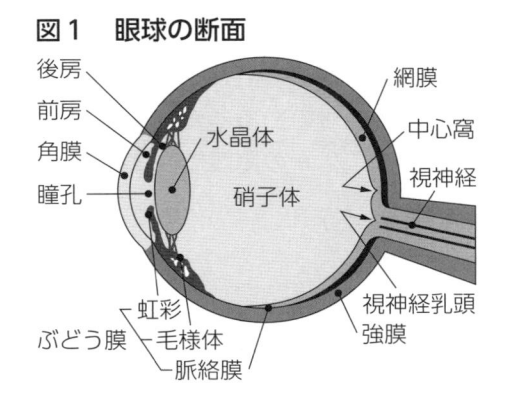

表3 眼球の各部位

虹彩 （ぶどう膜の一部）	人種により色が異なるが、日本人は茶、欧米人は青が多い。外見的には黒い部分の瞳孔周囲に見える。眼球内に入ってくる光量を調節する。カメラにたとえると「絞り」にあたる。
毛様体 （ぶどう膜の一部）	カメラにたとえると「ピント合わせ」を行う部分であり、調節という役目を担う。房水とよばれる眼球内特有の液体を産生する。
脈絡膜 （ぶどう膜の一部）	強膜と網膜の間にある膜で、血管が多く眼球の栄養を司る。
瞳孔	外見的には黒目の部分であり、外界の光が眼球内に入るとおり道になっている。
角膜	眼球の前面にあり、強膜より湾曲が強く突出している。透明で眼球の外膜の5分の1を占める。
水晶体	凸レンズ状をしており、透明で弾力性がある。カメラにたとえると、「レンズ」の役目を果たす。毛様体とともにピント合わせを行う。
前房・後房	前房は角膜後面と虹彩前面の間、後房は虹彩後面と水晶体前面の間のスペースである。いずれも毛様体で産生される房水という透明な液体で満たされている。
硝子体	網膜と水晶体に囲まれた部分で、透明でゲル状の液体が詰まっている。
視神経	脳神経の1つであり、外界経由の網膜の視細胞からの情報を大脳の後頭葉に伝える、視路の主要な信号ケーブルの役目を果たす。
視神経乳頭	視神経が集まるところで、中央のやや鼻側寄りにある。
中心窩（黄斑）	色覚・形態覚を司る視細胞が集中する視力の最も鋭敏な部分であり、正面からの光が結像する。
強膜	角膜とともに眼球の外膜を形成している。白目とよばれる部分で、大変強靭な組織でできている。
網膜	脈絡膜の内側にあり、カメラにたとえれば「フィルム」に相当する。視細胞により外界からの光を電気エネルギーに変換して視神経へ送る。

（2） 視　力

　視力とは、2つの点を2つの点として識別できる能力の限界をいう。日本で行われる視力検査は、ランドルト環とよばれる視標の切れ目を基本的に5m離れたところから被験者に答えてもらう方法が一般的である。切れ目として認知できる最小の幅を視角に換算し、この逆数を小数で表示した小数視力が日本では最も馴染みがある。すなわち最小可視角1分（**図2**）の場合は視力1.0、10分の場合は0.1となる。

　以上は遠見視力とよばれているものであるが、視力として近見視力も重要である。通常は、近見視力表を用いて30cmの距離で行う。

図2　視力＝1/最小可視角（分）

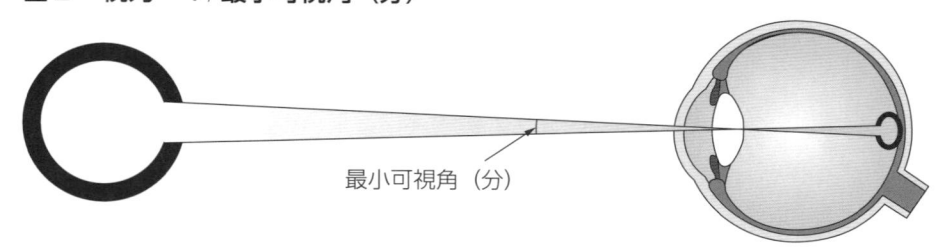

最小可視角（分）

2011（平成23）年から、視覚障がいの国際クラス分け基準が大きく変更された。実際にクラス分けを行う際の視力にはLogMARが採用されている[4)5)]。LogMARとは、最小可視角の対数で表され、LogMAR＝Log₁₀（1/小数視力）という式が成り立つ。MARとは、minimum angle of resolution（最小分離閾角度）の略である。小数視力や分数視力は順序尺度であり足したり引いたりができない数値だが、LogMARは間隔尺度であり足したり引いたりすることが可能であり、視力の統計処理を行う際には大変有用である。例えば、最小可視角1分は、小数視力1.0で、LogMARでは0となる。

なお、視力を評価する際には、裸眼視力ではなく眼鏡やコンタクトレンズを装用したうえでの矯正視力がつねに参考とされる。例えば、いくら裸眼で0.01しか見えない状態でも、眼鏡やコンタクト装用で1.0の視力が出る場合には、その人の視力は1.0として評価される。

（3）視 野

視野とは、眼球を動かさないで見える範囲である。例えば、片眼をふさいで正面の目標を注視した場合、上下左右の広い範囲が目を動かさないでも見える。健常眼では、上方は上眼瞼で遮られるため正面より約60度上方まで見える。内方（鼻側）は鼻で遮られるため約60度までしか見えないが、外方（耳側）は90度以上も見える。

下方は約75度が限度である（**図3**）。視野検査では、見えている範囲、見えない部分を検出していく。一般的に行われている視野検査には、動的視野検査ではゴールドマン視野検査、静的視野検査ではハンフリー視野検査、オクトパス視野検査がある（**図4**）。

図3 正常眼（右眼）の視野範囲

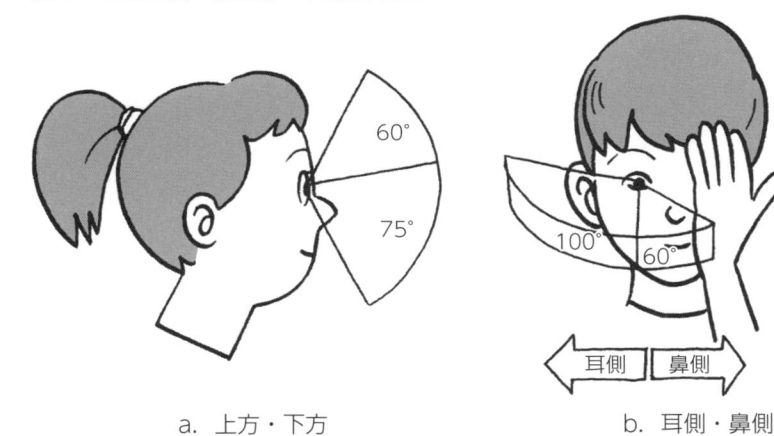

a．上方・下方　　　　　　b．耳側・鼻側

A．視野異常

＊狭窄

a．求心性視野狭窄

　　周囲が見えず、中心部が見えるもの。視野全体が狭くなるもの。網膜色素変性症、緑内障の末期、ヒステリーなどで起こる。

b．不規則性視野狭窄

　　視野が不規則に狭くなるもので、網膜剥離、緑内障の初期などにみられる。

＊暗点

　　視野内の境界がはっきりした、見えない部分。

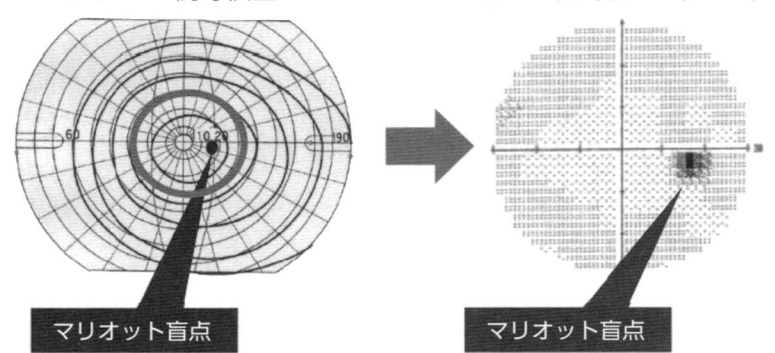

図4　測定法による視野検査範囲の違い

ゴールドマン視野検査　　　　　ハンフリー視野検査（30-2）

マリオット盲点　　　　　　　　マリオット盲点

ハンフリー視野検査の範囲は、ゴールドマン視野検査内の円内の範囲に相当する。マリオット盲点は、視神経乳頭に一致した生理的暗点である。

*半盲

　　固視点より上、下、あるいは右または左の半分の視野が見えなくなった状態をいう。

ａ．同名半盲

　　両眼の視野の固視点より右または左の半分の視野が欠損するもので、後頭葉の脳梗塞や出血により起こることが多い。

ｂ．異名半盲

　　両側の耳側あるいは鼻側の２分の１の視野に欠損の認められるもの。脳腫瘍、外傷、動脈瘤などで生じる可能性がある。

ｃ．４分の１半盲

　　同名半盲の一種で、両側の視野の４分の１が欠損するもので、後頭葉の血管性の病変により起こる。

Ｂ．視野障がいの特徴

　　一般に視野が40度以内に狭窄すると動作に支障が出るといわれている。中心視野異常では、正面視で人の顔を認知することや読み書きが極めて困難になるのに対して、周辺視野異常では歩行行動に影響が生じる。

（4）　視覚障がい

　人間は視覚から80％以上の情報を得るとされている。しかし、視覚に何らかの障がいを持ったとしても、保有感覚を使用し適切な訓練を行うことで100％ではないが障がいをカバーすることが可能である。

　2016（平成28）年の厚生労働省の調査によれば、18歳以上の身体障がい者が全国に428万７千人存在し、そのうち視覚障がい者は31万２千人で7.3％を占めており、最も少ない身体障がいであった。日本眼科医会の調査では、2007（平成19）年の国内の視覚障がい者数は164万人に上ると報告された。厚生労働省は身体障害者手帳を基準に、日本眼科医会は米国の視覚障がいの基準（良い方の眼の矯正視力が0.1を超えて0.5未満をロービジョン、0.1以下を盲と定義）にそれぞれ調査を行っており、両調査結果の数値に開きがみられた。

　身体障害者福祉法に基づき、視覚障がい者で下記に該当する場合には身体障害者手帳を取得することができる。同法第15条の指定医のみが診断書を記入することが可能である。2018（平成30）年７月に視覚の身体障害者手帳基準が改正された。主な変更点は、大きく３点ある。視力障がいでは、「両眼の視力の和」から「良い方

の眼の視力」で認定されるようになった。視野障がいでは、旧基準が「ゴールドマン視野計による認定基準のみ」だったのに対し、「ゴールドマン視野計による認定基準に加え、現在普及している自動視野計での認定基準が明確になり認定可能」となった。さらには、「2～4級については、視能率による損失率で認定」だったのに対し、「視能率、損失率という用語が廃止され、視野角度、視認点数※4を用いたより明確な基準により認定」されるようになった。

級別	視力障がい	視野障がい
1級	良い方の眼の視力が0.01以下	
2級	1．良い方の眼の視力が0.02以上0.03以下	周辺視野角度の総和が左右眼それぞれ80度以下かつ両眼中心視野角度が28度以下
2級	2．良い方の眼の視力が0.04かつ他眼視力が手動弁以下*	両眼開放視認点数が70点以下かつ両眼中心視野視認点数が20点以下
3級	1．良い方の眼の視力が0.04以上0.07以下（2級の2*を除く）	周辺視野角度の総和が左右眼それぞれ80度以下かつ両眼中心視野角度が56度以下
3級	2．良い方の眼の視力が0.08かつ他眼視力が手動弁以下**	両眼開放視認点数が70点以下かつ両眼中心視野視認点数が40点以下
4級	良い方の眼の視力が0.08以上0.1以下（3級の2**を除く）	周辺視野角度の総和が左右眼それぞれ80度以下
4級		両眼開放視認点数が70点以下
5級	良い方の眼の視力が0.2かつ他眼視力が0.02以下	両眼中心視野角度が56度以下
5級		両眼開放視野点数が70点を超えかつ100点以下
5級		両眼中心視野視認点数が40点以下
6級	良い方の眼の視力が0.3以上0.6以下かつ他眼視力が0.02以下	

【解説】※4　自動視野計を用いた検査で見えた点の数である。具体的には、周辺視野の評価で用いられる両眼開放エスターマンテストによる「両眼開放視認点数」と、中心視野の評価で用いられる10—2プログラムによる「両眼中心視野視認点数」とで自動視野計による視野障がいの等級判定を行う。「両眼開放視認点数」は両眼開放エスターマンテスト120点のうち何点見えていたかである。「両眼中心視野視認点数」は、左右眼で基本的に26dB以上見えた点を各々数え、（左右眼で大きい方の視認点数）×3＋（左右眼で小さい方の視認点数）／4の式で「両眼中心視野視認点数」を算出する。

（5）　視覚障がいをきたす疾患

　現在、日本の視覚障がいの原因疾患上位は、緑内障、糖尿病網膜症、網膜色素変性症、黄斑変性である。この他、障がい者スポーツの関係者に知っておいてほしい二疾患についてもあげておく。

①　緑内障

　先天性、後天性のいずれにも早期発見・早期治療が必要である。眼圧を下げるための薬剤治療（点眼や内服薬）が第一選択であり、手術療法も以前より進歩している。初期段階の大半は自覚症状がほとんどなく、検診やたまたま他症状で眼科受診した際にわかったという症例が多い。治療では眼圧コントロールが大切だが、それがうまくいかないと視野狭窄や視力の低下を招く。長期に治療・経過観察を続ける必要がある。また、緑内障手術の種類によっては、術後に結膜に濾過胞とよばれる弱い箇所が形成されている場合があり、強い衝撃や衛生面にとくに留意する必要がある。初期の自覚症状はほとんどないが、病状進行にともない、見えにくい場所が増えていく。

②　糖尿病網膜症

　薬物、手術の進歩により糖尿病網膜症は失明をかなり防止できるようになったが、いまだに視覚障がいを残すことは多い。増殖性変化（新生血管）が出現すると、

硝子体出血や緑内障などの合併症にも注意が必要であり、血糖コントロールがより大切になる。初期の自覚症状はほとんどないが、病状進行にともない、急激に視力が低下し、見えにくい場所が増えていく。

③　網膜色素変性症

網膜のなかの杆体細胞から先に傷害され、早期に夜盲[※5]を自覚し、経過とともに求心性視野狭窄[※6]や輪状暗点が出現する。最終的には視力低下もきたす。現時点では有効な治療法は確立されていない。夜盲はかなり初期でもあらわれるが、視力がよいため気づきにくい。典型例では周辺から見えにくくなり、行動面で困ることが多い。求心性視野狭窄の代表例である。

④　黄斑変性

ものを見るときに最も大切である黄斑に病変が生じ、ゆがんでものが見え、進行すると中心暗点をきたす代表的な疾患。欧米の視覚障がい原因疾患のトップである加齢黄斑変性は最近では日本でも増加傾向にあり、新たな薬物治療が最近可能になってきたが、ゆがみなどの症状は継続することが多い。初期から自覚症状があらわれやすく、読み書きで困ることが多い。中心暗点[※7]の代表例である。

⑤　レーベル遺伝性視神経症（レーベル病）

ミトコンドリア遺伝子の異常で起こる疾患で、多くは比較的若い男性に急な両眼の視力低下をきたす。視野検査では、中心暗点がみられる。現時点では、有効な治療法は確立されていない。初期から自覚症状があらわれやすく、読み書きで困ることが多い。中心暗点をきたす。

⑥　網膜剥離（裂孔原性）

網膜に裂け目ができて、そこから硝子体液が入り込み、網膜が剥離する。加齢にともなう硝子体の変化でも起こるが、打撲などの外傷でも起こる。飛蚊症[※8]、光視症[※9]、視野欠損、視力低下などの症状がみられる。手術加療が必要で、放置しておくと失明に至る。

（6）　視覚障がい者との接し方

視覚障がい者に周囲の環境を説明するときに、「あっち」「こっち」「これ」「そこ」といった指示代名詞は避けるべきである。具体的に、「右へ3歩行ったところを左に曲がる」など、視覚を使わなくてもイメージしてもらえるような説明を常日頃から心がけておく必要がある。とくに留意しなければならないのは、視覚障がい者と対面で話すときだが、つねに視覚障がい者の側に立って左右を説明することである。つまり、説明者の右は視覚障がい者の左である。これを間違うと、視覚障がい者が危ない目に遭うこともあるため、十分に気をつけておく必要がある。

もう1つよくありがちで視覚障がい者が困ることがある。それは、視覚障がい者に対して突然一方的に挨拶をしたり、黙ってその場から立ち去っても視覚障がいの程度によってはわからないことが多いということである。必ず挨拶する前に自ら名乗り、立ち去るときも声をかけるように配慮しておきたい。

（7）　主なスポーツ参加禁止基準と留意点

次の状況に該当する場合には、スポーツ参加は控えたほうがよい[6]。①外眼部手術後3ヵ月以内、②内眼部手術後6ヵ月以内、③増殖性糖尿病網膜症の活動期、④ウイルス性結膜炎（はやり目）加療中、⑤活動性のあるぶどう膜炎加療中があげられる。あくまでも目安にすぎないため、実際には選手の眼科主治医に確認したほう

がよい。

この他、運動量によっては、必要栄養摂取量や水分摂取量の調整も必要になり、眼科面のみならず、内科医との連携の下、内科的な助言も大切な場合があり、留意を要する[7]。

3 身体障がい（聴覚・音声言語障がい）

(1) 聴覚障がい

聴覚障がいはコミュニケーション障がいの１つで、社会的に孤立したり、その態度や性格が誤解されたり、疎外感を味わったりするなどの不利益を被ることが多い。また、聴覚障がいは外見から障がいの有無を判断することが難しく、別名「目に見えない障がい」とも呼ばれている。聴覚障がいを理解するため、聴覚器の基本構造、聴覚障がいの種類とその程度、聴覚障がい者が利用する補聴器や人工聴覚機器、聴覚障がい者に関する社会制度、スポーツを行う際の注意点などを系統的に述べる。

① 聴覚器の構造とはたらき

耳は外側から耳介、外耳道、鼓膜、中耳（耳小骨を含む）、内耳（蝸牛と前庭）で構成されている（**図5**）。空気中を伝わってくる音波は、外耳道を通過し、鼓膜を振動させる。鼓膜の振動は鼓膜に付着しているツチ骨、キヌタ骨、アブミ骨と三つ連続する耳小骨へと伝わり、さらに内耳へと伝えられる。内耳（蝸牛）では蝸牛内の有毛細胞により振動が電気信号に変換されて脳へと伝えられ、音として感知できるシステムとなっている。

② 聴力検査法

最も一般的に行われている検査法は標準純音聴力検査で、レシーバーを両耳に装用し、125から8000Hzの純音を聞き聴力を測定する。鼓膜を介しての聞こえのレベルを測定するのが気導聴力、側頭骨にレシーバーを当てて骨の振動で直接内耳を刺激して測定するのが骨導聴力であり、結果は縦軸に聴力レベル（dB HL）、横軸に周波数（Hz）を記してあるオージオグラムに記載する。乳幼児の場合は年齢に応

図5　耳の構造と音の伝わり

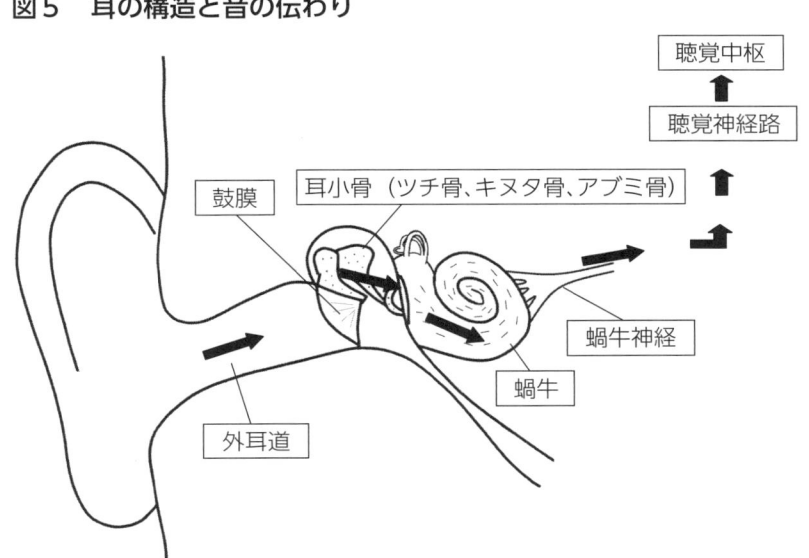

じた幼児聴力検査を施行する。また、これらの検査で聴力がうまく測定できない場合には聴性脳幹反応検査（ABR）、聴性定常反応検査（ASSR）などが行われる。

③ 難聴の程度分類と身体障がい認定

日本聴覚医学会によると、平均聴力25dB以下が正常、25-40dBが軽度難聴、40-70dBが中等度難聴、70-90dBが高度難聴、90dB以上が重度難聴と分類されている[8]。身体障害者福祉法による聴覚障がいの等級は、両耳の平均聴力において70-80dBが6級、80-90dBが4級、90-100dBが3級、100dB以上が2級となる。また、この他に片側の聴力が90dB以上、反対側が50dB以上の場合は6級、両側の最高語音明瞭度が50％以下の場合は4級という規定もある[9]。

④ 難聴の分類と原因疾患

1）伝音難聴

外耳道から鼓膜、そして耳小骨を含む中耳腔まで、音を内耳まで伝えるレベルでのトラブルにより生じる難聴が伝音難聴である。代表的な疾患では、滲出性中耳炎、真珠腫性中耳炎、耳硬化症などがあげられる。伝音難聴は処置や手術で聴力改善が期待できる疾患が多い。

2）感音難聴

内耳を中心に、聴神経、聴覚伝導路など、機械的な振動の音を電気的な信号に変換、感知するシステムのトラブルで生じるのが感音難聴である。代表的な疾患では、突発性難聴、加齢性難聴、騒音性難聴、遺伝性難聴、聴神経腫瘍などがあげられる。慢性化したものは治療によって改善することは難しく、補聴器や人工内耳の使用が考慮される。

3）混合難聴

伝音難聴と感音難聴が混在する状態が混合難聴である。

⑤ 補聴器と人工聴覚機器

一般的に使用されている補聴器は気導補聴器である。その形状からポケット型、耳掛け型、耳あな型がある。最近の補聴器はほぼすべてがデジタル補聴器になっており、音を増幅するのみでなく、明瞭に会話を聴き取るために音の加工が行われる。周波数毎の複雑な増幅や、雑音抑制、指向性マイク、ハウリング抑制など多くの機能を有する。この他に、補聴器には側頭骨を振動させて内耳に音を伝える骨導補聴器、軟骨を介して音を伝える軟骨伝導補聴器も存在する。

補聴器で効果が得られない重度難聴には人工内耳が用いられる。外から入ってくる音はスピーチプロセッサで信号処理され、側頭部に手術で埋め込まれたインプラントに伝えられて、蝸牛内に挿入されている電極が神経細胞を電気刺激して音が入力される。なお、術後のリハビリテーションが必須である。また、最近では高音急墜型感音難聴に対して低音部は補聴器、高音部は人工内耳を使用する残存聴力活用型人工内耳（EAS）や、人工中耳（Vibrant Soundbridge®）、骨固定型補聴器（Baha®）などの新しい人工聴覚機器が健康保険適応となっている。

⑥ スポーツをする際の注意点

以下に示す事項に注意をすれば、聴覚障がい者に制限をしなければならない種目は少ない。

1）聴覚障がい者本人への配慮

音声言語や周囲の環境音からの入力が少ない、もしくは得られないため安全の配慮を行う必要がある。健聴者は危険なものが近づいてくる際に、視界に入らなくても音からその存在や方向を理解して避けることができる。また、周囲からの

声掛けによって危険を回避することも可能である。聴覚障がい者はこのような対応が難しいため、周囲が安全に配慮する必要がある。

続いて情報保障を考慮する必要がある。多くの競技において、選手間、選手とスタッフ間、会場全体の意思疎通や案内などで音声言語を用いた情報交換が行われている。補聴器や人工聴覚機器を装用していても、距離が遠い場合や周囲の騒音が多い場合、複数の人間が同時に話す場合などは特に言語聴取が難しい特徴がある。このため的確に指示や連絡を伝えるため、音声言語情報のみならず、視覚的な情報も加えて伝えるよう配慮する必要がある。スタート合図なども視覚情報を合わせて提供する必要がある。

次に配慮すべき事項はスポーツによって状態悪化を起こさないようにする工夫である。難聴の原因によっては、スポーツ中の動作によって聴力悪化やめまい併発の危険性があることを知っておく必要がある。例として、先天性難聴の原因として比較的頻度の高い前庭水管拡大症では、頭部への衝撃や過労などでめまいをともなう聴力悪化の発作を誘発する可能性がある。このため柔道やラグビーでの肉体的接触や、サッカーのヘディングなどで、頭部に強い衝撃を受けないように、行う種目の選択や運動中の行動に配慮をする必要がある。また、ミトコンドリア遺伝子1555A＞G変異による難聴などでは、音響刺激に脆弱である場合があり、剣道や射撃のような強い音刺激が加わるような競技は注意が必要である。

２）補聴器や人工聴覚機器への配慮

補聴器や人工聴覚機器はすべて電子機器であり、水や衝撃に弱い特徴がある。装用して運動を行う場合は、濡れたり強い衝撃を与えたりしないように注意する必要がある。最近の補聴器や人工聴覚機器はある程度の防水加工はされているが、使用後はきちんと汗や水分を拭き取って、乾燥材の入ったケースに入れて保管する必要がある。また、人工内耳の対外装置については、メーカーが防水パックを販売しており、これで本体をカバーして使用することで、水による故障を防ぐことが可能である。なお、衝撃には弱いので補聴器と同様、強い衝撃を与えないように注意する必要がある。

一方、人工内耳などの体内装置（インプラント）は特有の注意が必要である。補聴器や人工聴覚機器の体外装置（スピーチプロセッサ）は、聞こえが悪くなることを条件に、外して運動することが可能である。しかし体内装置は手術で側頭部の皮下に埋め込まれているので容易に取り出すことはできない。このため、埋め込まれている側頭部を強打するとインプラントを破損する可能性がある。破損した場合は、全身麻酔手術によって新たなインプラントに入れ替えが必要となる。このような事態にならないよう十分注意し、側頭部は保護して運動することが必要である。

(2) 音声・言語障がい

音声・言語障がいとは、音声を全く発することができないか、発声しても言語機能を喪失したものや、音声・言語のみで意思疎通をすることが困難なものであり、聴覚障がいと同様に音声言語を利用するコミュニケーションに障がいが生じる。音声・言語障がいを理解するため、音声・言語障がいの種類とその程度、音声・言語障がい者に関する社会制度などを系統的に述べる。

① 音声・言語障がいの原因と種類

音声障がいは喉頭がんなどの手術により、声帯を含めて摘出手術を受けて無喉頭

となった場合や、声帯そのものの異常、神経筋疾患などによる喉頭麻痺などにより発声が困難な場合などが考えられる。

一方、言語障がいは重度難聴（聾）にともなうものや、脳血管障がいにともなう失語症（運動性失語と感覚性失語の2つがある）、咽頭、口腔などの働きを用いて発音し言葉を作る働きとしての構音障がい（器質性と機能性の2つがある）、吃音などがあげられる（図6）。

図6　音声言語の仕組み

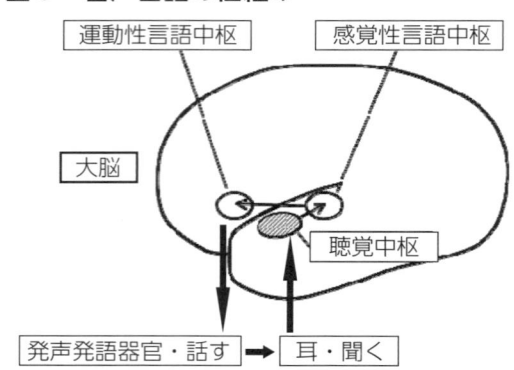

②　音声・言語障がいの程度分類と身体障がい認定

音声・言語障がいはその程度に応じて、家族との会話も含めて、音声言語ではコミュニケーションがとれない音声言語機能の喪失がある場合は音声・言語障がい3級、家族との会話は可能であるが、他人とは音声言語でのコミュニケーションがとれない音声言語機能の著しい障がいがある場合は音声・言語障がい4級に認定される[9]。

③　使用する補装具、福祉機器

手術で無喉頭となった音声障がい患者がよく利用する器具には電気式人工喉頭がある。顎の下に機器をあてて振動させ、その振動を口腔内に響かせて舌や口の動きで振動音を言葉としてコミュニケーションをとる。訓練を受けて食道発声法を取得するものや、手術により気管食道シャントを用いて発声する者もいる。

一方、言語障がいにおいては、50音が記載された透明文字盤やトーキングエイド、レッツチャット、伝の心などの意思伝達装置を使用することが多い。

④　スポーツをする際の注意点

音声障がいにおいては、障がい者からの発信が困難な場合が多いため、どのような方法で意思を伝えてもらうかの決まり事を作る必要がある。また、喉頭を摘出した患者の場合、永久気管孔が頸部に開いている状態であり、ここが塞がれると窒息の危険がある。また、ここから水が入ると溺水の危険があるため、入浴や水泳の際は最大限の注意を払う必要がある。

一方、言語障がいの場合は、障がいの原因や症状により配慮が異なる。脳血管障がいなど中枢が原因の失語症などの場合は、他の身体機能に麻痺などの合併障がいがないかを確認する必要がある。また、周囲の環境への配慮を図れないような高次脳機能障がいの合併がないかなども検討する必要がある。言語の発語が難しいのか、それとも認識ができないのか、さらにはその両者なのかによっても、配慮の方法は異なり、十分に障がい者本人の状況を把握してから、運動プログラムやコミュニケーション方法を決定する必要がある。

聴覚、音声・言語障がいの仕組み、分類と各種検査、使用する器具、スポーツを行う場合の注意点など多岐にわたって述べてきた。これらから聴覚・音声言語障がい者への理解を深め、安全にかつ積極的にスポーツに参加できるよう周囲の協力が得られることを期待している。

4　身体障がい（内部障がい）

(1)　内部障がい

身体障害者福祉法に定める「内部障がい」とは、心臓機能障がい、じん臓機能障がい、呼吸器機能障がい、ぼうこうまたは直腸の機能障がい、小腸機能障がい、ヒト免疫不全ウィルス（HIV）による免疫機能障がい、肝臓機能障がいの7つの障がいのことであり、医師の診断書とともに申請し、各々の認定基準に該当する場合に身体障害者手帳が支給される。

各障がいにおいて、障がいの状態に応じて、1級から4級の等級が認定される（障がいの度合いとしては1級＞2級＞3級＞4級の順に重度）。

障がい者スポーツ参加という意味においては、国内での最大規模の大会である全国障害者スポーツ大会に出場する際の障害区分の中で、内部障がいとして参加できるのは、ぼうこうまたは直腸の機能障がいのみである(2019(令和元)年8月現在)。

ただ、健康増進、QOLの向上という目的にスポーツを行うことはすべての障がいのある人にとって必須といえる。ぼうこうまたは直腸の機能障がい以外の内部障がいを有する障がい者が地域でスポーツ活動を行う場合を含め、障がい者スポーツ指導を行う際には、大会参加対象者に限らず、すべての障がい者が安全にスポーツ参加できるように、各障がいについても最低限の知識を持って指導にあたることが望ましい。さらに、本項で述べる内部障がいに該当しない内科的疾患（糖尿病など）でも、スポーツを行う際に阻害因子、リスクとなる合併症は数多くあり、適切な健康管理、メディカルチェックに基づき、各々が安全に行える競技種目の選定や練習などでの運動強度を決定する必要もある。

本項目では、各内部障がいについての概要とスポーツ参加における際の注意点を中心に述べる。

①　心臓機能障がい

心臓機能障がいは生命維持に直結し、全身の持久性、運動耐容能[※10]に大きく影響する障がいであり、運動処方、指導を行う際に最も配慮する必要がある。認定の対象としては、心筋梗塞、狭心症、心不全、不整脈などの疾患がある。心臓機能障がいの等級認定では、心電図上の変化（不整脈や心筋梗塞・狭心症などの虚血性変化）に加えて、日常生活時の心不全症状、狭心症症状、アダムストークス発作（不整脈が原因で心臓から脳への血流量が急激に減少して起こるめまい、失神発作）、浮腫[※11]、頻脈発作の有無、胸部レントゲン検査、ペースメーカーの有無などを組み合わせた認定基準により行われる。

【解説】※10　身体運動負荷に耐えるために必要な、呼吸や心血管系の能力に関する機能。

【解説】※11　顔や手足が水分の増加により痛みをともなわずに腫れる症状。

循環器疾患患者におけるリハビリテーション、運動療法、スポーツ参加については、「循環器病の診断と治療に関するガイドライン」や「心血管疾患におけるリハビリテーションに関するガイドライン」が発表されており、参考となる。スポーツ、運動開始時には、医師によるメディカルチェック、運動負荷試験などの結果からリスク評価を行い、適切な運動負荷量を設定して種目選択などを行う。指導を行

う際には、胸部症状、めまい、気分不良などの自覚症状と顔面蒼白、冷汗など観察可能な所見の有無にも注意を払う必要がある。

② じん臓機能障がい

じん臓機能障がいの原因となる疾患としては、糖尿病性腎症、慢性腎炎が多く、血液透析導入の原因疾患は糖尿病性腎症による腎不全が最多である。じん臓機能障がいの等級判定は、腎機能検査（血液検査、尿検査を行う。参考：12歳以下は内因性クレアチニンクリアランス値、12歳以上では血清クレアチニン濃度）と、日常生活活動の制限状況により行われる。

以前は腎機能障がい者に対する運動負荷は腎機能を悪化させるといった否定的な意見が多かったが、近年の研究において適切な運動負荷は、腎機能を悪化させることなく、心肺機能の改善、高コレステロール血症や高トリグリセライド血症などの脂質代謝異常や糖尿病などの生活習慣病の改善、QOLの改善などが得られるとの報告が増えている。

また、運動による腎機能低下が危惧されている脊髄損傷者においても、適切な水分摂取下であれば、最大酸素摂取量60％強度の運動を2時間行っても、腎機能を低下させることがないこともわかっている。ただし、糖尿病性腎症[※12]の第3期B（顕性腎症後期）〜4期（腎不全期）では、運動強度として体力維持程度の強度に制限することが望ましいとされている。また、急性腎炎の急性期、慢性腎炎で腎機能低下や蛋白尿が一定量ある場合、コントロール不良なネフローゼ症候群[※13]などについては、スポーツ参加は禁止とされている。

③ 呼吸器機能障がい

呼吸器機能障がいの等級判定には、階段昇降や歩行の際の息切れなどの活動能力や、胸部レントゲン検査のほか、とくに換気機能と動脈血ガス値（動脈血中に含まれる酸素や二酸化炭素の量など）が重要である。

呼吸器機能障がい者のスポーツ参加、運動療法、リハビリテーションでは、状態の把握、重症度評価をしっかり行うことと、それをふまえてリスク管理を行うことが必要である。一般に重度の慢性呼吸不全には低負荷で短時間の運動を繰り返し行い、軽症化につれて、高負荷、長時間の運動を行うことが適切である。健常者におけるスポーツ参加の禁止としては、呼吸不全の急激に悪化したとき、心不全合併時、安静時心拍数が110拍/分以上、酸素吸入下でも経皮的酸素飽和度[※14]SpO2が88％未満のもの、などがある（アメリカスポーツ医学会）。

しかしながら、障がい者スポーツにおいては、換気機能障がいを呈する疾患が様々あり、彼らは実際にスポーツ参加するだけでなく国際大会に参加することもある。繰り返しになるが、適切なメディカルチェックとリスク評価を行うことが最も重要である。指導の際の注意点としては、自覚症状としての呼吸困難感、他覚症状としては顔色不良、チアノーゼ（皮膚や粘膜が青紫色である状態。一般に、血液中の酸素濃度が低下した際に、爪や口唇にあらわれやすい）などの有無を早期に発見することである。

④ ぼうこうまたは直腸の機能障がい

人工肛門（ストーマ）や尿管ストーマの永久的増設、先天性疾患による神経障がい、手術にともなう神経因性膀胱など排尿、排便障がいがあるものが障がい認定の対象である。また、事故などによる脊髄損傷や脳性麻痺による排泄障がいは含まれていない。スポーツ参加、運動参加においては、身体能力に応じて可能である。ただし、接触性スポーツなどストーマに影響を与える種目については避けるほうが安

【解説】※12　糖尿病によって腎臓の糸球体が微小血管障がいのため硬化し数が減少していく疾患。症状に応じて第1期から第5期までに分類される。第3期Bは低蛋白血症による浮腫（むくみ）や心不全を生じ、第4期では、浮腫に加え、倦怠感、悪心、精神的不安定、掻痒感などの尿毒症症状が生じ始める。

【解説】※13　高度の蛋白尿により低蛋白血症をきたす腎臓疾患群の総称。低蛋白血症、高度な蛋白尿、浮腫（眼瞼や下肢）が主な症状である。

【解説】※14　血液中にどの程度の酸素が含まれているかを簡易的に示す測定値。通常は指先で測定し、正常値は96％以上である。

全である。スポーツ指導においては、ストーマの損傷、閉塞などに注意することと、ストーマなどの処置が可能なトイレの有無などに配慮する必要がある。

⑤ 腸機能障がい

小腸大量切除を行う疾患・病態（上腸間膜血管閉塞症、小腸軸捻転症、先天性小腸閉鎖症、壊死性腸炎、広汎腸管無神経節症など）、小腸機能の永続的な低下をともなう疾患（クローン病、腸管ベーチェット病、非特異性小腸潰瘍、特発性仮性腸閉塞症、乳児期難治性下痢症など）により、栄養維持が困難である人が認定の対象となる。対象者の多くが、栄養補給・維持のために中心静脈栄養（通常点滴に使用しない太い静脈から高カロリーな輸液を投与する方法）やチューブによる経腸栄養法を利用している。スポーツ参加、運動参加については合併症の状態に注意し、身体能力に応じて参加可能である。装着するチューブ類がある場合、接触性スポーツは避けることが望ましい。

⑥ ヒト免疫不全ウィルスによる免疫機能障がい

ヒト免疫不全ウィルス（HIV）による免疫機能障がいは、HIVに感染することにより免疫機能の著しい低下、とくにCD4陽性Tリンパ球数（ヘルパーT細胞、リンパ球の一種。HIVが感染することで減少する）が低下することによる。等級認定は、各種血液検査（参考：HIV抗体、CD4陽性Tリンパ球数、HIV-RNA量、白血球数、ヘモグロビン量、血小板数）やAIDS指標疾患の発症状況などから判定される。HIV感染者の免疫系に対するスポーツや運動の影響についての報告はほとんどないが、運動による筋力強化、最大酸素摂取量の増加はHIV感染者においても同様と考えられるため、スポーツ参加は推奨される。参加種目、運動強度については一定の基準はいまだないため、個別に判断する必要がある。

⑦ 肝臓機能障がい

肝臓機能障がいの原因となる疾患として最も多いのは、B型、C型肝炎である。等級認定は、肝機能障がいを判定する際のChild-Pugh分類の評価項目に準じる。具体的には、肝性脳症の有無（肝機能障がいが原因の意識障がい）、腹水（腹腔内に異常に多量の液体が貯留した状態ないしその液体）の有無、血清アルブミン値、プロトロンビン時間（肝臓で血液凝固因子が産生されており、産生が障害されると値が変化する）、血清総ビリルビン値（上昇すると黄疸を呈する）である。これらに加えて、血中アンモニア値、血小板数、原発性肝癌の既往、胃食道静脈瘤の既往などを総合的に判断して等級認定される。

肝臓機能障がい者のスポーツ参加・禁止の基準として、2005（平成17）年に策定された日本臨床スポーツ医学会内科部会勧告があり、概要としては以下のとおりである。

非接触性スポーツにおいては、原因の如何にかかわらず、非治癒期急性肝炎、急性増悪期慢性肝炎、非代償期肝硬変症や食道静脈瘤がある場合、眼球結膜の黄染がある場合、血液検査異常（血清GPT値150mIU/ml以上または血清アルブミン値2.8g/dl以下、血清コリンエステラーゼ値0.6DpH以下、血清総ビリルビン値2mg/dl以上など）では、スポーツ参加を絶対禁止とし、接触性スポーツの場合は上記基準に加えてB型肝炎では、HBs抗原陽性（HBV（B型肝炎ウィルス）の外殻を構成する蛋白質の1つ。HBV感染の有無を判定する際に使用し、陽性の場合HBVに感染している。）の場合、必ずHBV・DNA（HBVのDNA遺伝子。陽性の場合体内にHBVが存在していることを示す）値を測定し、陽性の場合はスポーツ参加を禁止し、専門機関で治療を行うこと、C型肝炎では血液検査でHCV抗体（HCV（C

型肝炎ウィルス）に感染すると体内でつくられる抗体。値が高いと現在の感染、値が低いと過去の感染が疑われる）陽性の場合、HCV・RNA値（HCVのRNA遺伝子。陽性の場合体内にHCVが存在していることを示す）を測定することが提言されている。

　疾患のコントロールが不良な状態では競技を問わずスポーツ参加が禁止とされ、接触性スポーツにおいては、負傷、出血の可能性があり、他者への感染に対する注意が必要なため血中の肝炎ウィルスの検査・治療が提言されている。原疾患、合併症がコントロールされている場合は、定期的にメディカルチェックを行い、運動量や運動強度が適正であるかを判断していくこととなる。

⑧　その他の内科系疾患：糖尿病

　糖尿病はそれ自体では身体障害者福祉法における「内部障がい」の対象となっていないが、糖尿病性網膜症、糖尿病性腎症など全身に障がいを併発する疾患である。糖尿病に対して運動療法が非常に重要であることから、スポーツ施設の利用希望者が多い。

　糖尿病の基本的治療は、食事療法、薬物療法、運動療法が三本柱である。中でも、運動については、いくつか注意事項がある。まず、糖のコントロールが不良な状況（尿中ケトン陽性や空腹時血糖250mg/dl以上など）では、運動により血糖が上昇するおそれがあること、また増殖性網膜症の段階では運動により眼底出血を引き起こし失明の危険性があることなどから、上記の状態では運動は禁忌である。運動開始にあたっては、血糖コントロールの確認、網膜症や眼底の状態を直接担当医や主治医に確認することが必要となる。また、血糖降下剤を内服あるいはインスリン注射をしている者では、運動による低血糖の予防のために糖質の摂取を行う、運動強度によりインスリン量を減らすなどの配慮が必要となる。糖尿病性腎症に対する運動制限については、②じん臓機能障がいを参照されたい。

（2）　メディカルチェックについて

　前項で内部障がいについて述べたが、上記障がいのある人の多くがスポーツ参加について消極的であることが多い。また、指導者にとっても、スポーツ参加の可否、運動強度などで迷う場面が多いことは想像に難くない。日常的なスポーツ参加については、かかりつけ医のみならず、全国の障がい者スポーツ医を活用していただきたい。本項では、パラリンピックなど国際大会に選手を派遣する際のわが国のメディカルチェック（MC）について述べる。MCは狭義の定義としては、"医師によって行われる系統的な医学的検査"や"運動参加前の医学的検査"のことである。健常者に対して行われるMCは、日常的な健康診断から、国際大会への参加まで幅広く、障がい者にとっても同様である。健常者との大きな違いとしては、障がい者の場合、基礎に障がいを持つに至った疾患を有していること、その多くは合併症を有していることである。日常的なスポーツ参加、運動についてはかかりつけ医によるMCが最も頻繁に可能で、チェックする医師にも病歴などの理解があり重要である。競技スポーツで日本代表としてパラリンピックなど国際大会に参加する場合のMCについては、以前より日本障がい者スポーツ協会医学委員会が一括して行っている。様々な障がいのある選手に対して一定の基準をもってチェックすることが必要であり、健常者用の「国体選手における医・科学サポートとガイドライン」を元にして、障がい者用のガイドラインが2000（平成12）年に作成され、現在も適宜改定を行っている。パラリンピックなどにおけるMCの目的は以下のとおりである。

・医学的に参加競技に耐え得る状態であるかを確認する。

・医学的に現地への移動・活動に支障がないことを確認する。

・医学的に原因疾患・合併症の状態が安定しているかを判断する。

・選手に助言・援助を行い、そのうえでやむを得ない場合は派遣中止を進言する。

　評価項目は、選手自身の記載による問診票と医師の診断書からなる。問診票には病歴、競技中の外傷歴、日常生活状況（移動、排泄など）、競技中のメンタル面の自己評価などがあり、診断書には原疾患・合併症、身長、体重、体温、血圧、脈拍などの理学的所見と心電図、胸部X線、呼吸機能検査、尿検査、血液検査（貧血、肝機能・腎機能障がい、糖尿病などのスクリーニング検査）などの臨床検査所見とともに、診断医の意見として選手の海外渡航についての適否とスポーツ選手としての大会参加の適否が記載される。2008（平成20）年の夏季北京パラリンピック大会までは、各選手がかかりつけ医などを受診して上記診断書を作成・提出し、日本障がい者スポーツ協会医学委員会が大会の2ヵ月前に派遣についての最終判定を行っていた。チェックの結果、大会参加見送りとなる選手も毎回少なからずいたため、普段から選手の健康管理を行い、医学的問題の早期発見、対処が可能となることを目標として2012（平成24）年の夏季ロンドン大会から、各競技団体の指定医（チームドクター）による事前審査を開始した。ロンドン大会では最終判定で参加見送りとなった選手がいなかったことから、一定の効果があったと判断し、2014（平成26）年の冬季ソチ大会、2016（平成28）年の夏季リオデジャネイロ大会でも事前審査を加えたMCを継続して行っている。

　障がい者スポーツ選手に対するMCの難しい点としては、多種多様な障がい像を呈しているため一定の基準の線引きが難しいことがあげられる。

5　知的障がい（発達障がいを含む）

（1）　基本的な考え方

　発達障がいの考え方は最近、変わりつつある。すなわち、知的障がい（知的発達障がい）、自閉スペクトラム症（ASD）、注意欠如・多動症（ADHD）など主に小児期に発症する中枢神経系の機能障がいを背景とする神経発達症という考え方である。この神経発達症／神経発達障がいは学習障がいや不器用、チック症、吃音、場面緘黙を含む広い概念である。ここでは知的障がい、ASD、ADHDを中心に説明し、それらの関係を述べる。発達障がい特有の認知パターンや行動様式を学ぶことは、知的障がい児・者がスポーツを行う際、ルールを学ぶ際の特徴を知ることにつながる。

（2）　知的障がいの具体像

①　知的障がいとは何か

　知的障がい（Intellectual Disability：ID）とは、①全般的な知的機能が同年齢の平均よりも明らかに低下していること、②適応行動すなわち、コミュニケーション能力や生活自立能力、社会的・対人的スキルなどの各種の日常生活適応機能の水準が低く、家庭、学校、職場、あるいは地域社会で生活するうえの制限がある状態をいい、③発達期つまり、出生前の胎生期からおおむね18歳までに発症する障がいをいう。なお、発生頻度は1％前後と考えられている。

医学の領域では長く症候名として「精神遅滞（mental retardation）」という用語が使用されて、障害区分としては、「知的障がい」を用いることが多かった。2013（平成25）年に改訂された、精神科疾患診断の世界基準として使われている米国精神医学会の診断・統計マニュアル第5版（DSM-5）[10]では、児童青年期領域での発達障がいの疾患概念や名称、枠組みが大きく変更された。そこでは知的障がいが「神経発達症／神経発達障がい（Neurodevelopmental disorders）」の中に含められている。

②　診断における適応機能の重要性

　DSM-5では「知的（能力）障がい　intellectual disability（知的発達症／知的発達障がい　intellectual developmental disorder）」との名称になり、診断基準も大きく変更された。とくに注意するべき点は、診断に際して知能指数（IQ）測定のみでの判定ではなく、臨床的評価をあわせて診断するということであり、より適応機能を重要視する方針が示された。新たな診断基準を**表4**に示す。なお、本稿では「知的障がい」の名称を用いる。

表4　知的能力障がいの診断基準（DSM-5より、一部改変）

> 知的能力障がいは、発達期に発症し、概念的、社会的、実用的な領域における知的機能と適応機能両方の欠陥を含む障がいである。以下の3つの基準を満たさなければならない。
> Ａ．臨床的評価および、標準化された個別施行による知能検査で確かめられる、論理的思考、問題解決、計画、抽象的思考、判断、学校での学習・経験からの学習など、知的機能の欠陥。
> Ｂ．個人の自立や社会的責任において発達的および社会文化的な水準を満たすことができなくなるという適応機能の欠陥。
> 　継続的な支援がなければ、適応上の欠陥は、家庭、学校、職場および地域社会といった多岐にわたる環境において、コミュニケーション、社会参加、および自立した生活といった複数の日常生活活動における機能に制限を生ずる。
> Ｃ．発症は発達期である。

　知的障がいの重症度を評価する際、IQの値を指標として分類することは廃止され、より具体的な適応機能の状況と支援の必要度から判断されることになった。もちろん知能検査の必要性は否定されているわけではない。標準化された個別施行による知能検査、例えばウェクスラー式知能検査によって得られた知能指数（全IQ）が同年齢の母集団の平均より約2標準偏差以下（概ねIQ値70未満）を知的能力が低いとするが、知能指数には誤差が生じることがあり、あくまでIQ値は目安であって全般的知的機能の低下とともに、適応能力の明らかな制限がなければ知的障がいとは診断されない。

　適応機能とは、日常生活でその人に期待される要求に対して適切に対応し自立しているかをあらわす機能である。わが国の適応行動評価の客観的尺度として、日本版Vineland-II適応行動尺度（**表5**）が2014（平成26）年に、出版された[11]。本尺度は世界的に使用されている標準化された半構造化面接バッテリーにより適応行動の全体的な発達水準が算出され、0歳から92歳までの幅広い年齢層における適応行動を明確に得点化できる。本尺度の面接フォームは4つの適応行動領域（さらに、オプショナル評価として、不適応行動領域もある。）に分けて評価する構成となっている。

表5　日本語版Vineland-II　面接フォーム　構成

領域および下位領域	内　　　容
1．コミュニケーション領域	
受容言語	対象者がどのように話を聞き、注意を払い、理解しているのか
表出言語	対象者が何を話し、情報を集めて提供するために、どのような単語や文を使うのか
読み書き	対象者が文章の組み立て方について何を理解し、どのように読み書きするのか
2．日常生活スキル領域	
身辺自立	対象者が食事、衣服の着脱、衛生に関する行動をどのように行うのか
家事	対象者がどのような家事を行っているのか
地域生活	対象者が時間、お金、電話、コンピューターおよび仕事のスキルをどのように使っているのか
3．社会性領域	
対人関係	対象者が他の人とどのように関わっているのか
遊びと余暇	対象者がどのように遊び、余暇の時間を使っているのか
コーピングスキル	対象者が他の人に対する責任と気配りをどのように示しているのか
4．運動スキル領域	
粗大運動	対象者が運動や協調運動のために腕と脚をどのように使っているのか
微細運動	対象者が物を操作するために手と指をどのように使っているのか
適応行動総合点	コミュニケーション領域、日常生活スキル領域、社会性領域および運動スキル領域の総合評価
5．不適応行動領域（オプショナル）	
不適応行動指標	対象者の適応機能を妨げるおそれのある内在性、外在化、その他の望ましくない行動の総合評価
不適応行動重要事項	臨床的に重要な情報であるより重度の不適応行動

③　疾患群としての知的障がい

　知的障がいは中枢神経系の機能に影響を与える様々な病態でみられる疾患群である。したがって、明確な病名が判明すれば基礎疾患あるいは原因疾患の病名が先行する。知的障がいは発達の過程で生じるものであり、発症の年齢と様式は、その原因と重症度に依存する。知的障がいは必ずしも一生を通じての状態ではなく、基礎疾患の経過や環境因子、適切な教育や訓練によって影響されることもあり得る。

　なおDSM-5では他の発達障がいである広汎性発達障がい（PDD）も名称と診断基準の大幅な見直しがなされ、PDDは自閉スペクトラム症／自閉症スペクトラム障がい（autism spectrum disorder：ASD）へと名称が変更された。また、DSM-4までは行動障がいに入っていた注意欠如・多動症（ADHD）も神経発達障がいに分類された。詳細については、「(3)　その他の発達障がい」の項目で述べる。

④　知的障がいの重症度

　重症度判定においては、DSM-5ではDSM-IV-TRから大きな変更がなされてい

る（IQ値による分類の廃止）。すなわち、概念（おもに学力的）、社会性、実用（生活・身辺自立）の３つの領域それぞれで、知的能力および適応能力の評価を行い、程度による具体的支援の必要度の観点から、軽度、中等度、重度、最重度の四段階に分けるというものである。最重度例では、運動障がい、言語障がい、てんかんなどの重複障がいをきたす場合も多く、重症心身障がい児・者と表現される。

⑤ 知的障がいの原因

　症状としての知的能力障がいは明らかにあるものの、その原因を確定できない場合は多い。遺伝性、環境性、不明などに分ける。代表的な原因分類を**表6**に示す。ダウン症候群は、染色体異常の中で最も頻度が高く、21番目の常染色体が３本ある（トリソミー）ために生じる疾患であり、特有の顔貌を呈する。乳幼児期より精神運動の遅れが目立ち、早期からの療育が必要である。知的障がい以外に先天性心疾患や消化管奇形の合併、低身長、肥満、白内障、難聴などを呈することがあり、外科的・内科的ケアが重要である。歩行開始後は、頸椎の不安定さに注意が要り、環軸椎亜脱臼についての整形外科的なフォローも欠かせない。成人ダウン症候群では、融通のききにくさが社会生活上の問題となることもある。

表6　知的障がいの原因別分類

Ⅰ　出生前の原因 　　染色体異常：数の異常、構造の異常 　　　　例；ダウン症候群、脆弱Ｘ症候群 　　脳奇形・発生異常：中枢神経系の発生過程で生じる脳の奇形 　　　　例；無脳症、全前脳胞症 　　先天性代謝変性疾患：遺伝子の異常による 　　　　例；ガラクトース血症、フェニールケトン尿症、レッシュ・ナイハン症候群 　　神経皮膚症候群：発生上同じ起源である皮膚と神経系が同時に障害される 　　　　例；結節性硬化症、神経線維腫症 　　胎児期の外因：胎内で外的要因に暴露されたことによる 　　　　例；先天性風疹症候群、先天性アルコール症候群 Ⅱ　周生期の原因 　　出生前後の異常や新生児期の仮死による低酸素性脳病変のため 　　　　例；低酸素性虚血性脳症、分娩損傷（頭蓋内出血） 　　未熟児出生、低血糖、黄疸、感染 Ⅲ　出生後の原因 　　後天性感染症：出生後の中枢神経感染症による脳病変のため 　　　　例；脳炎・脳症、髄膜炎、亜急性硬化性全脳炎 　　発作性疾患：難治性のてんかん性脳症のため 　　　　例；点頭てんかん、レンノックス症候群 　　その他：頭部外傷など 　　環境性：不適切な養育環境による 　　　　例；虐待、低文化 Ⅳ　原因不明

⑥ 小児期の特徴

　小児期には、言葉の発達の遅れで気づかれることが多い。自閉スペクトラム症（ASD）などの合併症を先に診断され、後に知的障がいが明らかになることもある。中等度以上の知的障がい児では、言葉の遅れに加えて歩行が遅れるなど粗大運動の遅れから発見できるケースも多い。軽度障がい児では言語発達の遅れ（発語、理解とも）で気づかれることが多いことから、３歳児健診でのスクリーニング（二語文の表出がないことや、言語理解の悪さなど）が重要である。学齢期以降に学業不振で指摘を受け、障がいが明確化する場合もある。また手の不器用さなどの微細

運動、社会的習慣の獲得の有無や運動の遅れもポイントとなる。徴候として多いものは、多動や集中力の持続困難、自傷行為、反復的で常同的な動作、あるいは聴覚過敏などである。人格特徴や傾向には明らかなものはないが、自己評価や欲求不満耐性が低く、対人的依存傾向があり、そして問題解決様式に柔軟性を欠くといったこともみられやすい。

⑦　正確な診断

正確な診断は、臨床上の評価および標準化された知能検査の結果と、適応機能についての客観的評価をもとに行う。診察場面での観察や、いろいろな日常生活の場での適応能力の様子も詳細に聞き取りながら、総合的に評価する。主な個別の知能検査としてウェクスラー系（WISC-IV、成人用WAIS-IIIあるいはWAIS-IV）とビネー系（田中―ビネー式知能検査V）がある。最も使用されているのはWISC-IV（適用年齢5歳0ヵ月から16歳11ヵ月）であるが、重度の障がい児には適さない。田中―ビネー式（適用年齢2歳0ヵ月から成人まで）はやさしい課題から難しい課題へと順に構成されており重度の場合でも用いやすい。検査が不能な場合は他の発達検査を用いて推定する場合もある。適応能力については概念（会話、読み書き、学力など）、社会性（遊び、集団行動、規則の理解や判断、対人コミュニケーションなど）、実用（食事、排泄などの身辺自立度、課題への取り組み、金銭管理、仕事など）の各スキルについて問診などで確認し、支援の必要度も評価する。

⑧　医学的検査

医学的検査では、血液や尿検査、血液生化学検査、脳波や誘発電位検査、そして頭部コンピューター断層撮影法（CT）や磁気共鳴画像法（MRI）などの神経画像検査が行われる場合がある。血液検査としてGバンド染色体検査や、脆弱X症候群が疑われる場合は特殊な染色体検査や遺伝子検査を行うこともある。微細欠失や重複などの診断が可能であるFISH(Fluorescence in situ hybridization)法もある。最近用いられる染色体マイクロアレイ解析はゲノムを広くカバーする多数のプローブを使ってそのコピー数を記録し、染色体異常を推定するもので、染色体分析では検出できない微細な異常も検出できる方法である。原因不明の発達遅滞、知的能力障がいの原因探索法として有用であると複数の専門家が提案している。合併する聴覚障がいを確認するため、聴力検査や脳波検査の一種である聴性脳幹反応（ABR）が実施されることがある。原因の確定診断のために神経や筋肉、肝臓などの組織を一部採取して、解析する必要のある場合もある。

知的障がいの早期診断は、原因や予後を断定するものではなく、その後の治療や療育につながる有益な情報を得るためである。本人だけでなく保護者に対する心理的支援のためにも重要である。身体的診察、医学的検査を行い、運動能力、手先の巧緻性（器用さ）、対人関係や社会性、生活習慣、言語理解力、言語表出力が暦年齢に相応しい発達を示しているかについても評価しなければいけない。

⑨　併存する疾患

原因疾患の病因によるが、精神的、身体的疾患の合併は多くみられる。併存の多い精神疾患は、自閉スペクトラム症（ASD）や注意欠如・多動症（ADHD）、気分障がいなどである。とくに重度の知的障がい児ではASDの合併率が高い。知的障がいの2〜3％は統合失調症を、50％近くが気分障がいを合併するという報告もある。ダウン症では青年期の退行や、成人病発症にも注意が必要である。

⑩　治　療

　治療の中心は療育と教育支援であるが、併存疾患があれば薬物療法も行われる。原因が明らかな場合は、直接的治療を試みる。フェニールケトン尿症や甲状腺機能低下症のように新生児期スクリーニング検査が行われている疾患は、食事療法や医学的治療によって知的発達障がいの発症や進行を防ぐことが可能である。

　てんかんの合併例には抗けいれん剤の投与により発作がコントロールされ、聴覚的・視覚的認知レベルが向上し、日常生活での困り感が軽くなることがある。また多動、興奮、不安、固執などの精神症状に対する精神安定剤、睡眠障がいに対する入眠薬などが有用のこともある。衝動的行為や注意持続困難などに対して、薬物治療を必要とするケースもあり、症状にあわせて抗精神病薬、抗不安薬などが選択される。

　基盤となっている知的能力を改善させることはほとんどの場合、困難である。しかし、乳幼児期の健診による早期発見、早期介入で発達支援を行い、適応能力の向上を促すことは期待できる。学校などでの教育現場で、個々の知的能力の状況やニーズにあった指導・支援がますます求められており、充実が期待される。

（3）　その他の発達障がい

　知的障がい以外の発達障がいにおいてもDSM-5では大きな改変がなされた。神経発達障がい群として包括される障がいは上記の知的障がい（ID）以外に、コミュニケーション障がい（言語障がい、会話音声障がい、吃音、社会的コミュニケーション障がいなどを含む）、自閉スペクトラム症（ASD）、注意欠如・多動症（ADHD）、限局性学習障がい（LD）、運動障がい（発達性協調運動障がいやチック障がいなど）が含まれるとされた。DSM-5の登場により発達障がいの枠組みが精神医学的に明確化されたといえよう。

①　自閉スペクトラム症（ASD）

　DSM-Ⅳまでの診断カテゴリー"広汎性発達障がい（PDD）"のうち、原因の特定されたレット症候群以外の下位項目である自閉性障がい、アスペルガー障がい、小児崩壊性障がい、その他の広汎性発達障がいが一括して自閉スペクトラム症（ASD）という新たなカテゴリーにまとめられた。従来は診断に際して、3つ組みと称される症状の存在、すなわち、①相互的な対人関係（社会性）の質的障がい、②言語を含むコミュニケーション能力の障がい、③興味や注意の偏り、融通のきかなさ、こだわり行動の有無に基づいて評価されていたが、DSM-5では基準の見直しが行われ、A、B2つの中核症状にまとめられた。新しい基準を（**表7**）に示す。さらにB項目に感覚過敏・鈍麻の項目が追記された。症状の発現は発達早期であるが、幼児期を過ぎて障がいが明らかになる可能性も示された。

　Aに述べられた特徴のみが認められ、Bが明確でない場合は神経発達障がいの1つであるコミュニケーション障がいのうち、新たに設定された社会的コミュニケーション障がいと診断されることになった。以前には非定型自閉症と分類されていたグループの一部に相当すると考えられる。

表7　自閉スペクトラム症の診断基準（DSM-5より抜粋、一部改変）

> A．社会的コミュニケーションおよび対人的相互反応における持続的欠陥
> 　(1)　対人的、情緒的な相互関係の障がい（例えば人への異常な近づき方、感情共有の少なさ）
> 　(2)　対人的相互交流において、非言語的コミュニケーション行動を用いることの障がい（例えばアイコンタクト、身振りの異常さ、顔の表情の欠陥）
> 　(3)　人との関係性の発達・維持、理解の障がい（例えば想像してのごっこ遊びができない、友人をつくることが困難）
> B．限定された反復的な様式の行動、興味、活動（以下の少なくとも2つにより明らかとなる）
> 　(1)　常同的または反復的な動作や物の使用、あるいは会話
> 　(2)　同一性への固執、日常習慣への融通のきかないこだわり、または言語的・非言語的な儀式的な行動パターン
> 　(3)　異常なほど極めて限定され、執着する興味
> 　(4)　感覚刺激に対する敏感さや鈍感さ、あるいは環境の感覚的側面に対する極めて高い関心（例えば痛みに無関心にみえる、特定の音や触覚をいやがる、光や動きをみることに熱中する）
> C．症状は発達早期に必ず出現するが、後になって明らかになるものもある
> D．その症状は社会的、職業的または他の重要な領域での機能に臨床的意味のある障がいを引き起こしている
> E．これらの障がいは知的能力障がいではうまく説明されない
> 上記A、B2つが存在、あるいは病歴で認められ、C、D、Eを満たすこと

②　ASD症状の特徴

　症状の特徴は乳児期から視線のあわせにくさ、言葉は発するが対人関係の中で的確に言葉を使用できない、話す割りには会話が成り立たないなどである。非言語的なコミュニケーション能力（ジェスチャー、身振り、表情の理解、表情での表現）も比較的難しい。興味の偏りは個人差がみられるが、特定のもの（手順、方法、対象物）に固執することがある。これらの症状が経過とともに消えたり、再現したりする点もASDの特徴である。

　聴覚や触覚の感覚過敏や鈍感がみられることも多い。多くは幼児期に診断されるが、知的障がいをともなわないASD児は学童期以降に、友人関係構築に困難性がみられて気づかれることもあり、診断が遅れがちとなる。現症を正確に判断するためには十分な発達歴を含む問診と行動観察、園や学校での様子の聴取、評価尺度であるPARS-TR、ADI-RやADOSを活用し、臨床的に判断する。

③　治療・対応の考え方

　子どもにあった環境設定（家や園、学校での接し方、話しかけ方、遊びの選択など）と療育・教育支援である。心理社会的行動療法も広く行われている。自傷や他害、パニック、興奮などの問題行動が生じたときはまず環境調整を試み、それでも改善がみられず本人に不利益がある場合は抗精神薬などの薬物療法も考慮する。睡眠障がいや他の発達障がいの合併例で日常生活に支障がみられる場合には、各症状に対する薬物投与を考慮しなければならない。

④　注意欠如・多動症（ADHD）

　ADHDはDSM-5では従来の行動障がいの分類から、神経発達症へ組み込まれ、小児期だけでなく青年期からでも診断されることがあることを念頭においた基準となっている（**表8**）。ADHDは、①注意散漫、②過活動、③衝動性を特徴とする発達障がいである。有病率は3〜7％であり、発症年齢は12歳までとされ、17歳以上では診断に必要な項目が5つとなり青年期からの診断がしやすくなった。

表8　ADHDの診断基準（DSM-5より一部抜粋）

(1)および／または(2)によって特徴づけられ、機能または発達の妨げとなっているもの
(1)　不注意
　a　活動中に、細かいところまで注意を払わなかったり、不注意な間違いをする。
　b　課題や遊びの活動で注意を集中し続けることがしばしば困難である。
　c　面と向かって話しかけられているときに、聞いていないようにみえる。
　d　指示に従えず、学業、用事、または職場での義務を最後までやり遂げることができない。
　e　課題や活動を順序立てて行うことが難しい。
　f　精神的な努力を続けなければならない課題（宿題や報告書作成のような）をしばしば避ける、嫌う。
　g　課題や活動に必要なもの（例：おもちゃ、鉛筆、本、または道具）をしばしばなくしてしまう。
　h　外的な刺激によってすぐ気が散ってしまう。
　i　日々の活動で忘れっぽい。
(2)　多動性および衝動性
　a　手足をそわそわと動かしたり、いすの上でもじもじしたりする。
　b　授業中や、座っていることを要求される状況で席を離れる。
　c　きちんとしていなければならないときに、余計に走り回ったり高い所へよじ登ったりする。
　d　静かに遊んでいたり、余暇活動につくことができない。
　e　じっとしていない、または何かに駆り立てられるように活動する。落ち着きがない。
　f　しゃべりすぎる。
　g　質問が終わる前に出し抜けに答え始めてしまう。
　h　順番を待つことが困難である。
　i　他人を妨害し、邪魔する（例：会話やゲーム中において）。

・(1)または(2)の9症状のうち6つまたはそれ以上が少なくとも6ヵ月持続したことがあり、その程度は発達の水準に相応しないもの。17歳以上では5つ以上の症状が必要。
・(1)または(2)の症状のいくつかが12歳以前より存在する。
・(1)または(2)の症状が2つ以上の状況（家庭、学校、遊びの場など）で存在する。

⑤　ADHDの特徴

　注意集中が短い、注意の方向がすぐに変わる、不注意行動が多いことが目立つ。歩行開始からすぐに走り始めるなどの過活動が就学後も続き、教室での離席行動となって気づかれたりする。いすに座っていても、おしりや身体をもじもじして、落ち着かない、身体や足を絶えず動かす、などの非移動性多動と表現される事もある。衝動性は、人の話に割り込む、順番を待てない、規制されると過剰な反応をする、過度のおしゃべりが目立つ、といった症状である。知的障がいをともなわない場合もともなう場合もあり得る。注意障がいや衝動性の強いASDの児童は実際に多く存在している。ADHDの原因は未だ解明されていないが、脳の複数の経路での実行機能系、報酬機能系の機能障がいが想定されている。

⑥　診断と対応

　診断にあたっては発達歴の聴取、身体所見（心電図、脳波、頭部画像検査、甲状腺ホルモン検査などによる身体疾患のチェック）、知能検査を行い、質問紙（ADHD評価スケール：ADHD-RS、子どもの行動チェックリスト、反抗挑戦性障がい評価）などの結果を参考にして評価する。非虐待児の示す類似行動にも注意する。治療は心理・社会的治療と薬物療法を考慮する。周囲との人間関係改善のための助言、周りとの軋轢による低くなりがちな自己評価を高めることが重要で不登校などの二次障がいを防ぐ取り組みが欠かせない。

⑦　知的障がいと他の発達障がいとの相互関係

　知的障がいと発達障がいの相互関係について、**図7**に示すように、知的障がい児

で自閉スペクトラム症（ASD）や注意欠如・多動症（ADHD）をともなう場合も
しばしばある。DSM-5ではASDとADHDの併存もあるとの立場に立っており、**図
7**で示すような重なりが認められる。一方、学習障がい（LD）は全般的な知的障
がいがみられないという前提で診断される特異的発達障がいのため、知的障がいと
の重なりは認められない。

図7　知的障がいと発達障がいの相互関係

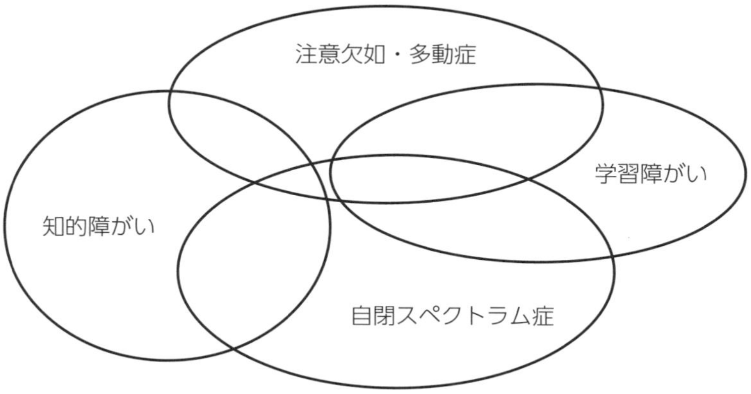

6　精神障がい

（1）　精神疾患を患い精神障がいを有すること

　精神疾患に罹患した人は、精神症状だけで悩まされるわけではない。むしろ、生
活上の様々な困難に陥っていることが少なくない。WHO（世界保健機関）が推奨
する国際生活機能分類（ICF：International Classification of Functioning, Dis-
ability and Health）による障がいの概念で把握するとわかりやすい。脳卒中を
患ったとする。脳卒中で倒れたことで右片麻痺という機能障がい（impairment）
が出現する。その麻痺が続くと、字が書けない・歩けないといった活動制限（ac-
tivity limitation）が生じてくる。さらに、事態が長引けば家庭や職場での生活上
の制約といった参加制約（participation restriction）にあうことになる。したがっ
て、その対応を考える際には、右片麻痺という機能障がいに対しては医学的治療
を、歩けないなど活動制限に対しては歩行訓練などのリハビリテーションの実施
を、生活上の参加制約に対してはバリアフリー化や福祉的支援を図るという具合
に、障がいレベル別に対応を考えていく必要がある。

　これを精神障がいに当てはめると、精神疾患によって幻覚や奇妙な言動という機
能障がいが出現する。そのため、就労や対人関係に支障が生じる活動制限が出てく
る。結果的に、差別や偏見の対象になるなど参加制約を受けるといった図式が浮か
んでくる。その対応も、幻覚や奇妙な言動に対しては精神医学的治療を、対人関係
障がいに関しては作業所などでの仲間づくりやスポーツ活動などの対応が考えられ
る。差別や偏見の問題に対しては啓発普及活動が重要で、スポーツ大会開催なども
効果的な方法である。

（2）　精神疾患・精神障がいの特殊性

　精神疾患もしくは精神障がいが他の身体疾患と同様に取り扱われる原則がある一

方で、実際には他の疾患と異なる部分も多い。

① **精神疾患の多くが再発・再燃の危険性を有している**

精神障がい者スポーツに参加する多くの人々が、治療中で服薬を続けているのが他の障がい参加者との大きな違いである。また、精神科領域では「寛解」[※15]（remission）という言葉で表現されるように、「完治」「治癒」するとは限らない。したがって、病気・障がいを抱えながらの生活の質の向上に配慮しなければならない。

② **症状・障がい固定の判定が難しい**

統合失調症において、精神症状の消長やその振幅が大きく、障がいレベル判定に困難をきたすことがある。うつ病においても、日内変動に代表されるように1日のうちでも気分変動が著しい場合もある。双極性障がいにおいては、うつ病エピソードと躁病エピソードでは運動能力に大きな違いをもたらす。この他の障がいにおいては、障がいが重くなるにつれて運動能力も低下すると考えられるが、精神障がいに関しては、興奮状態や躁状態などでは本来以上の運動能力が発揮される可能性があり、障がいの程度と運動能力は必ずしも比例しない。障がいレベル別のスポーツ大会開催時などにおいて、障がいによる参加要件レベル認定に困難が生じる可能性が考えられる。

また、精神障害者保健福祉手帳の所持率が他の障がいに比較して低い現状にあるが、公式大会参加資格として手帳所持の条件が厳格化されていく方向にある。

③ **病識の稀薄や精神疾患である旨の病名告知がなされていないことが少なくない**

「病識」とは自分が病気であることを認識・自覚していることで、「病感」とは何となく自分が病気であると感じられることである。精神科領域では、一般的に病気が重くなるほど「病識」が失われ、よくなるにつれて「病感」が出てくる。問題になるのが統合失調症の増悪期である。病識が稀薄な場合には、通院や服薬の中断をはじめ、現実検討能力の低下から運動やスポーツ大会参加などに支障をきたす可能性がある。

④ **長期間の精神科薬物療法により運動能力や基礎体力に影響が出ている場合がある**

精神科薬物療法の一般的な副作用としての眠気やふらつき、さらには抗精神病薬によるパーキンソン症状[※16]への配慮が必要である。

また、負担のかかる激しい運動の実施に際しては、循環器系、とりわけ心肺機能への影響に関して事前の検査や主治医への確認が求められる。

⑤ **精神疾患・精神障がい者に対する社会の根強い誤解・偏見が存在する**

障がい者理解促進のためには、地域住民を巻き込んだ精神障がい者スポーツ大会開催などはその啓発効果が大きい。精神障がい者スポーツは特別な器具や設備も不要のため、健常者チームとの交流戦や健常者・障がい者の混合チーム編成なども容易である。

一方、大会運営に際してはプライバシー確保に細心の注意が求められる。取材を受ける際なども、事前の準備・取り決めが必要である。なお、全国障害者スポーツ大会の参加に際しては参加者名簿の提出が原則で、氏名などが明示される。啓発普及効果を上げるため、積極的にマスコミなどに取り上げてもらう必要があり、テレビや新聞などで映像が流れる事態も増加する。

⑥ **精神科の診断名・診断分類に若干の混乱がある**

従来の日本の臨床場面で汎用されてきた診断名は、ドイツ精神医学の影響が強い従来診断と呼ばれるもので、統合失調症、躁うつ病、神経症などがその代表である。国際間の研究が広がるにつれて、共通の精神科診断分類が作成されるようにな

り、世界保健機関（WHO）のICD（国際疾病分類：International Classification of Disease）と米国精神医学会（APA）のDSM（精神障がいの診断・統計マニュアル：Diagnostic and Statistical Manual of Mental Disorder）の２つが代表的で、どちらも修正を加えながら版を重ねている。現在、ICD-11、DSM-5が最も新しい。

（3） 代表的な精神疾患の基礎知識

① 統合失調症

精神科領域の代表的な疾患で、多彩で特異な病像を示し、しばしば慢性の経過をたどり、適切な対応がなされないとやがて人格変化を残す。一般人口の0.7～0.9%に出現するといわれ、思春期が好発時期である。真の原因は不明（遺伝、性格、環境、ストレス、ホルモンなどが複合的に関与）である。原語schizophreniaの日本語訳として、2002(平成14)年より精神分裂病から統合失調症に名称変更されている。

急性期の症状として、幻聴（人が自分の悪口をいっている）や体感幻覚（コンピュータで操られ身体がビリビリする）、被害妄想（盗聴器がしかけられている、近所の人がうわさする）、作為体験（自分が他人から操られてしまう）、思考伝播（自分の考えが他人にわかってしまう）といったものがあげられる。急性期の多くは病識が稀薄なため、精神科受診の遅れや治療中断の大きな要因となる。

慢性期においては、表面的な精神症状は目立たなくなるが、コミュニケーションスキルの乏しさや就労問題といった生活上の困難に直面する。そのため、継続的な精神医学的治療や精神科リハビリテーションが必要となる。とくに、リハビリテーションの一手法として、スポーツ活動は大きな力を発揮する。

また、精神科薬物療法において、運動面を重視する場合にはパーキンソン症状の出やすい従来型の抗精神病薬から、副作用の少ない非定型抗精神病薬（可能なら単剤）への切り替えが推奨される。

② うつ病／大うつ病性障がい（DSM-5）

１）うつ病の概念の変遷

従来の診断分類では、うつ病と双極性障がい（躁うつ病）とは、周期的に感情障がい（躁状態、うつ状態）を繰り返す疾患群をさし、躁病、うつ病、躁うつ病の３つに分けられていた。ところが、ICD-9（1977）において感情精神病（affective psychosis）という大分類が採用され、その後DSM-III（1980）では病因論などを排して感情障がい（affective disorders）という用語が用いられ、さらにDSM-IV（1987）では気分障がい（mood disorders）という用語が用いられるなど概念の変遷が著しい。DSM-5（2013）においては単極性うつ病と双極性障がいは別の疾患として位置づけられる。

うつ病（DSM-5）では**表９**（一部略）のような症状で判断される。

表9　うつ病（DSM-5）の診断基準（一部略）

> 以下の症状のうち5つ以上が同じ2週間の間に存在。少なくとも1つは（1）抑うつ気分または（2）興味または喜びの著しい喪失である。
> （1）　抑うつ気分
> （2）　興味または喜びの著しい喪失
> （3）　体重減少、または体重増加
> （4）　不眠または睡眠過多
> （5）　精神運動性の焦燥または制止
> （6）　疲労感性、または気力の減退
> （7）　無価値観、または過剰であるか不適切な罪責感
> （8）　思考力や集中力の減退、または決断困難
> （9）　自殺念慮または自殺企図、または自殺するためのはっきりした計画

2）うつ病の原因・誘因

うつ病の好発年齢として30歳代のうつ病者が急増しており、うつ病の生涯有病率は女性がやや高い。うつ病の原因に関して諸説があるが、選択的セロトニン再取り込み阻害[※17]薬（SSRI）やセロトニン・ノルアドレナリン再取り込み阻害薬（SNRI）などがうつ病治療に多大な効果をもたらしたことから、セロトニンはうつ病に最も関係する生体アミン系神経伝達物質と考えられる。

また、誘因としては転勤、入学、定年、子離れなど生活環境や学校・職場での変化が重要である。配偶者の死、事故、災害、戦争など心理状況の変化や、難病、慢性疾患、後遺症といった身体疾患が引き金になることも多い。さらに、身体疾患のための常用薬、バセドウ病[※18]や糖尿病による内分泌異常や、妊娠・出産にともなう内分泌変化にも注意を要する。

3）うつ病への対応をめぐって

治療の中心は十分な休養と精神科薬物療法である。積極的なカウンセリングや心理面接は、かえって患者の負担になる場合があるので注意を要する。一般に、うつ状態が重い場合スポーツは避けるべきと考えられるが、軽いうつ状態や回復期の生活のリズムづくりのための軽度の有酸素運動は有効である。

● 薬物療法：最近の精神科薬物の進歩はめざましい。SSRIやSNRIなどの新しいタイプの抗うつ薬が中心となり、必要に応じて抗不安薬や睡眠薬が併用されることもある。副作用としては、眠気、ふらつき、便秘、口渇、吐気などで、気になる症状があれば、精神科主治医とよく相談する必要がある。ただし、服薬開始初期に認められる軽い眠気やふらつきは、4、5日で解消することが多い。

● カウンセリング、心理面接：前述したように、発病初期のうつ病者へのカウンセリングや面接はきわめて注意を要する。病態が重い場合には心理的負担になるだけでなく、我々が日常的に感じている抑うつ感と質的に異なるという指摘も多い。

③　双極性障がいおよび関連障がい群（DSM-5）

DSM-5においては、双極性障がいおよび関連疾患は抑うつ障がい群から分離された。双極Ⅰ型障がい[※19]、双極Ⅱ型障がい[※20]、気分循環性障がい[※21]などに分けられる。

躁病エピソードとしては、気分が高揚し、開放的または易怒的[※22]となる。また、自尊心の肥大または誇大、睡眠欲求の減少、多弁傾向などが特徴的な症状である。

具体的には、おしゃべり（多弁）になり、外出や訪問が多くなる。誇大な計画をたて、莫大な支出を図ることもめずらしくない。そのため、周囲は押しとどめよう

【解説】※17 脳内の神経伝達物質のセロトニンは、シナプス前ニューロンから放出され、シナプス後ニューロンにあるセロトニン受容体に作用する。その際、シナプスの間隙に溜まったセロトニンも再吸収（再取り込み）され、再利用される。ところが、うつ状態においてはシナプスのセロトニン濃度が低下し、セロトニン受容体に作用しにくい状態にあると考えられる（モノアミン仮説）ことから、セロトニンの再取り込みを選択的に阻害することで、セロトニン濃度をある程度高くすることを意図している。

【解説】※18 甲状腺ホルモンが過剰につくられるもので、甲状腺機能亢進症の代表的な疾患。男性1に対し、女性4の比率で発症し、青年期から壮年期に多い。

【解説】※19 躁病エピソード（manic episode）の存在（7日以上）が特徴で、大うつ病を認めるが必須ではない。

【解説】※20 1回以上の軽躁病エピソード（hypomanic episode）の存在（4日以上）と、1回以上の大うつ病エピソード（major depressive episode）が存在するグループ。

【解説】※21 軽躁病エピソードを満たさない軽躁症状と、大うつ病エピソードを満たさないうつ症状が多数認められ、少なくとも2年間存在する。

【解説】※22 ささいなことで怒りっぽく、攻撃的になる。

と抑制的な対応をとりがちだが、そうした抑制に対して攻撃的な態度をとって激しい興奮状態に陥ることがある。

　双極性障がいや躁状態に対しては、抗うつ薬ではなく、気分安定剤や非定型抗精神病薬が積極的に用いられる。

　最近の知見では、双極性障がいは難治と考えられ、統合失調症などと同じように慢性疾患（しかも障がいが残る可能性もある）として対応せざるを得ない場合も想定される。

第16章　補装具の理解

【学びのポイント】

１）障がい者が日常生活やスポーツ活動において欠かすことができない補装具について、個々の残存能力や使用目的に合わせるための「補装具の適合」について理解を深め、スポーツ用補装具・用具が備えるべき条件について学ぶ。

２）補装具の種類や特徴を理解し、用具の点検や持ち運び時の留意点について学ぶ。

３）補装具が身体やパフォーマンスに与える影響（リスク、留意点等）について学ぶ。

1　補装具の適合

　補装具とは、義肢（義手、義足）、装具、車いす、杖などを示すが、本章では、パフォーマンスを向上させる支援機器全般についても紹介する。

　車いすや義肢などの補装具は、身体の障がいを補うものであり、障がい者の日常生活やスポーツ活動においては欠かすことのできないものである。指導者として選手が使用している補装具の種類や機能、身体やスポーツパフォーマンスへの影響などについて知っておくことは、選手の競技成績の向上やけがの防止などからも重要である。

　障がい者それぞれの残存能力や使用目的にそうか否かを「適合」という。適合は以下の３つに分類される。

　・身体への適合：骨格筋、皮膚、生理的・心理的欲求を満たしているか。

　・環境への適合：使用環境に適応しているか。

　・目的への適合：使用目的（やりたいこと）を満たしているか。

　"身体に密着する義肢装具では身体への適合が最も重要である"と考えがちであるが、これらのいずれかを満たせばよいのではなく、３つの適合条件のすべてを満たす必要がある。

　スポーツにおいては、"動くことができるから十分。あとは技量を磨いて根性で乗り切る"などと、補装具を身体に合わせるような意識を持っていると、成績は伸びることはなく選手生命を短くするおそれもある。アスリートは、３つの適合に真摯に対峙し、自らのパフォーマンスを最大限に発揮するための道具について研究し、その道具をうまく操ることができる体力・技能を身につけることが重要である。

　生活で使う補装具と競技で使う補装具は、その使用目的が根本的に異なっている。競技用の補装具は生活機器の延長として考えるのではなく、競技の環境や競技要件を踏まえたものでなければならない。例えば、キャンバー角が大きいバスケットボール用車いすは横方向に安定性があり、生活環境では屋内や歩道が狭くて移動が困難である。全長が長くて前かがみのレース用車いすも人がいる街中の移動では甚だ使い難い。

2 スポーツ用補装具・用具が備えるべき条件

(1) 過酷なスポーツに耐えうる強靭な剛性

　義足のパーツなどでは耐荷重や活動度が設定されている。走行する場合には体重のおよそ4倍の荷重が加わるが、格闘技など対戦者の体重も義足にかかるような場合はそれ以上を想定しなければならない。

　競技用車いすでは安全面だけではなく走行性の向上のためにも本体フレームの剛性が必要とされるので、折り畳み機構[※1]などを組み込むことは避けたい。

(2) 競技前後の点検

　一流選手は用具の管理が完璧である。試合直前に何らかのトラブルが起きるというのは準備不足といえる。絶対に緩まないネジはないので、目視による点検だけでなく、トルクレンチなどを用いて適切な締付トルクで増し締めを行いたい。操作中の小さな異音も競技中の大事故につながることがあるので注意したい。異音が鳴るからと市販のスプレー式オイルを軽はずみに噴霧することはやめるべきである。これは指定されたグリスを流出させ故障の原因に発展することがあるからである。ネジ一つとってみても指定された締付トルクがあり、ゆるみ止め剤の指定されている場合もある。応急処置はともかく、処置後の修理は必ず義肢装具士や車いすディーラーなどの専門家に相談する[※2]。また、義肢装具養成校に相談するという方法も考えられる。自分で完全なメンテナンスをしたいのであれば、車いす安全整備士の資格に挑戦するなど、義肢装具士や車いすディーラーなみの知識を持ち、自己責任でやる覚悟が必要である。

(3) 可搬性

　持ち運びの可能性も重要である。使い慣れた用具をどこでも使えることは精神状態の安定が期待できる。可搬性を求めれば剛性に影響することも否めないが、両立できる構造設計を創意工夫していただきたい（図1）。また「安全に」運ぶということも念頭に置いていただきたい。海外遠征などでは航空機に搭載することもあるが、競技用具が壊されて現地で修理するのに困難を要したという報告も少なくない。航空会社に丸投げするのではなく、アスリート自身による十分な梱包方法などを心がけていただきたい。

図1　投擲台の固定ベース

（1）　義　肢

　義肢とは欠損部位の形態・機能を復元する人工の手足であり、義手と義足に分かれる。下肢の欠損を補う補装具を義足といい、現在は各部分を独立した部品で組み立てる「骨格構造」が主流である。膝下部で切断したケースで使用するのが下腿義足である（図2）。断端部を収納するソケット、機能パーツである足部、それらをつなぎ長さを調整する構造パーツで構成される。ソケットは体重の支持や義肢の懸垂が目的である。足部が地面に接して体重を支える大切な役割がある。踵から接地し、全体重を支え、つま先で踏み返す、この一連の自然な動きを再現するために、様々な種類、硬さの足部がある。**図2**および**図3**にある足部はエネルギー蓄積型足部といい、板バネ状の部品で「反発力」を利用した足部である。大腿骨で切断時に使用する大腿義足（**図3**）は、ソケットと足部の間に膝継手が追加される。

図2　軽スポーツ用下腿義足

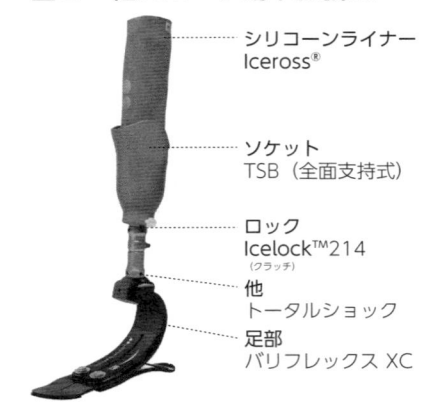

- シリコーンライナー Iceross®
- ソケット TSB（全面支持式）
- ロック Icelock™214（クラッチ）
- 他 トータルショック
- 足部 バリフレックス XC

図3　高活動用大腿義足

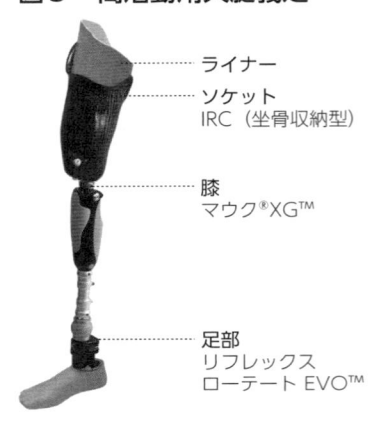

- ライナー
- ソケット IRC（坐骨収納型）
- 膝 マウク®XG™
- 足部 リフレックス ローテート EVO™

（2）　装　具

　装具とは、機能障がい（身体の一部が弱ったり機能が失われる、変形の進行の防止）の軽減目的で使用する補助器具であり、体幹装具、上肢装具、下肢装具（**図4～図6**）などがある。装具には治療を目的として短期間使用される治療用装具と、長期間にわたってADL（日常生活動作）確保のために使用される更生用装具がある。

図4　プラスチック製短下肢装具

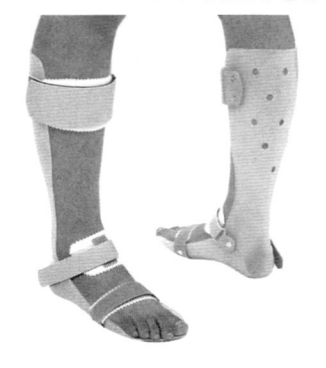

図5　金属支柱製短下肢装具

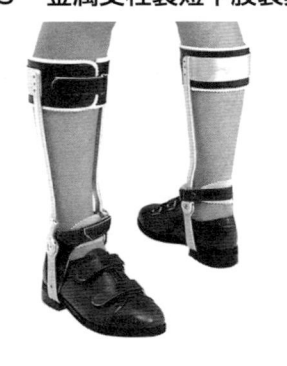

図6　長下肢装具

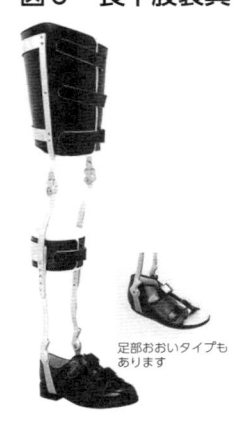

足部おおいタイプもあります

（3） 車いす

　車いすは、手動型と電動型に大別される。車いすも義肢装具と同様に身体への適合が重要である。シート幅だけで判断するのではなく、フットサポート長、バックサポート長、座シート高、シート奥行、アームサポート高、大車輪径、キャスター径など採寸ポイントがある。車いすの各名称を**図7**に示す。身体寸法に合った車いすはこぎやすく、疲れ難く、そして姿勢のくずれを防止する。市販のクッションやバックサポートシステムを導入することで困難なケースの姿勢改善を確立することができる。剛性の高いフレーム構造は、走行時の滑らかさ（軽さ）に貢献する。折畳み機構も剛性低下の原因の１つになり得る。

　電動車いすの場合はコントローラーを適切な位置に設定することで姿勢の改善がみられるケースがある。逆の場合、二次障がいを誘発する原因となり得る。

図7　車いすの各部名称

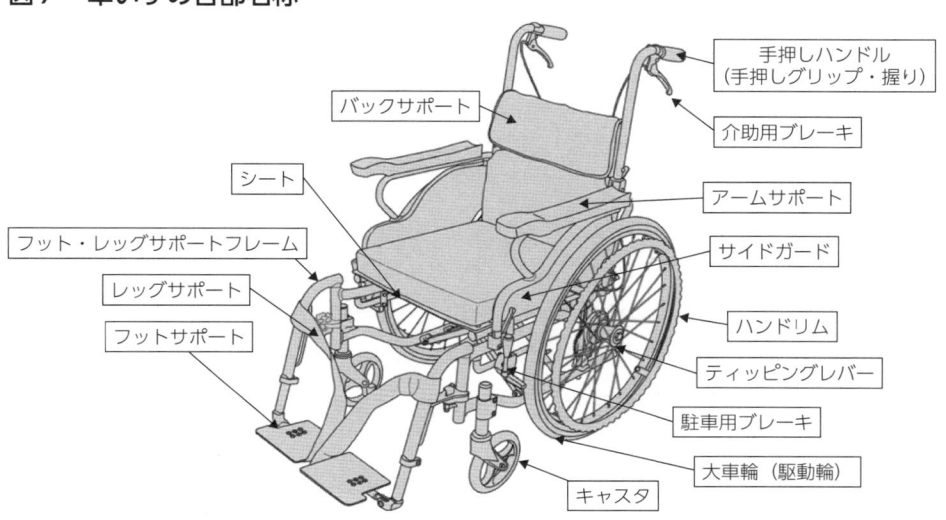

（4）　その他、頭部保護帽、杖

　直接に競技で使用する機材ではないが身体のバランスを取り転倒予防のための頭部保護帽、各種の杖（ケイン、クラッチ、多点ほか）なども補装具の一部である（**図8～図10**）。これらはADL支援の機材であって、スポーツにおいては充分な強度が担保されてはいないために使用に際しては充分な注意が必要である。

図8　頭部保護帽　　　　図9　クラッチ杖　　図10　多点杖

4　補装具の扱い方と留意点

　人間の身体と動作は複雑にできており、また障がいの症状には様々な個人差があり、補装具の製作・適合には、幅広い分野からの専門知識と高度な技術が要求される。補装具を製作する義肢装具士は厚生労働大臣からの免許を受けて、医師の処方に基づき、装着部分を採型・採寸し製作する。さらに作業療法士、理学療法士らのアドバイスを受け、本人の治療や生活の目的に添った機能と形状を持つまで仮合せを経て最終的に当事者に適合されて治療や日常に使用できるようにする重要な役割を担っている。

　補装具はすべてのADL支援ができるくらい多種多様であり多品目である。すべてが様々な日常生活での使用を目的とし耐久性や利便性は高いがスポーツによる急激な衝撃に対しての造作はされていない。スポーツ用機材は競技という単一目的のために日常生活機能が削がれていたり生活には使えない場合も多々あるため、選手と指導者は、補装具のスポーツ場面での使用には機材の破損が翌日の選手の生活を阻害すると心に銘じて充分な注意が必要である。障がい者スポーツにおいて、記録や勝負が選手の身体状況や健康より優先されることはない。指導者は常に選手の安全と健康に留意したチャレンジを心がけ、スポーツの練習や競技が終わった後に選手の二次障がいや機材の破損などがない状況を考えた指導が必要である。

　道具を改良し続けることでパフォーマンス（持久力を含む）向上が期待でき、防具と同じでけがの予防が大いに期待できる。市販のサポーターもその一つで、関節や筋を保護してくれるので積極的に取り入れたいものである。その結果、身体だけではなく精神的安定を獲得することもできる。

　しかしながら道具は諸刃の剣であり、一方では非常に役に立つが、他方では大きな害を与える危険もある。使い方を間違えると二次障がいを助長するなどの悪影響があるため、医科学的な専門家のアドバイスを素直に聴くことが望まれる。

　フィーリングが変わるという理由で全く同じ道具を要求されることがよくあるが、道具のプロフェッショナルであるから創ることはできるものの劇的なパフォーマンス向上は期待できないと思っていただきたい。様々な工夫に挑戦し、それに見合う強靭な体をつくるという繰り返し。アスリートならストイックに「昨日までの自分」との闘いに勝ち続ける覚悟を持っていただきたい。

第Ⅵ編
障がい者スポーツ指導の基礎

第17章　各障がいのスポーツ指導上の留意点と工夫

【学びのポイント】

1）障がいのある人へのスポーツ指導において、障がいに応じた工夫の基本的な視点、方法について学ぶ。

2）各障がいに応じたスポーツの工夫について、演習を通じて考え方を学び、新たなスポーツを考案、実践し、内容の工夫や指導上の配慮点等を検証する。

3）障がいの有無にかかわらず、誰でも参加できるスポーツやイベント等の事業についても立案し、工夫や配慮点について学ぶ。

1　障がいに応じたスポーツの工夫の基本的視点

　一人ひとりに合うプログラムを考えるときに、どうしてもはじめは「障がい」に目が行きがちになる。例えば、車いすを使っている人から自分に合ったスポーツは何かと聞かれたら、「車いすを使用しているから車いすバスケットボールがよい」「パラリンピックを目指せる種目から選んだほうがよい」などと考えてしまうことがないだろうか。

　指導者の視点で、「どのようなスポーツを行うか」を判断するのではなく、障がいのある人自身がやりたいと思っていることを「どのように行うか」を考えていくことがスポーツを工夫するうえでの重要なポイントである。障がい者スポーツの主体は、指導者ではなく障がいのある本人であることを忘れてはならない。

2　各障がいに応じたスポーツの工夫の方法

（1）　対象者

　これまで、障がい者専用のスポーツ施設等では、障がい者向けのスポーツ教室を行う際、身体障がい、知的障がい、精神障がいなどの障がい別で実施されることが多かった。しかし、近年では、障がいの種別や程度を問わず参加可能なスポーツ教室やイベントが増えてきている。さらに、障がいの有無にかかわらずスポーツを楽しむことを目的としたイベントや大会も開催されている。

　指導者は、安全に楽しむことを考慮しつつ、身体障がい、知的障がい、精神障がいなどの障がい特性と対象者個々の目的に応じて指導体制を考えることが求められる。

（2）　場　所

　実施場所によってスポーツの種目は限定されるわけではない。通常は屋外で行われる野球やサッカー、自然の中で行われるゴルフなども用具やルールを工夫することで室内での実施が可能になる。

　例えば、屋内で野球を行う場合には、ボールやバットの素材を変えるなどの用具の工夫をすることが考えられる。

　車いす使用者が多い場合は、車いす用のトイレの確保、エレベーター、スロープなどが設置されているか事前の確認が必要である。視覚障がい者には、衝突や接触、つまずきなどのリスクを回避することが必要であり、障害物や段差などを触る

ことでわかりやすくした動線の確保、周囲の音で邪魔されない場所や配慮といった工夫が必要である。

(3) 用　具

　障がい者のスポーツは用具の工夫によって発展してきた。重度の障がいであってもそれに応じて用具を工夫し、参加できるようにすることで新たなスポーツをつくりあげてきた。それらの用具の工夫を次のように類型化した。

①　できることを引き出す用具

　重度の脳性麻痺者が参加するボッチャでは、ボールを投げる動作が難しい場合、勾配具（ランプ）を使い、スポーツアシスタントとペアで参加することができる。また、障がい者スキーでは、下肢障がい者用のチェアスキーやストックの代わりとなるアウトリガーなどの工夫された用具がある。視覚障がい者が参加するブラインドサッカーやゴールボールの場合は、音の出るボールやラインテープの下に紐を入れ触ってわかる工夫がされている。

②　安全性を高め競技力をさらに上げる用具

　障がいのある人がスポーツを行う際には、バランスを崩すなどして転倒や衝突の危険がともなう。そのため、車いす競技では用具開発が行われ、各競技・種目別の車いすを使用することで、操作性や競技適応性が上がると同時に安全性も考慮されている。例えば、車いすテニスでは、より素早い動きと回転性を高めるために軽量化され、大車輪の傾斜角度が大きくなっており、車いすラグビーではバンパーが装着され激しいコンタクトにも耐えられるつくりである。

(4) ルール

　新たな障がい者スポーツやプログラムを考えていくうえでは、潜在能力や自己成長能力をみつめルールを工夫することが重要である。例えば、障がいの種別や程度によってコートの広さや人数を変更する、投げる用具を軽く持ちやすくするなどの工夫が考えられる。また、視覚障がい者の場合、視覚を補うためにガイド役をつけることで、安全にスポーツに参加することができる。

(5) スポーツの工夫と動機づけ

　スポーツの工夫は、障がいがゆえにできないとあきらめていた人に対し、スポーツの参加意欲や継続意欲を高める効果がある。しかし、一般のスポーツを基準にしたルールや道具にこだわり、個別性を重視しすぎるとスポーツの公平性や平等性、競争という要素がおろそかになってしまい継続性が低下することが考えられる。そこで、障がいに応じたスポーツの工夫をする際には、以下に示す内発的な動機づけの観点をおさえたい。

　①　自分にもできると感じられる（自己有能感）
　②　自分で主体的に参加している、決定していると感じられる（自己効力感）
　③　他者に認められている、仲間と参加していると感じられる（受容感）
　④　もっとスポーツを知りたい、学びたいと感じられる（知的好奇心への刺激）

3　障がいに応じたスポーツづくり

(1)　新たなスポーツをつくるうえでのチェックリスト

　私たちの発想は、過去の経験や常識にとらわれてしまうために、そこから脱却することが難しく、どうしても既存のルールや道具などから離れられず新たなアイデアが浮かばず行き詰まってしまうことがある。**表1**のチェックリストは、発想の転換を行い新たなルールや道具の工夫を考えるうえで手助けとなるものである。この7つの視点を新たなスポーツづくりのヒントとしてもらいたい。ここでは、例として卓球を取り上げる。

表1　発想の転換のためのチェックリスト（卓球を例に）

視点		考え方
代用	他の材料、他の場所、代用品	・ラケットをうちわにする ・外で行う
統合	組合せ、障がいの有無	・複数人で行う ・健常者と障がい者でダブルスを組む
応用	ルール変更、他競技のルールを真似る	・ダブルスの際、どちらが打球してもよい ・2バウンドにする
拡大	何かを付け加える、増やす	・コートを大きくする ・回数や時間を増やす
縮小	シンプル、小さく、少なく	・既存のルールから、シンプルなルールに変更する ・障がいの重い側の卓球台を小さくする
転用	他の使い道、新しい用途	・他競技で卓球のラケットを使えないか ・卓球台と卓球ボールでビリヤードをする
逆転	順番、役割、勝敗、上下逆	・ボールのバウンド数を競う ・ネットの下を潜らせてラリーをする

(2)　実　践

　新しいスポーツをつくるためには、ルールの工夫や柔軟な発想が重要である。**表2**は、誰もが参加できるスポーツを考えるためのシートである。まずは、少人数のグループで進行役を決め、順番に案を出していくことが望ましい。その際、相手の意見を否定せず、自由な発想を大切にし、多くのアイデアを出し合うことが重要である。新しいスポーツをつくる際の実施手順を以下のとおり示した。

①　進行役の選出

　進行役を1名選出する。主な役割は、発言しやすい雰囲気づくり、発言が出にくくなったら意見を求めたり自分で意見を出すことである。

②　アイデアを書き出す

　一人10枚程度の付箋を配布し、その付箋にアイデアを書き込む。

③　アイデアを分類する

　似たようなアイデアをまとめてカテゴリーをつくる。カテゴリー名は班のメンバーで考える。

④　アイデアをまとめる

　最終的には、実現の可能性や当日の対象者に加え場所や予算などの観点から評価し決定する。その際、誰が何を行うかなどの役割をしっかりと考えておくことも重要である。

表2　新しいスポーツを考えるためのシート（藤田（2006）を筆者修正）

新たなスポーツを考えよう

タイトル （スポーツの名前）	
名前 （班員の名前）	
人数・場所	
準備する道具・用具	

スポーツのルール、進め方（イラスト等も入れて）

バリエーション（ルール、道具・用具、人数などを変えて）

工夫した点（ルール、道具・用具など）

実践してみての感想、改善点、改善方法
・感想

・改善点

・改善方法

(3) フィードバック

　イベントがどのようなものであったか、参加者からの声を集約するため、アンケートを実施し考察するとよい。また、イベント終了後にミーティングを行い、参加者の声やスタッフの声をもとにした改善点などを提起することにより、次回からのイベントをよりよいものに高めていくことができる。

4　障がいの有無にかかわらず参加できるスポーツ、大会の例

(1)　障がいの有無にかかわらず参加できるスポーツ

タイトル：花火をあげよう
　場所：屋内
　人数：10人ぐらい〜
　用具：パラシュート、風船
　方法：
①　パラシュートの下にできるだけたくさんの風船（最低50個）を入れる。
②　タイミングを合わせてパラシュートをあげる。
③　パラシュートが上に達したところで一方方向に引き、風船があがっていく道をあける。
　バリエーション：
①　何人かがパラシュートの下に入って風船があがっていくのを見て楽しむ。
②　風船とともに紙吹雪のようなものを入れる。

写真1　パラシュートを使って風船をあげる様子

（2）　障がいの有無にかかわらず参加できるスポーツ大会の導入

　身近な地域で行われている既存のスポーツ大会に「車いす部門」を設けることは、障がいのある人がスポーツを継続するきっかけとなるだけではなく、これまで障がい者スポーツを知らなかった人に知ってもらう機会となる。

　例えば、地域のバドミントンや卓球大会等に新たに「車いす部門」を設け、障がいのない人も車いすに乗って一緒に参加できるようにする。指導者は、事前に主催者側とルールや駐車場の確保など、障がいのある人への配慮についての共有や確認が必要である。

写真2　町民バドミントン大会（愛知県知多郡美浜町）

第18章　障がい者のスポーツ指導における留意点

【学びのポイント】

1）身体障がい、知的障がい、精神障がいの各障がい特性、運動およびスポーツの効用、スポーツ指導時の留意点について学び、それぞれの障がいで実施されているスポーツについて理解を深める。

2）実際の指導（全国障害者スポーツ大会実施競技・種目等）を想定し、グループワークにて指導対象者の状況に応じた指導案を作成する。指導の目的、項目（内容）、留意点等をまとめ、自身がスポーツ現場で指導する際に役立つ知識、技術を学ぶ。

1　身体障がい

（1）　身体障がい者の種類と特徴

①　肢体不自由

　脳血管障がい、脳性麻痺などは脳機能に何らかの障がいがあり、麻痺などの症状があらわれる。脊髄損傷、頸髄損傷などは、脊髄に受けた事故、疾病などにより、運動機能障がい、知覚障がい、排泄障がいなどの症状があらわれる。切断については、事故、疾病などにより四肢において部分欠損がある状態をさす。この他に、筋疾患により、進行性の筋力低下などの症状があらわれる、進行性筋ジストロフィーなどが代表的である。基本的には、麻痺、切断、筋力状況を把握することが必要である。その他に、機能状況を補助する用具（車いす、装具、杖など）について、日常用、スポーツ用と多種多様の用具の機能について理解しなければならない。

②　視覚障がい

　視覚障がい、視力障がい、視野障がい、色覚障がいなどがある。視覚障がいの状況および視覚レベルについて把握することが必要である。スポーツを実施する場合、先天的障がいであるか、後天的障がいであるかを把握することが重要である。

③　聴覚障がい

　聞こえにくい・聞こえないなどの障がいである。基本的には、どのようなスポーツにおいても実施可能である。留意点は、コミュニケーション方法を必ず確認することである。手話ができなくても、筆談などの方法でコミュニケーションをとることが必要とされる。

④　内部障がい

　心臓機能障がい、じん臓機能障がい、呼吸器機能障がい、ぼうこうまたは直腸機能障がいなどがある。基礎となる疾患および運動禁忌事項を把握することが必要である。運動強度の強い運動ではなく、健康維持・増進を目的としたスポーツ活動を推奨する。運動を開始する前には、医療機関においてメディカルチェックなどを実施することが望ましい。

　※①～④の各障がい特性については、第Ⅴ編第15章「障がい各論」参照。

（2）　身体障がい者にとっての運動およびスポーツの効用について

　基本的には、健康の維持・増進、身体機能の維持・向上など、リハビリテーションを目的として運動を実施する人が多い。競技スポーツを目的として実施する場

合、個人の身体機能状態により効果は多大である。身体的機能面向上の効果もあるが、競技スポーツをとおして、他者との関わりによる精神的効果も大きい。全体的な効果としては、健常者が実施する運動・スポーツの効果と同じであるが、障がい者、とくに身体障がい者は、運動・スポーツを実施することを推奨する。

（3） 身体障がい者のスポーツ指導時の留意点

① 共通して留意する事項

１）スポーツ活動の目的を明確にする

　競技スポーツ、生涯スポーツ、リハビリテーションとしてのスポーツなど、スポーツ活動の目的を明確にすることで指導内容および方法が明確化する。目的に合わない指導を実施すると、スポーツを継続することが難しくなる。スポーツ指導の初期段階において目的を明確にすることが必要である。

２）各障がいを理解し指導する

　用具・動作（フォーム）から指導するのではなく、各障がいの特性を理解し、個人に合った指導方法を立案する。例えば、ボール投げにおいて、障がいにより下手投げしかできない人に、上手投げの方法を指導することは、障がいを理解した指導とはいえず、工夫が必要である。

３）ルール・規則の工夫を試みる

　既存のスポーツのルール・規則をそのまま障がい者に適用することは難しい場合が多々ある。例えば、バレーボールはネットをはさんで、６対６で競技を実施する。また、３回で相手コートにボールを返球しなければならない。しかし、障がいにより６対６および３回での返球が困難な場合がある。指導者は、６対６が困難であれば８対８などに人数を変更する、対陣ができない場合は円陣でバレーボールを行うなど工夫する。また、３回で返球できない場合は、４～５回での返球にルールを変更するなど柔軟な対応が必要である。

４）スポーツ用具の工夫を試みる

　既存の用具などでは、各障がいに適応できない場合がある。例えば、手指、手関節などの筋力低下のため、テニスラケットを把持できない場合は、ラケットグリップを把持しやすいように削って使用する。または把持した状態で、手指、手関節をテーピングして固定するなどの工夫が必要である。用具に障がい者を適応させるのではなく、障がい者に用具が適応するように指導者が工夫しなければならない。

② 障がい別留意事項

１）肢体不自由

　各障がいについての理解が必要である。現在の障がい状況および障がいレベルを、スポーツ活動を実施することにより重度化してはならない。脊髄損傷、頸髄損傷などについては、臀部などの褥瘡（床ずれ）に留意する。また発汗機能状況が悪い人には、スポーツ実施時の気温などに留意し、冷却用具などの準備も必要となる。脳血管障がいの場合は、生活習慣病（高血圧など）を有している人が多い。血圧の状況とスポーツ活動を始める前の健康状態の把握が重要である。さらに、脳血管障がいや筋・神経疾患などでは嚥下障がい（飲み込みの障がいなど）をともなっていることがあり、とくに水泳を行う場合にはかかりつけ医に相談することが重要である。

２）視覚障がい

　スポーツ活動を実施する場所の確認を必ず事前に行う。指導者と一緒に活動場所

の広さ、使用する用具の確認をすることが必要である。また、周辺状況（他の人が活動しているなど）についても事前説明を行う。活動場所に障害物がある場合は、移動させるか、移動できない場合はマットや厚手のタオルなどで覆うことが必要である。

3）聴覚障がい

指導内容（スポーツ活動内容）を明確に伝えなければならない。手話が可能であれば手話で伝えることが望ましいが、手話ができなくとも指導を諦めるのではなく、筆談という方法もある。活動中は、できるだけコミュニケーションを多くとることが必要である。

4）内部障がい

基本となる疾患を理解し、運動強度・頻度を適切にアドバイスすることが必要となる。医療機関との情報交換が必要になる場合があることを指導員は理解しなければならない。

(4)　身体障がい者の代表的なスポーツの紹介

現在、国内外で実施されているスポーツは多種多様である。車いすバスケットボール（**写真1**）、車いすテニス（**写真2**）、ゴールボール（**写真3**）、車いすラグビー（**写真4**）、ボッチャ（**写真5**）、自転車（**写真6**）、陸上（**写真7**）等のパラリンピック競技から、既存のスポーツのルール・用具を工夫・改良した、ツインバスケットボール、電動車椅子サッカー、サウンドテーブルテニス等が盛んに実施されている。視覚障がい者のスポーツでは、テニス、5人制サッカー（ブラインドサッカー）を楽しむ人が増えている。

写真1　車いすバスケットボール
1ドリブル、2プッシュ（駆動）ルール

写真2　車いすテニス
2バウンドまで返球可能のルール

写真3　ゴールボール
3人対3人　視覚障がい者のスポーツ

写真4　車いすラグビー
丸いボールを使用。前方へのパスが可能

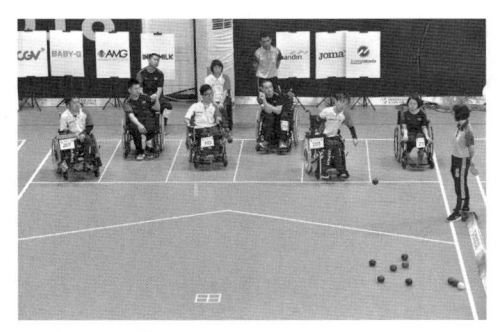

写真5　ボッチャ
チーム戦

写真7　陸上
車いすのトラック種目

※(写真6 自転車は右上)

写真6　自転車（二人乗り）
前方（パイロット　晴眼者）　後方（視覚障がい者）

写真：リオ2016パラリンピック競技大会
　　　インドネシア2018アジアパラ競技大会
映像提供：エックスワン、（公財）日本障がい者スポーツ
　　　　　協会

2　知的障がい

（1）　知的障がいの分類と特徴

①　知的障がいの分類

　知的障がい（Intellectual Disability：ID）とは、「知的発達の障がい」を意味する。日本での「知的障がい」の定義は、法律上で定められているわけではないが、厚生労働省が行っている「知的障害児（者）基礎調査」では、「知的機能の障害が発達期（おおむね18歳まで）にあらわれ、日常生活に支障が生じているため、何らかの特別の援助を必要とする状態にあるもの」と定義されている。診断の基準は、次の①〜③のいずれにも該当するものを「知的障がい」という。

　①　知的機能の障がいが発達期（おおむね18歳まで）にあらわれる。

　②　知的機能が明らかに平均以下であること。

　③　知的機能の障がいにより適応行動[※1]が困難であること。

　②の知的機能が明らかに平均以下であるかどうかの判断は、「標準化された知能検査（ウェクスラーやビネーによるものなど）によって測定された結果、知能指数（Intelligence Quotient：IQ）がおおむね70ないし75までのもの」による。

表1　障がいの程度による判定

IQ ＼ 生活能力	a	b	c	d
Ⅰ（IQ　〜20）	最重度知的障害			
Ⅱ（IQ21〜35）	重度知的障害			
Ⅲ（IQ36〜50）	中度知的障害			
Ⅳ（IQ51〜70）	軽度知的障害			

（＊日常生活能力水準のa、b、c、dは省略されている。）
※厚生労働省　知的障害児（者）の基礎調査における知的障害の程度資料

　表1は、知的障がいの程度による区分の一例である。この区分や判定方法は都道府県によって異なる。例えば、東京都は「愛の手帳」と称して、1度（最重度）、2度（重度）、3度（中度）、4度（軽度）と表現している。教室などの申込用紙に、この区分の記載欄を設けることで、事前に参加者の知的障がいの程度をイメージすることができるだろう。

　③の適応行動が困難であることは、年齢に相応した適応行動に明らかな制限がともなっていることをさしている。

　これは、知的障がいのある人は、知的機能と適応行動の両方から明らかに制限を受けているということであり、個々の知能指数（IQ）の高低だけで判断するのではなく、知的障がいのある人とその人をとりまく環境とが相互に作用した結果であるといえる。

　つまり、指導者は、知的障がいのある人が地域社会でよりよい生活が送れるように、運動・スポーツをとおして考えていくことができる存在であるといえる。

　知的障がいと同義の言葉で、精神遅滞（Mental Retardation：MR）がある。知的障がいという言葉は、障害者手帳やスポーツ大会などにおいて、障がいの区分（身体障がい、知的障がい、精神障がいなど）として用いられることが多い。一方、精神遅滞という言葉は、知的発達の障がいがある状態を示す名称として診断や医療面で主に使われる。このように言葉のとらえ方、表現の方法は、教育・行政・医療・福祉など領域ごとに異なりがあることを理解しておくとよい。

② 知的障がいと原因疾患との関係

知的障がいの症状は明らかであっても、その原因が確定できない場合が多い。

明確な病名が判定されると、基礎疾患もしくは原因疾患の病名が知的障がいより先行する。例えば、原因疾患がわかっている代表的なものには、ダウン症候群[※2]があり、知的障がいをともなう疾患である。また、脳に障がいを受けた場合は、身体障がいに加え、知的障がいの症状を併せ持つことがあるが、障がいの区分は身体障がいとされることが多く、知的障がいの症状を見落としてしまうことがある。

このことから、障がいの区分は、個々が持つ障がいの特徴の概略を表しているにすぎないといえる。事前に得られる情報では、知的障がいと一言で表現されていたり、原因疾患のみが記載されることが多いが、多くの場合、個々の持つ障がいの特徴は文字や言葉などだけでは十分に表現されているとはいえない。指導者は、見て、聞いて、調べて、共に活動することから、対象者の状態・特徴を知り、個々に適した柔軟な考えと支援・指導を実践していく必要がある。

③ 知的障がいと発達障がい

知的障がいの区分（カテゴリー）を考えるうえで、理解しておかなくてはいけないことの1つとして、発達障がいがあげられる。

運動・スポーツの現場においては、知的障がい者と発達障がい者とが同じ環境で活動することは多い。例えば、スポーツの大会やスポーツ教室などにおいては知的障がいと発達障がいを同じ区分や対象者として扱っている場面を目にすることが多い。

発達障がいのとらえ方は、教育・行政・医療・福祉など異なる領域にまたがる中で必ずしも統一されているわけではない。領域によって発達障がいのとらえ方が異なること、曖昧さが残っていることを指導者は理解しておかなくてはならない。そのうえで、発達障がい者には、知的障がい者と同様に時間をかけたサポートが求められていること、個々のニーズを満たすことのできる支援・指導が必要であることに変わりはなく、知的障がい者の支援・指導と共通する部分が多く存在することから、本項の知的障がいの項目においては、発達障がいを含めた支援・指導の考え方としてとらえていくこととする。

また、知的障がい、発達障がいの分類に関する詳しい説明は第Ⅴ編第15章5の「知的障がい（発達障がいを含む）」を参照されたい。

(2) 運動・スポーツの効用

知的障がい者への運動・スポーツの効用は、「健康の維持」「体力の向上」「技術の習得」「仲間づくり」「リハビリテーション」などと障がいのない人と同じであることはいうまでもない。

以下には、運動・スポーツの効用の中から知的障がいのある人に対して、特筆すべきことをあげる。

① 運動の獲得により生活能力が高まる

運動・スポーツ活動の方法を個々のステップに合わせて提供することにより「成功」を促し、賞賛を行うこと（外発的動機づけ）で自信につながり、達成感や成功感が心身の発展に寄与する。こうした運動参加の環境が生活能力をも向上させる要因となる。

また、発達の段階を追って運動プログラムを展開していくことで、身体意識[※3]が育成される。身体意識の育成は、自己意識、他者意識さらには空間や時間の意識の形成につながる。

【解説】※2　22対の常染色体のうち、21番目の染色体が3本あるために生じる染色体異常。特徴的な顔立ちから診断は容易である。特性として、筋肉の緊張度が低く、知的な発達に遅れがあることが多い。心疾患などをともなうことも多いが、医療や療育、教育の連携・理解が進み、普通に学校生活や社会生活を送っている人が多い。

【解説】※3　人間は成長するにつれてこの能力をしだいに獲得し、同時に目的的に動作をしたり、環境への調和と適応を果たしていく。したがって身体意識は、環境と相互作用を持ち環境を支配していることにより、自己意識も他者意識もさらには空間意識も成立するものである。マリアンヌ・フロスティッグ（Frostig. M.）

これらは、運動やスポーツ活動において重要な能力であるとともに、危険の回避や社会性（コミュニケーション能力）など運動以外の生活能力にも大きく関わることである。

② 動きをとおして学ぶ

　日本にムーブメント教育・療法を紹介した小林芳文氏[※4]らの著書の中に、「動くことを学ぶ」「動きをとおして学ぶ」というムーブメント教育の2つのベクトルとして、次のように書かれている。「「動くことを学ぶ」とは、運動能力や身体能力を高めることであり、「動きをとおして学ぶ」とは、運動をとおして認知、情緒、社会性など心理的諸機能を高めることです」[1]。

　これは言い換えると、動くことは、人が学ぶ多くのこととつながっていると理解できる。言葉に頼る指導に困難な面がある知的障がいのある人にとって、「動きをとおして学ぶ」ことは、技術面、学習面、生活面へと広がり、多くの効用を生み出すといえる。

(3)　指導上の留意点

① 個々の特徴を知る（障がいの特徴を知る）

　個々の障がいの特徴・状態を知ることは、効果的な支援・指導を行うために必要となり、さらに安全面においても重要なことである。

　例えば、ダウン症であれば、主に**表2**のようなことが想定される。

表2　ダウン症候群をもつ者の障がい特徴

> ・「先天性心疾患がある可能性（特に心内膜欠損症）」：激しい運動を行う場合は医療機関の診断を仰ぐ。
> ・「筋緊張低下や関節の過伸展」：脱臼の危険性があり、バランスをとるような活動が苦手である。
> ・新しい動きなどに躊躇する場合が多いが、言葉の情報より目で見て模倣することが得意であり、模倣できる時間を十分とることが有効。
> ・変化を頑なに拒むこともあるが、自信をつけてあげられると一転し、積極的に参加できる。

　障がいの特徴を知っていることで、個々の特徴を読み取るヒントとなり、これらは、安全で個々のニーズに見合った支援・指導に必要となる。

　また、知的障がい者の中でも、言葉・指示の理解ができる参加者であれば、健常者の指導方法と変わらずに進めていけることもあるが、重度の知的障がいをもつ参加者であれば、教え方、伝え方に個々に合わせた工夫が必要となる。

　効果的な指導を行うためには、個々の特徴を知るための知識と経験の蓄積が必要である。障がいの知識とともに、指導者間・スタッフ間、参加者、親、介助者などとの情報交換・共有ができる活動環境をつくり積み重ねることが大切である。

② 発達段階に応じた支援・指導

　スポーツ活動の基本的要素は、感覚習得、年齢に応じた運動発達、技術の習得とその応用である。**表3**は、感覚支援からの導入そして展開の流れを示している。対象となる者の「できること」「できないこと」を把握することにとどまるのではなく、発達段階（**図1**）および運動能力に応じ、これら要素の習得のステップを考えていくことが、知的障がい者を支援していくうえで必要な過程である。

【解説】※4　教育学博士。横浜国立大学名誉教授。特定非営利活動法人日本ムーブメント教育・療法協会会長。1977（昭和52）年、横浜国立大学教授時にM・フロスティッグ博士のムーブメント教育・療法を日本に紹介。障がいのある子どもの教育や療育を中心に活動を広げる。現在は、スポーツ・運動分野をはじめ、幅広い実践の現場で活躍されている。

表3　感覚支援からの導入、展開の流れ

	家　庭	学　校		社　会
教育	保護 医療			地域社会（スポーツの役割）
運 動 目 的	5歳〜9歳	10歳〜12歳	13歳〜16歳	17歳〜
	運動発達学習 （部分的な動き） 粗大運動域	運動動作の獲得 （部分的な動き） 粗大・微細運動域	各運動種目 （総合的な動き） 運動スキル獲得	地域社会で生活 （積極的な動き） 生涯スポーツ
	個人に合わせた動きの 発見、興味としての運 動への導入 大きな遊具などの利用	スポーツ種目の特性を 手段とした教室参加	スポーツの技術獲得、 動きを配慮しながら	生涯スポーツ、楽しみ、 仲間との交流、競技ス ポーツへの挑戦
活 動 内 容	知的障がい児運動教室	陸上体験教室 親子水泳教室 レクスポ教室　など	バドミントン教室 卓球教室 水泳教室　など	サッカー教室、 水泳、バドミントン、 バスケットボール、 多くのスポーツ活動 （集団スポーツを含む）

図1　運動発達の方向性

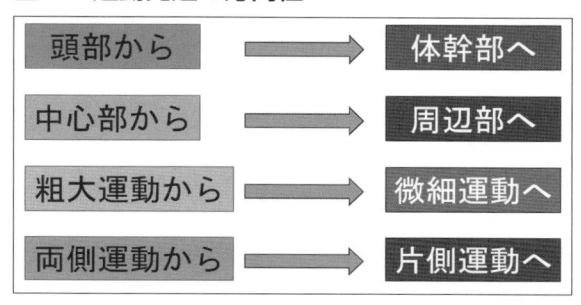

頭部から	➡	体幹部へ
中心部から	➡	周辺部へ
粗大運動から	➡	微細運動へ
両側運動から	➡	片側運動へ

③　運動開始前から展開中の状態観察

　運動開始前の時間は、多くの情報を得ることができる。

　身体不調や変化を訴えない者が少なくない。活動中の表情（チアノーゼ※5、発汗の様子など）をみながら運動量の調整をするプログラムの展開と判断が求められる。

　また、指導者と参加者の関係づくりが、活動の基盤となることは言うまでもない。とくにはじめて出会う場面、慣れない環境においては、指導者は参加者の興味のあることや得意なこと、不安なことなどを把握し、アプローチを考える必要がある。これらを行う時間として、運動開始前に自由に活動できる時間（フリータイム）を設けることも有効である。

④　指示の理解・安全面への注意

　例えば、水泳指導の場面で「足をバタバタ」と声掛けで指導を行う。対象が知的障がい者の場合、「足」という言葉が身体のどの部分を指しているか理解できているか、「バタバタ」という言葉はどういう動作なのかが理解できているかを考えなくてはいけない。もし、うまく理解ができていない場合や曖昧な動きになる場合は、身体の部位を意識する活動を行ったり、言葉と動きが意識しやすい活動をプログラムに入れるとよい。

　また、別の場面では、指示に対してうなずいたり、「ハイ」と声高らかに返事をしたり、指導者のいうことと同じ言葉を返す「おうむ返し」をすることがあるが、実際には指導者側の意図が十分伝わっていない場合がある。これは、言葉に含まれ

【解説】※5　動脈の酸素濃度が低下し、爪や口唇などが紫色にみえる状態。主な原因としては、呼吸器または循環器の疾患、静脈血の動脈血への流入、ヘモグロビンの異常や機能障がいが考えられる。

る意味の理解や推測が難しいことや、自己の意思がうまく伝えられない・表現できないことなど、知的障がいの症状の特徴的な部分である。指導者が何度もその身体の動きを行うことで、対象者に視覚導入することが必要不可欠である。日頃から表情や行動などの変化や、参加者が伝えようとすることに気がつけるようにしたい。

　また、てんかん発作[※6]を有する人も多い。周囲の突起物への対応や発作に対する対処方法など、事前に関係者と綿密に打ち合わせをしておくことが安全な指導へとつながる。

⑤　得意、不得意を知ること・見せる指導

　得意な分野と不得意な分野を知る必要がある。このことは、指導に対して重要な手がかりとなる（図2）。絵や文字、手本を行うなど、視覚的にわかりやすい指示や環境をつくること、具体的な指示が必要といえる。

　とくに、指導者は言葉の指示だけに頼らず、見せる指導を行うことが必要である。子どもとの活動であれば、一緒に遊びながらの指導が行えること、スポーツの指導であれば、わかりやすく動きを見せられることで、参加者は指導者の動きを見て、やりたくなり、模倣をして身につけていく。指導者側からの一方的な指示ではなく、対象者のステップに一緒に立って見せる指導者が求められる。

図2　得意―不得意分野の理解

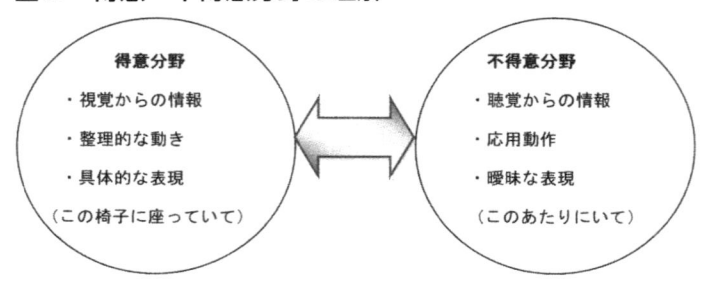

⑥　休憩時間は必要だが当事者には不安な時間

　休憩時間は「休む」ということの理解が難しい者が多い。プログラム中はその動きを模倣したり、自ら思考したりしながら動くことができるが、目標が「動かないこと＝休憩」となると、模倣するものがなければ、何をどこでどのようにしてよいのか不安を抱え込んでしまう場合がある。具体的な指導者の動きと指示が必要である。

⑦　スポーツ指導という立場の中で

　知的障がいのある人の行動はその場においては不適切ととらえられる場合もあるが、その背後には「仲間と接したい」「物を選びたい」「嫌なものは嫌」といった気持ちのあらわれである場合が多い。スポーツ指導によって、問題とされる行動・行為を軽減させたり、なくしたりと考えるのではなく、対象者が出すサインととらえ、その行動や行為の背後にあるものに指導者が目を向けることで、個々に合った効果的な支援・指導方法がみえてくる。

（4）　代表的なスポーツの場

①　地域でのスポーツ・レクリエーション活動

　障がいにあわせ既存のスポーツのルールを変更・簡素化したり、新たにスポーツや運動を創作、用具を工夫したりすることにより、地域では様々な形で活動が行われている。

　障がい者スポーツ指導員と総合型地域スポーツクラブや地域のスポーツ推進委員

といった、地域の団体が協力し、障がい者を対象にしたイベントや教室を開催するなど広がりをみせている。また、障がいのある方が暮らす地域でスポーツ活動が行える環境づくりを目的に、身近な人材やスポーツ施設を活用した活動を進めているところも増えている。

② 国内のスポーツ

全国障害者スポーツ大会において、知的障がい者が出場できる種目[7]は、「（個）陸上」「（個）水泳」「（個）卓球」「（個）フライングディスク」「（個）ボウリング」「（団）バスケットボール」「（団）ソフトボール」「（団）バレーボール」「（団）サッカー」「（団）フットベースボール」の10競技がある。また、各都道府県、指定都市においては、障がい者スポーツ協会、障がい者スポーツ指導者協議会、競技団体、行政、学校などが中心となり競技別大会や教室を開催している。

③ 国際大会

国際知的障がい者スポーツ連盟（Virtus）[8]が、陸上をはじめバスケットボール、水泳といった夏季スポーツ大会や、アルペンスキーなど冬季スポーツ大会を開催している。また、4年に1度夏季・冬季の世界大会（「グローバルゲームズ」という）を開催している。Virtusの競技は、障がいのない人の競技会と同様で、その競技種目の1位は原則1名しかいないのが特徴である。

スペシャルオリンピックス（Special Olympics：SO）は、知的障がいのある人たちに様々なスポーツトレーニングとその成果の発表の場である競技会を開催している。その特徴は、結果よりも、過程を重視しているという点である。

知的障がい者は、国際パラリンピック委員会（International Paralympic Committee：IPC）公認大会では、1998（平成10）年、長野冬季パラリンピックのクロスカントリースキーに出場。2000（平成12）年、シドニー大会では陸上競技、水泳、卓球、バスケットボールに出場している。しかし、同大会で出場資格のない選手が出場し、IPCから資格停止処分を受けたが、2012（平成24）年、ロンドンパラリンピックで陸上競技3種目、水泳3種目、卓球1種目の出場が認められた。

【解説】※7 令和2年度全国障害者スポーツ大会競技規則による。（個）は個人種目、（団）は団体種目を指す。

【解説】※8 2019年「INAS」から「Virtus」に改名。英字表記は「World Intellectual Impairment Sport」。

（1）　スポーツ現場で最低限知っておくべき精神障がいの種類や特徴

①　精神障がいの種類

　幻覚・妄想、抑うつ気分、不安、不眠などの様々な精神障がい（精神疾患）の症状を把握したうえで、以下のように原因別に分類する方法がある。

　　１）脳そのものの疾患の影響で、あるいは身体疾患、薬剤、中毒性物質などが脳に対して影響を与えて出現しているもの（例：認知症、脳腫瘍による症状、肝硬変や内分泌疾患による症状、アルコール依存症など）

　　２）統合失調症やうつ病など現時点で原因のはっきりしていない精神科固有の疾患によるもの

　　３）性格やストレスなどの心理社会的な環境要因によるもの（例：パニック障がいなどの神経症性障がい、摂食障がい、人格障がいなど）

　また、症状に基づく共通の診断分類である世界保健機関（WHO）のICD-11[※9]や米国精神医学会（APA）のDSM-5[※10]を使用することも多い。

②　精神障がいの特徴

　精神障がいの特徴は、身体障がいや知的障がいは障がいのレベルがある程度固定しているのに対し、現在治療が必要な疾患を有していることである。再発・再燃の危険性のある慢性疾患として考える必要がある。様々な精神症状のために就労や対人関係の支障が生じ、偏見や差別の対象になることがある。そのため社会的不利を受け、生活上の様々な困難で困ることが少なくない。社会からの否定的な態度、感情、行動（蔑視や不信など）、いわゆる社会的烙印をスティグマといい、精神障がい者のQOL[※11]や自尊感情[※12]の低下をきたすことがある。そのため対人関係に敏感になっている人が多く、そこからのストレスが再発の引き金のひとつとなることがある。

（2）　精神障がい者にとっての運動やスポーツの効用

　スポーツと精神医学の関係を考えるスポーツ精神医学の臨床面での取り組みは大きく分けて２つある。すなわち、①精神医学のスポーツへの応用と②スポーツの精神医学への応用である。①の精神医学のスポーツへの応用は、アスリートがスポーツの特異性から抱える精神医学的問題の抽出と予防である。例としては、女子のマラソン選手などでみられる摂食障がいや症状がうつ病と類似するオーバートレーニング症候群、あるいはアルコールやドーピングの問題などがあげられる。②のスポーツの精神医学への応用は、精神疾患のある人がスポーツや運動を行うことによって得られる広い意味での治療効果を明らかにする活動であり、最近その効用について様々なことが明らかになってきている[2]。

　運動やスポーツが精神機能に与える効果の例として、①気分の高揚、②不安の改善、③ストレス対処能力の向上、④睡眠の質の改善、⑤自己統制感や自己評価、思考の柔軟性といった認知機能の改善などがあげられる[3]。不安障がい、うつ病性障がい、認知症、発達障がいや統合失調症の薬物療法に補助的に用いることで治療効果が高められることも報告されている。

　ここでは統合失調症に対する治療効果についてふれてみる[4)5)6)]。

【解説】※9　死因や疾病の国際的な統計基準として世界保健機関（WHO）により公表された分類。死因や疾病の統計などに関する情報の国際分類や医療機関の診療録の管理などに利用されている。

【解説】※10　アメリカ精神医学会によって出版されている精神障がいの診断と統計マニュアル。2013（平成25）年に第5版が出版されている。

【解説】※11　生活の質（quality of life）。ある人がどれだけ人間らしく自分らしい生活を送り、満足しているかをとらえる概念である。

【解説】※12　自己に対する評価感情で、自分自身を基本的に価値ある者とする感覚である。自尊感情が高い人は困難に出会っても粘り強く努力するが、自尊感情の低い人はすぐにあきらめてしまう傾向にあるといわれている。

スポーツをとおした個別支援、グループ活動支援は対人関係の練習となり、もともと苦手とする対人関係の改善を認めるようになる。精神症状に関しては、不安の軽減、抑うつ症状、意欲減退、社会的引きこもりや認知機能[※13]の改善に効果があると考えられている。また、スポーツをとおしてQOLや自尊感情の向上を認める。言い換えれば、満足して自信を持って生活ができるようになることで、その自信が就労に結びつくことも報告されている。それ以外にも服薬管理など自己管理能力の向上、再発・再燃の防止などが報告されている。精神障がい者に対する偏見や誤解の是正には、当事者とのふれあいが一般の人々の態度や感情を変え、有効だとされている。競技スポーツは一般のスポーツ大会に精神障がい者が参加する機会を与えてくれる。そこでの交流は疾病への理解やスティグマの軽減につながると期待されている。スポーツの治療効果についてのまとめは**表4**に示した。

【解説】※13 情報の知覚から照合、処理、判断していく過程を経て表出に至るまでの広範な脳機能を意味し、注意・記憶・言語・遂行機能などが含まれる。我々が日常生活で行っていくうえで必要な機能である。認知機能障がいは生活のしにくさにつながり、統合失調症患者の社会復帰を妨げる一因と考えられている。

表4　スポーツの治療効果

【考えられる効果】

要素	考えられる効果
個別支援	対人関係（および集中力や意欲）の改善
グループ活動支援	対人関係の練習（仲間と過ごす時間と場の提供）

【考えられる副次的効果】

要素	考えられる効果
精神医学的（心理学的）	精神症状や認知機能の改善 自己管理能力（服薬管理など）の向上 再発・再燃の防止 生活の質・自尊感情の向上、自信の回復
医療全般	生活習慣病の予防
社会	地域社会との連携　就労 疾患理解の促進・スティグマの軽減

（3）　精神障がい者の運動やスポーツ指導時の留意点

スポーツをリハビリテーションの手段として用いる場合、現在治療が必要な疾患があるという精神障がいの特徴を理解しておく必要がある。例えば、統合失調症は慢性の疾患であり、症状の変動を認めることに注意を要する。そのため、症状が日常生活にどの程度影響しているか、その回復段階に合わせたスポーツの選択を行う（**図3**）[7]。症状の不安定な時期はスポーツの実施には慎重でなければならないが、安定してくれば、体力や悩まされている症状に目を向け、その改善のために「症状改善目的のためのスポーツ」を行う。身体的トレーニングとして体を動かすこと、運動を継続していくことが主な働きかけである。次の段階は、対人交流や楽しむ能力、体力の回復を図ることを目的とする「医学的リハビリテーションとしてのスポーツ」である。ルールを守り、声を掛け合い、他人と協同して活動することを増やしていく。そして、最終段階では、自信の回復と社会生活ができることを目的とする「社会参加促進のためのスポーツ」を取り入れる。競技スポーツをとおしてストレス耐性やストレス対処法を学び経験する。スポーツを楽しむだけでなく、大会参加や遠征など普段経験できないストレス状況と向きあい、克服する力を養う。そのことで自信の回復や社会生活での動機づけを高め、就労や就学、アルバイト、家事へつなぐ役割を担うと考えられている。

図3　回復段階に合わせたスポーツの選択

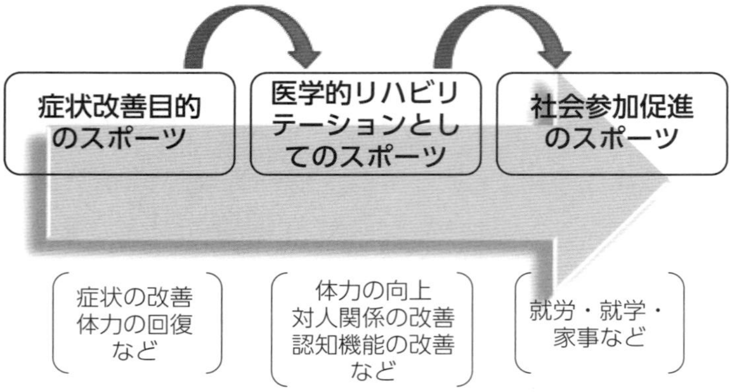

症状改善目的
のスポーツ → 医学的リハビリ
テーションとし
てのスポーツ → 社会参加促進
のスポーツ

| 症状の改善
体力の回復
など | 体力の向上
対人関係の改善
認知機能の改善
など | 就労・就学・
家事など |

出典：横山浩之「精神障害者スポーツの効果」『スポーツ精神医学』10、2013年、pp. 27–31

　精神障がい者は対人関係に敏感になっていることが多いため、批判的な言い方をされたり、逆に過度に心配されたりすることを苦手にしていることに留意する。接し方の工夫として、相手を思いやる丁寧な言葉がけをしながら相手のよい面を見つけ、困ったことについては具体的な解決策を一緒に考えるということが大切である。また、競技スポーツに取り組んでいる人に対しては、競技能力以上の期待をかけることや、逆に競技能力を過小評価してしまうことに注意を要する。回復段階を理解したうえで接することは重要である。精神障がい者がスポーツに取り組むときのかかわり方が適切であれば、それはその人の社会参加を含めた回復の後押しになるであろう。

（4）　精神障がい者の代表的なスポーツの紹介

　精神障がい者の運動あるいはスポーツといえば以前は、主に病状が比較的安定している慢性期の入院患者を中心に、散歩、ラジオ体操、運動会など健康スポーツあるいはレクリエーションスポーツとして行われていた。しかし、精神科医療が施設内中心の医療から地域での医療をめざすようになってから、スポーツも地域主体の競技性をともなったものへと移行するようになった。

　2001（平成13）年に第1回全国精神障害者バレーボール大会が仙台で開催され、翌年の第2回全国障害者スポーツ大会からオープン競技として認定され準公式参加を果たした。その後、2008（平成20）年の大分大会から全国障害者スポーツ大会の正式種目に採用された。バレーボール以外の競技としては、2008（平成20）年に初めての精神障がい者フットサル大会がJリーグのチーム主催のもと大阪で開催された。現在まで全国に160以上のチームが誕生し、各地でリーグ戦やカップ戦が開催されるなど広がりをみせている。2011（平成23）年には大阪のフットサルチームがイタリアのローマに遠征し世界で初めての国際試合を行った。2013（平成25）年10月に東京での全国障害者スポーツ大会にフットサルがオープン競技として採用され、同時に「第1回精神障がい者スポーツ国際的シンポジウム・会議」が開催された。世界から8ヵ国が集まり国際化に向けて協力することで合意し、国際大会開催の機運が高まった。2015（平成27）年に名古屋で全国大会が開催され、2016（平成28）年には大阪で世界初の精神障がい者フットサル国際大会が開催され、2018（平成30）年には第2回大会がローマで開催された。また、バレーボール、フットサル以外に2013（平成25）年からバスケットボールも新たに始められ現在まで全国展開をみせている。また、2019（令和元）年から全国障害者スポーツ大会（茨城）に卓

球が初めて導入されたが、台風の影響で中止となった。

　このように精神障がい者のスポーツは、レクリエーションの域を超え、競技スポーツとしての種目が増え、その範囲が国内のみならず世界へと広がってきている。このような活動の広がりは、精神障がい者に自信や希望をもたらし回復につながるだけでなく、真のノーマライゼーションをとおしてスティグマの軽減にもつながることが期待される。

表5　精神障がい者スポーツの流れ

年	出来事
1999	㈳日本精神保健福祉連盟内に「障害者スポーツ推進委員会」設置(厚生省提案)
2001	第1回「全国精神障害者バレーボール大会」(仙台)開催
2002	精神障がい者バレーボールが「全国障害者スポーツ大会」(高知)のオープン競技に
2008	精神障がい者バレーボールが「全国障害者スポーツ大会」(大分)の正式競技に 第1回精神障がい者フットサル大会「ガンバ大坂スカンビオカップ」開催→以後、同様の大会が札幌、埼玉、横浜、千葉、愛媛、福岡などで開催
2011	大阪の精神障がい者フットサルチームがローマ遠征
2013	「全国障害者スポーツ大会」(東京)にオープン競技として精神障がい者フットサル大会開催 「第1回精神障がい者スポーツ国際シンポジウム・会議」開催(東京) 第1回精神障がい者バスケットボール大会「ちばドリームカップ2013」開催(千葉)
2015	精神障がい者フットサル全国大会「第1回全国ソーシャルフットボール大会」(名古屋)開催
2016	第1回精神障がい者フットサル国際大会「ソーシャルフットボール国際大会」(大阪)開催
2018	第2回精神障がい者フットサル国際大会「Dream World Cup 2018」(ローマ)開催
2019	精神障がい者の卓球が「全国障害者スポーツ大会」(茨城）の正式競技に（ただし台風により中止）

4　指導案作成の実際

（1）　指導案作成の意義

　　実際にイメージしている指導を文章化することで、目的を明確にし、段階を踏んだ指導を円滑に進めるためのものである。また、指導案を作成することで指導者間の共有および引継ぎになる。

（2）　指導案作成をするうえでの確認事項

①　指導対象者の理解

　　指導を実施するにあたり「参加申込書」等を作成し事前に対象者を知り、接し方の工夫、指導上における留意点を予測し理解を深めておく。

（例）以下の内容を参考に事前に「参加申込書」等から指導対象者像を知ることができるとよい。
1）氏名、性別、年齢
2）障害者手帳の記載事項、障がい発症時期、補装具の使用有無、合併症の有無、過去1年以内の既往歴など
3）今までの運動・スポーツ経験、運動・スポーツ実施上の禁忌事項、服薬の有無、医師等からの指示事項など
4）その他、スポーツを行ううえで体調面や健康面、コミュニケーション面などで配慮が必要なこと
5）指導対象者の参加目的（「健康維持、増進」「技術の習得」「記録を伸ばしたい」など）

---

②　指導内容を考える

　　指導対象者の希望する種目を尊重し、種目の特性が指導対象者の障がい等に悪影響を及ぼすことがないように内容を考える。

（例）全国障害者スポーツ大会の実施競技、種目から指導案を作成する場合
1）指導する種目について「全国障害者スポーツ大会競技規則」を理解する。
2）指導対象者がどの障害区分に該当し、どのような種目があるかなど、予め把握しておく。

---

③　指導案を実際に進めていくうえでの留意点

　　指導者は、指導対象者と常に相談を重ねることで本人の希望、実態に即した指導、また意欲を高めることにつながる。場合によっては保護者、介助者等から聞き取りをすることも必要である。

　　また、指導案に記載された内容を"やり遂げる"ことに注視するのではなく、あくまでも指導対象者の当日の状況、変化に合わせ、指導内容や指導方法を柔軟に工夫、変更する等の対応こそが指導者に求められる重要な視点である。

（3）　指導案【全体計画】とは

　　指導に必要な指導対象者の情報および期間中の指導の流れが一目で確認できるものであり、複数の指導者が関わる場合は必ず共有しておく必要がある。

表6　【全体計画】（例）：都道府県予選会へ初めて参加する方の指導計画

①氏　　名	キョウカイ　ハナコ 協会　花子			作成者氏名		●●　●●	
		②性別	男・⦿女	③年齢		50歳	
④障がい名	脳血管疾患による右片側麻痺障がい		⑤競技名（種目名）		水　泳		
			⑥障害区分		20		
⑦運動経験　現在の様子	・半年前からプール利用　2回/週　1時間程度水中歩行のみ ・入退水、水中歩行はひとりで可能　・言語障がいなし ・高血圧のための服薬有り　・短下肢装具使用（プールでは使用しない）						
⑧期　　間　日　　程	年　　月　　日　～　　年　　月　　日 月　日、　　月　　日、　　月　　日、　　月　　日、　　月　　日、 月　　日、　　月　　日の計8回						
⑨到達目標	クロールで25m完泳を目指す						
⑩回　　数	⑪指　導　項　目						
第　1　回	水慣れ（水に対する恐怖心はないか心理的状況の確認）						
第　2　回	浮くこと（伏し浮きから立つ）						
第　3　回	浮くこと（背浮きから立つ）						
第　4　回	浮き身の姿勢変換（縦回転、横回転）＋呼吸						
第　5　回	進む（浮いて呼吸して進むこと）						
第　6　回	ストロークと呼吸で進む						
第　7　回	定期的に呼吸し進む（コンビネーション）						
第　8　回	定期的に呼吸し進む（コンビネーション）25mに挑戦						

（4）　指導案【1回の指導計画】とは

　全体計画（**表6**）に沿って担当する指導者の1回ごとの指導計画である。時に指導対象者の状況により変更することも想定しておく。また、次回、担当者が変更しても指導対象者に継続した指導が提供できるために必要である。

表7　【1回の指導計画】（例）

①日　付	年　　月　　日	作成者氏名	●●　●●
②時　間	14：00～15：00		
③指導回数	2回目　/　全8回	④会場	●●●スポーツセンター25mプール
⑤指導項目	浮くこと（伏し浮きから立つ）		
⑥ねらい	自分の浮き姿勢をみつける		
⑦使用物品	なし		

	⑧内　　　　容	⑨留　意　点
導入	14：00～14：25 ・水中歩行（2往復）、ストレッチを行う。 【足を床から離して浮いてみる】 1．壁、手すりをつかみ膝を曲げてしゃがむ（繰り返し）。 2．指導者の介助のもと、または壁をつかみ膝を曲げてジャンプする（立位）。 3．足を床から離した状態で身体全体を沈め、浮いてくる感じを体験する。	○身体に負担のない水温または室温であるか確認する。 ○顔色、声をかけながら息こらえ等がないか、また緊張がないか様子をみる。 ○対象者がバランスを崩した時にすぐに介助できる位置にいること。
展開	14：25～14：45 【ストリームラインで静止できる】 抵抗の少ないストリームラインづくり 1．手足を伸ばし、両腕で両耳を挟むように伏し姿勢をつくる。 2．1の姿勢で水面に維持できるようになる。 【立ち方】 1．伏し姿勢から頭を上げていくと下半身が沈み床に足がつく。最後に顔を上げる。	○ゆっくりとした動作の方が抵抗も少なく安定するため、慌てさせることがないように進める。 ○息こらえがないか、顔色、表情の確認をする。 ○動きが少なく体が冷えてくるようであれば、呼吸を整えることも含め、途中で歩行を行う。
まとめ	14：45～15：00 【けのびで進む】 1．床、壁を蹴って進む→立つ 2．床、壁を蹴って5m以上進む→立つ ・クールダウンのためのストレッチを行う。	○周囲の波などから鼻へ水が入る場合もあるので泳ぐレーンに配慮する。 ○終了の際には、体調の確認をする。 ○水分補給の促しをする。 ○本人による入水前後の血圧チェックが必要な場合もある。
	本日の結果と今後の課題	

（指導案作成にあたっては、第Ⅵ編第17章・18章、第Ⅶ編第25章・第27章を参照）

第19章　発育・発達に応じた指導法

【学びのポイント】

1）発育・発達の定義、からだの発育・発達について理解し、身体的変化が精神面に及ぼす影響について学ぶ。

2）運動発達と認識発達、ことばの発達のすじ道（段階）について理解し、それぞれの年齢に沿った発達的特徴を学ぶ。

3）運動発達と認識発達、ことばの発達に応じた運動指導をする際の留意点について理解し、とくに障がいのある指導対象者への発達に応じた配慮点、指導方法について学ぶ。

1　発育・発達の定義

人間の発育と発達をみていく場合、教育学・心理学・生理学・医学などそれぞれの分野においてとらえ方に多少の違いはあるが、からだの形や大きさなど形態の変化の過程を発育、からだの働きである機能の変化の過程を発達としてとらえるのが一般的であろう。そして、それぞれの変化の過程には、上昇的なとらえ方だけではなく、下降的な老化現象をも含みこんで広義にとらえるようになってきている。

発達については、「発達の原動力」について理解しておく必要がある。様々な場面において、今の状態をよりよくするために「こうしたい」「ああしたい」と新しい欲求を人間（子ども）は抱くが、その際その欲求と現実との間に「内的矛盾」[※1]が生じる。その際あきらめずに、その「内的矛盾」を乗り越えようとする人間（子ども）の「能動的活動」が「発達の原動力」である。人間の発達は、自然成長的に何かが「できたり」「わかったり」していくのではなく、人間社会における人的・物的・社会的・文化的環境との相互交流や学習を通じながら様々な能力を獲得していくのである。人間社会における人的・物的・社会的・文化的環境こそが、「能動的活動」を引き起こすのである。

【解説】※1　運動の場面において子どもは、「～ができるようになりたい」という思いを抱くが、「でも、今はできないな」「じゃあ、どうしたらいいんだろ」「わかんない」「でも、～ができるようになりたい」というような欲求と現実との間での揺れ動き。

何らかの障がいをもっている場合には、発達のすじ道において生じる「内的矛盾」を乗り越えなければならない時期に発達が停滞しやすいといわれている。その原因として、「こうしたい」「ああしたい」という新しい欲求がうまれにくく「内的矛盾」そのものが生じない。あるいは、「内的矛盾」が生じても、自分自身で乗り越えるのが困難であり、そこには特別な指導や援助が必要になることがあげられる[1]。

2　からだの発育・発達

（1）発育パターン

からだの発育パターンを、脳・脊髄・眼球の計測値・頭部の計測値などの発育経過である神経型、胸腺・リンパ節・アデノイドなどのリンパ組織の発育経過であるリンパ型、頭部を除く身長・体重・胸囲・座高などの計測値と呼吸器・消化器・腎臓・筋肉系・骨格系・血液量などの発育経過である一般型、精巣・卵巣・前立腺・子宮などの発育経過である生殖型の4つの型に分類し、それぞれの発育パターンを示したのが図1のスキャモンの発育型模式図である。

これらの型でもっとも発育が速いのが神経型であり、およそ12歳で完成している。リンパ型は、12歳ごろには成人の2倍程度にまで達し、その後は徐々に減少していくという、他の3つの型とは異なる特徴的な発育パターンを示している。一般型は、幼児期と思春期の2回の時期に発育のスピードが速くなるという特徴を示している。生殖型は、およそ12歳ごろまではわずかな発育増加量であったものが、思春期になると急激な伸びを示している。

(2) からだの形態の発育

身長と体重は、からだの形態の発育の基本的な指標として、さらに子どもの発育状況を把握するための指標としても用いられている。

図2は、20歳にいたるまでの身長の発育曲線（左図）と年間の身長の発育増加量の経過を示した発育速度曲線（右図）である。

男子・女子によってやや時期的なズレはあるものの、発育曲線では二重S型を示している。その特徴から、胎児期から乳児期を経て幼児期前半までの第I期、それ以降からおよそ10歳までの第II期、11歳から15歳にかけての第III期、そしてその後から発育停止までの第IV期に区分されている。第I期が、第1次発育急進期であり、第III期が第2次発育急進期と呼ばれている。第2次発育急進期では、男子・女子の時期がやや異なってはいるものの、発育速度曲線のピーク（PHV）[2]が出現し、急激な発育がおきる時期である。いわゆる思春期発育スパート期である。この思春期発育スパート期にピークとなるPHV年齢は、11歳から15歳と幅がみられ非常に個人差が大きいものとなっている。

骨格、筋肉、脂肪、内臓、血液、水分などと関連性をもっている体重は、発育状態のみならず、栄養状態、健康状態を評価する総合的な指標として用いられている。体重の発育パターンは、身長と同じような傾向を示す。幼児期後半から10歳までの第II期では、体重の増加は比較的ゆるやかであるが、11歳から15歳にかけての第III期である思春期発育スパート期にはいると、身長の場合と同様に個人差や性差はあるものの急激な体重の増加がみられる。身長・体重とも、男子より女子のほうが第2次発育急進期の開始時期が早い傾向がある。

図1　スキャモンの発育型模式図

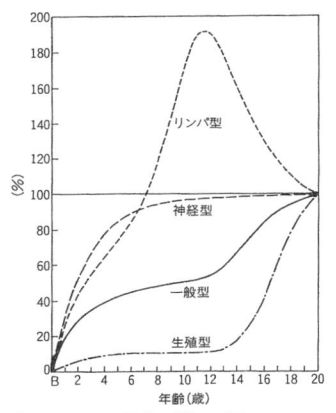

出典：Scammon, R.E., The Measurement of Man, Univ. Minnesota Press, 1930

【解説】※2　Peak（最高点）Height（身長）Velocity（速度）の頭文字。ちなみに、PWVのWは、Weight（体重）である。

図2　身長の発育曲線と発育速度曲線

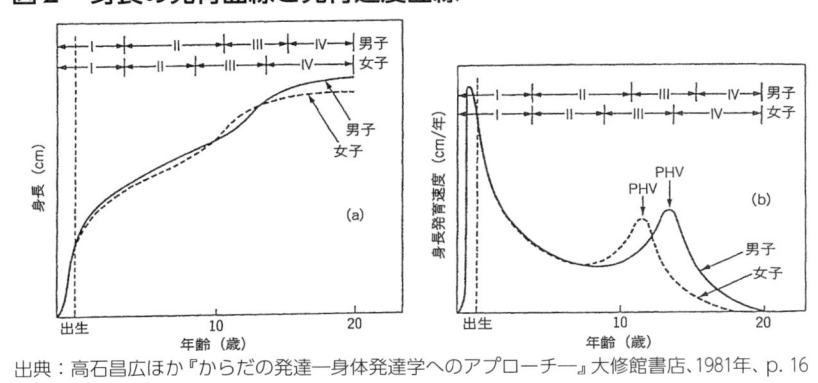

出典：高石昌広ほか『からだの発達―身体発達学へのアプローチ―』大修館書店、1981年、p. 16

(3) 身体的変化が精神面におよぼす影響

からだの形態の発育の基本的指標である身長と体重の増加による身体の変化は、精神面へ多大な影響をおよぼすといわれている。

つまり、児童期から青年前期（中学校期）にかけての身長と体重の増加により、体型や顔つき、さらに２次性徴の出現により外見上の性差が生じ、身体上の男らしさ、女らしさが明確になってくる。このような急激な身体的変化は、自己の身体的特徴を自分自身で受け入れていく必要性が生じ、身体像（body image）の変化をもたらすことになるが、時として自己の身体に対する過度な関心、あるいは不満を抱くことにつながることもある[2]。

このような時期においては、自己の身体的特徴を肯定的に受けとめるために、「身体と健康についての正しい知識を身につけ、自己の身体と健康状態について正しく把握するとともに、健康の管理と増進のための生活態度や技能を習得する必要[3]」がある。

3　運動・認識・ことばの発達

（1）　運動発達の特徴

【解説】※３　人間の運動は、大きく４つに分類できる。第一に、運動というより反射といったほうがわかりやすいが、把握反射（手のひらに細い棒などを乗せると握る）や吸啜反射（口に入ってきたものを強く吸う）などの生まれながらに持っている運動である。第二に、例えば生後５ヵ月ごろの赤ちゃんをうつぶせにするとおなかを軸にして両手、両足を上に上げる飛行機のような格好をするといった、発育にともなって出てくる運動（姿勢反射）である。第三に、運動学習をともなうものである。人間だから何もしなくても歩いたり、走ったり、跳んだりできるようになるのではなく、何度も体験・経験することによって動きを設計図（大脳皮質）に記憶していくという運動学習によって、人間は動きを身につけているのである。第四に、第三の運動と同様に運動学習によるものではあるが、より一層特別の練習をしないと身につかない運動である。物を扱う運動がこれにあたる。図４に投動作を示したが、まさにこれがボールという物を扱う運動であり、特別の練習を必要とするのである。

人間が様々な運動※3を自分のものにしていく過程は実に多様である。歩いたり、走ったり、跳んだりというような基本的な運動（系統発生的活動）の学習では、それほど苦にはならなかったのが（とはいえ、それらの習熟にも差は生じるが）、マット・とび箱などの用具やボール・縄などの物を扱う運動、自転車に乗るあるいは泳ぐなどの運動（固体発生的活動）の学習では、なかなかうまくできるようにならないケースが出始めてくる。系統発生的活動、個体発生的活動のいずれにおいても運動学習が必要ではあるが、用具や物を扱う運動ではとくに必要となる。

運動学習とは、人間であれば発現する多様な運動を引き出し習熟させ、さらに認識していく過程である。はじめて学習する運動が中枢神経系に描かれていく過程であると言い換えることもでき、この中枢神経系の発達と運動発達は密接な関係をもっている。中枢神経系の発達に支えられて多様な運動が獲得されていくのである。つまり、神経系の発達が著しい時期である乳幼児期から小学校低学年にかけてが運動の獲得には最も適している。しかしそこには、その習熟と認識過程により運動の巧拙という違いも生じてくる。

図３は、運動能力と体力がいつの時期に発達しやすいかについて表したものである。神経系（動作の習得）が７〜８歳、呼吸循環系（ねばり強さ）が12〜13歳、筋系（力強さ）が15〜16歳とそれぞれの年間発達量がピークとなっている。それらの特徴に応じた運動発達の取り組みが求められる。

図３　運動能力や体力はいつ発達するか

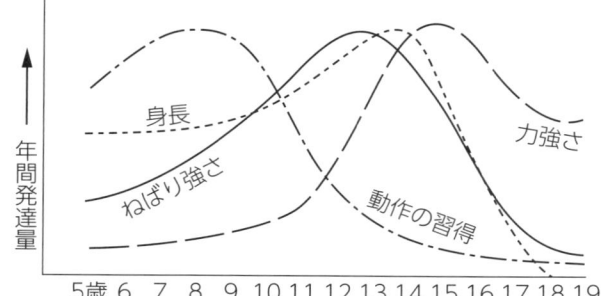

出典：宮下充正『子どものからだ』東京大学出版会、1980年、p. 163

（2）　運動発達と認識発達とことばの発達のすじ道

人間の運動は、前項で述べた運動学習の特徴に加え、認識発達・ことばの発達と相互に深い関連性をもって発達していく。それらの関係について、乳幼児期の運動発達と認識発達とことばの発達のすじ道（発達的特徴）をたどることでみていく。

この運動発達と認識発達とことばの発達のすじ道（発達的特徴）は、障がいの有無によって発現する時期は異なるが、健常児・障がい児に共通のものである。

① 0・1歳児の発達的特徴

運動面では、いわゆる首がすわることによって、追視が可能となる。そして、この首がすわることは気道が確保されることを意味し、そのことにともない発声（なん語）が豊かになってくる。

さらに、寝返り、這い這い、支えのいらない一人でのお座りができ、個人差はあるが約1年後床からの一人立ち、そして歩行へと結びつく。最初の一歩を出してはうまく歩けず、しりもちをついてしまうが、何度も何度も繰り返し運動学習をし、上下肢の使い方と重心の調節の仕方を学習し歩数が増えていくのである。

認識面では、生後2ヵ月ごろには得意な感覚と苦手な感覚を区別するようになる（「二分的感覚の形成」）。さらに、生後8ヵ月ごろには、知っている人や物と知らない人や物との区別ができるようになってくる（「二分的対象の形成」）。何らかの障がいをもっている場合には、「二分的感覚の形成」と「二分的対象の形成」を克服することに困難が生じるといわれている。

1歳から2歳ごろにかけて歩行が獲得されることに伴い、スプーン、箸、コップなどの道具の使用やボールという物を投げるという運動を試み始め、さらに「話しことば（一語文）」を獲得していく。図4は、幼児の投動作の発達パターンを示したものである。

ことばの獲得により認識能力も発達し、物には名前があることがわかり、物の区別ができるようになり、さらには「じゅんばん」「かして」などのことばのもっている意味がわかり、自分自身の行動をコントロールする力に結びつくのである[4]。

図4　幼児の投動作様式の典型的な6つのパターン

| ---- ボール 、---- 肘 、---- 肩 、── 腰 |

出典：宮丸凱史「投げの動作の発達」『体育の科学』杏林書院、第30巻7号、1980年、p. 468

② 2歳児の発達的特徴

歩けるようになってくるのと並列的に、走るという運動が獲得されてくる。この走り始めるのと同時期にボールを蹴る動作の試み、片足を上げてバランスをとる、階段の大きさにもよるが片足交互にのぼり一段ずつ足をそろえて降りることもできるようになってくる。そしてこれらの動きは、走るという運動が質的に高まることによってさらに巧みになってくる。

認識面では、「〜がしたい」「〜をする」というようなごく近い未来の行動のイメージをもち始めるが、気持ちだけが先行し力がともなわず、「つもり」と能力のあいだに開きがあるという特徴をもっている。

③ 3歳児の発達的特徴

このころの子どもたちは、とびおり運動をやりたがる。とびおり運動を何度も繰り返し行うことによって、「降下緩衝能」[4]という能力が身についてくるのである。この能力を身につけることによって、片足にかかる衝撃を和らげ、走り方が巧みになってくる。さらに、前の年齢ではうまくできなかった片足とび（ケンケン）もで

【解説】※4　とびおりた着地の際に受ける衝撃を、足首、膝、腰の関節を使い和らげる能力。生まれながらに身についているものではなく、何度も何度も繰り返しとびおりることによって身につくものである。

きるようになり、静止したボールを蹴るという動作も巧みになり、人間固有の親指と人さし指で物をつまむという手の動きも形成される。

認識面では、ことばのもっている意味をより理解できるようになり、例えば「ゆっくり動いてごらん」「ふわっと跳んでごらん」というような言葉かけに対し、自分の動きを意識的にコントロールするようになってくる。さらには、「順番だから少し待っててね」という言葉かけに対しても、やりたいけれども待つというように自分の気持ちもコントロールできるようになってくる。

④　4歳児の発達的特徴

4歳児になると幼児期に現れるほとんどの基本動作を行えるようになるといわれており、前後の年齢である3歳児や5歳児に比べ、急激な運動発達をとげる条件がある年齢といえる。

しかしながら、その反面個人差が大きくなる時期でもある。このことは、認識面の発達と深い関係がある。自分と他の子を比較し、「自分はあの子に比べ運動がうまい（できる）、あるいはへた（できない）」という違いや「勝ち・負け」も明確に理解し始め、「自分は運動が得意なんだ」と思い始めた子どもは積極的に取り組むが、「自分はへたなんだ」と感じた子どもはその場を避けるという選択をし始める（「二分的評価の形成」）。この年齢は、「運動ぎらい・体育ぎらい」を生みだす最初の年齢であるといえる。何らかの障がいをもっている場合、「二分的評価の形成」を克服することに困難が生じるといわれている。

⑤　5歳児の発達的特徴

5歳児になると、これまでおおざっぱな動きだったものが巧みさを増し、2つの動きをスムーズに結びつけることができるようになってくる。助走をつけて上手投げでボールを目標に向かって投げる、方向・強さ・タイミングを調整してボールを蹴るというように、動作間の協調・均衡や統一のある運動ができ始めてくる。

認識面においては、自分と他の子との比較に加え、他の子同士の関係や動きの違いを客観的に理解し始め、お互いに適切なアドバイスをしあうことも可能になってくる。また、「小学校にいったらいっぱい勉強するんだ」というように、自分自身を変わっていく存在であるととらえ、時間的な見通しのなかで自分を位置づける心の働きが生まれる。

以上のように、運動・認識・ことばの発達は深い関連性をもって発達していくことがわかる。

(3)　発達の質的転換期

何らかの障がいをもっている場合、「内的矛盾」が生じない、あるいは生じても乗り越えるのに困難が生じ、発達が停滞してしまう時期が存在する。いわゆる、4歳半の発達の節、9・10歳の発達のカベといわれる発達の質的転換期である。

4歳半の発達の節とは、感性的（経験的）認識から理性的（科学的）認識が優勢になる前の転換期である。4歳半の発達の節を乗り越えた子どもとそうではない子どもとの違いは、「見通しや予測」に基づいた行為や行動がとれるかどうかであり、乗り越えていない子どもは、行為や行動が自分の欲求や願望のみに基づいている。この発達の節を乗り越えるためには、自我が確立することがその前提となり、さらに「話しことばの一応の完成」が求められる。そのことにより、自分の「見通しや予測」に基づいた行為や行動ができるようになるのである。

4歳半の発達の節を乗り越えさせるためにも、運動の場面における「できる―で

きない」「うまい―へた」「勝ち―負け」という「二分的評価の形成」を克服させる必要がある。「できない自分」や「へたな自分」ばかりを感じさせるのではなく、自分のなかに「できる自分」や「じょうずな自分」を見つけださせるのである。そのためには、自分を信頼し支えてくれる指導者の存在と見通しをもたせる指導内容が必要となる[5]。

さらに、9・10歳の年齢も発達の質的転換期といわれており、乗り越えるために子どもたちは一定の困難を体験する。9・10歳の発達的特徴としては、思考をくぐらせ物事をすじ道だててとらえることができるようになり「書きことば」が獲得され、抽象的・論理的な思考が可能になり自分自身の行動を計画化でき、他者との関わりのなかで自分自身を客観化できるようになってくる。そのようになるためには、具体的な体験・経験を大切にした取り組みと指導者の援助が重要となる。

図5は、「内的矛盾」[※5]とそれらを克服させるための援助の在り方について示したものである。

【解説】※5 「内的矛盾」を乗り越えていくためには、図5にあるように「大好きな人の存在とその人の支え」「基本的信頼関係の確立・愛着の対象の形成」「自分を信頼し支えてくれる指導者の存在」「指導者の援助」というように、支えてくれる人の存在が不可欠である。

図5 「内的矛盾」とそれらを克服させるための援助

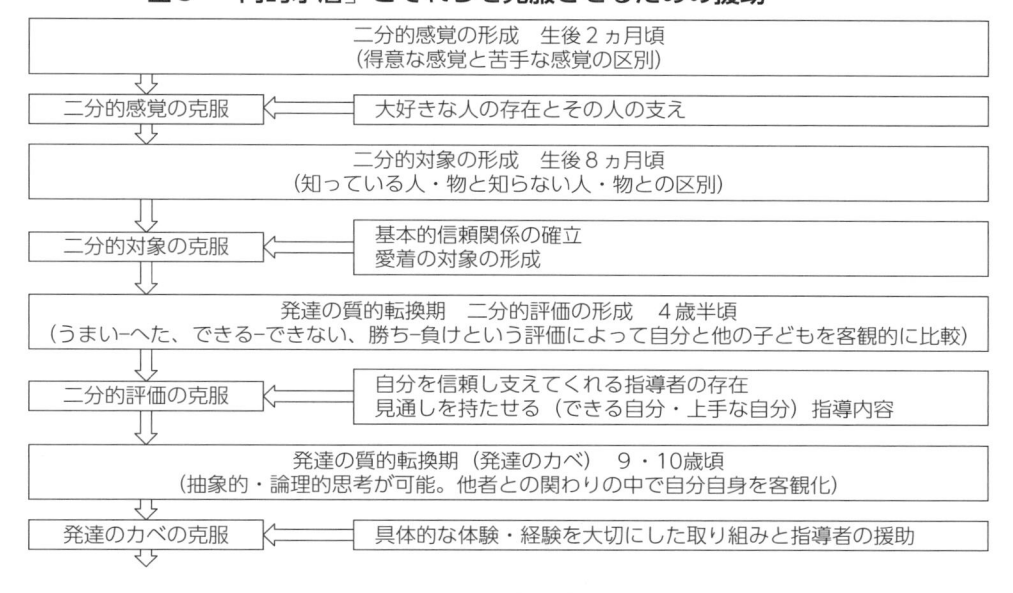

4 運動発達と認識発達とことばの発達に応じた運動指導の留意点

運動発達と認識発達とことばの発達に応じた運動指導の留意点として、第一に目の前にいる対象者の発達段階を把握することである。そのためには、前述した運動発達と認識発達とことばの発達のすじ道に照応する必要があるが、とくに認識面の発達段階の把握が最重要課題となる。さらに、知的障がい児・者に対する運動指導の際には、そのことに加え運動発達と認識発達とことばの発達段階と生活年齢との差異を把握する必要がある。そのことによって、知的障がい児・者の行動の原因や意味を理解することにつながり、発達課題および実践課題が明らかになってくる。

次に、対象者の認識の発達に応じて教えるべき内容（教科内容）を検討したうえで、そのことを現実のものしていくために必要なスポーツ文化（教材）を選択するというすじ道が必要になってくる。

そのことを可能にするためには、スポーツ文化（教材）に取り組むことで、対象者に何を教え・伝えることができるのかについて明確にすること、つまり教材分析（研究）と教材化（教材づくり）が求められるのである。

第20章　スポーツ心理学

【学びのポイント】
１）障がいの受容の過程（心的過程）について学び、運動・スポーツが障がいの受容に与える影響、心理的効果について理解を深める。
２）スポーツ場面における心理について、緊張状態の中でいかにパフォーマンスを発揮できるか、その際に必要な心理的スキルやその支援方法について学ぶ。

1　運動・スポーツをとおした障がいの受容の過程（心的過程）について学ぶ

（1）　中途身体障がいにともなう喪失体験

　中途身体障がい者は、人生の半ばで事故や病気のために身体機能や身体部位を喪失し、ある日突然に障がい者となる。そして、身体的な変化や生活上の変化を迫られ、その中で様々な心理的・社会的な喪失体験を経験することになる。例えば、それまでと同じように会社に行き、仕事をしたり同僚とおしゃべりを楽しんだりして、仕事が終われば家に帰る。そして、朝が来ればまた同じ日常が始まるという当たり前の未来を疑う人は少ない。しかし、身体障がいを負うことで、仕事、家庭生活、人間関係などが突如失われ、受障前にもっていた価値観や自尊感情[※1]を喪失する。その一方で、社会的な差別にともなう心理的ストレスや「障がい者」というレッテルによる自己否定を経験することとなる。そして、障がいを負った自分自身を受容できなくなり、今までと異なる自分に対して否定的な感情をもつことへとつながっていく。このように、受障経験にともなう心理的な影響は非常に大きく、障がいを受容することは容易ではないといえよう。

　障がい受容の過程を示した理論としては、障がいを「喪失」ととらえ、その後の心理的な回復過程を示した「Cohnの障がい受容の段階理論」[1]や、障がいを「危機」ととらえ、それに対処する過程を示した「Finkの障がい受容の段階理論」[2]が有名である（図1）。しかしながら、受障の原因や障がいの種類や程度、個人のパーソナリティなどに基づき、中途身体障がい者のものの見方や行動は多様である。このことから、必ずこの段階通りに進むということではなく、人によっては経験しない段階があったり、段階を行きつ戻りつしたりすることがあることにも留意したい。中途障がい者が、どのような心の状態にあるのかを評価する方法のひとつに面接があげられる。面接の基本はコミュニケーションなので、面接の場を改めてもうけなくとも、対象者と接する中でいかにその人の思いやニーズを聞き出すかがポイントとなる。そして、可能であれば記録に残すことで、その記録の中に見られる言葉や思考の変化をひとつの心理評価として用いることもできる。

　心理面の評価や支援は難しく考えすぎるのではなく、対象者の人生の満足度を高めるための支援の気持ちを忘れずに、ちょっとした言葉かけやコミュニケーションの中で行うことができる。その際、「私はあなたの外敵ではなく、味方ですよ」「あなたのことをもっと知りたい、教えてください」といった気持ちを表明することが大切である。逆に、「自分は運動・スポーツの専門家なのだから、何か役に立たなければ、何かしなければ」という強い思いが、良好な関係を結ぶうえで阻害要因と

【解説】※1　自分に対する自己評価の感情のことである。

なることもある。また、「〜はダメです」「それは違います」などの相手の考えを否定する言い回しや「〜すべき」などの命令・義務の言い回しではなく、受容と共感を示すことが大切である。たとえ対象者の考えや行為が合理性を欠いていたとしても、まずは「なるほど」「○○さんの気持ち、よくわかりますよ」と受容と共感の気持ちを示し、そのうえで「私は、〜するともっとよいと思うのですが、○○さんはどう思われますか」などのように、自分の意見を述べることを覚えておきたい。

図1　障がい受容の段階理論

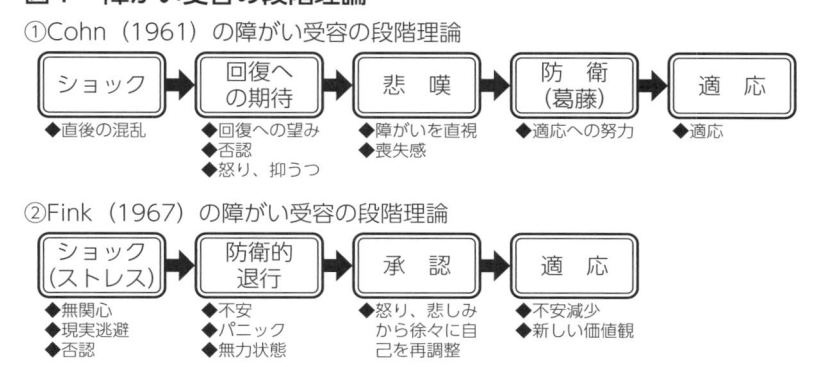

①Cohn（1961）の障がい受容の段階理論

②Fink（1967）の障がい受容の段階理論

（2）　喪失感からの脱却と生きる意味の再定義

　ここからは、中途身体障がい者の複雑なこころの変化を理解するために、中途身体障がいにともなう喪失と運動・スポーツをとおした自己の再定義のプロセス（**図2**）[3]を踏まえて以下に概説していく。

図2　中途身体障がいにともなう喪失と運動・スポーツをとおした再定義のプロセス

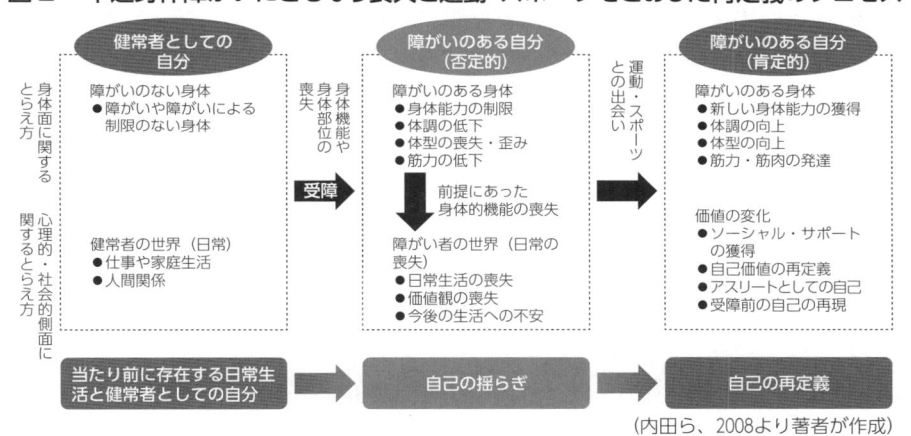

（内田ら、2008より著者が作成）

①　身体面に関するとらえ方の変化と自己の揺らぎ

　それまで当たり前に存在してきた自分の身体が、事故や疾病によりある日突然に変化すると、身体面に関するとらえ方が否定的に変化する。例えば、生活を営むうえでの運動機能や知覚の障がい、活動の制限などが生じると、「○○ができなくなった」というように、身体能力を否定的にとらえるようになる。また、身体部位の喪失や変形による歪み、体調や筋力の低下にともない、自分自身の身体そのものも否定的にとらえるようになる。そして、障がいのない身体によって支えられていた日常生活や価値も喪失され、今後の生活への不安なども抱えるようになる。これらの変化を受けて、障がいのある自分自身を受け入れることが難しくなり、「健常者とは違う障がい者の世界になった」「以前の自分とは違う、前より悪い世界に自分はいる」との意識が生まれ、自己の揺らぎへとつながっていくのである。

② 運動・スポーツをとおした自己の再定義

【解説】※2　特定の活動領域における自分の能力に対する自信のことである。ここでは、身体を用いた活動（スポーツや日常生活動作）の能力に対する自信を意味する。

一方で、運動・スポーツをとおして、身体面に関して新たなとらえ方をするようになっていく。受障直後は、「できなくなった」ことへの気づきが強くあったとしても、競技用の装具や車いすなどを使用することで身体能力に対する有能感※2が高まったり、体調や体型の向上、筋力・筋肉の増加に気がついたりすることで、受障したことによる身体機能の喪失とそれにともなう喪失感からの脱却が促進される。また、運動・スポーツをとおして、同じ障がいのある人たちの挑戦場面や達成場面を見ることで、身体に障がいを有していても自己の可能性は閉ざされていないことに気づくきっかけにもなる。つまり、運動・スポーツの中で、自分自身の可能性を再発見し、それが自信や身体能力への肯定的な気づきへとつながるのである。

さらに、競技スポーツは、それまでの仕事や交友関係以外の新しい世界を提供する。例えば、受障後、一度は自分に「障がい者」というレッテルを貼っても、アスリートとしての自己の表出によりこれを取り除くこともできる。これは、生活の中心が仕事や交友関係からスポーツに変わったことにより、価値のとらえ方が変化したためと考えられる。そして、障がいがあるから別の世界になったわけではなく、「障がいがあってもできる」「障がいがあるだけで以前の世界と変わったわけではない」ととらえなおすことができるようになる。運動・スポーツとの出会いが、新しい価値に気づくきっかけを与え、自分自身に対する高い満足感を生む。運動・スポーツは、受障前の価値のあるものを喪失した感情から脱却させ、新しい価値体系を得る過程を提供するといえる。

③ 運動・スポーツにおける心に残る体験の意義

運動・スポーツへの参加過程において、試合での逆転劇、予想を覆す試合結果、重要な他者との出会い、厳しい訓練の克服などは、多くの選手が体験する出来事である。このような、練習や試合の中で体験される、人生の転機ともなるような心に残るエピソード、つまり「スポーツドラマチック体験」[4]は、自己変容を促すとされる。障がい受容は、時間の経過とともに自然に変化するのではなく、時間や周囲の人間、行動との関係性の中で変容する力動的な体験である[5]。また、競技経験年数や受障経過年数、年齢といった時間的な長さではなく、スポーツドラマチック体験が多いほど自己受容や生活の満足度が高くなるとされる[6)7]。つまり、ただ単に年数が経てば心理的に回復するのではなく、個人に印象を残す体験が重要であり、その挑戦による成長や発達の結果として、自己受容が促されていくといえよう。

運動・スポーツ指導場面において、成功体験を積み重ねるような目標設定を含んだプログラムの提供や、失敗からの学びやけがの克服をとおした自己成長の促進、信頼関係を前提とした適切な激励を心がけていきたい。運動・スポーツ指導者は、身体面の状態や抱える問題について、一人ひとりをみつめながら支援を行っていくことが大切である。心理面を支援できないならば、知識を詰め込んだ「スポーツ指導者ロボット」でしかない。指導の技術力だけでなく、心理面を支援する人間力も磨いていく必要がある。

2　スポーツ・運動の効果と実施するための支援を学ぶ

(1)　障がい者のスポーツ・運動の実施に関連する心理的な側面

私たちは、障がい者のスポーツ・運動の実施について、心理的側面に関連する2

つの論点を認識しておくことが望ましい。

1つは、スポーツ・運動の心理的効果である。スポーツ・運動が心の健康状態（メンタルヘルス）を改善・向上させることを知っておく必要がある。

もう1つは、スポーツ・運動を促進するための心理的介入である。障がい者がスポーツ・運動を実施するために、どのような心理的支援を行えば効果的なのかを理解しておくことが望まれる。

（2） 障がい者におけるスポーツ・運動の心理的効果

① 身体障がい

身体障がいがあっても、可能な範囲で身体を動かすことによって、心理的な効果を得ることができる。例えば、脳性運動障がい児が水中での自由な活動を行うことで、精神的・社会的側面が向上することや[8]、脊髄損傷者がスポーツプログラムに参加することで、不安が減少するという研究成果が得られている[9]など、心の健康や社会性の向上とともに、心理・社会的発達にも効果があると知られている。

② 知的障がい

知的障がい者の場合、知的水準や言語能力が十分ではないために、インタビューまたはアンケートによって回答を得ることが難しい。そこで、評価の問題を解決するために開発された、運動場面で用いる簡単な言葉と顔の絵を用いた感情尺度を**図3**に示す[10]。聞き取りなどが難しい知的障がい者から、運動・スポーツ参加の際の気持ちや感情を聞く際の参考になるだろう。

③ 精神障がい

精神障がい者の場合、身体的な機能だけに注目すれば、健常者と同じスポーツ・運動を実施できることも多い。そこで得られている心理的効果は、健常者に

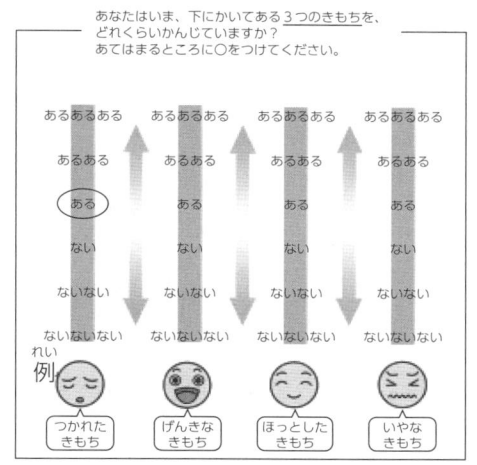

図3 運動場面で用いる簡単な言葉と顔の絵を用いた感情尺度

（大平・荒井、2015）

おいて得られる心理的効果とほとんど同じである。例えば、不安障がいのある人が筋力トレーニングまたは有酸素運動を実施することで、いらいら感、不安、活気などの症状を改善することが確認されている[11]。また、統合失調症の人が有酸素運動と筋力トレーニングを実施することで、精神的な健康が改善するという報告もみられる[12]。

このように、多様な障がいのある人々を対象とした研究によって、スポーツ・運動の心理的効果が確認されている。

3　心理的支援の実際

（1） スポーツ場面における心理

① 緊張と興奮とパフォーマンスの関係

スポーツ競技場面では、プレッシャーのかかる場面において、通常の安静状態と

は異なり、一流・超一流といわれる選手でも「ここ一番」というときには緊張する。このように緊張が高すぎると、身体が思ったように動かず、大きなミスを犯したり、いつものプレーができなくなる。そのような状態のことを「あがり」といい、パフォーマンスが著しく低下する。また反対に、気分が乗らず注意が散漫になり、プレーに集中できず、パフォーマンスを発揮できないときもある。このような状態を緊張や興奮が足りない「さがり」といい、そのときもパフォーマンスが低下する。

　下記の図4は、緊張・興奮とパフォーマンスとの関係を表したものである。この図は、「逆U字曲線」といわれ、パフォーマンスを縦軸に、緊張・興奮の水準を横軸にとったものである。図4の逆U字をみると、その両端で成績は低くなっている。つまり、緊張度が高すぎても低すぎても実力発揮度は低く、適度な緊張・興奮状態のときが最も優れた実力発揮が得られる。このように緊張の度合いが問題となり、緊張しすぎても、緊張が低すぎてもパフォーマンスは発揮できない。したがって、緊張しすぎたら「リラクセーション」、緊張が低すぎたら「サイキングアップ」[※3]を用いて、「ゾーン（適度な緊張）」を作ることが必要である。自分がどの程度の緊張状態のときにパフォーマンスが発揮されるか、この「ゾーン」はスポーツ種目や個人によって違うため、自身のパフォーマンスについて分析し探索していくことが必要である。

【解説】※3　サイキングアップ（アクティベーション）：リラクセーションの反対の意味で、興奮や緊張を高めるスキルである。サイキングアップは、心理的ゾーンよりも集中力や意欲が低く、周囲の雰囲気にのまれる、おじけづくなどといった状態の時に実施する。リラクセーションとは逆に、素早い呼吸やアップテンポの音楽を聞いたり、イメージや自己暗示、身体の各部をたたくなどの方法が用いられる。

図4　緊張・興奮とパフォーマンスの関係

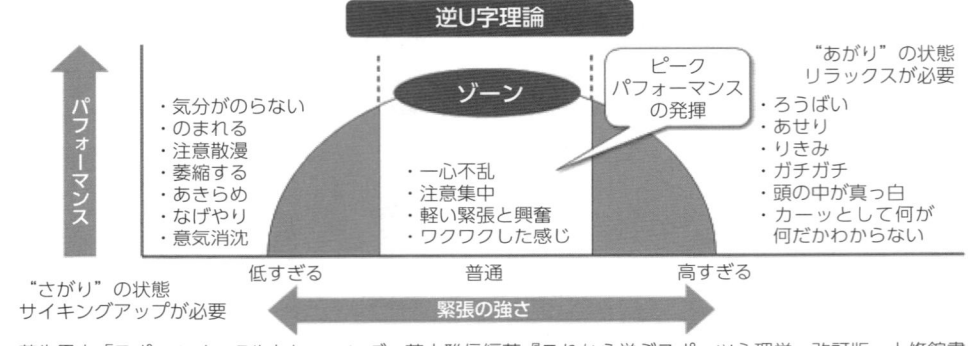

菅生貫之「スポーツメンタルトレーニング」荒木雅信編著『これから学ぶスポーツ心理学　改訂版』大修館書店、2018年、p. 84

②　スポーツ場面に必要な心理的スキル

　パフォーマンスのレベルが高まってくると、結果への重圧や周囲からの期待、ライバルとの競争など、様々な心理的影響を及ぼす要因が現れる。これらの要因にうまく対処できればさらなるパフォーマンスの向上が実現でき、その対処がうまくいかない場合は、阻害要因となり、パフォーマンスの低下が起こる。その対処方法として、心理的スキルの獲得や向上が必要となり、その検証は国内外を問わず膨大な量の科学知と実践知の中で行われてきた。それらの知見をもとに、スポーツ競技場面で必要な心理的スキルと、それを獲得するための技法として、表1のように例示している[13]。科学的根拠に裏付けされた効率的なトレーニングを実施し、心理的スキル獲得や向上によって、競技場面や日常生活などの必要なときに使えるようにすることが求められる。下記に心理的スキル・心理技法の一部について解説する。

表1　心理的スキル、それを獲得するための心理技法（例示）

心理的スキル	心理技法
リラクセーション	腹式呼吸、漸進的筋弛緩法、自律訓練法
注意の集中	イメージリハーサル、ルーティーン
あがりのコントロール	肯定的思考、バイオフィードバック
不安のコントロール	セルフトーク、系統的脱感作法
プレッシャーのコントロール	キーワード法、マインドフルネス
自信	ピークイメージ、自己暗示
コミットメント	目標設定、パフォーマンス分析
チームワーク	チームビルディング、コミュニケーション

（心理技法は重複することがある）

西田保「メンタルトレーニングを支える理論と科学的根拠」日本スポーツ心理学会編『スポーツメンタルトレーニング教本（三訂版）』大修館書店、2016年、p. 14

1）目標設定

　目標設定は広い意味での動機づけ[※4]であり、適切な目標設定がなされると、動機づけ以外にも集中力向上や不安軽減・自信向上など様々な効果をもたらすとされている[14]。目標設定は、分析（現状の把握）→目標設定（目標を立てる）→遂行（やってみる）→達成度の評価（振り返り）というプロセスを繰り返し、そのときの状況に合った目標を常に更新し再設定する。目標設定を効果的に行うためには、「一般的―具体的」「簡単―挑戦的」「現実的（短期的）―理想的（長期的）」「結果目標―パフォーマンス目標」「チーム目標―個人目標」といった目標タイプを目標設定の原則に則って立てていくことが重要である（**表2**）[15]。

表2　目標設定の原則

①勝利や順位といった結果目標だけではなく、結果を導くための具体的な行動や競技内容を重視した行動目標を設定する
②やさしすぎず、難しすぎない努力すれば叶いそうな現実的で挑戦的な目標を設定する
③達成について適切なフィードバックができるように、抽象的ではなく、具体的な目標を設定する
④長期的な目標に段階的に結びつくように、長期目標と短期目標を設定する
⑤チーム目標と同時に個人目標を設定する

（松本、2018）

　コーチは、選手自身が自己決定した目標に対し、適切なアドバイスや評価をすることで、選手の自律的な行動を促すとともに、選手の目標達成に向けたコーチングをしていくことが大切である。

2）リラクセーション

　図4に示したとおり、緊張・覚醒水準、不安、動機などの心理状態とパフォーマンスとは逆U字の関係にある。このうちとくに高すぎる緊張を適切なゾーンまで軽減させることがリラクセーションとなり、基本的で重要なスキルの1つである。様々なスポーツ場面で"あがり"の徴候は観察され、日常生活の中でも経験される。リラクセーションは、試合前のプレッシャーを和らげたり、緊張した筋肉をほぐしたり、練習や試合で疲れた心身を回復させるのに役に立つ。代表的なものとして、スマイル法[※5]、筋弛緩法[※6]、呼吸調整法（腹式呼吸）[※7]、自律訓練法[※8]などがある。

3）イメージ

　イメージトレーニングは、「イメージ」を用いてパフォーマンスの向上を目指すトレーニングである。自分の動作をイメージで再現して、不適切なところを見つけたり、あるいは理想的なフォームをイメージに描くことによって練習を行うもの

【解説】 ※4　「やる気」や「意欲」とも呼ばれ、「人間に行動を起こさせ、その行動を持続してある一定の方向に向かわせる心的な過程」と定義されている。

【解説】 ※5　意識的に笑顔を作り、リラックスする方法をスマイル法と呼び、一般的に"笑い"はリラクセーションに結びつけられていると考えられている。

【解説】 ※6　筋肉の緊張とリラックスを繰り返す方法で、筋肉に思いっきり力を入れ、その後に力を抜いて、その抜けた感じから「リラックス感」を得る方法である。

【解説】 ※7　普段行われている胸式呼吸ではなく、鼻からゆっくり息を吸い込み、丹田（おへその下）に空気を貯めていくイメージで腹部を膨らませ、腹部をへこましながら、口からゆっくり息を吐き出すといった呼吸法である。吸うときの倍くらいの時間をかけるつもりで吐く息を長く吐きながら行う。

【解説】 ※8　自己催眠の一種で、自己暗示による訓練などにより自律神経系の自己コントロール能力の向上を目指すトレーニング法である。

で、実際の身体運動をともなわない練習である。

　イメージトレーニングの目的は、運動技能の獲得・修正のため、個人・チームの実力発揮のため、競技への復帰を含めた日常生活全般における心理面の改善のために分類され、描くイメージの内容や重要点などが異なる（**表3**）[16]。

　イメージの視点は、自分がプレーしているのを外から見るイメージの「外的イメージ」と、自分が実際にプレーしている姿をイメージする「内的イメージ」があり、目的に応じて使い分けるとよい。技術の習得や戦術・戦略を観察したい場合には「外的イメージ」、身体感覚や緊張や不安の克服、競技場面の慣れを生じさせる場合には「内的イメージ」が効果的である。また、イメージの質は「鮮明性（イメージをはっきり描けるか）」と「統御可能性（描いたイメージを自在に動かせるか）」という2つの次元からとらえられている[17]。

　イメージトレーニングを実施する場合は、心身ともにリラックスした状態で行い、視覚だけでなく、聴覚・筋感覚・嗅覚（におい）などの感覚を全部使うつもりで、対戦相手や場所やそのときの雰囲気などについても鮮明にイメージすることが重要である。イメージを描いた後は、イメージの体験をどのようにしたのか、イメージ体験の振り返りを行う[18]。一般的には、今までに最高によかったプレーを思い出して、イメージすることが推奨されている。しかし、自身のよかったプレーが思い当たらない場合には、トップアスリートや身近なチームメイトのプレーを見て、そのプレーを自分が行っていると置き換えてイメージするのもよいだろう[17]。

表3　目的別にみたイメージトレーニング

種類	運動技能の獲得・修正	実 力 発 揮	心理面の改善
目的	身体トレーニングの補助手段 運動技能の効率的な獲得	試合における自分の心理状態のコントロール	競技復帰へ向けた自分自身の心理状態のコントロール
描くイメージの内容	自分が獲得したい動きを実施しているところ 自分が実践しようとしているプレースタイルや作戦	今まで最も調子の良かった試合（ピークパフォーマンスの再現） 大きな試合で落ち着いてプレイしているところ リラックスする場面や風景のイメージ	リラックスする場面や風景のイメージ自分が試合に出ている場面に置き換えたイメージ
重要点	運動を実施しているような感覚（筋感覚等）を伴って、しかも理想の運動と一致しているイメージを描くようにする	実際にその場面を経験しているような緊張感や興奮等、情緒的な反応を伴ってイメージを描くようにする	できる限りポジティブなイメージを描くようにする 運動を実施しているような感覚（筋感覚等）を伴っていて、しかも本来の運動と一致しているイメージを描くようにする
導入段階でのイメージの内容	実際に運動を実施した後、運動感覚が鮮明なうちにイメージを描くようにする VTRなどを利用して自分がどのように運動したかを理解した後イメージを描くようにする	最も印象に残った、しかもうまくいった試合をイメージで再現する 緊張したり、興奮した出来事を実体験にもとづいて呼び起こし、イメージにおいて再現する 日常生活において大変リラックスできたことを明確に記憶し、再現する	自分が好きな、心が落ち着く場所にいるように再現する VTRなどを利用して自分がどのように運動していたかを理解した後イメージを描くようにする
応用段階でのイメージの内容	理想のフォームで実施しているイメージを描き、それを自分で置き換えてみる 失敗した時のイメージを描き、その原因を分析し、修正したイメージを描くようにする	過去に負けた試合をイメージで再現し、負けた原因や心理状態を分析したイメージの中で勝つように再構成する 将来の自分を想像し、そこで自分が勝つようにイメージを描く	将来の自分を想像し、そこで自分が勝つようにイメージを描く 理想のフォームで実施しているイメージを描き、それを自分で置き換えてみる

(鶴原、2005)

(2)　運動・スポーツ場面における心理的サポート

　これまでの心理的スキルを紹介してきた内容に加えて、運動・スポーツにおけるスキルの獲得や実行の過程では、身体的要因の他にも心理的要因が多く関与している。その過程において、ただ闇雲にトレーニングすればよいわけではなく、"気づき"や"意図性"を持つことが必要になる。普段のトレーニングや競技場面で、「こ

ころ」の変化を感じ、その変化したことを瞬間的に気づき、その変化に対して、自ら何かしらのアプローチをすることが重要となる。「こころ」を整えるためには、様々な心理的スキルを用い、何気なくやっていた行動を見つめ直して意味づけをし、自ら「こころ」を観察し調整するなどといったセルフコントロールの力を伸ばすトレーニングが必要となる。

　このような心理的スキル向上を目的としたものに、スポーツメンタルトレーニング（以下、「SMT」）があり、「アスリートをはじめとするスポーツ活動に携わる者が、競技力向上ならびに実力発揮のために必要な心理的スキルを修得することを目的とした、スポーツ心理学の理論に基づく体系的で教育的な活動」[19]とされる。

　SMTの目的は、今の「こころ」と身体の状態を素早く正確に知り（把握）、状況に適切に対応できるスキルを習得し（記憶）、それを使いこなせるように（再現）することである。SMTを実施するうえでは、記憶の中にその運動経験があること、日常的にそのトレーニングが実施されていることが重要である。つまり、経験をしたことのない運動をトレーニングすることはできず、SMTは“魔法”のトレーニングではない。初めのうちは、心理的スキルを自在にコントロールすることが難しいかもしれないが、継続してトレーニングを実施することで獲得できるスキルである。

　SMTの有効な実践方法として、コーチ自らがSMTを理解し、そのスキルを身につけていれば、選手に対して心理的スキルを伝えることができるであろう[17]。さらに、心理的スキルを獲得することで、指導者としてのコーチングスキルを高めることが期待できる。日本スポーツ心理学会が認定している「スポーツメンタルトレーニング指導士」という資格を持っている専門家が、様々なスポーツ場面で活躍している。様々な運動・スポーツ場面で専門家の力を借りることもできる。

4　スポーツ心理学の有効性（まとめ）

　スポーツは、心身や社会性に効果的な影響を及ぼすといわれる。そして競技場面においても「心・技・体」が三位一体となったときにパフォーマンスが発揮されると考えられており、スポーツにおける心理的側面の重要性は伝統的に認識されている。その中で、スポーツ心理学は、スポーツに関わる事象や問題を研究する学問であり[20]、運動・スポーツが「心の健康」に関わる部分と、選手の「実力発揮」「競技力向上」に関わる側面がある。

　指導場面では、成功体験を積み重ねるような目標設定を含んだプログラムの提供や、失敗からの学びやけがの克服をとおした自己成長の促進、信頼関係を前提とした適切な激励を心がけ、一人ひとりをみつめながら支援を行っていくことが望まれる。加えて、生活上の喜びや心の豊かさといったメンタルヘルスの改善や向上のためには、運動・スポーツを継続することが重要である。このように学習者（選手）の「スポーツができる」「スポーツが楽しい」といった気づきを促し、心理的な側面を理解した適切な助言が必要となる。そのためには、「障がいがあるからスポーツは難しい」などといったバリアを乗り越え、学習者（選手）はもちろんのこと、指導者も有効な心理的スキルを身につけ実践することが望まれる。指導者が一方向的に伝えるだけではなく、学習者と双方向によるやり取りを通じて、選手の自己決定性（自律性）を高め、上達の度合いや自己・他者評価など（有能さ）を確認でき、チームメイトや重要な他者などの関係を充実させること（関係性）が重要であろう。

第21章　スポーツと栄養

【学びのポイント】
1）栄養素の種類と役割について理解し、年齢や活動量に応じて必要なエネルギー量や栄養素について学ぶ。
2）スポーツを行ううえでの身体づくりに必要な栄養摂取方法やスポーツ実施後の疲労回復に必要な栄養摂取について学ぶ。
3）栄養補助食品の利用方法や指導者として役立つ栄養学について学ぶ。

1　適正なエネルギー摂取量

　疾病や障がいを管理しながら運動し、競技パフォーマンスを高めるためには、食事からの適正な栄養補給が重要となる。運動時の栄養補給の意義は、①適正なエネルギー摂取量、②身体づくり（筋肉肥大と骨格強化）、③身体機能の調節である。

　障がいによる適正エネルギー量の算出方法は確立されていない。そのため、厚生労働省が発表している「日本人の食事摂取基準」を参考に、各人の体重の増減や体調を観察することで、食事量、内容、食べる時間などを状況に応じて予測しつつ調整する必要がある。

（1）　エネルギーバランス[※1]

【解説】※1　食べる量（エネルギー摂取量）と代謝や活動によって使われる量（エネルギー消費量）の差をエネルギーバランスという。

　エネルギー摂取量がエネルギー消費より多い状態にあると、余剰のエネルギーは体脂肪として蓄積され、体重が増加する。逆に、摂取量が消費量を下回る状態が続くと、体重は減少し始め、やせの状態によっては筋肉量の減少へとつながる。一日単位でみた場合、食べ過ぎ（エネルギーの過剰摂取）は、胃腸での消化吸収に時間がかかり、消化不良のリスクを生じる。エネルギー不足では、パフォーマンスの低下や、疲れがなかなか回復しないなどの弊害が生じる。

（2）　エネルギー消費量

　生命を維持するために必要な最低限のエネルギー代謝量を基礎代謝量という。エネルギー消費量は、基礎代謝量、活動によるエネルギー消費量、食事による食物の消化・吸収作業により生じるエネルギー量（食事誘発性熱産生）の総和により決定する。基礎代謝量は、一般に筋肉量の多い方が高く、加齢と共に低下する。

　障がい別および障がい者スポーツの競技別エネルギー消費量は公式には発表されておらず、障がいを加味した基礎代謝基準値および身体活動レベル（PAL）は定められていない。そのため障がい者では、個々に体重、体脂肪率、筋肉量、体水分量を同一の機器と条件で測定し、その変化に着目して、エネルギーバランスを推定し、個別変化として評価している。下肢障がいがある場合は、自宅での体重測定が容易でないケースも多く、定期的に体重を計測できる環境整備から始める必要がある。

　障がいによるエネルギー消費量に関する実験データは少ないのが現状であるが、これまで発表されている研究論文の中からいくつか紹介したい。

　脊髄損傷者では、損傷部位が上位になる程、健常者に比べて基礎代謝が低くなり、アドレナリンやノルアドレナリンといったカテコールアミンの分泌量が少ない

と報告されている[1]。また、筋肉の可動量および残存筋肉量が少ないことに加え、内臓機能の低下から、胃腸の消化吸収力が低下するため[2]、エネルギー消費量は健常者に比べて、かなり低く見積もられる。

脳性麻痺者では、活動にともなう筋肉の過緊張（アテトーゼ）によるエネルギー消費量の増加が認められるが、全体的には非運動性活動量が少ないため、エネルギー消費量は健常者に比べて低いケースが多いと考えられる[2]。しかし、痙直型では、非運動性活動量が低い状態でも基礎代謝は健常者と同等かそれ以上であり、消費エネルギー量も多くなるケースがあるとの報告がある[3]。

下肢切断者の基礎代謝量は、欠損部位があるため健常者の基準に比べて低いことが予想される[※2]。しかし、義足を装着しての歩行や走行では、健常者に比べて25〜65％で酸素消費量が多くなることが報告されており、安静時代謝の減少量を総計すると膝下切断義足装着者の同一運動時のエネルギー消費量は、健常者と同等と考えてよいのかもしれないとの説がある[4]。

障がい者および障がい者アスリートのエネルギー消費量の測定は容易ではないが、ケーススタディとしての研究報告は少しずつ増えてきている。障がい者のエネルギー消費量は、個人差が大きく、障がいに応じた様々な要因を加味する必要がある。

【解説】※2 欠損部を身長に反映させて健常者の基準値で基礎代謝量を見積もり、欠損部位の身体割合を差し引くことで推定する方法があるが、この方法が適当かどうかについて現状では検証されていない。

（3）　運動・スポーツ時のエネルギー源

運動時のエネルギー代謝は、高強度で持続時間が短いハイパワー（ATP-CP系）、無酸素状態で筋肉中のグリコーゲンを使うミドルパワー（乳酸系）、有酸素運動であるローパワー（酸素系）とこれらを混合した運動に分類される（**表1**）。

ハイパワーの運動では、筋肉中のATP（アデノシン三リン酸）やCP（クレアチンリン酸）がエネルギー源となる。ミドルパワーでは、主に筋肉中のグリコーゲン

表1　競技によってどのようなパワーを使っているか（健常者スポーツの例）

スポーツ（種目）	パワーの種類	分　類
陸上の長距離、トライアスロン、自転車、スキー・スケートの長距離、水泳の長距離など	ローパワー	持久型
陸上の短距離、投てき、重量挙げ、水泳の短・中距離、スキー・スケートの短距離、体操、野球、ソフトボール、剣道、柔道など	ミドルパワー＋ハイパワー	筋力・瞬発力型
サッカー、バスケットボール、バレーボール、テニス、卓球、ハンドボールなど	ローパワー＋ミドルパワー＋ハイパワー	混合型（持久型＋筋力・瞬発力型）
柔道、新体操、レスリング、ボクシングなど	ミドルパワー	ウエイトコントロール型

出典：関西医科大学　健康科学センター

表2　スポーツ選手の糖質摂取ガイドライン

一般的な目安量であり、選手個々の1日のエネルギー必要量、トレーニングでのエネルギー必要量やパフォーマンスによって調整する。

運動の強さ	状　況	糖質目安量	糖質の種類、摂取タイミング
軽いトレーニング	低強度もしくは技術練習	3〜5g/kg体重/日	糖質の摂取タイミングは、すばやい補給を助長するためか、日々のトレーニングで補給するためかにより選択する。一方、1日に必要な糖質が補給されていれば、摂取パターンは単に利便性と個々の選択に任せてもよい。
中強度のトレーニング	中強度の運動プログラム	5〜7g/kg体重/日	
高強度のトレーニング	持久性運動（例）1日1〜3時間の中〜高強度の運動	6〜10g/kg体重/日	
かなりの高強度のトレーニング	非常に強い運動（例）1日4〜5時間の中〜高強度の運動	8〜12g/kg体重/日	たんぱく質と糖質や他の栄養素を多く含んだ食品を組み合わせた食事は、スポーツ選手の日々の食事の目標を達成することができる。

(Burke LM et al.: Carbohydrates for training and competition, J Sports Sci, 29: S17–27. 2011)

（糖質）がエネルギー源となり、ローパワーでは、酸素を取り込みながら糖質や脂質がエネルギー源となる。運動開始直後は糖質が主なエネルギー源であり、有酸素運動開始より20～30分後より脂肪の燃焼が優位となるが、糖質も断続的に消費される。糖質不足により血糖値が低下することで、疲労や集中力の欠如が生じやすくなるため、運動前および運動中の補食による糖質の摂取が重要となる。

トレーニング後のグリコーゲンの回復や疲労回復における効果的な糖質の摂取量や摂取するタイミングについて理解されたい。運動時の糖質摂取について、2010（平成22）年に国際オリンピック委員会より、スポーツ栄養に関する国際コンセンサスが発表されている[5]（**表2**）。

障がい者スポーツ種目が、どのエネルギー系運動に分類されるかについては、現時点では明確な分類はなく、選手の運動時の乳酸測定値などによる疲労のスピードや疲労度から推測されているのが現状である。障がいによって個人差も大きく、脊髄損傷者や脳性麻痺者の種目では、健常者の分類を参考にできないケースがある。

また、頸髄損傷者では、自律神経が関与する血糖調整メカニズムが影響を受けて、突然、冷や汗、動悸、手のふるえ（振戦）をともなう低血糖状態に陥ることがある。粉ブドウ糖、あめなどで糖分を摂ると回復する。

【解説】※3　総エネルギーのうち、たんぱく質、脂質、炭水化物（糖質）のエネルギー割合を示す指標として、PFCエネルギー比率があり、エネルギー産生栄養素の摂取バランスを評価する指標となっている。日本人の食事摂取基準（2020年版）で推奨されているPFCエネルギー比率は、たんぱく質13～20％、脂質20～30％、炭水化物（糖質）50～65％である[6]。

(4)　エネルギー産生栄養素とPFCエネルギー比率※3

たんぱく質（Protein）、脂質（Fat）、炭水化物（Carbohydrate）は、エネルギーを産生する栄養素である。炭水化物は、糖質と食物繊維の複合体をいい、体内では糖質部分がエネルギー源となる。糖質およびたんぱく質は1gあたり4kcal、脂質は9kcalのエネルギーを産生する。

健常者の運動時では、持久性のトレーニングや長時間の試合期では、1日に体重1kgあたり約6～10gの糖質摂取が推奨されているが、障がいのあるアスリートでは、筆者の調査では、4～7kg/日の糖質摂取である場合が多かった[7]。障がいによって使用できる筋肉量が少ないことや、動ける範囲が限られているなどの理由によって、健常者に比べエネルギー量は少ないことが予想される。

また、グリコーゲン量の速やかな回復のためには、食事の糖質エネルギー比は55～70％とするとよい。糖質エネルギー比が40％以下の食事では、筋グリコーゲン量の回復が不十分であることが報告されている[8]。

2　身体づくり

トレーニングによって筋肉は損傷を受ける。筋線維が切れたり、傷ついたりするが、適切な休養と食事により回復し、完全に補修された筋肉は、運動前より強く太くつくり替えられる（筋肉の超回復）。筋線維の回復には約2日間が必要であり、休養不足や栄養不足により補修が不十分だと筋肉量は低下する。

筋肉の主材料はたんぱく質であり約80％を占めている。筋肉を支える腱や靭帯や、主軸となる骨もコラーゲンというたんぱく質が主成分である。また、筋肉がはたらくためには、ビタミンやミネラルが不可欠であり、身体づくりには、たんぱく質、ビタミン、ミネラルを摂取することが重要となる。

(1)　筋合成とたんぱく質（必須アミノ酸）

食事として摂取したたんぱく質は、消化によりアミノ酸にまで分解され、小腸か

ら血中に取り込まれ筋に運び込まれる。筋肉づくりに必要なアミノ酸は、主に8種類の必須アミノ酸である。レジスタンス運動[※4]は、アミノ酸のたんぱく質合成を刺激し、とくに運動後はたんぱく質合成が高まるため、このタイミングでたんぱく質を摂取することで、効果的な筋肥大が期待できる。たんぱく質の消化吸収時間を考慮し、運動後は1～1.5時間以内に食事を摂ることが望ましく、たんぱく質だけでなく糖質を同時に摂取することで、インスリンの分泌が刺激される。食後に分泌されるインスリンは筋たんぱく質合成を増加させることが認められている[9]。

(2) スポーツ選手のたんぱく質量

2010（平成22）年に国際オリンピック委員会が発表したスポーツ栄養に関するコンセンサスでは、日常的にスポーツに取り組む選手の場合は、上限を2.0g/kg/日未満と定めて、筋力・筋パワー系種目摂取では、1.2～1.7g/kg/日、持久性種目選手では1.2～1.4g/kg/日のたんぱく質摂取が推奨されている[5]。障がい者スポーツ選手のたんぱく質摂取基準は定められていないが、筆者の調査では、車いす競技以外の競技では、概ね1.2～1.4g/kg/日を摂取していたが、脊髄損傷者では、一般成人のたんぱく質摂取基準量の0.9g/kg/日を下回る選手もあった[7]。日本人の食事摂取基準では、たんぱく質摂取の目標量はエネルギー比率の13～20%とし、生活習慣病の重症化予防のエビデンスから、20%を超えないようにとしている[9]。

(3) たんぱく質を何から摂るか

たんぱく質の多い食品は、魚貝類、肉類、卵、乳製品・大豆・大豆製品であり、由来する食品によって、動物性たんぱく質と植物性たんぱく質に分類される。必須アミノ酸がバランスよく含まれているたんぱく質を「良質のたんぱく質」と称す。
肉・乳類と大豆では、食品のたんぱく質を評価する基準であるアミノ酸スコアでは、同等に高評価だが、肉・乳たんぱく質の方が、たんぱく質合成速度が速いとの報告が多い。しかし、肉・乳類は、たんぱく質と同時に脂肪を多く含む食品であるため、動物性食品に偏った食べ方は好ましくない。米を主食とする和食は、米の植物性たんぱく質と適量の肉や魚、大豆と組み合わせた食事形態であり、脂質を摂りすぎることなくアミノ酸バランスが調いやすい。

(4) たんぱく質サプリメント

プロテインおよびアミノ酸サプリメントの摂取が筋肥大に影響するかについては、有意に筋量を増加させるとの報告が多い。しかし、安易にイメージだけでサプリメントを選んで使用することは、たんぱく質の過剰摂取を招いたり、ドーピング物質が混入されているかもしれないリスクがある。サプリメントの質や量、使用するタイミングについては、専門家に相談することが奨められる。

(5) たんぱく質の過剰摂取

体重1kgあたり2g以上のたんぱく質摂取は過剰となり、過剰分は体内でたんぱく質の再合成に使われることなくエネルギーとして使用されるか、脂肪として蓄積されてしまう。食事だけでたんぱく質の過剰摂取となるケースは少なく、プロテインサプリメントなどを付加することで過剰摂取となりやすい。たんぱく質の過剰摂取は、肝臓や腎臓に負担をかけ、カルシウムの吸収を抑制するなどの悪影響が報告されている。

【解説】※4　一般に、個別の関節の運動もしくは全身的な運動の際に、何らかの外的な負荷をかけて行う運動を抵抗運動（レジスタンス運動）という。自分自身の重さ（体重など）を抵抗にする自重運動、他者・水圧・ダンベルや鉄アレイ・トレーニングマシンによって負荷をかける場合など多彩である。レジスタンス運動は筋力増強を主たる目的として行われることが多いが、負荷量や運動速度などによって、パワーアップ、運動学習（運動促通）などに利用されることもある。レジスタンス運動前および運動中の必須アミノ酸の摂取は、運動による筋たんぱく質の分解を抑制することが報告されており、トレーニング後の回復を速やかにする可能性が期待されている[8]。練習や試合では、100～200kcal程度のプロテインゼリーや乳製品とバナナなどの補食によるたんぱく質と糖質が補給されているケースが多い。

3　身体機能の調整（ビタミン・ミネラルの必要性）

【解説】※5　身体の健康状態の維持（ホメオスターシス）は、神経系、内分泌系、免疫系の3つの調節システムにより、維持されている。ビタミン、ミネラルは、これらの機能を正常に働かせるホルモンや酵素を合成する材料として、またエネルギーを産生する代謝物質として重要な役割を果たしている。

(1)　ビタミン・ミネラルの種類とはたらき[※5]

　運動時に必要なエネルギーと栄養素を過不足なく摂取するためには、献立を考えたり、メニューを選んだりする際に、食事の内容を分析して、どの食品にどのような栄養素が多く含まれていて、体内でどのような働きをするかについて知っておくとよい。運動時に必要とされる主要なビタミンとミネラルの種類と役割について**表3**に示す。

表3　主な栄養素のはたらきと、多く含まれる食品

栄養素		主なはたらき	多く含まれる食品
炭水化物（糖質）		からだを動かすエネルギー源 脳の唯一のエネルギー源	ごはん、パン、麺類、もち、いも類、バナナなど
たんぱく質		筋肉、骨、血液などの材料となる	肉類、魚介、卵、牛乳・乳製品、大豆、大豆製品など
脂質		細胞膜やホルモン生成に必要 エネルギー源、脂溶性ビタミンの吸収を助ける	油、バター、マーガリン、マヨネーズ、ドレッシング、肉の脂身など
ミネラル	カルシウム	骨や歯の形成、筋肉の収縮などに必要	牛乳・乳製品、小魚、大豆・大豆製品、ひじき、青菜など
	鉄	赤血球の成分として、酸素や栄養素の運搬にかかわる	牛肉(赤身)、レバー、かつお、あさり、大豆・大豆製品、ひじき、青菜など
ビタミン	ビタミンA	皮膚と粘膜を健康に保つ 明暗に順応する視力にかかわる	レバー、うなぎ、卵、牛乳・乳製品、緑黄色野菜など
	ビタミンB1	炭水化物からのエネルギー産生に必要	豚肉、ハム、大豆・大豆製品、玄米、胚芽精米、緑黄色野菜など
	ビタミンB2	脂質の代謝に必要	うなぎ、レバー、さば、卵、納豆、牛乳・乳製品、緑黄色野菜など
	ビタミンC	抗ストレス作用、抗酸化作用、鉄の吸収促進、コラーゲンの生成に必要	かんきつ類、キウイ、いちご、柿、緑黄色野菜、淡色野菜、いも類など

参考：日本食品標準成分表2010

(2)　水分摂取（脱水・熱中症の予防）

　運動による体温上昇を調整するために発汗が生じる。体内の水分量の2～3％が失われると運動能力の低下が起こり、10％になると健康に支障が生じる。

　脱水状態は、喉が渇いたと感じた時点ではすでに生じている。したがって、感覚に頼らず自分で意識して水分を補給することが重要となる。一回に大量に飲むよりは、100～150mlの量をこまめに飲む方が、吸収されやすく胃の負担も軽い。水分には血液循環を正常化し、疲労物質や老廃物の排泄を促す作用があるため、トレーニング前後には必ず摂取することを習慣づけたい。

　脱水しているかどうかの見極めには、運動前後の体重計測が有効である。同一条件で測定し、体重の減少率が2％以内であるように、運動中の水分摂取量を調整するとよい[10]。また、尿の色と量を観察し、量が少ない、色が濃い場合は脱水を疑い、水分摂取量を増やすなどの注意が必要である。運動後に体重が増加する程の過剰な水分摂取は、低ナトリウム血症のリスクとなる。

　脊髄損傷の四肢麻痺で自律神経の失調により発汗が妨げられる選手については、全身で発汗できる選手に比べて水分摂取量が多くなることで、運動中の体重が増えるケースがみられる[11]。身体を物理的に冷やす衣類やシャーベット状の氷を口に含むなどにより、体温の上昇を抑え、水分の過剰摂取を予防できる[12]。

（3） 水かスポーツドリンクか

　発汗量の多い運動内容や、暑熱環境下での運動時および1時間以上の発汗をともなう運動では、発汗により失われるナトリウムを補給する必要がある。スポーツ現場ではナトリウムを含む飲料としてスポーツドリンクが使用されることが多い。スポーツドリンクには、疲労軽減を目的として糖分が含まれているものが多いが、糖分濃度は3～8％であれば、胃での水分吸収量を妨げないことが認められている[13]。多量の発汗により熱中症による熱けいれんが生じた場合は、生理食塩水（0.9％食塩水）の補給や点滴を行う。

4　栄養バランスのよい食事とは

　主食、主菜、副菜、牛乳・乳製品、果物の5つをそろえた食事を「基本的な食事の形」と考える。主食は、ごはん、パン、麺類などの穀類であり、主にエネルギー源となる。主菜は、肉、魚、卵、大豆製品などのたんぱく質の多い食品を使った料理であり、和洋中の調理法や味つけを組み合わせることで、脂質の割合が健康的に整いやすくなる。副菜は、野菜、いも、きのこ、海藻を使い、ビタミン、ミネラル、食物繊維が摂取できる料理をいう。牛乳・乳製品は、カルシウムを含み骨や歯を形成する。果物は、ビタミンCが多く疲労回復に役立つ。

図1　食事バランスガイド[※6]

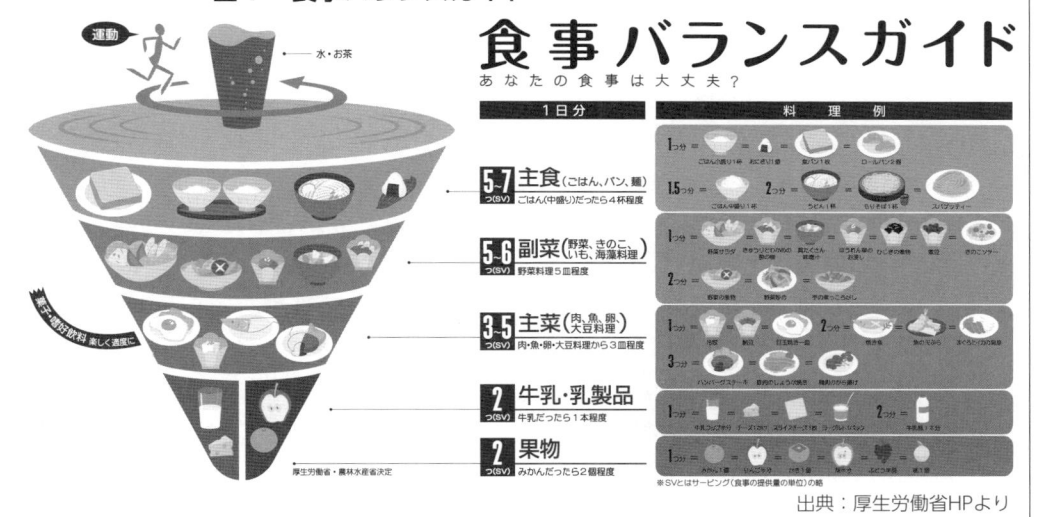

出典：厚生労働省HPより

【解説】※6　何をどれくらい食べればよいのかについては、2005（平成17）年に農林水産省と厚生労働省により「食事バランスガイド」が策定された。「バランスのよい食事のあり方」をわかりやすく示すために、一日に「何を」「どれだけ」食べたらよいかをコマのイラストで示している。

5　食事面のコンディショニング（自己管理）の必要性

　運動および競技スポーツの場において、選手が何（栄養素）を、どの位（量）、どのように（時間・タイミング）食べるかを自ら判断し、環境や状況、体調の変化に応じて適宜食べ方を調整できる自己管理能力を習得することが必要とされる。

　トレーニング記録と共に、携帯カメラなどによる食事記録をつけ、体調と食べた内容や食べ方について分析することから始めるとよい。食事の評価方法については、コーチや栄養士に相談しながら試行錯誤し、個人に合った食べ方や、試合を想定した食事パターンなど、目的とする場面での食事イメージを持てるように、食事を意識した生活が習慣となることが望ましい。

第22章　最重度の障がい者のスポーツの実際（重症心身障がい児・者を含む）

【学びのポイント】
1）重症心身障がい児・者にとってのスポーツの意義を理解し、スポーツを実施するうえでの留意点を事例を通じて学ぶ。
2）重症心身障がい児・者が地域で参加しているスポーツやレクリエーション活動の事例を通じて、このような体験が障がい児・者やその家族にとって、生活の質を向上させる重要な機会であることを学ぶ。

1　重症心身障がい児・者にとってのスポーツの意義

(1)　定　義

重度の知的障がいおよび重度の肢体不自由が重複している状態を、医療・福祉分野では重症心身障がいという。大島の分類[※1]では、1～4に相当する。本章では、最重度の身体障がいのみならず、知的にも、身体的にも重度の障がいがある子どもから成人までを最重度の障がい者と定義する。

(2)　心身の特徴と日常生活

心身の特徴は、長期の寝たきり状態により、①筋肉が衰え、廃用症候群[1)2)※2]に属する者が多いこと、②身体のバランス機能が低下すること、③四肢や体幹の変形、脊椎の側弯、関節およびその周辺の拘縮が見られること、③極度の筋緊張もしくは低緊張がある等があげられる。また、合併症を引き起こす場合もある。その1つは嚥下障がいで最も発生率が高い[3)]。口から食物を摂取できないと胃ろう[※3]に頼る場合もある。その他、高発生率の順では、てんかん[※4]、難聴等があげられる[3)]。様々な合併症に対して、薬を服用することも多い。さらに、知的障がいによる言葉の遅れや理解不足、他者への関わり方が困難な者もいる。

彼らは、車いすや座位保持装置[※5]を使用するが、寝たきりの生活が中心であるため、日常生活動作（食事・排泄・更衣・移動など）に介助を必要とする。常に介助が必要な暮らしは行動範囲を狭め、限られたコミュニティでの暮らしを余儀なくされているといえよう。成人になると通学がなくなり、さらに小規模のコミュニティに依存する傾向にある。

(3)　スポーツの意義

スポーツの目的は、気晴らしや体力向上、仲間作り、競技力向上など多岐にわたっている。しかし、最重度の障がい者は、長い間スポーツと無縁の環境に置かれていた。とくに現在50歳以上の最重度の障がい者は、スポーツ未経験者が多い。しかし、最重度の障がい者も、スポーツを通して多様な人間関係を築くことにより社会性が育つ。また、スポーツをする場（環境）に出向くことで行動範囲も広がる。つまり、スポーツ体験は、体験そのものの喜びや楽しさを味わうと同時に、その前後にもQOL[※6]を向上させるような多様な経験に出会えるチャンスがあるといえる。

【解説】※1　医学的診断名ではなく、児童福祉の行政上の措置を行うための定義。
*1～4の範囲が重症心身障がい児、5～8は周辺児と呼ばれる。

21	22	23	24	25	70
20	13	14	15	16	50
19	12	7	8	9	35
18	12	6	3	4	20
17	10	5	2	1	0
走れる	歩ける	歩行障害	座れる	寝たきり	IQ

【解説】※2　廃用症候群とは、安静臥床と低栄養の両者による病態。
【解説】※3　口からの食物摂取が困難になった場合に、直接胃に栄養剤を注入する方法。
【解説】※4　発作的な痙攣や意識障がいを起こす状態。
【解説】※5　車いすでは姿勢を保つことが難しい場合、その人の身体の在り方に合わせて座位の姿勢を保つための装置。

【解説】※6　生活の質。Quality of Life.

さらにスポーツや運動は、障がい者にとっても生活習慣病（Ⅱ型糖尿病・高血圧・心臓疾患など）の予防に有効である[4)5)6)]。ある研究[7)]によると、身体障がい者は、それらの発生率が健常者の1.5倍であるという。ゆえに、重い障がいがあっても、スポーツに参加できる機会を増やすことは重要である。

2 スポーツを実施するうえでの留意点

大切なことは、彼らの全般的な特徴を理解したうえで、①対象者の個々の心身についてよく理解する、②対象者のニーズの尊重、③対象者の介助者等から、彼らの意思表示方法を教えてもらう、④禁忌事項を守る、⑤焦らずに支援していくことである。

とくに、運動介入の拒否や事故を防ぐには、コミュニケーションが重要である（**表1**）。また、座位保持、寝返り、車いすへの乗降などは、寝たきりの時間が長い彼らにとって身体活動になり得ると考える。

表1 コミュニケーションをスムーズにするポイント[8)]

1	個別のコミュニケーションサインを理解する。注意を引く時（笑う・泣く・見つめる）、受け入れる時（笑う・声を出す）、拒否する時（泣く・身体を激しく動かす）など[9)]。
2	次の行動を予告すること。対象者が見通しを持って主体的に構えられるよう、例えば"姿勢を変える"必要がある場合は「なぜ変えるのか」を伝える。
3	対象者に適したコミュニケーション方法を選択する。プールの場合は、匂い（嗅覚）や水の音（聴覚）に意識を向けさせ、入水前の水遊び（触覚・温覚）を通して何が始まるかを予測させる。
4	活動終了の予告。終了への準備や納得が得られるようにする。この受け入れや拒否への対応を考えていく過程にも、コミュニケーションをとるための学びのヒントがある。
5	対象者のそばに誰がいて、誰が戻ってくるかなどの様子を伝える。人が最大の支えになるため、例としては、個人を特徴付ける鈴付きリストバンド（音と感触）、髪の匂いやサラサラ感など。視覚障がい（全盲を除く）を伴う場合は、色のはっきりした衣服やポイントを身に着ける。

(1) 事例による留意点 その1（車いすダンス）

最重度の障がい者は車いすへ移動し、立位者とペアで踊る。立位者は彼らの腕をとり、リズムよく上下左右にシェイクしたり、タッピング等も交えて刺激を与える。腕や下肢を持つときは、骨折を防ぐために注意深く行う。表情を観察しながら、与えている刺激が心地よいかを観察する。また、車いす自体をスウィングおよび回転させたり、強弱をつけて蛇行させたりすると心拍数が上昇する場合がある。最重度の障がい者は安静時心拍数が高い傾向にあるため、僅かな心拍数の上昇でも高強度の運動になる場合がある[5)※7]。また、心拍数が上昇しても、無表情の者もいる。よって態度や表情のみならず、安静時心拍数の把握および運動中の心拍数についても、様子を見ながら測定することが好ましい。なお、車いすダンスの継続的実践で、口元の緊張が緩和し食事がスムーズにとれるようになった、肩こりが軽減した、排尿量が増加した、積極性が増した等、心身の変化の報告がある[10)]。よって、活動前後も当事者を注意深く観察し、情報をサポーターで共有することも大切である。

【解説】※7 最重度の障がい者は不随意運動や筋の痙縮が起こる場合が多く、安静時における心拍数が常に若干高い傾向にある。彼らの最大酸素摂取量（1分間に体重1kgあたりで取り込むことができる酸素の最大量）を測定することは現在不可能だが、様々な先行研究からかなり低い数値であることが予測されている。したがって、健常者から見ると強度の低い運動であっても、彼らにとっては高強度の運動になりうる可能性がある。

(2) 事例による留意点　その2（座位・椅子使用での体操）

最重度の障がい者は、ベンチあるいはマットの上にリラックスした状態で座り、後方から指導員が二人羽織のようなスタイルをとって座る。指導員は、片腕を脇の下に通し、身体を後ろから密着させて骨盤が座面に対して垂直になるように工夫する（**写真1**）。頭部にふらつきがある、あるいは顎が上がる場合は、指導員の手を顎に持っていき、骨盤、腰、肩、頭の位置が自然な座位の状態に近づくようサポートする。この状態で、指導員は彼らの手を取りながらラジオ体操的な運動を行う。支えがあることで、前後屈や体幹の回旋など、よりダイナミックな運動が可能となるが、ゆっくりとしたペースで様子を見ながら行う。鏡

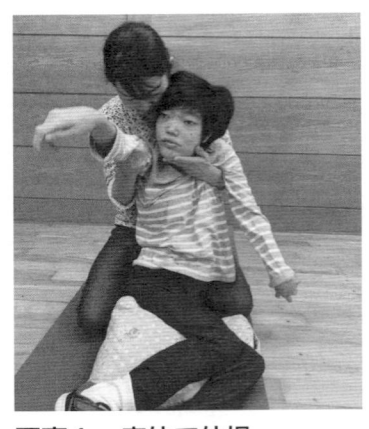

写真1　座位で体操
（股関節が開かない、骨盤が歪んでいる場合はビーズクッション等を使って安定させる）　著者提供

の前で行うことが望ましい。また、このように直接身体に触れるような運動は、当事者との信頼関係を築いてから行う。

3　スポーツ・レクリエーション活動の事例

(1)　マラソン

名古屋ハンディマラソンと称して、障がいのある人とない人が共に楽しむシティマラソンは1984（昭和59）年から実施されている。コースは、公園内で約1周700m（クラスによって周数が異なる）。クラス分けもされており、電動車いすクラス、介助者を必要とする車いす使用者（介助者が押して走る）クラス、車いす使用者（自走）クラスのほか、その他の障がい児者や一般および子どものクラスもある。ハンディマラソンは、近年、最重度の障がい者の参加も増加傾向にある。自力での移動が困難な最重度の障がい者が、青空の下

写真2　ハンディマラソン風景　著者提供

で介助者と共に日常生活では体感できないスピードで走るマラソンの爽快感は格別である。本イベントを通して、多くの最重度の障がい者が車いすで走ることの楽しさを知るようになった。また、目標に向かって介助者と共に"走る"練習を行う人たちも増えている（**写真2**）。

(2)　ドキドキ・ワクワク！〜風船・布・音楽のコラボレーション〜

立位者（サポーター）は、車いす使用者と向き合った体勢でつながり、3拍子、あるいは4拍子の音楽に合わせ、一緒に回転したり、チェックムーブメント[8]を行う。その後、立位者は車いすのグリップを持ち、進行方向に向かって助走をつけて車いすを押し出す。滑り出した車いす使用者は、前方にある風船が乗っている長い布の下を潜る（直前に布を持ち上げ、風船は布からこぼれ落ちる）。ゴールには、

車いすを受け止める人がいる（**写真3**）。

　このレクリエーションは、リズムにあわせた車いすの動きを体幹で感じ、風を切って走るスピード感およびカラフルな布や風船から刺激を受け、さらに最後は安心できる人が受け止めてくれるという嬉しさがある。短時間の中に様々な刺激が凝縮されているのが特徴だ。日常生活の中に取り入れられるレクリエーションであることはもちろん、様々なイベントでこのレクリエーションを体験した人たちは、繰り返し参加したいという要望が高い。

（3）　車いすダンス　その1〜親子編〜

　子どもに重い障がいがある場合、保護者は"わが子に何ができるのか"を優先して考え、共に楽しむことを二の次にする傾向がある。車いすダンスは、立位者と車いす使用者が共に楽しめるリハビリテーション、レクリエーションおよびスポーツ競技として実施でき、汎用性[※9]が高い。車いすダンスの簡単な方法は、本章2（1）を参考にしてほしい。また、発表の機会は参加者のモチベーションを上げ、継続性も高める。さらに車いすダンスは、障がい児者を笑顔にし、他者理解を深めることにもつながっていく（**写真4**）。指導員は保護者やサポーターと共に参加し、方法を習得して、車いすダンスが楽しめる環境を作っていくことも可能である。

（4）　車いすダンス　その2〜競技編〜

　電動車いす使用者は、車いすダンスの競技スタイルの練習を重ねることで体幹の筋肉が発達し、上半身が安定してきた。また、足指でジョイスティックを操作できるようになったため、使える両手の運動量は増加し、肩関節の可動域も広がった。表情も豊かになった（**写真5**）。競技中の心拍数は最高170拍/分以上を記録したデータもある（**図1**）。最重度の障がい者の身体の可能性の広がりをスポーツによって知ることは、そのこと自体にも大きな意味があるといえる[11]。

写真3　みんなで楽しむ　音楽と布を使っての風船くぐり
著者提供

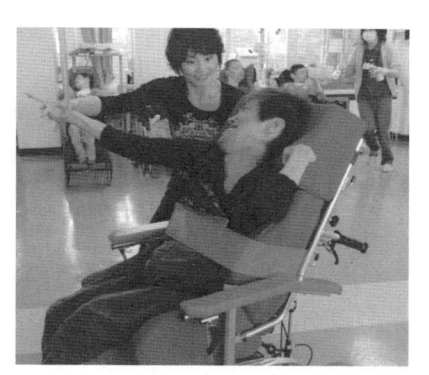

写真4　最重度の障がい者の車いすダンス風景　著者提供

【解説】※9　1つの用途のみならず、様々なことに広く利用したり応用したりすることができること。

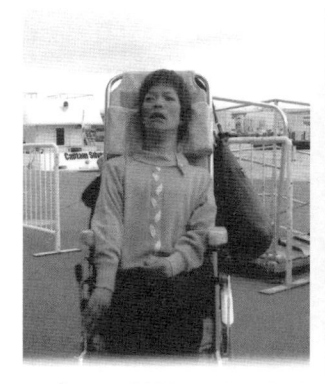 

写真5　競技選手の身体の変化
左は車いすダンス実施前　右は6年後
左写真提供は著者　右は写真家清水一二氏提供

図1　電動車いすダンサーの競技中における心拍数の変化

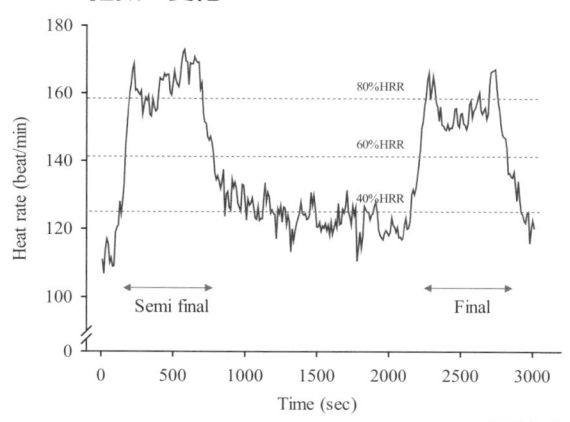

著者作成

◆コラム◆　最重度の障がい児のアダプテッド・スポーツ事例紹介！

　ここでは、経管栄養やたんの吸引などの医療的ケアを必要とする最重度障がい児が、車いすなどから降りて、あぐら座位やベンチ椅子座位など、いろいろな姿勢で活動を行うアダプテッド・スポーツ事例を紹介する。特別支援教育関係者、および医療・福祉関係者など多くの方に役立てていただきたい。

① **スクーターボード運動**……あぐら座位、膝立ち、立位など、必要に応じて支援を受けた姿勢を保持しながら指導者と共にスクーターボードに乗って走り回る運動である（**写真1**）。直進性や回転性の加速度やスピード感などから得られる前庭感覚刺激を受け止めたり、抗重力姿勢により身体の重みや向きを感じとったりすることができる。コースには、ベニヤ板で作製したガタガタ道での振動、キラキラ光る電飾や玩具などで飾られた暗幕トンネル、鈴の入った発泡スチロール倒しなど、いろいろな仕掛けを設定する。ほとんど反応がみられない最重度の障がい児が微笑んだり、笑い声を出したりするなど、快刺激を獲得しやすい楽しい運動である。

写真1

② **スローベンチ椅子・ラジオ体操**……特製の「ベンチ椅子」に座り、後方の指導者から二人羽織に似たスタイルで、顎を引いて体幹をまっすぐにした座位を保持するよう支援を受け、上肢、体幹、頭部などをゆっくりと動かしながらラジオ体操を行う（**写真2**）。指導者と共に肩関節を支点とした上肢の上下運動を行うことで、肩関節の可動域を広げる運動となるなど、車いす姿勢では経験できないダイナミックな運動が可能となる。

写真2

③ **シッティングふわふわ風船バレーボール**……フロアーであぐら座位や膝立ちなどの姿勢になり、後方の指導者から二人羽織に似たスタイルで、ベンチ椅子に座った際と同様の支援を受けながら、ヘリウムガス風船を打ち合う運動である（**写真3**）。ヘリウムガス風船は、クリアテープなどで重みをつけたり、ヘリウムガスの量を調整したりすることでふわふわ浮く風船となり、ゆっくりとした眼球や上肢の動きなどに合わせやすい。

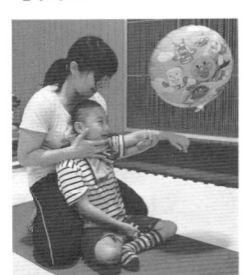

写真3

④ **トランポリン運動**……あぐら座位、仰臥位、立位など、必要に応じて支援を受けた姿勢を保持しながら指導者と共にトランポリンに乗り、強弱をつけた上下の揺れ、足踏みによる小刻みな揺れなどを楽しむ運動である（**写真4**）。

写真4

⑤ **マット・ローラー運動**……長さ1mにカットしたボイド管（14本程度）を並べた上にエアレックスマットを敷き、仰臥位、伏臥位、あぐら座位などの姿勢で乗り、指導者が前後に動かすことで生じるガタガタとする感覚を感じとる運動である（**写真5**）。

写真5

⑥ **プール運動**……指導者の支援に身を委ね、リラックスして水に浮くことを目的としたプール運動である。ラッサルフロートクッションなどを使って仰臥位で浮いたり、後方から支援を受けた伏臥位で平泳ぎのように進んだりするほか、仰臥位で首、背中の支援のみで背浮きをするなど、陸上では味わえない感覚を感じとる運動が可能となる（**写真6**）。

写真6

第VII編
全国障害者スポーツ大会

第23章　全国障害者スポーツ大会の概要

【学びのポイント】
1）全国障害者スポーツ大会の目的、実施競技の概要、競技規則の原則を理解し、この大会が障がい者の社会参加および障がい者がスポーツを楽しみ、自主的かつ積極的にスポーツに取り組むきっかけとなる大会であることを学ぶ。
2）全国障害者スポーツ大会の競技規則において、一般の競技規則から一部規則の変更や工夫がなされている箇所や安全かつ公平に競技を行うための配慮について学ぶ。

1　全国障害者スポーツ大会の概要

（1）　大会の目的

　本大会の目的は、全国障害者スポーツ大会開催基準要綱（以下、「大会開催基準要綱」）により「障害のある選手が、障害者スポーツの全国的な祭典であるこの大会に参加し、競技等を通じ、スポーツの楽しさを体験するとともに、国民の障害に対する理解を深め、障害者の社会参加の推進に寄与することを目的とする。」と定められており、本大会を通じて障がい者のスポーツ参加（スポーツの生活化）と国民への障がい者(スポーツ)の理解啓発を図ることである。すなわち、パラリンピックに代表される国際競技大会とは大きく目的が異なり、実施競技（種目）、競技規則、障害区分等、全国障害者スポーツ大会独自のものとなっている。また、大会開催基準要綱では、各都道府県・指定都市の選手選考について、「大会未出場未経験者の出場にも配慮し、選考を行うものとする。」と定められており、本大会が、障がい者のスポーツ活動の登竜門としての位置づけであることを示唆している。

（2）　大会の主催者

　本大会の主催者は、大会開催基準要綱により、公益財団法人日本障がい者スポーツ協会（以下、「日障協」）、文部科学省、大会開催地の都道府県・指定都市および区市町村（指定都市を除く。）ならびにその関係団体となっている。

（3）　大会の基本方針（大会開催基準要綱より抜粋）

① 大会は、毎年１回開催し、各都道府県の持ち回りとする。
② 大会は、毎年実施される国民体育大会本大会の直後を原則として、当該都道府県において３日間で開催する。
③ 大会会期は、国民体育大会本大会の開催決定にあわせて、開催３年前までに開催地主催者が中央主催者と協議して決定する。
④ 競技別会期は、開催２年前の年度末までに開催地主催者が中央主催者と協議して決定する。
⑤ 大会における競技運営は、公益財団法人日本スポーツ協会に加盟する開催地都道府県の関係競技団体および日障協登録競技団体等が主管する。
⑥ 大会における競技施設は、原則として、国民体育大会本大会の会場を使用する。

(4) 参加資格（大会開催基準要綱より抜粋）

① 大会の参加者は、都道府県・指定都市選手団、大会役員および競技役員とする。

② 出場選手は、次の全ての条件を満たすものとする。

1）年齢は毎年4月1日現在で13歳以上とする。

2）資格要件は次のとおりとする。なお、「その取得の対象に準ずる障害」については、別途細則に定める。

ア）身体障害者は、身体障害者福祉法（昭和24年法律第283号）第15条の規定により身体障害者手帳の交付を受けた者。

イ）知的障害者は、厚生事務次官通知（昭和48年9月27日厚生省発児第156号）による療育手帳の交付を受けた者。あるいは、その取得の対象に準ずる障害のある者。

ウ）精神障害者は、精神保健及び精神障害者福祉に関する法律（昭和25年法律第123号）第45条により、精神障害者保健福祉手帳の交付を受けた者。あるいは、その取得の対象に準ずる障害のある者。

3）申し込み時に参加する都道府県・指定都市に現住所（住民票のある地）を有する者。ただし学校に通学している者および施設に入所・通所している者は、その学校および施設の所在地の都道府県・指定都市でも参加できるものとする。

2 実施競技と障害区分

(1) 実施競技

現在、全国障害者スポーツ大会の競技は、6つの個人競技と7つの団体競技を実施しているが、2019年度大会より精神障がいの個人競技として卓球が導入され、2021年度大会より重度障がい者・高齢障がい者の対象競技として、かつ、女性選手の参加促進を目指してボッチャ競技が導入される（**図1**）。

(2) 障害区分

① 障害区分の概要

全国障害者スポーツ大会では、クラス分けを障害区分と表し、各競技大会では、国際大会から地域でのスポーツ大会に至るまで、それぞれクラス分けが行われているが、その内容は異なる。

障害区分は様々な機能障がいのある障がい者が公平に競技をするためのシステムであり、病名による区分では競技するグループが多数となるので、ある程度統合している。例えば、脳血管障がいは運動発達の成熟した成人に多く起きる疾患であるが、出生時に起こりやすく正常な運動発達を獲得していない脳性麻痺と合わせて「脳原性麻痺」とし、同じ障害区分にしている。

全国障害者スポーツ大会においては、大会申し込み時に派遣者（都道府県・指定都市等）による適切な障害区分判定が公平な競技運営の条件になり、この判定には

図1 実施競技

競技		身体				知的	精神
		肢体	視覚	聴覚	内部		
個人	陸上競技	●	●	●		●	
	水泳	●	●	●		●	
	アーチェリー	●					
	卓球（STTを含む）	●	●	●		●	◆
	フライングディスク	●	●	●		●	
	ボウリング					●	
	ボッチャ	★					
団体	バスケットボール					●	
	車いすバスケ	●					
	ソフトボール					●	
	グランドソフトボール		●				
	バレーボール			●		●	◆
	サッカー					●	
	フットベースボール					●	
		6	5	6	3	10	2
			8（個人5・団体3）			（個人5・団体5）	（個人1・団体1）

◆…精神障害部門：2008年団体競技導入（バレーボール）、2019年個人競技導入（卓球）
★…身体障害部門：2021年個人競技導入（ボッチャ：重度障がい）

障害者手帳を参考にし、障がいの種類や程度、年齢や競技中に使用する装具の有無と種類等を確認する必要がある。

② 障害区分判定の手順（導き方）のポイント

障害区分判定の手順は、以下のとおりであるが、これらは、全国障害者スポーツ大会（各地域の予選会）への対応としてのみではなく、障がいのある人に対してスポーツ活動を支援する際の留意事項としても活用することができると考える。

①　手帳の有無と種類を確認する

②　原因疾患と障がい名を確認する

③　希望している競技・種目を確認する

④　性別と年齢を確認する

⑤　実際の障がいの程度と部位等を確認する

⑥　車いす常用（使用）の有無を確認する

⑦　競技中に使用する補装具を確認する

⑧　競技中の状態を確認する（車いす駆動方法、走可能・不能、水泳ストローク等）

⑨　競技ごとの障害区分（番号）に応じ種目を選択する

3　競技規則の原則

障がい者のスポーツは、障がいのある人が「安全」の礎の下、「公平に等しく」「楽しく」競技を行うために、一般の競技規則や用具を一部変更または工夫をして行っている。また、全国障害者スポーツ大会の競技規則は、障害区分とともに、障がいの種類や程度に応じて競技を行うことができるように規定されており、その考え方は、スポーツ基本法の中で基本理念として定められている「障害者が自主的かつ積極的にスポーツが行うことができるよう、障害の種類及び程度に応じ必要な配慮をしつつ推進されなければならない。」に通ずるものである。そのため、障がい者への配慮がなされた競技規則や障害区分の理解は、大会関係者のみならずに、障がいのある人のスポーツ支援を行う者にとって必要なことである。

(1)　競技規則の原則

全国障害者スポーツ大会競技規則は、「身体に障がいがあるためにできないことがある。」「身体に障がいがあるためにスポーツにより事故の心配がある。」「さらに身体の障がいを増悪化させるおそれがある。」「競技規則が複雑なため理解しにくい。」などの理由により、競技を、①安全に、②公平に、③楽しく行うために、一般の競技規則を変更または工夫するなどして定められている。

① 安全に競技するために変更・工夫されている規則の例

例）タッピング（水泳・第3条・競技）
　障害区分23の者および同等の障がいが重複する者のゴールとターンでは、競技役員または許可された者が安全な棒などを使って身体をたたいて合図（タッピング）しなければならない。障害区分24の者にも行うことができる（**写真1**）。

例）音源走（陸上競技・競技規則第2条・競走競技）
　視覚部門の障害区分24に属する競技者の50m競走は次のように行う。
・8レーン分の幅を使用して行う。
・1名ずつによるタイムレースとする。
・音源誘導者がフィニッシュライン後方から鳴らす音源によって競技者を誘導するものとし、その音源はハンドマイクで収納した音源とする。
・安全管理上やむをえない場合は、審判員などが声や競技者の身体にふれるなどによって方向を指示した場合でも競技は成立するものとする。
　同様に棄権回避のため、音源誘導者がハンドマイクにより方向を指示した場合も、競技は成立するものとする（**写真2**）。

写真1　タッピング（視覚障がい者水泳）　　写真2　音源走（視覚障がい者陸上競走競技）

②　公平に競技するために変更・工夫されている規則の例

例）チーム編成条件（グランドソフトボール　ルール3　プレイヤー　編成）
　10名のプレイヤーのうち、全盲プレイヤーは4名以上とする（**写真3**）。

例）サウンドテーブルテニスのアイマスク・アイシェードの装着
（卓球・解説・アイマスク・アイシェード）
　アイマスクやアイシェードは、選手招集所にて審判のチェックを受け、競技領域に入る前に装着し、試合が終了して競技領域から出るまでは装着していることを原則とする。審判長が着用場所を指定した場合は従わなければならない（**写真4**）。

③　楽しく競技するために変更・工夫されている規則の例

例）車いす使用者のサービス（卓球・競技規則第2条・卓球）
　車いす使用者が正しく出されたサービスをレシーブする際ボールが、①レシーバーのコートに触れた後、ネット方向に戻った場合、②レシーバーのコートに止まった場合、③レシーバーのコートに触れた後、どちらかのサイドラインを横切った場合は、ラリーはレットとなる。ただし、「レット」が宣告される前に打球した場合は、そのまま有効となる（**写真5**）。

写真3　グランドソフトボール　　写真4　サウンドテーブルテニス　　写真5　卓球
　　　（視覚障がい者団体競技）　　　　（アイマスク・アイシェード装着）　　　　（車いす使用者のサービス）

第24章 全国障害者スポーツ大会の歴史と目的・意義

【学びのポイント】
1）全国障害者スポーツ大会の歴史的経緯（前身の大会となる全国身体障害者スポーツ大会と全国知的障害者スポーツ大会の概要を含む）を理解し、全国規模の障がい者スポーツ大会の発展について学ぶ。
2）全国障害者スポーツ大会の目的と意義を理解し、大会が参加選手や観戦者、県民に与える効果や大会の開催（予選会を含む）が、その地域の障がい者への正しい理解やスポーツ環境の整備が推進される効果について学ぶ。

1 歴 史

障がい者の国際的なスポーツ大会である第13回国際ストークマンデビル競技大会※1が1964（昭和39）年に東京で開催され、世界22ヵ国378名の選手が出場した。この大会を契機に翌年の1965（昭和40）年5月、身体障がい者スポーツの普及・振興を図る統括組織として㈶日本身体障害者スポーツ協会（現 公益財団法人 日本障がい者スポーツ協会：以下、「日障協」）が設立されて、同年11月にわが国の身体障がい者のスポーツ振興を積極的に推進する具体的方策として第1回全国身体障害者スポーツ大会※2が岐阜県で開催された。この大会が全国規模の身体障がい者のスポーツ大会の始まりとなった。

一方、知的障がい者のスポーツは、1960年代まで入所施設、養護学校、特殊学級等での体育訓練や体育的行事等に限られ、身体障がい者のスポーツに比べ立ち遅れていた。その後、1970年代になると、都道府県内の入所施設合同大会や養護学校体育大会等が開催されはじめ、次第に全国規模の大会開催が関係者の間で望まれるようになり、厚生省（当時）は、「国連・障害者の十年」の最終年を契機として、1992（平成4）年に第1回全国知的障害者スポーツ大会（愛称：ゆうあいピック）※3として開催した。

1998（平成10）年4月より3回にわたり開催された厚生省事務次官による私的懇談会「障害者スポーツに関する懇談会」において、「現在別々に開催されている全国身体障害者スポーツ大会とゆうあいピックについて、21世紀の初頭を目途に、競技性も加味しつつ統合実施を行うべきである」と報告され、厚生省がこの報告を受け、別々に開催されていた大会が2001（平成13）年の宮城大会より統合され、名称は「全国障害者スポーツ大会」と変更となり、新たな大会がスタートした。

【解説】※1 1964（昭和39）年に開催された国際身体障害者スポーツ大会は、脊髄損傷で車いすを使用している選手を対象とした第13回国際ストーク・マンデビル競技大会（ISMG）と、全ての身体障がい者を対象とした国内大会の2部構成で開催された。この大会は1989年国際パラリンピック委員会創設後、「第2回パラリンピック」と位置づけられた。

【解説】※2 第1回大会は、1965（昭和40）年11月6日～7日に岐阜県で開催された。以後、2000（平成12）年の第36回大会（富山県）まで毎年開催され、わが国の身体障がい者のスポーツの普及・振興に多大な成果をあげた。

【解説】※3 1992（平成4）年11月21日～22日に東京で開催された。第4回大会（1995年）は阪神・淡路大震災のため中止されたが、2000（平成12）年の第9回大会（岐阜県）まで毎年開催された。

2 大会実施競技と対象障がいの変遷

全国障害者スポーツ大会を開催するにあたり、全国身体障害者スポーツ大会および全国知的障害者スポーツ大会で実施していた競技種目や参加者数について、当面は変更しないということとなった。国が認定している障がい者のうち、精神障がい者と内部障がい者が参加不可能となっていたが、このうち精神障がい者は、第2回大会からオープン競技として実施していたバレーボールを正式に実施競技として導

入していく時期に来ていた。また、内部障がい者は、全国の障がい者スポーツセンターなどにおいて、医学的な指導のもと、スポーツ活動が見られることから、日障協医学委員会から大会への参加について一部導入してもよいのではないかと意見が出されたことなど、見直しを求める機運が高まった。

そこで、それらの意見を踏まえ、精神障がい者と内部障がい者が参加できる競技・種目の導入を前提に、大会開催基準要綱の改正について、日障協、厚生労働省、関係団体、学識経験者による検討委員会が開催され、第8回大会（2008年大分県開催）から新たに、精神障がい者のバレーボールを正式競技とすること、内部障がい者の参加は、ぼうこうまたは直腸機能障がい者が一部の個人競技・種目で認められるようになった。

また、2011（平成23）年度から2013（平成25）年度の3年間で実施された「精神障がい者実態調査研究事業」、2014（平成26）年度から2015（平成27）年度の2年間で実施された「重度障がい者スポーツ実態調査研究事業」等の報告を受けて、日障協技術委員会での検討後、関係団体との協議、全国障害者スポーツ大会大会委員会での決定を経て、第19回大会（2019年茨城県開催：荒天により中止）から精神障がい者のスポーツへの参加機会拡大のために個人競技（卓球）の導入が行われ、第21回大会（2021年三重県開催）から参加選手の重度化や高齢化、女性の参加者が少ないことを改善するためにボッチャが導入されることとなった。

図1　障がい者スポーツ大会の歴史的経緯

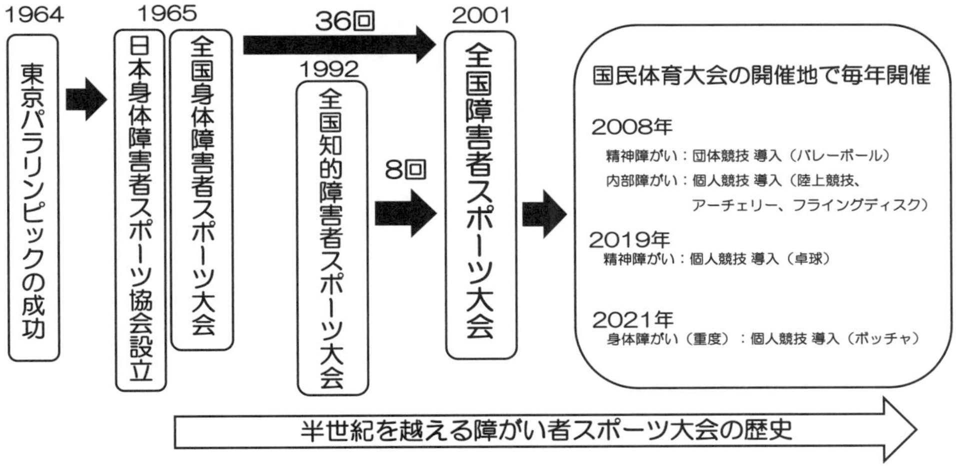

半世紀を越える障がい者スポーツ大会の歴史

3　大会の目的

全国障害者スポーツ大会は、国民体育大会（秋季大会）終了後、ほぼ同じ会場を使用することから、都道府県・指定都市ごとにメダル数を競う大会のように誤解される傾向がある。大会開催基準要綱には、「障害のある選手が、障害者スポーツの全国的な祭典であるこの大会に参加し、競技等を通じ、**スポーツの楽しさを体験するとともに、国民の障害に対する理解を深め、障害者の社会参加の推進に寄与すること**を目的とする。」と定められている。また、出場選手の選考については、「選手選考の際には、大会出場未経験者の出場にも配慮し、選考を行うものとする。また、都道府県・指定都市においては、地域の障害者スポーツの振興を図る観点からも予選会を開催する等、選手選考に配慮することとする。」と定められている。

これら大会開催基準要綱ならびに同細則に定められている事項などから、この大会は、必ずしも競技性を重視する大会ではないことや、**図2**に示した大会の特徴からも大会の位置づけを理解することができるであろう。

図2　全国障害者スポーツ大会の特徴

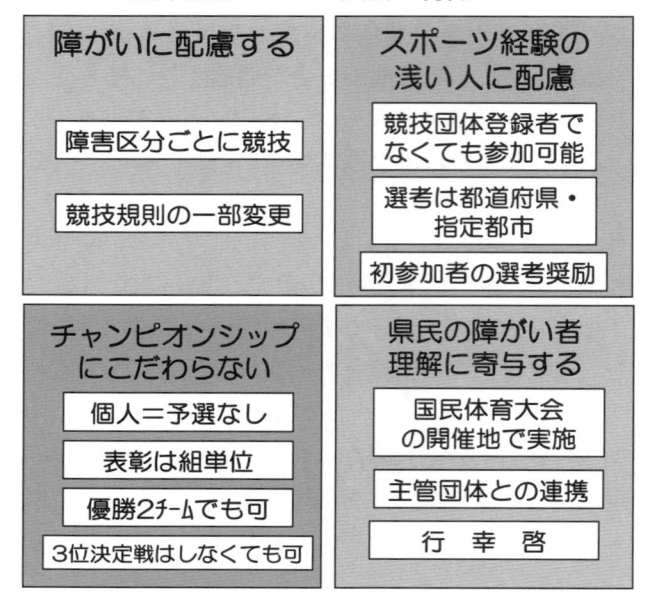

4　大会の意義

　前出のとおり、大会の目的は参加選手がスポーツの楽しさを体験すること、国民の障がいに対する理解を深めること、障がい者の社会参加の推進がそれぞれ促進されることである。

　ここでは大会開催の意義を①参加選手、②国民（大会関係者および観戦者・地域住民）、③障がい者を取り巻く環境という視点から考えてみよう。

　選手は代表選手としての誇りや緊張感、自身のトレーニングの成果を発揮する期待感をもって大会に臨んでいる。選手の中には初めて居住する県から出て競技に参加する者や初めて宿泊をともなう大会に参加する者もいる。また、選手団という幅広い年齢層や様々な障がいのある選手と役員（コーチ等）との集団生活では、協力し刺激を受け合うことで、お互いに理解を深め仲間意識を高めたり、スポーツの楽しさを感じたりすることができる。さらに、競技を通じて「できる」という自信や試合前の不安な気持ちに立ち向かう勇気が持てるようになる。

　これら全ての経験は選手一人ひとりにとって重要で、何物にも代えがたい価値があるといえる。

　一方、国民（大会関係者や観戦する地域住民）は、選手が競技に取り組む姿勢や迫力に感動（感銘）し、障がいそのものを理解しようとしたり、障がいのある人がスポーツをすることの価値を認識したりする。これらの経験は、人々の障がい者に対する正しい理解が促進され、心のバリアが払拭されることにつながっており重要である。

　また、大会開催地では準備として、審判養成、選手育成に関わるスポーツ関係者の連携や協力、スポーツ指導者やボランティア等の支援者を養成する取り組みが行

われる。選手団を迎えるために宿泊施設や駅、空港などの公共施設、バスやタクシーなどの公共交通機関では、障がい者が利用することを前提とした研修や改修も行われる。地域をあげた取り組みによって、障がいのある人々が生活やスポーツをしやすい環境の整備が促進される。

　これらの障がい者を取り巻く環境である①スポーツ関係者の連携・協力、②街のバリアフリー化の促進、③スポーツ指導者・支援者の拡充が、閉会後も相互に関連しながら、障がいのある人がスポーツ活動を日常化しやすい環境整備につながっていくことは、障がい者の社会参加の促進に大きく貢献していくことになる。

　大会は毎年、全国を巡回しており、多くの地域でたくさんの価値が生み出されているといえる。このように、大会開催を通じた個々の経験や様々な取り組みが「豊かな地域生活の実現」につながっている（**図3**）。

図3　大会の意義・目的

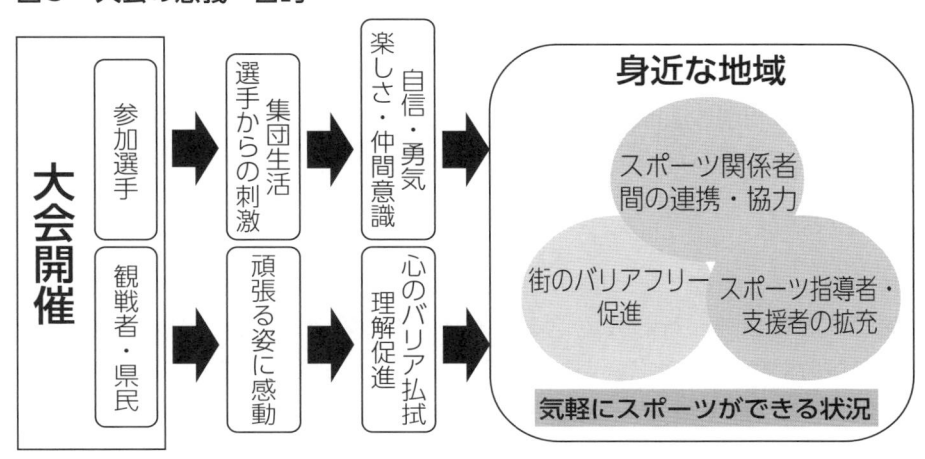

第25章　全国障害者スポーツ大会の実施競技と障害区分

【学びのポイント】

1）全国障害者スポーツ大会の実施競技・規則の概要を理解し、各競技の特徴を学ぶ。

2）障害区分の意義と目的を理解し、正しく障害区分判定を行うためのポイントや判定作業時の留意点について学ぶ。

1　大会実施競技と競技規則

　全国障害者スポーツ大会の実施競技は、個人競技、団体競技を合わせて13競技が実施されている（第23章2の図1参照）。参加対象となる障がいは競技ごとに異なる。また、競技規則は国際競技大会のものとは異なり、わが国の実状や障がいの特性などに応じて定められている。

（1）　個人競技

　身体障がいは、障害区分と年齢区分ごとに競技が行われており、知的障がいは、年齢区分ごとに競技が行われている。また、精神障がいは男女別で実施されている。年齢区分とは、年齢（毎年4月1日現在）による区分けである。

- ○　身体障がい者　　1部（39歳以下）、2部（40歳以上）
- ○　知的障がい者　　少年の部（19歳以下）、青年の部（20～35歳）、壮年の部（36歳以上）

①　陸上競技（身体・知的障がい）

　種目は、50m走、100m走、200m走、400m走、800m走、1500m走、スラローム、4×100mリレー、走高跳、立幅跳、走幅跳、砲丸投、ソフトボール投、ジャベリックスロー、ビーンバッグ投の計15種目が実施されている。なお、リレーは知的障がいのみで、男女混合でなければならない。全国障害者スポーツ大会競技規則に定める以外は、原則として、同年度の（公財）日本陸上競技連盟競技規則により実施する。

・視覚障がい音源走（50m走）

　視覚障がい者による50m走では、フィニッシュライン後方で鳴らす音源を頼りに走る。音源はハンドマイクに収納した音源とする。

・スラローム

　車いす使用者が参加する種目であり、全長30mのコースに置かれた12の旗門を、白の旗門は前進、赤の旗門は後進で通過する。

・ビーンバッグ投

　重度の障がいがある車いす使用者を対象とした種目であり、大豆を入れた重さ150g、12cm四方の袋状のもの（投てき用具）を投げる。足に乗せて蹴り出すなど、投げ方は自由である。

・ジャベリックスロー

　ポリエチレン製の長さ70cm、重さ300gのターボジャブ（投てき用具）を使用す

る投てき種目である。競技規則は、やり投に準じる。

写真1　スラローム　　　　写真2　ビーンバッグ投　　写真3　ジャベリックスロー

②　水泳（身体・知的障がい）

　種目は、25mと50mの4泳法種目（自由形、平泳ぎ、背泳ぎ、バタフライ）と200mリレーの2種目がある。リレーは知的障がいのみで、男女混合でなければならない。全国障害者スポーツ大会競技規則に定める以外は、原則として、同年度の（公財）日本水泳連盟競泳競技規則により実施する。

③　アーチェリー（身体障がい）

　種目は、リカーブボウ、コンパウンドボウ[※1]の部門が、それぞれ50m・30mラウンドと、30mダブルラウンドとある。全国障害者スポーツ大会競技規則に定める以外は、原則として、同年度の（公社）全日本アーチェリー連盟競技規則により実施する。障害区分ごとに行われ、年齢区分はない。

④　卓球（身体・知的・精神障がい）

　全国障害者スポーツ大会競技規則に定める以外は、原則として、同年度の（公財）日本卓球協会制定の日本卓球ルールにより行われるが、車いす使用者のサービス等は異なる。2019（令和元）年より、精神障がいの部が正式競技となった。

⑤　サウンドテーブルテニス（身体・知的障がい）

　競技者は視力・視野の程度にかかわらず、アイマスクまたはアイシェードを装着する。専用の卓球台で、木製のラケットを用いて金属球を4個入れた卓球ボールを打ち合う競技である。

⑥　フライングディスク（身体・知的障がい）

　5mまたは7m離れたアキュラシーゴール（直径91.5cmの円形）にディスクを10回投げ、その通過回数を競うアキュラシーと、ディスクを3回投げて距離を競うディスタンスがある。いずれも投げ方は自由である。なお、障害区分、年齢区分はないが、組み合わせ編成においては年齢順に行われる。

⑦　ボウリング（知的障がい）

　デュアルレーン（アメリカン）方式[※2]でハンディなしの4ゲームトータルのスコアにより競技する。

【解説】※1　アーチェリーで使用されるボウ（弓）の種類であり、リカーブボウは、ハンドル、リム、スタビライザー、サイトからなり、一方、コンパウンドボウは、ねらいをつけるときの力を軽減させる2つの滑車が付いたボウ（弓）である。

【解説】※2　1ゲームの中で、2つのレーンを使い、フレームごとに交互に投げる方式。レーンごとにコンディションが変わるため、公平性を保つために競技会ではこの方式で行われることが多い。

写真4 アーチェリー

写真5 サウンドテーブルテニス

写真6 フライングディスク

（2） 団体競技

① バスケットボール（知的障がい）

同年度の（公財）日本バスケットボール協会競技規則により行う。

② 車いすバスケットボール（身体障がい）

全国障害者スポーツ大会競技規則に定める以外は、原則として同年度の（公財）日本バスケットボール協会競技規則による。車いすをスポーツ用具として競技する。プレイヤーには障がいの程度に応じて持ち点カードが発行されている。コートでプレイする5名の持ち点合計は14点以下でチーム構成しなければならない[※3]。ボールを保持したまま2回まで車いすを駆動（プッシュ）できることやダブルドリブルの反則はないことが特徴である。

写真7 バスケットボール

③ ソフトボール（知的障がい）

原則として、同年度の（公財）日本ソフトボール協会オフィシャル・ソフトボール・ルールにより競技するが、競技場、用具、チーム編成条件などは、全国障害者スポーツ大会競技規則により行う。

④ グランドソフトボール（身体障がい）

視覚障がい者が参加する競技であり、同年度の（公財）日本ソフトボール協会オフィシャル・ソフトボール・ルールを準用しているが、チーム編成条件（1チーム10名で、そのうち4名以

写真8 車いすバスケットボール

【解説】※3 コート内でプレイする女子選手がいる場合は、コート内（5人）のプレイヤーの持ち点合計より女子選手1人につき1.5点を減算する。ただし、コート内でプレイする女子選手の減算は2人までに適用する。

上はアイシェード※4を装着した全盲プレイヤーで構成）や用具（ボールはハンドボールに似た専用ボール）、競技場など、視覚に障がいのある人が野球型の団体競技を、「安全に」「公平に」「楽しく」行うことができるように工夫されている。

⑤　バレーボール（身体・知的・精神障がい）

原則として、（公財）日本バレーボール協会競技規則（６人制規則）により競技する。ネットの高さは、身体障がい（聴覚障がい）、知的障がいの男女別で異なり、精神障がいは聴覚障がいの女子と同じ高さとなっている。これは精神障がい者のチーム編成として、試合中に女性プレイヤーが常時１名以上出場していなければならないことによる。ボールは、聴覚障がいと知的障がいは(公財)日本バレーボール協会検定球５号球、精神障がいのボールのみ日本ソフトバレーボール連盟公認球を使用することなどが、全国障害者スポーツ大会競技規則として規定されている。

⑥　サッカー（知的障がい）

原則として、同年度の(公財)日本サッカー協会競技規則により競技するが、競技者数や競技時間などは、全国障害者スポーツ大会競技規則により行う。

⑦　フットベースボール（知的障がい）

同年度の(公財)日本ソフトボール協会オフィシャル・ソフトボール・ルールを準用しているが、競技場、用具、プレイヤー、試合方法など、全国障害者スポーツ大会競技規則により行われる。

写真９　ソフトボール

写真10　サッカー

写真11　フットベースボール

2　障害区分の意義と目的

障がい者のスポーツでは、選手の残存機能や障がいの程度が異なるため、ほぼ同じ程度の選手をグループに分類する「クラス分け」が行われている。全国障害者スポーツ大会で行われるクラス分けを「障害区分」という。

障害区分の目的は、競技の公平さを保つことである。トレーニングによって機能障がいが軽度化することはなく、重度の障がいがある選手は軽度の障がいがある選手と対戦した場合、その競技成績にはおよばない。クラスを統合しすぎると障がいの重い選手が勝利することが難しくなる反面、行き過ぎた細分化は障害区分判定が複雑化し、区分のなかで競技が成立しない状況も起こる。障害区分は、重度の障がい者のスポーツ参加とすべての選手にとって競技の公平さを実現していく重要なシステムである。

　全国障害者スポーツ大会に参加する障がいの種類と障害区分について**図1**に示す。三障がいのうち障害区分判定が行われるのは身体障がいのみである。障害区分は、すべての疾患ごとに区分けするのではなく、障がいの原因となった疾患（原因疾患）をある程度統合し、実際の障がいの程度や競技時の補装具などによって区分けしている。肢体不自由1、肢体不自由2、肢体不自由3、視覚障がい、聴覚・平衡機能障がいおよび音声・言語・そしゃく機能障がい、内部障がい（ぼうこうまたは直腸機能障がい）がある。なお、肢体不自由4として、原因疾患に関係なく陸上競技では電動車いす常用者、水泳では浮き具使用者が該当する。

　肢体不自由者の障害区分について、全国障害者スポーツ大会競技規則集（以下、「規則集」）に詳細に記述されているので、十分に理解したうえで障害区分を判定する。また、身体の部位名称について理解しておくことが必要である（**図2・図3**）。

図1　障がいの種類と障害区分

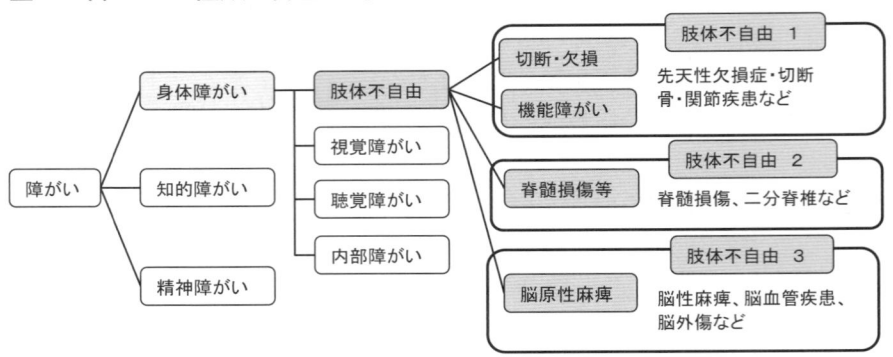

図2　上肢の部位名称と三大関節　　図3　下肢の部位名称と三大関節

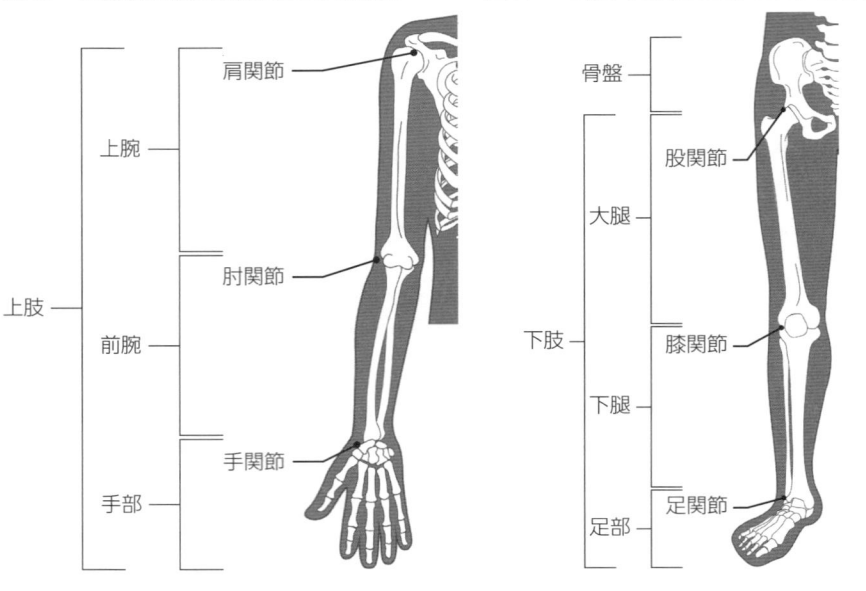

（1）　肢体不自由1

① 切断は、四肢[※5]の一部が切り離された場合をいい、その中でも関節の部分で切り離されている状態を「離断」という。離断は上位（脳に近い部位）の部分の切

断として扱う。例えば、肘関節離断の場合は、上腕切断として区分される。指および手のひらの切断は手部切断※6、足部切断は下腿切断として扱う。

② 機能障がいは、立位や歩行が可能であり、脳以外の神経の損傷や関節・筋に原因があり麻痺が生じたものである。上肢や下肢の三大関節の状態によって「完全麻痺」と「不完全麻痺」※7に分類している。

③ 体幹機能障がいは頸部、胸部、腹部、腰部（脊柱）のみに変形がある場合（脊椎カリエス※8などによる体幹の障がい）が該当する。四肢の機能障がいをともなう場合は身体障害者手帳（以下、「手帳」）に「体幹機能障害」の記載があってもこの区分には該当しない。例えば、手帳に「頸髄損傷による四肢体幹機能障害」の記載がある場合、原因疾患は頸髄損傷であることから車いすを常用※9する完全麻痺者であれば、肢体不自由2に区分する。

（2） 肢体不自由2

脊髄損傷は、脊柱の中にある脊髄の損傷である。脊髄は、上位から頸髄、胸髄、腰髄、仙髄、尾髄に分類され、損傷部位によって運動麻痺や感覚麻痺があらわれる。頸髄損傷は、両上肢・体幹・両下肢に麻痺が生じ（四肢麻痺）、胸髄損傷は体幹と両下肢に、腰髄損傷は、両下肢に麻痺が生じる（両下肢麻痺）。脊髄損傷は事故や疾病が原因の大半を占めるが、先天性の二分脊椎もこの区分に分類している。脊髄損傷や脳原性麻痺以外で上下肢に障がいがある車いす常用（筋ジストロフィー症※10など）の区分は、残存機能や座位バランスなどを留意しながら、脊髄損傷の機能レベルに応じて行う。

（3） 肢体不自由3

脳原性麻痺とは、脳性麻痺、脳血管疾患や脳外傷などによる脳に起因して生じる健康状態の総称である。障がい部位別に片麻痺、両麻痺、四肢麻痺に分類される。片麻痺は、身体の片側に麻痺が生じた状態である。移動は、車いす、杖、短下肢装具など個々の障がいの程度に応じて異なる。車いすを片側の上肢と下肢で駆動する場合が多い。脳血管疾患（脳出血、脳梗塞など）は、運動麻痺、感覚障がいや言語障がいを生じ、片側に麻痺があらわれることが多い。両麻痺は、両上下肢に麻痺がみられるが四肢麻痺と比較すると両上肢の麻痺は軽度である。脳性麻痺による車いす使用者で両麻痺者と四肢麻痺者が同じ障害区分で競技すると上肢機能に大きな差を生じ、公平な競技が成立しない。上肢機能障がいの程度を確認し、軽度の上肢麻痺は四肢麻痺に分類しない。

4 障害区分判定のポイント

（1） 脊髄損傷者の適切な障害区分

① 陸上競技の場合

・競技中に車いすを使用するか、立位で行うのかを確認する。車いす使用であれば肢体不自由2（脳原性麻痺以外で車いす常用、使用）に、立位で行う場合は肢体不自由1（上肢・下肢機能障がい）に該当する。

・損傷部位や完全損傷、不完全損傷のいずれかを確認する。

・四肢麻痺または両下肢麻痺のいずれかを確認する。四肢麻痺の場合、重力に抗し

【解説】※6　片側の手部切断も両側の手部切断も「手部切断」として区分する。

【解説】※7　完全とは、上肢または下肢の三大関節（肩・肘・手関節または、股・膝・足関節）のすべてに機能障がいのあるものをいう。下肢の場合は長下肢装具なしでは体重を支えきれないものをいう。不完全とは、上肢または下肢の三大関節の一または二関節に機能障がいのあるものをいう。

【解説】※8　結核の原因となる結核菌が血管を通じて脊椎に転移して起こる。脊椎の椎骨や椎間板が破壊され、脊椎が変形して曲がっていく。日本では結核が流行した1950年代に多くみられたが、結核の治療法が確立されてからは減少した。

【解説】※9　車いす常用とは、日常生活で常に車いすを使用している場合をいう。「車いす使用」とは、スポーツの場面のみに車いすを使用していることをいう。

【解説】※10　骨格筋の壊死、再生を主病変とする遺伝性筋疾患の総称。症状の特徴や発症年齢などにより、いくつかに病型が分類されている。筋力の低下や様々な運動機能障がい（関節の拘縮・変形、呼吸機能の低下、眼球運動の障がいや表情の乏しさなど）が進行する。骨格筋については、第13章「身体の仕組みと体力づくり」を参照。

・て肘関節を伸展でき、指が伸びれば「第7頸髄まで残存」、できなければ「第6頸髄まで残存」と区分する。さらに、指を曲げて、ものを握ることができれば「第8頸髄まで残存」とする。この場合、指を強く開いたり閉じたりすることはできない。

・座位バランスの有無を確認する。背もたれのない状態で、両手の支えがなく安定した座位を保持できれば「下肢麻痺で座位バランスあり」、不可能な場合は「下肢麻痺で座位バランスなし」とする。

・電動車いす常用であれば、原因疾患にかかわらず「電動車いす常用」に該当する。

② 水泳の場合

・車いす常用の脊髄損傷者が肢体不自由2（脳原性麻痺以外で車いす常用）に該当する。

・損傷部位や完全麻痺、不完全麻痺のいずれかを確認する。

・四肢麻痺または両下肢麻痺のいずれかを確認する。四肢麻痺の場合、第7頸髄まで機能が残存しているか、または第8頸髄まで機能が残存しているかを確認する。水泳の場合、第7頸髄まで残存の区分に第6頸髄まで残存する選手が含まれる。

・座位バランスの有無を確認する。

③ 卓球の場合

・肢体不自由2（脳原性麻痺以外で車いす常用、使用）に該当する。

・損傷部位、座位バランスの有無を確認する。頸髄損傷による四肢麻痺者はすべて同じ区分であり、両下肢麻痺者で座位バランスが不良な場合は「座位バランスなし」、それ以外は「その他の車いす」とする。

（2） 片麻痺者の適切な障害区分について

① 陸上競技の場合

・肢体不自由3（脳性麻痺、脳血管疾患、脳外傷などによる脳原性麻痺）に該当する。

・片側の上肢と下肢を動かして車いすを駆動させる場合は「片上下肢で車いす使用」に区分する。

・立位で競技する選手で、走動作ができない場合は「その他走不能」、走可能[※11]であれば「その他走可能」とする。

・競技中の補装具の使用状況を確認する。日常生活で歩行可能でも競技中に車いすを使用する片麻痺者は車いす使用として区分する。

② 水泳の場合

・肢体不自由3（脳原性麻痺）に該当する。

・患側上肢でストローク動作ができない者は「片側障がいで片上肢機能全廃」、患側上肢でストローク動作が可能でも走動作ができない場合は「その他の片側障がいで走不能」、患側上肢でストローク動作が可能で走可能な選手は「その他走可能」とする。

③ 卓球の場合

・肢体不自由3（脳原性麻痺）に該当する。

・競技中の補装具の使用状況を確認する。日常生活で歩行可能でも競技中に車いすを使用する選手は、「車いす使用」、杖または松葉杖を使用しない立位の片麻痺者はすべて「片側障がい」に区分する。下肢装具の有無は問わない。

（3） 下肢機能障がい者の適切な障害区分について

① 陸上競技の場合

・機能障がいは、残存機能により完全麻痺と不完全麻痺のいずれかに分類する。

・下肢機能障がいは、立位で競技する場合に肢体不自由1に該当する。車いすを使用して競技する場合は、「その他の車いす」と区分する（（例）両下肢切断の選手が車いすを使用して競技する場合）。

② 水泳の場合

・機能障がいは、残存機能により完全麻痺と不完全麻痺のいずれかに分類する。

・下肢の切断や欠損による車いす使用者は、「座位バランスあり」に区分せず、切断の区分を適用する。

③ 卓球の場合

・下肢機能障がいは、立位で競技する場合は、肢体不自由1に該当する。車いすを使用して競技する場合は、肢体不自由2の「その他の車いす」に区分する。

5　障害区分判定を行うときの注意点

・最新の規則集で障害区分に関する部分を熟読し、理解しておく。

・障がいの原因疾患を確認する。

・競技中に使用する補装具を確認する。

・手帳の記載のみで判定せず、実際の障がいの程度、障がいの部位について確認する。

・障害区分番号は競技により異なるので、その都度確認する。

・競技により、障がいの区分方法が異なるので注意する。例えば、切断で車いす使用者の場合、陸上競技は肢体不自由2の「その他の車いす」、水泳は肢体不自由1の切断として適切な区分判定を行う。

・年齢を確認し、年齢区分を明確にする。性別を確認し、出場競技の種目との整合性を確認する。

第26章　全国障害者スポーツ大会選手団編成と スタッフの役割

【学びのポイント】
1）全国障害者スポーツ大会の選手団編成について、選手、役員（監督、コーチ、総務員など）の割当て人数を算出する仕組みや選手の参加資格について学ぶ。
2）個人競技、団体競技の選手選考の仕組みについて理解し、予選会の実施や選手の選考や参加申込手続きなどの流れを学ぶ。
3）帯同コーチとして障がい者スポーツ指導員に求められる資質や役割、配慮すべき内容を学ぶ。

1　選手団の編成

　全国障害者スポーツ大会の選手団は、都道府県・指定都市単位で編成される。全国障害者スポーツ大会開催基準要綱（以下、「基準要綱」）と同細則には、選手団編成や申込に関わる詳細が定められており、これらは、毎年発行される『全国障害者スポーツ大会競技規則集』に掲載されている。

(1)　選手団構成人数と参加資格

　選手団は選手と役員（監督、コーチ、総務など）で構成される。個人競技の選手出場枠は、都道府県・指定都市ごとの障害者手帳の発行数を按分し主催者が決定する。主催者は派遣者となる各都道府県・指定都市選手団へ通知する。この出場枠以内の選手と、選手数から算出した数の役員で選手団が編成される。一方、団体競技は、競技ごとに選手と役員の数を規定している。

　選手の参加資格は、基準要綱の7項に定められた条件を満たす者である。また、障がいの種類や程度、年齢により参加できる競技や種目が異なるため、参加基準要綱別表で確認する必要がある。

(2)　選手選考

　基準要綱の9項では、選手選考に当たっては、都道府県・指定都市で選手選考規定を定め、選手選考委員会などを開き選考することや、大会出場未経験者の出場に配慮する旨、明記されている。

　個人競技は、都道府県・指定都市単位で予選会を行い、選手選考委員会で定めた選考規定により選考するのが一般的である。選考規定は、派遣方針により選手団ごとに異なっており、競技力を重視し出場経験者の連続出場を認めている選手団、一定の選考除外期間を設けて出場経験者を選出する選手団がある一方、より多くの選手に出場機会を与えるため大会出場未経験者のみを選考対象とする選手団があるなど様々である。

　団体競技は都道府県・指定都市で組織された代表チーム（選抜チームや予選会勝利チーム）が、基準要綱細則で定められている6地区のブロック予選へ挑み、出場権が得られると全国大会へ出場できる。

（3） 選手団の派遣日程および費用

選手団の派遣日程は、1日目（移動日）、2日目（公式練習・監督会議）、3日目（開会式・競技）、4日目（競技）、5日目（競技・閉会式）、6日目（移動日）という5泊6日が標準である。開催地の近隣選手団は、公式練習日に移動するケースも見られる。

派遣は、都道府県・指定都市が行い、その費用は派遣者（都道府県・指定都市）が負担することになっている。配宿と、交通機関の指定乗降地以降の輸送は大会側が行う。

（4） 参加申込などの手順

個人競技は、大会開催の2年前から、開催地主催者から都道府県・指定都市に対し、割り当てられた選手枠に対して何人の選手団を予定しているか、また、開催地までの行程について参加意向調査を実施している。

都道府県・指定都市では予選会を開き、その結果をもとに選考委員会で派遣候補選手を決定。候補選手に参加の意思があり、健康や障害区分に問題がなければ正式な派遣選手となる。監督やコーチといった役員も同時に決定し、選手と役員を合わせた選手団が組織される。

個人競技は6月30日までに主催者の指定するホームページで参加選手の電子入力を済ませるとともに、所定の申込様式（エントリーシート）※1を主催者へ提出し、申し込みは完了する。病気などによる選手変更は7月20日ごろまで認められる。

団体競技は、ブロック予選を経て代表となった場合、個人競技と同様、6月30日までに電子入力と様式提出を完了させる。選手変更は9月末日が期限となる。

【解説】※1 選手ごとに作成するシートで、障害者手帳の記載内容や障がいの原因となる傷病名、残存機能や補装具の使用状況といった障害区分の根拠となる情報のほか、出場希望種目と自己記録、競技時の介助者や情報保障手段など多岐にわたった内容を記入する。様式は競技ごとに書式が異なり、項目や設問は大会ごとに刷新されている。

2　コーチの役割

選手団の役員は、監督、コーチ、医療スタッフ（医師や看護師）、トレーナー、介助員、総務等である。このうち、監督は競技団体、医療スタッフやトレーナーは専門家に依頼するため、障がい者スポーツ指導員の活躍が期待されるのがコーチである。

コーチは、選手の技術指導だけでなく、申込時の障害区分判定、派遣期間中の生活面の指導や、緊急時の対応など、担当する業務は多岐にわたる。

（1） コーチに必要な資質

① 全国障害者スポーツ大会の位置づけや選手団の在り方の理解

選手が競技等を通じてスポーツの楽しさを体験し、国民の障がいに対する理解を深め、障がい者の社会参加推進に寄与するという大会の目的を再確認する。競技の結果、上位入賞者にはメダルが授与されるが、メダル偏重の指導は避けるべきである。

② 障がいの理解と競技・種目特性の把握

選手一人ひとりで異なる障がいの種類や程度、留意事項を理解したうえで指導する。同時に競技や種目の特性を把握し、トレーニング処方するよう心掛ける。

③ 一般の競技規則を踏まえた大会競技規則の理解

大会競技規則集は、一般の競技規則が基礎になっており、障がいに適合させるために設けられた規則のみ明記されている。そのため、競技ごとに一般の競技規則を

知らなければ正しく指導できないことを理解する。また、パラリンピックなどの世界大会で用いる規則とは異なる部分があることも知っておく必要がある。

④ **障害区分の理解**

大会では障がいの種類や程度によりクラス分けが行われ、パフォーマンスが同程度の選手同士で競技できる「障害区分」というシステムがある。スポーツ指導員はこれを理解し、予選会やトレーニング時に選手の障がいを確認。適切な障害区分でエントリーするよう心掛けることで、大会の公平性が保たれる。

⑤ **補装具の理解**

大会には車いすや杖といった補装具を使用する競技がある。補装具は年々進化し、選手のパフォーマンス向上の要因となるが、本人にあわないものや、メンテナンスが不十分なものを使用すると大きな事故や二次障がいにつながることを理解する。

⑥ **コミュニケーション能力とマネジメント能力**

様々な障がいがある選手から不安や疑問を引き出し、正しい知識や方法を伝えるコミュニケーション能力。さらに他のスタッフと協力し、選手団全体をプラスの方向に導くマネジメント能力が求められる。

⑦ **新たな目標設定の必要性を理解**

選手にとって大会出場はモチベーション向上につながるよい目標である。逆に大会が終了すると燃え尽きてしまい目標を失う選手が多い。コーチはそんな選手に対して、次なる目標を設定し、スポーツとの関わりを継続させるよう支援する必要がある。

(2) 大会前のコーチの役割と留意点

① **エントリー時の障害区分や出場種目の決定**

練習会を実施するなど、エントリー前に選手の様子を見る機会を設ける。理学療法士など医療系スタッフの協力を得ながら、障がい種別や程度、競技で使用する補装具を確認し、適切な障害区分を決定する。出場可能な種目の中で最も選手にあった種目を選びエントリーする。

② **伴走、音源誘導者[※2]、タッパー[※2]や介助者の要否を判断**

視覚障がい選手の場合、障がいの程度や競技スタイルを確認し、伴走や音源誘導者（陸上競技）、タッパー（水泳）の要否を判断し、エントリーに反映させる。また、介助者の同伴[※3]が認められている障がいの選手は、その必要性を確認する。介助が必要であればエントリー時に具体的な理由を添え申請する。

③ **選手の障がいや健康状況の把握**

事前に選手から障がいや健康状況に関する調査票を記し、医師や看護師のメディカルチェックを受けてもらう。その結果、得られた選手の留意事項をコーチも共有し、トレーニング計画や指導に生かす。

④ **トレーニング計画の立案と実施**

選手決定から大会までの期間、選手団主催の練習会や事前合宿を企画・実施する。全体練習のトレーニング計画だけでなく、コーチの目が届かない選手一人ひとりの日常トレーニングにもアドバイスを行う。

また、練習会などは選手の体調、性格、日常の様子を把握する貴重な機会である。選手の保護者や担当の教員、施設職員からも情報を収集し、スタッフ全員で共有する。

【解説】※2　いずれも視覚障がい者の競技において援助をする者。音源誘導者（コーラー）は陸上競技の走幅跳や投てき種目において、跳躍（投てき）方向等を音源や声で選手に知らせる。タッパーは水泳のゴールとターンの際、安全な棒などで選手の身体の一部をたたいて合図（タッピング）する。

【解説】※3　介助者の入場申請が認められると競技場に入場できる競技がある。介助者は衣服の脱着や移動介助といった選手が困難を要する事柄はよいが、競技に関する指導や助言は助力行為として禁じられており、発覚した場合は失格となる。なお、陸上競技や水泳では介助員申請対象の障害区分が決められている。

⑤ 傷害保険への加入

選手団結成後、選手・スタッフを傷害保険に加入させる。練習会等は数回行われるため、(公財)スポーツ安全協会の「スポーツ安全保険」など、年間で加入できる保険が望ましい。

(3) 大会期間中のコーチの役割と留意点

① 公式練習やウォームアップ・クールダウンの指導

大会では、公式練習日が設けられ、選手団ごとに指定された時間に大会会場で練習することができる。限られた時間内で効率よく練習できるよう、事前にスタッフ間で練習内容や担当を決めておくほか、競技場滞在中にウォームアップ場や選手招集所、トイレの所在地など、大会当日の動線となる場所や移動時間を確認しておく。大会当日のウォームアップ・クールダウンもコーチの重要な役割であり、出場選手に対してどのコーチが対応するかを選手・スタッフとも認識しておく必要がある。

② 選手誘導

大会期間中、競技場の周りは大勢の人で混乱する。ウォームアップ終了後、選手招集所への移動、競技終了後のクールダウンへの移動はコーチが確実に選手を誘導する。競技によっては介助者として競技場に入場することもある。

③ 選手の健康管理

長きにわたる派遣日程に加え、早朝から夜間まで競技場で過ごす大会期間は、選手にとって大変過酷である。そのため、選手の健康チェックと病気やけがの予防が重要である。コーチは選手の顔色、食事の摂取状況、常備薬の飲み忘れがないかなど健康状態を観察し、変わったところがあれば声を掛け、帯同する医療スタッフに相談する。また、選手に休息を確実に取らせ、マッサージやストレッチで疲労を取るなど生活指導が重要である。過去には、大会期間を前に新型インフルエンザが大流行し、大会側からマスク着用とうがい手洗いの徹底を義務づけられたことがあり、選手への指導をコーチが担当した。そういった事態への対応も想定しておく。

④ 総務としての役割

選手団や種目の規模によっては、コーチが総務を兼務する場合がある。その場合、選手のサポートに加え、選手団の全体総務や宿泊施設、大会実施本部員（主催県の競技別選手団係）との連絡調整に加えて弁当券や小口現金の管理といった業務を担当する。

(4) 大会後のコーチの役割と留意点

① 結果と評価

選手は競技を通じてスポーツの楽しさを体験することが大会の目的であるので、メダル獲得だけで競技結果を評価してはならない。自身の記録が残る競技であれば、自己ベストが出たかどうか。相手との勝敗で順位を決する競技は、自身の求めるパフォーマンスができたかどうかをコーチは評価し、選手に伝える。褒める要素を多く探すことで、大会出場は選手にとっての大きな成功体験となる。

② 新たな目標設定

選手選考は各選手団で異なるため、選手は毎年大会に出場できるわけではない。ジャパンパラ競技大会※4や競技別の選手権大会といった、より競技力が求められる大会を目指すなど、新たな目標設定の支援がコーチの最後の役割である。

【解説】※4 (公財)日本障がい者スポーツ協会パラリンピック委員会が競技団体と共催して開催する国内最高峰の競技大会。1989年に国際パラリンピック委員会（IPC）が設立され、パラリンピックが世界最高峰のエリートスポーツ大会となったことを契機に、わが国の競技力向上と記録の公認を図ることを目的として開催されている。夏季競技（陸上、水泳、ゴールボール、ボッチャ、車いすラグビー）や冬季競技（アルペンスキー）の大会がある。

第27章　全国障害者スポーツ大会競技の指導法と競技規則

【学びのポイント】

1）全国障害者スポーツ大会の実施競技、種目の概要、競技規則について理解し、その指導法（とくに初心者への導入方法および留意点）について、実技を交えて学ぶ。

1　陸上競技

　陸上競技は、「走る・跳ぶ・投げる」という運動能力を「速さ・高さ・長さ」で競う競技である。そして通常は、「競走競技・跳躍競技・投てき競技・混成競技」に分けられる。また、トラック競技（競走競技）・フィールド競技（跳躍競技・投てき競技）・道路競技（マラソン・ロードレース・駅伝）にも分けることができる。

　現在、全国障害者スポーツ大会において実施していない陸上競技種目（主に日本選手権、オリンピックなどの大規模な大会との比較）は、5000m・10000m・障害走（100mハードル・110mハードル・400mハードル・3000m障害）・4×400mリレー・三段跳・棒高跳・円盤投・やり投・ハンマー投・競歩・混成競技・道路競技である。その一方で、スラローム、ビーンバッグ投は全国障害者スポーツ大会ならではの種目であり、その他に、50m、立幅跳、ソフトボール投、ジャベリックスローといった体力スポーツテストや他の陸上競技大会実施種目も取り入れ、様々な障がい者が取り組みやすいように工夫している。

　以下に、『全国障害者スポーツ大会競技規則集』の中から陸上競技の規則の解説や指導をするうえでの注意点を、大会ならではの種目や用具の使用方法を中心に説明していく。

(1)　競走競技

①　50m競走

　陸上競技を始めたばかりの選手も出場しやすいように、車いすを使用している選手は日常用車いすを使用して出場しなくてはならない。また、車いすを使用する選手以外の選手はスターティングブロックを使用せず、スタンディングスタートで出場することとしている。

②　車いす使用者の競走競技（車いすの紹介と注意点）

1）日常用車いす

　50m競走は日常用車いすを使用しなければならないが、100m競走や200m競走においても日常用車いすを使用して競走競技に出場する選手もいる。日常用のため乗り慣れているという利点は大きいが、レース用ではないので、足をフットレストから落とさないための工夫や、身体を固定させるためにベルトを使用する必要がある。

2）レーサー（競走競技用車いす）

　800m以上の競走競技ではレーサーを使用しなければならない規則ということもあり、50m競走以外の競走競技に出場する選手において、レーサーを使用する選手は以前に比べてかなり多くなった。しかし、日ごろからレーサーで練習していない

選手もおり、レーサー初心者は以下の点に十分注意しなければならない。

  a 日常用車いすからレーサーへの乗り移りのときは十分に注意する。とくに初心者は指導者などと乗り移る方法を考えながら落下がないよう慎重に行いたい。

  b 重心が日常用車いすよりも後方にあり、前輪が上がりやすいので転倒には十分注意が必要。

  c 日常用車いすと比べスピードが出る一方で、細かい動きができないつくりであるため、他の競技者や競技場内設置物などへの接触に注意が必要。

  d 本人用にサイズを測定し製作できれば問題ないが、そうではなく身体にあっていないレーサーを使用する場合は、特定部分に負担がかかり身体に傷ができる原因となる場合もあるので、十分注意する。

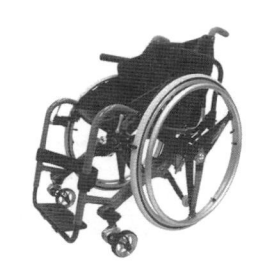 

写真1　日常用車いす　　　写真2　レーサー（競走競技用車いす）

〈写真提供〉㈱オーエックスエンジニアリング

③　視覚障がい者の競走競技

1）伴走者の注意点

  a 伴走者はフィニッシュでは選手の斜め後ろを走り、写真判定の妨げにならないようにしなければならない。

  b 伴走者は選手を引っ張ったり、押して前進させるといった速く走る手助けをしてはならない。

  c 伴走方法としては、伸縮性のない50cm以内の紐など（紐でなくてもよい）を持つなどによって進む方向を教えてもよい規則になっているが、スムーズな腕振りをするためには、紐を持って伴走する方法が一般的である。

  d 伴走者は選手の右側、左側のどちら側を走ってもよい。選手と伴走者のコミュニケーションの中から決定することが望ましい。

2）音源走での注意点

  a 練習において、選手は音源が近くなってくると衝突するかもしれない不安からスピードを落としてしまう場合がある。近づいてきたら後方に下がりながら誘導をする配慮も必要である。

  b 選手の正面からの音源や声によって誘導する場合、レーンをそれてしまった場合の「右」「左」の声かけは誘導者のそれとは逆になるので注意する。

写真3　伴走者使用の競走競技

④ スラローム

1）主な規則と解釈

 a 電動車いすの時速の差が勝敗に影響されないようなコースレイアウトとなっている。

 b 旗門を倒した場合は、1本につき所要時間に5秒を加算する。ただし、倒した旗門に再び触れた場合は違反としない。

  →触れても倒さなければ5秒の加算はしない（触れて旗門がずれても倒れなければ加算はしない）。また、倒して5秒の加算が与えられた場合にはやり直しをする必要はない。

 c 白色の旗門は前進、赤色の旗門は後進によって通過しなければならない。

  →通過するとは、前進の場合は「用意」の姿勢をとったときのスタートラインに近い側にあるすべての車輪が、遠い側にある車輪よりも先に旗門間を通過することである。後進はその逆をいう。

 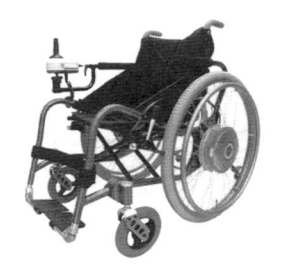 

写真4　電動車いす　　　　　　　　写真5　コース写真

〈写真提供〉スズキ㈱、㈱オーエックスエンジニアリング

（2） 跳躍競技

① 走高跳（視覚障がい者）

　助走はしなくてもよいが、両足で踏み切ってしまうと立高跳になってしまうので、片足で踏み切らなければならない。

② 走幅跳（視覚障がい者）

　助走する方向や踏切地点を知らせるために声や音響による援助は認められる。主な例としては、ハンドマイクを使用し声で誘導したり、"手ばたき"またはカスタネットやタンバリンなどの音を使用する場合もある。その際、競技場の形状（屋根のある、なし、観客席の高さ）や風向きによって音の伝わり方は違ってくるので、援助者は十分に注意しなくてはならない。

写真6　"声"および"手ばたき"による援助　　　　写真7　走幅跳の踏切板

③ 走幅跳の踏切板（視覚障がい者）

　走幅跳の踏切板は、長さ1mとし、着地点と踏切地点の延長線との最短距離を測

る。また、踏切板の手前で踏み切った場合には、着地点と踏切板の砂場より最も遠い方までの最短距離を測る。

計測方法例

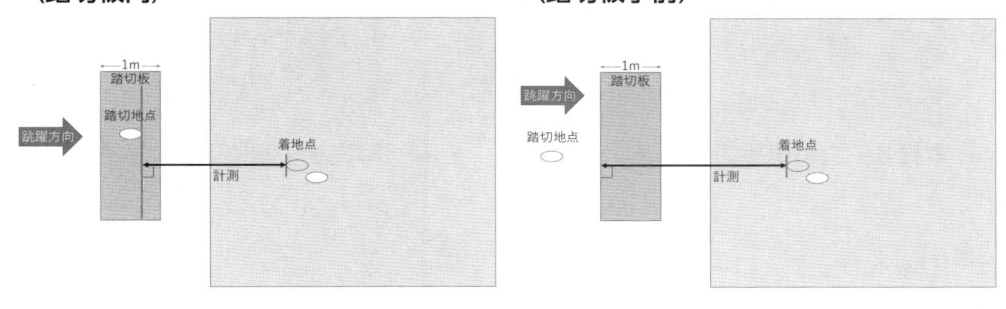

（踏切板内）　　　　　　　　　　　　**（踏切板手前）**

④　立幅跳

　立幅跳の砂場から踏切板（白色の粘着テープ等使用）の距離は0.3mとし、助走方向を知らせるための声や音源による援助は認められないので、練習時から注意をされたい。

⑤　立幅跳（視覚障がい者）

　視覚部門の立幅跳における踏切線の確認の際に、介助者が競技者の身体に触れて方向確認の援助をすることは認められるが、他の障害区分同様、跳躍方向からの声や手ばたきで方向を示すことは認められていない。

（3）　投てき競技

　投てき種目は、砲丸投、ジャベリックスロー、ソフトボール投、ビーンバッグ投の４種目である。競技スタイルは、立位、座位に分けられる（障害区分参照）。投てき種目は、「より遠くへ投げる」飛距離を競う種目である。指導者は指導にあたる選手の障がい特性などをよく理解し、選手の特徴を活かした投てき動作を獲得するため根気強い指導が求められる。

①　砲丸投

　重さ４kgまたは2.72kgの砲丸を使用するため、日頃から筋力などを鍛えていなければけがをするおそれのある種目である。砲丸投(shot put)は、「砲丸を押す、突く」という動作であり、重量のある砲丸を投げる動作(throw)で行うと、筋や靭帯の損傷につながりけがを起こしやすくなるので指導者は十分な注意が必要である。

　「砲丸投は、プッシュ（押す・突く）で投てきしなければならない」

★基本的な持ち方は、人差し指と中指の間隔をややせまくし、親指と小指は砲丸が落ちないように軽く触れる程度で保持する。砲丸の重心の位置は、中指付け根が基本となるが、投てき時に手首のスナップが十分活かせるように指の間隔などを自分に合ったものにするとよい。

★基本的な構え方は、砲丸を、肩の真上にさしあげ、そのままリラックスして肘を曲げ、あごの下にセットする。砲丸が耳の後ろに位置するように構えると、十分な押し、突き動作ができなくなるので注意が必要である。

★立位の選手への指導では、障がいの特性を考慮することは当然であるが、基本的には、下半身の力も十分活かす全身運動を意識させると効果的である。

★座位の選手への指導は、座位バランスが確保できる状態を確認し、その上で投射角（投げ出す角度）を意識させると効果的である。

写真8　立位選手の投てき
「提供：パラスポ！」

写真9　座位選手の投てき
「提供：パラタイムズ」

② 　ジャベリックスロー

　　ジャベリックスローとは、「やりのようなもの投げ」という意味である。やり投選手のフォーム矯正のために考案された長さ70cm、重さ300gのターボジャブという用具を使用する。ジャベリックスローは、ターボジャブをやり投のように投げる種目であり、投げ方もやり投の規則に準じて行われ、自由な投げ方はできない。

　　「ジャベリックスローは、オーバースローで投げなければならない」

★基本的な握り方は、親指と人差し指でグリップの尾翼側の端をつまみ、他の指は軽く添える方法となる（**写真10**）。

★応用的な握り方は、親指と中指でグリップの尾翼側の端をつまみ、他の指は軽く添える方法がある（**写真11**）。また、野球のボールを投げるような、人差し指と中指で尾翼側の端を挟み、他の指は軽く添える方法もある（**写真12**）。

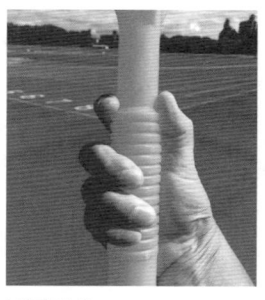

写真10　　　　　　　　**写真11**　　　　　　　　**写真12**

★握る際の目印：ターボジャブのグリップの尾翼側にあるＶ字マークに指を合わせると正しい握りがしやすくなる。

★握り方の目安：グリップ部に縦一列に配置された突起が手のひらに沿うように保持し、手のひら全体で軽く包み込むような感じがバランスのよい握りの目安である。

★投げ方：やり投の投てき技術を参考にするとよい。

★立位の選手への指導：障がいの特性を考慮することは当然であるが、基本的には、下半身の力も十分活かす全身運動を意識させ、ターボジャブが空気抵抗をあまり受けないように目標方向にターボジャブの先端がまっすぐ向かっていくように投げ出すと効果的である。

★座位の選手への指導：座位バランスが確保できる状態を確認し、その上で投射角（投げ出す角度）を意識させる。また、ジャベリックスローはオーバースローのために上体の起き上がるタイミングと投げ出すタイミングの取り方が難しいので、タイミングの取り方を意識すると効果的である。

③　ソフトボール投

　使用するソフトボール：(公財)日本ソフトボール協会公認のゴム製3号球を使用する。基本的には、やり投の規則に準じて行うが投げ方は自由※1である（アンダースローなども可）。

★基本的な握り方：手や指のサイズによって異なるが、手が大きく、指が長い選手は、人差し指・中指・親指の3本の指で持つ方法（**写真13**）が一般的である。手が小さく指が短い選手は、人差し指・中指・薬指・親指の4本の指で持つ方法（**写真14**）となる。いずれの方法も、手のひらとボールとの間に少し空間が空くように持ち、縫い目に指先を引っ掛けるように投げるとよい。

【解説】※1　ソフトボール投は、投げ方が自由であるがために容易に出場できる種目でもある。しかし、障がいの特性によっては無理にオーバースローを習得させるとけがをするおそれがある。指導者は、選手一人ひとりの特徴を十分理解し把握することを忘れてはならない。

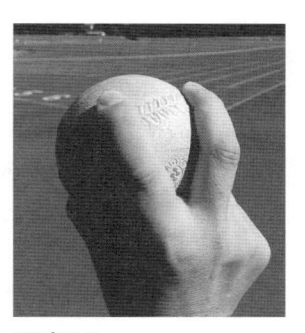
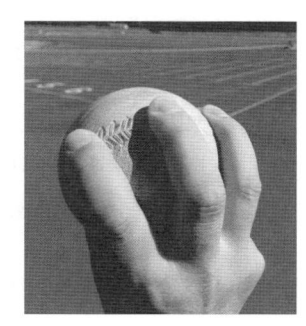

写真13　　　　　**写真14**

★立位の選手への指導：障がいの特性を考慮することは当然であるが、基本的には、下半身の力も十分活かす全身運動を意識させ、目標方向にまっすぐソフトボールが下から上に回転が生じるオーバースローで投げ出すと効果的である。

★座位の選手への指導：立位の選手同様、投げ方の基本は押さえ、座位バランスが確保できる状態を確認し、そのうえで投射角（投げ出す角度）を意識させる。

④　ビーンバッグ投

　ものが「握りにくい、つかみにくい」といった特徴を有する四肢麻痺または両上肢の障がいが重度の人で、車いす常用の人が対象である（障害区分参照）。

　ビーンバッグの形状は、12cm×12cmの布または適当な材質の袋に、よく乾燥した大豆などを入れたもので、重量は150gである。ビーンバッグ投は、対象となる障がい特性に考慮し投げ方は自由である（足にのせて蹴り出すなども可）。

　ビーンバッグ投は、「動く機能を最大限に活かす」という考え方から生まれた種目であり、指導者は、障がい者スポーツの原点を忘れず、選手一人ひとりの特徴を活かす指導を心がけなくてはならない。

写真15　ビーンバッグ

写真16　電動車いす常用者の投てき

　個人メドレーを除く、4泳法（自由形、背泳ぎ、平泳ぎ、バタフライ）について、障害区分別、男女別および年齢区分別に、25mおよび50mの種目が設けられている。

　リレー種目については、知的障がい選手のみの種目として設けられており、男女混合で行われる。

　競技規則は、一般の競泳規則を基本としているが、障がいゆえにできないことを考慮して、緩和された規則や例外事項があるので、十分に理解しておく。

（1）　初心者を対象とした導入方法と留意点

①　水泳の特性

　水泳は、水の抵抗や浮力、熱伝導率、水圧など、媒介となる水の特性に影響を受け、固定した支持点なしでの運動、浮力の影響による自己の体重が軽くなる、水面に平行な体位で動作する、自分の動作がみえにくい、呼吸動作が必要、などの特性を持つ。

　指導にあたっては水泳の特性および水の特性をよく理解しておくことが肝要である。その特性が個々の障がい者にとってどのように影響するかについても十分な考慮が必要である。

②　一般的な水泳の指導過程

　活動の形態などが多様化する水泳であるが、一般的なねらいとして、ある泳法で一定の距離を泳ぐことがあげられる。このようにとらえた水泳の指導要素は次のようになる。障がいに応じた工夫や配慮、介助が必要である。

　　1）入退水：障がいによっては、入水と退水に介助や用具などが必要な場合がある。

　　2）水慣れ：浮力の作用や水の抵抗など水の特性を感じ、慣れていく。

　　3）呼吸すること：息こらえや水中での呼気など、陸上とは異なる呼吸法を習得する。

　　4）浮く（立つ）こと：浮いた姿勢から立位をとることなど体位の変換も併せて習得する。

　　5）進むこと：推進力を生み出す動作を習得する。

　指導の順序はおおむね1）〜5）の順になるが、呼吸することについては水慣れの段階から同時並行して習得を進めたい。浮き姿勢での呼吸動作や進みながらの呼吸動作など各々の要素において習得が必要である。

③　指導の要点

　指導においては、障がいの特性をよく理解し、水泳の環境や活動がどのように影響するのかについて十分に把握しておく。水温や室温、体温保持や身体保護のための水着の選択※2、水深、浮心と重心のバランスの理解などについて工夫・配慮することが大切である。また、マット類、浮助具、絵カード、遊具などについても適切に活用していく工夫が望ましい。

　障がいにより難しいことがある場合には適切な配慮が必要である。恐怖心のある場合や脳性麻痺などの障がいによっては、心理的な緊張から、水中動作がぎこちなくなることや適切なタイミングでの動作が難しいことがあるので、心理的な要素にも十分に配慮する。ボディイメージが弱い場合には、実際の動作を「手取り足取

【解説】※2　近年は、水着の形状や機能、身体を覆う面積なども多様になってきている。保温機能の高いものや浮きやすい水着、半袖や長袖のラッシュガードなどが市販されているので、目的に応じて選択するとよい。

り」補助して、身体の動きと感覚の関係を習得させることが望ましい。介助は安全で安心感を与えるものであることが大切である。

1）入退水

ひとりで入水や退水することができない場合には介助が必要である。介助とは、基本的にはひとりでできないことを手助けしてもらうことをさすが、練習を繰り返すうちにできるようになることもある。また、例えば、車いす使用者であっても、障がいの種類や程度、場面によって、必要な介助は異なるので注意する。

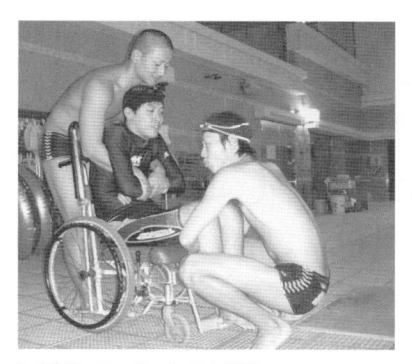 

写真17　入水の様子

写真18　退水の様子

2）水慣れ

一般的な水慣れの他に、浮助具などを支えに水中歩行・水中体操する方法などもある。水中で自発的な動作やひとりでの立位保持が難しい場合などは、水中での介助が必要になる。恐怖心や緊張感を和らげ、浮力や抵抗を感じるために介助者が行う水中リラクゼーションプログラムなども活用するとよい。

写真19　水中介助　　　　写真20　水中歩行

写真21　リラクゼーション

3）呼吸すること

　呼気と吸気の適切なタイミングや水中での呼気などを習得する。陸上とは異なる点があるので、自然にできるようになるまで十分に練習する。障がいによっては介助者が口元を押さえて水を飲まないようにするなど、介助が必要な場合がある。

4）浮く（立つ）こと

　障がいに応じた自分なりの浮き姿勢とそのコントロールを習得することが肝要である。頭部の位置と体幹のコントロールに留意すると効果的である。浮き身の変換（例えば、伏し浮きや背浮きから立位を確保する、伏し浮きから背浮きとその逆）など浮いた身体のコントロールを十分に練習する。

写真22　縦の回転

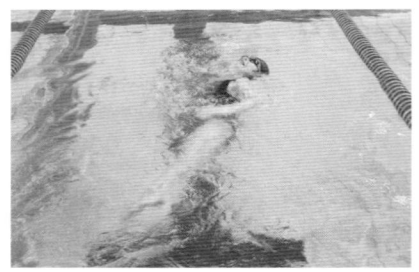
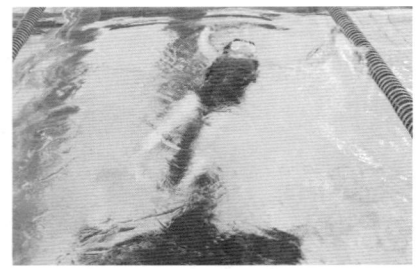

写真23　横の回転

５）進むこと

　抵抗の少ない姿勢や動作で、効果的に推進力を生み出すことが必要だが、障がいの特性をよく考慮することが肝要である。初期段階では、一般的なフォームにとらわれすぎず、なめらかな動作やリズミカルな動作で一定距離を進むことを目標とするとよい。

　脳性麻痺など障がいによっては、息つぎ動作などに姿勢反射※3の影響を受ける場合がある。また、障がい部位の影響が異なる部位や動作にあらわれることもあるので注意する。

④　その他

　競技の指導については、全国障害者スポーツ大会の競技規則および障害区分は、パラリンピック競技大会、ジャパンパラ競技大会などのそれらとは、異なる部分があることを十分に理解しておく必要がある。

【解説】※3　頭部の回転によって上下肢の屈曲、伸展どちらかが優位となる非対称性緊張性頸反射（ATNR）などの原始反射が残存することがあり、水泳中の動作が影響を受けることがある。例えば、クロールの息継ぎ側の腕において、ハイエルボーが保てない、など。

3 アーチェリー

　アーチェリーは障がいのある人とない人がほぼ同じルールで競い合える数少ないスポーツの1つである[1]。また、アーチェリーは年齢、性別を問わず競技スポーツから生涯スポーツまで幅広く楽しめる競技である。

　身体障がい者のアーチェリーの歴史は他の競技より古く、競技に関していえば1948（昭和23）年（第14回オリンピック・ロンドン大会の開会式の日）にストーク・マンデビル病院（英国）で行われた車いす使用者による大会が発祥である。

　これをきっかけに、1960（昭和35）年の第17回オリンピック・ローマ大会直後に同じ競技場で開かれた「第9回国際ストーク・マンデビル競技大会」が「第1回パラリンピック競技大会」と位置づけられ、現在に至る発展を遂げるきっかけとなった。

　過去には身体障がい者の選手が、オリンピックに出場したこともあり、近年ではリオデジャネイロオリンピック、パラリンピックの両大会に車いす使用の女性が出場している。

　ここでは、身体障がい者がアーチェリーをするうえで、ルールを理解し道具を工夫することで「できる」スポーツであることを紹介し、指導におけるヒントとしたい。

(1) アーチェリーの競技規則と指導上の留意点

　まず、アーチェリーを指導するにあたり大切なことは、アーチェリーを始めようとする対象者の障がいおよび身体状況を十分理解することである。

　次に、対象者に該当する競技規則およびルールを確認、さらには（障がい程度により）使用の許される道具などを検討し「できる」方法を提案することが大切である。

① 行射姿勢

　身体障がいの状況により行射姿勢は大きく3つに分かれる。

1）立位

　下肢に障がいがない、もしくは障がいが軽く長時間の立位姿勢が保てる場合は、立位での行射となる。

　左右の脚長差がある場合は、台などを使用し安定させることができる。こうすることで、腰の安定性が増すため、長時間の行射が可能になり、フォームも安定するようになる。

2）座位［スツール（台）を使用］

　下肢に障がいがあり、長時間の立位姿勢が保てない場合は、スツールを使用して行射することができる。

　ただしその場合、背もたれなどの支えとなるものがないものとし、さらに弓の弦が行射中、スツールに触れてはならない。これは、自分の身体以外で、弓を持っている手（押し手）を支えていることになり、違反となるからである。スツールを使用する場合は、背もたれなどがなく、姿勢の安定するギリギリの座幅のものを選び、立位に近い高さのスツールを使用することを勧めたい。

3）車いす

　下肢に障がいがあり、移動（矢取り）において日常的に車いすが必要な場合使用

することができる。

　多くの車いす使用者については、区分1「第8頸髄まで残存」と、区分2「その他の車いす」に分かれる。

〈共通の規則〉

・背もたれの支柱が腋から11cm以下でなければならない（**写真24**）。介助用の車いすを使用している場合、ハンドル（グリップ）が高い位置にあるものが多いため、行射時に規定以上で体幹を支えていることになり、違反となるので加工が必要となる。

・車いすの背もたれや支柱が、体幹（剣状突起部分）の半分より前方に位置してはならない（**写真25**）。このことをうまく活用できれば、体幹の半分まで背もたれで支えることができるため、バランスを保てるようになり、フォームを安定できる。

・スツール使用の場合と同じく、車いすで弓を持っている手を支えてはならず、ハンドリムやアームレストにも弦が触れてはならない（**写真26**）。これについては、座る位置を変えたり、車いすのクッションを高くしたり、スタンスの向きを変えるなどして対応できることがある。

・足やフットレストを地面に着けてはならない。

〈障害区分1（第8頸髄まで残存）の場合〉

・背もたれの支柱から体幹を支持するもの（**写真27**）や、チェストストラップ（胸部を支持するベルト）やショルダーストラップ（肩を支持するベルト）を使用できる（**写真28**）。この区分に限りストラップの本数や幅、巻き方は自由であり、安定性、可動性などのバランスを考慮し試してもらいたい。

・原則、介助者（本人ができない矢つがえやサイト調整）が認められているのはこの区分のみである。

〈障害区分2の場合〉

・損傷レベルにより座位バランスが不安定な場合は、チェストストラップを1本のみ使用することができる。ただし、

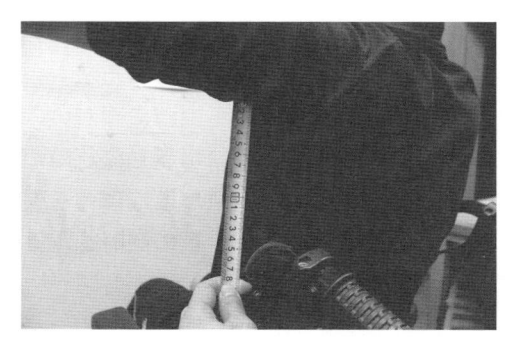

写真24　車いすの支柱と腋が11cm以上離れているかの検査風景

写真25　背もたれや支柱が体幹の半分以下の例

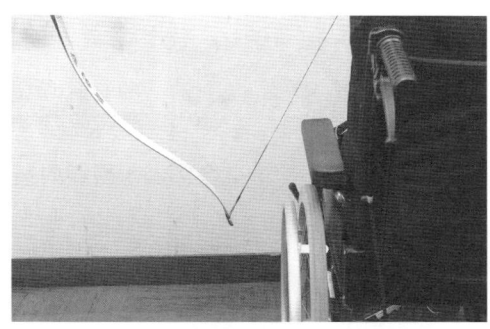

写真26　フルドロー時にストリングが車いすに触れていない様子

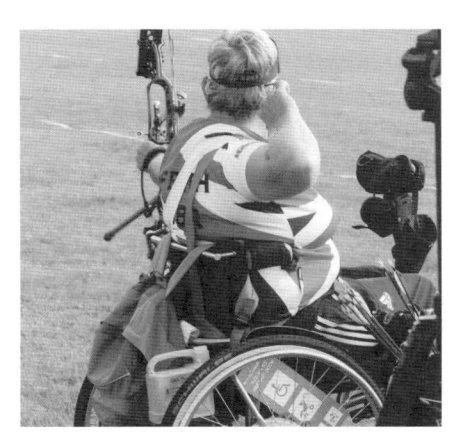

写真27　体幹支持物の使用例

写真28　白…ショルダーストラップ、赤…チェストストラップの使用例

幅が5cm以内で腋から11cm以下に位置しており、地面と平行であること。

② 行射方法

上肢に障がいのない場合、利き手や利き目から右打ち左打ちを判断するが、上肢の切断、機能障がい、脳原性麻痺などがある人は、通常両上肢で押し手や引き手というように弓を引き分ける動作ができない。そのため、行射方法の工夫や道具を活用して行射を行う必要がある。

1）片上肢障がい

押し手や引き手の動作を健側にするか、患側にするかを判断しなければならない。筆者の場合、対象者の健側を押し手とするよう勧めることが多い。理由としては、押し手が安定しないと弦を引く力を加え支えられないからである。そのとき、引き手となる患側の障がい状態にもよるが、切断の場合は、**写真29**や**写真30**のようなリリースエイド（自助具）を使ったり、口で弦を引っ張ったりできるようなものを取り付けるなどの必要がある。

写真29　片側上腕切断者の行射方法例

写真30　片側前腕切断者の行射方法例

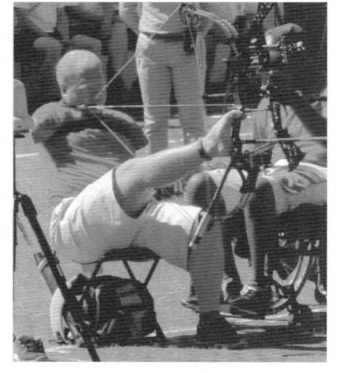

写真31　両側上腕切断者の行射方法例

麻痺などの機能障がい者で患側の肘が肩まで上がり、的と反対方向に引き分ける動きができる場合は、リストストラップ式のリリーサー（機械式の発射装置）を手首に装着して引き分けができるようにすることもある。

2）両上肢障がい

両上肢に障がい（切断や欠損）がある選手の場合、シューティングラインにいすを置き、的に向かって座り、足で矢つがえをし、片足で弓のハンドルを押し、弦を肩に固定したリリーサーで引き分け動作を行って行射している（**写真31**）。

区分1の対象者の場合、弓の種類に限らずリリーサーの使用を勧めることが多い。理由としては、引き手の把持力が弱い（ない）ため、引き分けたときに押し手の力に負けて引き分け動作ができないことが考えられるからである。ただし、リリーサーを使えばすぐに発射させることができるかというと、そうではなく、残存能力を生かして発射動作につなげるような加工が必要な場合もあり、正確な操作ができるようにするためには、時間も必要となる。

さらには押し手側の肘関節の伸展筋力が弱く伸展しにくい場合は、肘に装具をつけて安定させることも認められている（**写真32**）。

写真32　押し手側の肘に装具を使用する例

③　弓の種類と特徴

　競技に使われる弓は主に「リカーブボウ」（**写真33**）と「コンパウンドボウ」（**写真34**）がある。「リカーブボウ」は、弓本体と弦を引き離し、その反発を利用する。

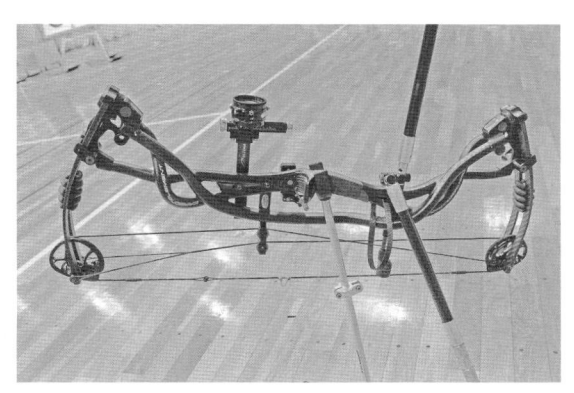

写真33　リカーブボウ　　**写真34　コンパウンドボウ**

　それは、基本的に指（人差し指、中指、薬指）にタブという皮を被せ、弦が直接指に当たらないようにするもの（タブ）を使用して引き分ける。「リカーブボウ」は引き離せば離すほど力が必要となり、リリースする前にエイミング（照準器で狙いを定める）のとき、最大の負荷がかかり、リリースと同時に解放される。

　一方「コンパウンドボウ」は、リム（弓の上下にある板）にカム（滑車）がついており、弦を引くと同時にカムが連動し、一定以上引くと弦の重さが半分以下に落ちる（レットオフ）という仕組みになっている。

　そのため「リカーブボウ」と「コンパウンドボウ」を比べると、同じポンド数の弓を引き分けた場合、後者の方が軽い力でフルドロー（引ききった状態）を維持できるため大きな力を入れ続けることなくエイミング（狙い）に集中することができる。

　また「コンパウンドボウ」は、必ずリリーサーを使って弦を引くことから、指で引くよりも発射効率が高く、女性をはじめ子どもや高齢者など比較的体力のないアーチャーでも十分な矢飛びが得られる。

　身体障がい者の国際大会では「リカーブボウ」での出場者より、「コンパウンドボウ」での出場者の方が多くなってきており、今後も増加していくことが予測される。

（2）　その他

　アーチェリーは危険をともなう競技でもあることを忘れてはならず、指導者は安全に楽しめるよう指導していくことが大切となる。また指導者は、そこを理解したうえで指導、支援の仕方次第で「できる」を感じられる競技であることを伝えていただきたい。

4　フライングディスク

【解説】※4　ファーストバックモデルは、数種類あるフライングディスクの形状の一つである。リム（ディスクの外周部分）が比較的薄めにつくられており、誰でも握りやすい形状になっている。また、他のディスクより軟らかく、軽めにつくられているため、安全性にも優れている。スペシャルオリンピックス、そしてゆうあいピックのときより、障がい者フライングディスク競技のディスクとして採用されている。

(1)　競技の概要

　全国障害者スポーツ大会で行われる種目は「アキュラシー」と「ディスタンス」の2種目である。使用するディスクは「ファーストバックモデル※4」（直径23.5cm、重さ100±5g）である（**写真35**）。

①　アキュラシー

　スローイングの正確性を競う種目である。ディスリート・ファイブとディスリート・セブンの2種目がある。スローイングラインから5mまたは7m離れた地点にあるアキュラシーゴール（直径0.915mの輪：**写真36**）に連続して10回投げ、何回通過したかを競う。競技者は、2種類の距離のどちらかを選択する。障害区分および男女別がなく年齢によって組分け（原則として1組8名）をする。

②　ディスタンス

　距離を競う種目で、連続して3回投げ、その最長距離を競う。投げられたディスクの有効範囲はスローイングラインの前方180°以内とする。

　障害区分はなく、男女別、投法別（座位または立位）、年齢により組分け（原則として1組8名）をする。

写真35　ディスク

写真36　アキュラシーゴール

(2)　フライングディスクの基本と留意点 （注：右利きを基準に解説）

　フライングディスクを上手く飛ばすためには、ディスクに強い回転をかけることとディスクの傾きが重要な要素となる。フライングディスクは基本的に屋外で行うスポーツである。ディスクの回転が弱いと風の影響を受けて、まっすぐ飛ばない。また、ディスクが傾いているとその方向に曲がっていくという性質を持っている。指導者はこのようなフライングディスクの基本的特性を理解しておく必要がある。

　この項では、多くの選手が用いる投げ方である「バックハンドスロー」の握り方、投げ方について解説する。

①　握り方

　親指をディスクのトップ（上部）におき、人差し指をリム（ディスクの外側のふち）にまっすぐ沿わせる（**写真37**）。中指、薬指、小指の3本はディスクの裏面に添える（**写真38**）。この握り方は、コントロールしやすいが、飛距離は出にくい。

中指、薬指、小指の3本でリムを包み込むようにする握り方もある（**写真39**）。これは、力を入れやすく飛距離も出るが、逆にコントロールはしづらい。

これらの握り方をクラシック・グリップと呼ぶ。

いずれもしっかりと手のひらに隙間ができないように握ることが重要である。何回か投げるうちに握りが浅くなることがあるので、指導する場合はこの握り方（手のひら深く握る）を繰り返し教えていくことが大切である。

写真37　握り方（表面）

写真38　握り方（裏面）

写真39　握り方（裏面）

② 投げ方

空中で安定した状態で飛ばすためにディスクが強く回転している必要がある。ディスクに強い回転を与えるためには手首の使い方が非常に重要である。回転が足りないとディスクはふらふらして、安定せず、飛距離も出ない。

ディスクの傾きは飛んでいく方向に大きく影響する。手から放たれた瞬間のディスクの傾きによって飛んでいく方向が決まる。水平であればまっすぐに飛んでいく。ディスクの右側が下がっていれば右方向へ曲がり、左側が下がっていれば左方向へ曲がる。

投げる際は、両脚を肩幅くらいに開き、投げる方向に対して右足を少し前に出す。身体の向きは投げる方向に対して左45度程度となる。肩の力を抜いて手首のスナップを使って投げる。ゆっくり、リズミカルに「イチ、ニ〜、サン、シ〜、ゴ〜」のリズムで投げるとよい。「イチ」でディスクをお腹の前で水平・平行に構える（**写真40**）。「ニ〜」で手首を巻き込みながら、体を少しひねるようにしてディスクを左の脇腹の所まで引く（**写真41**）。「サン」でイチの所へ戻すと同時に投げ出し、巻き込んだ手首を遠回りしないように目標方向（相手のお腹）に伸ばし、ディスクを放し手を止める（**写真42**）。「シ〜、ゴ〜」で相手と握手するような手を作り、しっかりと自分の手を見る。

写真40　「イチ」：構えの位置

写真41　「ニ〜」：テークバックの位置

写真42　「サン」：リリースの位置

とくに初心者は右方向へ曲がってしまうことがよくある。その原因の一つとして、スローイング時のディスクの軌道が身体から遠くなることが考えられる。この軌道によりディスクを投げた場合、リリースの瞬間、手のひらが上を向き、ディスクの右側が下がった状態になることが多い。その結果、右方向へ曲がってしまうのである。これを直すには、リリース後、腕を伸ばし、相手を指さすように止める練習をすると効果的である。このとき、手のひらが上を向かないように、真横か少し下に向くように心がける。それでも直らない場合は、はじめからディスクを左側（身体から遠いほうを下げる）に傾けて投げるとよい。

(3) フライングディスクの指導法 (注：右利きを基準に解説)

① 指導の手順

スローイングを指導する際は次の１）から５）のような手順で課題をクリアしていくとよい。正しいスローイングのための重要なポイントは、「正しい握り方」「ディスクの回転」「ディスクの傾き」の三点である。

指導者はつねにこの三点を頭に入れておく必要がある。

１）握り方を身につける（繰り返し正しい握り方を指導する）

２）手首の使い方を身につける（近い距離で、手首を巻き込みディスクに回転を与える練習をする）

３）腕の振り方を身につける（腕を大きく振りすぎないで、肘から始動するように）

４）正確に投げるためのフォームを身につける（リズムよく、いつでも同じフォームで投げられるように）

５）遠くへ投げるためのフォームを身につける（ディスクの傾きに注意し、腰を素早く回転し、腕（特に肘から先）を速く振る）

② 基本的な練習方法

初心者に指導する際は、４m程の距離で相手と向き合い、キャッチボールのようにキャッチディスクをすることから始めるとよい。その際、両手でキャッチングをすると運動量が増え効果的である。大きな腕の振りは使わずに小さな振りでスナップを上手く使いながら、投げるように練習する（正面投げ）。この練習でリリース時のディスクの傾きや手首を上手く使ってディスクに回転を与えているかを確認する。

はじめから遠い距離を投げようとすると、腕を大きく振り回す傾向が強くなり、右へ曲がりやすくなる。そのため、正面投げが確実にできるようになってから徐々に相手との距離を離していく方法がよい。また、身体の向きは正面から少しずつ斜めにしていくとよい。

遠くへ投げるためには、腕を大きく振るのではなく肘から先をコンパクトに素早く振ることが大切である。この際、ディスクの傾きにも注意しなければならない。近い距離を投げる感覚で水平にディスクを離すと右へ曲がってしまう。この場合、ディスクの左側を下げた状態で投げると手から離れた後、ディスクは徐々に水平になる。

車いす使用者や片麻痺者などの瞬間的な動きの難しい人やディスクを上手くキャッチできない人を指導する場合、飛んできたディスクが身体に当たったり、顔面に向かって飛んでくるときなど、恐怖心を与えないように配慮する必要がある。具体的には、隣の人との間隔を十分にとり、近くからディスクを投げるようにする。または直接手渡しするなど、対象者に応じた工夫、配慮が必要である。

ディスクを投げること自体は、運動量としてはそれ程多くない。そこで、運動量

を増やし、また確実にキャッチすることを目的に両手でのキャッチング（はさみ取り）を行ってほしい。

身近にあるペットボトルなどを目標にして、練習するとモチベーションの向上にもつながる。ゲーム感覚を用いながら楽しく練習に取り組んでほしい。

（4）　障がい者に応じて

基本的な事項は上記のとおりである。しかしながら対象となるのは様々な障がいのある人であり、その人の状況に応じた基本の応用が肝要であることから指導者にはその人に最も相応しい指導法を把握することが求められる。

そのような指導者を養成するため、毎年全国で20数か所「指導者のための講習会」が開催されている。

"その人に適した楽しいフライングディスクが望ましい"

卓球競技は全国障害者スポーツ大会において、一般卓球とサウンドテーブルテニス（STT）に分けられる。一般卓球は、肢体不自由者、視覚障がい者（弱視）、聴覚障がい者、知的障がい者、精神障がい者の競技として、またSTTは、視覚障がい者の競技として実施されている。両競技とも（公財）日本卓球協会制定の「日本卓球ルール」を基準として行われる。

（1） 卓 球

卓球は、生涯スポーツから競技スポーツまで、ルールや用具を工夫することにより、幅広い目的を持って親しむことができる。脳血管障がい者等のリハビリテーションのほか、筋力、調整力、持久力などの体力向上や、認知症予防にも用いられ運動効果を上げるなど、健康スポーツとしても注目を集めている。卓球スタイルは、障がいのない人のスタイルと大きく変わるわけではない。ただし、車いす使用者については、幾つかのルールが加えられる。主なルールは、「サーブがサイドラインを横切らないように行わなければならない」といったものである。横切ったサービスが出された場合にはレット（やり直し）となる。車いす使用者はどうしても移動範囲が制限されることから、サービスのみに前記のようなルールが適用される。また、プレー中、競技者のフリーハンド（手首から先）がコートに触れた場合は、相手に1ポイント与えることになっているが、障害区分によっては、フリーハンドがコートに触れても失点としないルールがある。

① 初心者への導入方法と留意事項

指導者は、事故や障がいの悪化を未然に防ぎ、安全に楽しく取り組むことが前提であり、対象者の障がいの特性、体力、目的等を的確に把握し指導する。以下、初心者に対する指導方法および留意事項を示すが、対象者一人ひとりの個別性を踏まえ対応することが必要である。

1）ラケット

ラケットの形状は、大きく分けてシェークハンドとペンホルダーの2種類に分けられる。シェークハンドは、握手という意味のとおり、握手をするようにグリップを握る。両面にラバーが貼られており、フォア、バックを使い分けて打つことができる。ペンホルダーはペンを持つようにグリップを握る。フォアの面にラバーを貼り打球する。ラケットの裏の白木では打つことができないため、裏を使用する場合はラバーを貼る。

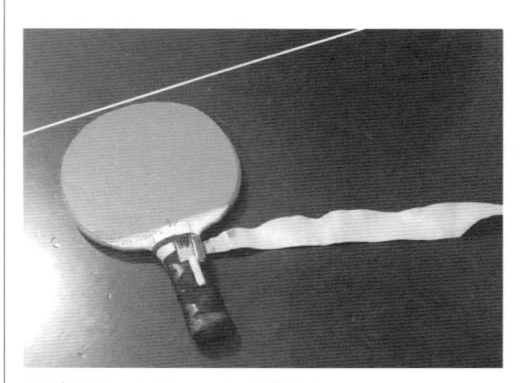

写真43 ラケットの加工

写真44 ラケットの固定

※ラケットの選択については、自分が使いやすいものを選ばせることが基本となるが、車いす使用者や下肢に障がいがある人、知的障がいの人、（空間認知が難しい場合や巧緻性を伴う動作が難しい場合）は、比較的守備範囲が広く、ラケットの打球面を作ることが容易なシェークハンドが取り組みやすい。グリップは、シェークハンドでも、ペンホルダーでも力を入れすぎない。柔らかく握ることで、ラケットをコントロールしやすくなる。また、頸髄損傷者などラケットを握ることが困難な場合は、握りやすいようグリップを加工したり（**写真43**）、弾性包帯やマジックテープで固定する（**写真44**）。

２）ラバー

ラバーは基本的に２層構造、表面の「トップシート」（赤または黒）と内側の「スポンジ」が貼り合わされてできている。スポンジが厚いと重く弾む。薄いと軽く弾まない。以下代表的なラバーを紹介する。

【裏ソフトラバー】表面（トップシート）が平らなラバーで、回転がかけやすく、さまざまなプレースタイルに向く。

【表ソフトラバー】表面にツブがあるタイプで、打球時のボールと接触時間が短いので、スピード感のあるボールが出る。回転は、裏ソフトほどかからない。

【粒高ラバー】表ソフトのツブが細く高くなったタイプ。相手の回転を利用した変化ボールが出せる。弾みが小さいので、守備的に使う場合が多い。

②　基本姿勢の習得

一般的な正しい構えのポイントを示すが、関節の可動域制限、立位・座位バランス等障がいの状況により修正することが必要である。また、車いす使用者は、固定バンドやブレーキのかけ方などを工夫することにより、安定した基本姿勢を得ることができる。

１）肩の力を抜きラケットは体の前に置く。

２）前傾姿勢をとり、スタンスは、肩幅よりも少し広くとる。膝は軽く曲げ足に伸縮性（クッション）を持たせる。

３）視線は前に、ラケットハンドの肘は約90度にしてリラックスさせておく。

③　各打法取得の留意点および打球点の習得

「テイクバック→インパクト→フォロースルー→基本姿勢への戻り」の流れは、すべての打法で共通であるが、障がい特性によっては、フォロースルーをコンパクトにするなどの工夫が必要となる。以下、各打法のポイントを示す。

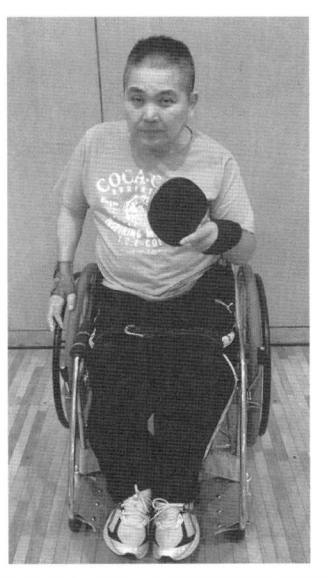

写真45　車いす使用者の姿勢

１）フォアハンド：ラケットを持つ利き手側に来たボールを打ち返す技術であり、ポイントとしては、ボールに「平手打ち」をするつもりで、後ろから前にラケットを振る。

２）バックハンド（シェーク）：体の正面やラケットを持つ利き手の逆側に来たボールを打つ技術であり、常に体の前で打球する。肘をやや外側に張り出すようにし、胸や、へその前でとらえるようにするとよい。

※立位バランスが不安定な下肢障がい者や空間認知や巧緻性をともなう動作が難しい場合は、バックハンドから技術取得を図る方が導入しやすい。また、練習する際は、多球練習を用いても効果的である。初心者は深く長いボールの方が、打球のタイミングがつかみやすい。山なりのボールを送ると、高くバウンドしてしまうため、打球のタイミングがつかめず、打ちにくくなる。ボールの

長さや軌道にも留意するとよい。

※多球練習のすすめ：有効な練習の一つが「多球練習」である。たくさんのボールを用意して「送球者」が「練習者」のコートに連続でボールを送り、それを練習者が打ち返すものである。1球だけの練習だと、どちらか一方がミスをすると中断してしまうが、多球練習だと、ミスをしても続けてボールが送られてくるので、短時間で多くのボールを打球することができる。

3）サービス：手のひらを開き、その上にボールを乗せ一旦静止をしてから行う。極力ボールに回転を与えることなく、16センチ以上の高さに垂直にトスしなければならない。

※片側障がいの方などは、ラケットハンドでボールを上げサーブすることが望ましい。ボールの上げ方など工夫して行う。

練習方法として、初めから卓球台で練習するより、床の上に出して練習をするのも一つである。素早く、勢いよくスイングすることで強い回転をかけることができる。

写真46　片側障がい者のサーブ

④　競技規則

卓球は、原則として現行の日本卓球ルールに従って行われるが、①障がいがあるためにできないことがある②事故の心配がある③障がいを悪化させるおそれがある④競技規則が複雑なため理解しにくいなどの理由により、サービスなどのルールが緩和されて行われている。それについては、全国障害者スポーツ大会競技規則集を必ず参照されたい。

(2)　サウンドテーブルテニス（STT）

サウンドテーブルテニスを略してSTTという。STTは、以前盲人卓球として行われたスポーツで、空間にあるボールを打つことが困難な視覚障がいの人のために考案されたものである。競技の特徴として、金属球が4個入ったボールを使用し、ネットの下を転がるボールの音を頼りに競技をする。卓球台は継ぎ目のない一枚板を使用し、エンドとサイドにフレームが取り付けられ、ボールが直接落下することを防いでいる。ボールを転がす特性から、ラケットはラバーの貼られていない木製のものを使用するなど「音」を頼りにして打ち合うための工夫がされている。

①　初心者への導入と留意事項

指導者は、安全な環境を整え指導すること、視覚障がいの特性とSTTの競技規則を理解すること、具体的な説明や音源または触覚を利用し指導することが大切である。以下、初心者への指導方法と留意事項を示す。

1）空間認知と用具の理解

環境や用具の説明を十分に行う。卓球台のフレームやエンドフレーム外側の突起物、ネットの形態など手で触れて確認するとよい。

2）感覚練習（転がるボールの音を聞く）

ラケットを使用せず、手でキャッチするなど音の方向を聞きボールを確実に捕える。練習方法として、正面、右側、左側、速い球、遅い球など、両手や片手で捕える練習をする。音を聞く姿勢として、前傾姿勢がよいが、台上で過度に前傾を取ってしまうと、打球によっては進路妨害（オブストラクション）により失点になる場合もあるので注意すること。

３）ラケットで打つ

　様々な状況（球筋）を想定したレシーブ練習と、緩急・長短・コースを意識したサービス練習を、繰り返し行う。ラケットはシェークハンドで握り、卓球台の上面を滑らせるように打球する。指導者は、**図1**のようにボールの球筋を伝えるのに数字を用いて指導することは効果的である。

４）サービス

　サーバーは、ラケットをボールの表面から

写真47　感覚練習　　　　写真48　前傾姿勢

10cm以上離し、ラケットとボールの動きを止める。ボールとラケットの位置を確認するために、フレームの上面や距離をフリーハンドの手指で確認することが望ましい。また、サービスに限らず卓球台上面とラケットの角度は60度以上保った状態でボールを打たなければならない。これに違反するとホールディング（反則）となるので留意する。

図1　コートの数字化

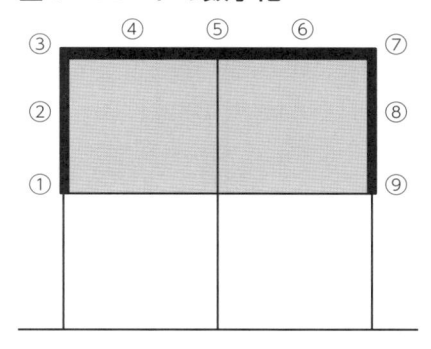

 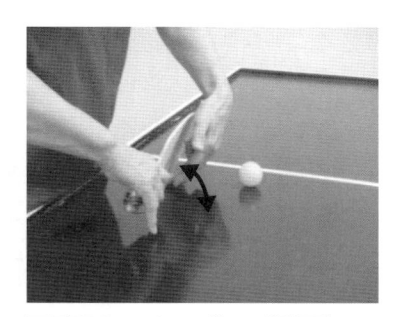

写真49　サービス（正面）　　　写真50　サービス（側面）

５）リターン

　打球のタイミングが遅れてしまうと、２回続けてボールを打つ「ダブルヒット」や、ラケットの角度が60度未満または打球音が出ず「ホールディング」になる場合がある。また、タイミングが早いと、ラケットをすくい上げてしまう場合があり、ネットにかかってしまう。ラケットの面は、エンドフレーム、ラケット、ネットが並行の向きで、タイミングよく打球することが望ましい。

６）フットワーク

　様々なコースに来るボールを、十分な体勢で打球するためには、足を使って動くことが必要不可欠である。エンドフレーム外側の突起物（**図1**・⑤の位置）から両サイドにステップをすばやく踏むことができ、エンドフレームやネットと並行になる姿勢を獲得することが大切である。初心者の場合は、まずは卓球台のないところでシャドウプレーによって指導するのもよい。右に動くときは①右足→②左足→③右足、左に動くときは①左足→②右足→③左足という基本のリズムを大切にする。

②　競技規則

　指導者は、用具を含めた競技規則を十分理解したうえで指導することが必要であり、全国障害者スポーツ大会競技規則と日本視覚障害者卓球連盟競技規則の両方を把握していることが望ましい。

6 グランドソフトボール

(1) 視覚障がい者を対象としたスポーツであることの認識

この競技は、視覚障がいの中でも全盲選手と弱視選手が同時にプレーする競技である。多くの障がい者スポーツは、障がいの状態や程度によりクラス分けが行われる。しかし、この競技については、全盲選手の特性、弱視選手の特性を理解したうえで指導することがより効果的な指導となる。

① 全盲選手に対する指導

最も理解しやすい方法としては、アイシェード（目隠し）を付け、数分間、静寂な状態で視覚の遮断を体験してみることである。

日ごろ視覚に頼り、行動している私たちが何を感じるのであろうか。恐怖心？孤独感？ 情報が閉ざされた暗闇の中からやがて、耳から聞こえる音、肌で感じる風、身体全体で感じる雰囲気などが貴重な情報であることが理解できる。

1）言葉（音）の重要性を理解してほしい。「あれ」「これ」「それ」といった代名詞を使用しても理解できないのである。「右」「前」と具体的な言葉による指導を心がける必要がある。

2）触覚による体感の重要性を理解してほしい。言葉による理解ができたなら、次は、体感である。バットを握る感触、ボールを打ったときの感触、ストライクが入ったときの感触など、実際に体験させることである。

② 弱視選手に対する指導

1）弱視選手は、一見、何の障がいもないようにみられる。しかし、この健常者のようにみられるのが問題なのである。視野狭窄（真ん中だけがみえない、周りだけがみえない、上だけがみえない、下だけがみえないなど）、視力（遠くがみえない、小さいものがみえない、明るいとみえない、暗いとみえないなど）が微妙に関連して、千差万別なのである。

基本的には、全盲選手と同様の指導法であるが付則として視覚の特性を考慮のうえ、残された視力を最大限に利用することにより効果的な指導となる。

2）視覚の特性に応じた守備位置の考慮も必要である。

左がみえない選手にライトを守らせ、ライトショート（全盲選手）がライトライン上に守備している場合、両者での接触事故が起きるということもある。個々の弱視選手の見え方を理解して、適材適所の配置が行えれば理想である。しかし、限られた選手では、なかなか困難な課題である。

(2) ルール特性の理解

全盲選手に対するルールと弱視選手に対するルールが共存するため、ルールの難易度が高い競技である。

1）グランドソフトボールという名称からソフトボールを連想しがちだがまったく違うスポーツである。以前は、盲人野球といったスポーツであり、グランドソフトボールの競技規則にない部分のみをソフトボールのルールで準用している。

2）現在、全日本グランドソフトボール連盟は、わかりやすいルール、全盲選手が活躍できる機会を広げるなどを目標に、全国の選手の意見を取り入れ、選手主導でルールの改良を行っている。

３）しかしながら、ルール改良を行っても、長い競技歴史と周知徹底不足から適用に時間を要しているのが現状である。ともすれば５年前や10年前のルールを平気で主張する選手もいる。これらの対応として、障がい者スポーツ指導者は自信を持って、競技規則を説明する場面に遭遇するかもしれない。

（3）　主なルール

１）１チームは10人で、外野手が１人多くなっている。その内訳は、アイシェードを着用した全盲野手が４人、弱視野手が６人で、投手は全盲、捕手は弱視、左遊撃手（レフトショート）は弱視、右遊撃手（ライトショート）は、全盲と定められており、他は自由となっているが、三塁手、左翼手を全盲野手としているチームが多いようである。全盲野手の守備である右遊撃手（ライトショート）の位置は、ライトライン上、センターライン上、ときには、一塁手の前にと弱視打者、全盲打者により守備位置を変更するチームがある。

２）バットは硬式用の木製または金属製を使用し、ボールはハンドボール３号球（白色の連盟公認球）を使うため、グラブは使わない。

３）各ベースは安全のため２個ずつあり、守備用ベースの塁間は18メートルで、その外側２メートルに走塁用ベースが設けられ、それぞれの走塁ベースにはコーチャーがおり、走者の誘導を行う。とくに全盲走者には、手ばたきと掛け声で誘導する。

４）投手は捕手の手ばたき（サイン）で地面を転がすが、本塁ベースに到達するまでに３バウンド以上させなくてはならない。また、本塁ベースは通常のものと同じで、その上を通過しなければ「ボール」で、投手によっては、ストレート、カーブ、シュートなどを投げ分ける。

５）打者は転がってきたボールを打ち、両翼45メートルの外野のノープレイライン（ラッキーゾーン）をノーバウンドで越えればホームランとなる。また、全盲野手が捕球すれば、たとえ転がったボールであっても、フライ捕球と同様の扱いとしてアウトになる、全盲打者のときは、左遊撃手と捕手しか内野地域に入れないなど、全盲打者の出塁率を高めるよう考慮されている。

６）投手板を中心として半径1.5メートルの円が描かれており、その円を試合停止圏といい、そのサークル内にボールを持ち込めば走者の進塁は、停止となり試合はストップするルールとなっている。

写真51　競技の様子

(1)　車いすバスケットボールの発祥と日本における広がり

　バスケットボールは、1890年代の初めにアメリカで生まれたが、車いすバスケットボールは、1945年頃からアメリカの退役軍人病院において始められたとされている。また、同じ頃に、イギリスの王立ストーク・マンデビル病院の脊髄損傷センター所長グットマン博士により、リハビリテーションの1つとして、車いすのネットボール（バスケットボールの元になったスポーツ）が始められた。

　この2つの流れは、1950年代に1つになり、車いすバスケットボールが各国に広がり、1960（昭和35）年にローマで開催された第1回パラリンピックから公式競技となっている。

　日本では、ストーク・マンデビル病院の脊髄損傷センターで学んだ中村裕博士が、1960年頃、国立別府病院などで車いすバスケットボールを紹介したのが最初とされている。

　その後、1964(昭和39)年の東京での第2回パラリンピックが大きな契機となり、1970（昭和45）年に「第1回全国車椅子バスケットボール競技大会」が東京で開催された。また全国障害者スポーツ大会では、1972(昭和47)年全国身体障害者スポーツ大会鹿児島県大会から公式競技となり、現在も団体競技の一つとして実施されている。

(2)　車いすバスケットボールのルール

①　ゲームのあらまし

　車いすバスケットボールのルールは、一般のバスケットボールとほぼ同じで、それぞれ5人ずつのプレーヤーからなる2チームによってプレイされる。ゴールの高さ（3.05m）やボールの大きさは一般の競技と同じ。選手は競技用の車いすに乗ってプレイする。試合は10分のクオーターを4回行う。第1、第2クオーターの間、第3、第4クオーターの間、および各延長時限の前に2分のインターバルをおく。第2、第3の間のハーフ・タイムは10～15分とする。スピードや敏捷性、持久力に加えて、車いすを操作する技術が決め手となる。

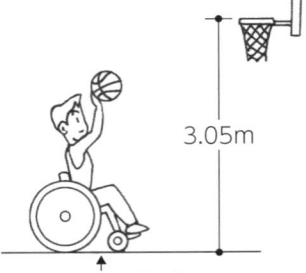

3.05m

フリースローライン
フリースローやスリーポイントショットの場合は前輪（キャスター）がラインを越えてもよい。

②　車いすバスケットボール特有のルール

　1）選手とチームの持ち点

　選手には一人ひとり障がいの程度により、1.0点から0.5点刻みで4.5点まで、持ち点により八つの分類にクラス分けされている。そして、つねにコートに出ている5人の選手の持ち点の合計が14.0点以内でなくてはならない。もちろん選手交代があっても、つねに14.0点以内のチーム編成が必要である。

持 ち 点	程度	主 な 動 き
1.0または1.5	重い	腹筋、背筋が機能せず、座位バランスをとることができない。
2.0または2.5	↑	腹筋、背筋がある程度機能しており、前傾の姿勢がとれる。
3.0または3.5	↓	下肢にわずかな筋力があり、深い前傾姿勢から早く上体を起こすことができる。
4.0または4.5	軽い	両手を上げて、片方向に（4.5は両方向に）車いすを大きく傾けることができる。

２）トラベリング

選手がボールを持っているときのプッシュ（車いすを手でこぐこと）は、連続２回まで。３回以上プッシュするとトラベリングとなり、相手チームのスローインとなる。

３）ダブルドリブル

ダブルドリブルは適応されない。プッシュが２回以内でドリブルをすれば、またプシュをすることができる。このプッシュとドリブルの動作を繰り返せばいつまでも動くことができる。

４）車いすの転倒

試合中に車いすが転倒した場合は、自力で起き上がらなければならない。起き上がることができない場合は、審判の判断で試合が中断され、チームのスタッフが介助することができる。ボールを持ったまま転倒した場合は、相手チームのスローインとなる。

③ **車いすの規格と名称**

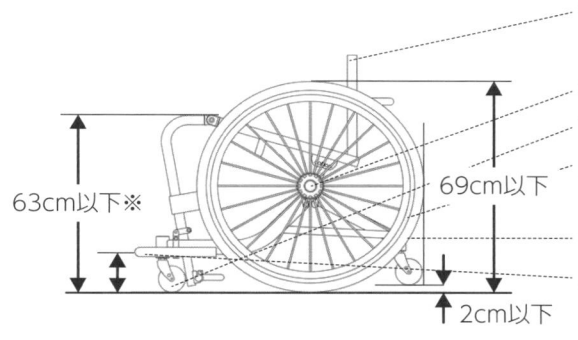

背もたれ／バックレスト：車いすの部分の名称で背中を支える部分

車軸：rear axle ホイールと車いすフレームをつなげる軸

前輪／キャスター：前方についている車輪

ハンドリム：車いすのタイヤの外側に付けられた車いすをこぐ際に用いられるリング

ホイール：車輪全体の総称／後輪最大　69cm

バンパー：高さは11cm

63cm以下※

69cm以下

2cm以下

※持ち点1.0〜3.0のプレイヤー　63cm以下
　持ち点3.5〜4.5のプレイヤー　58cm以下

（3）　車いすバスケットボールの技術の向上

① **車いすバスケットボールに求められる要素**

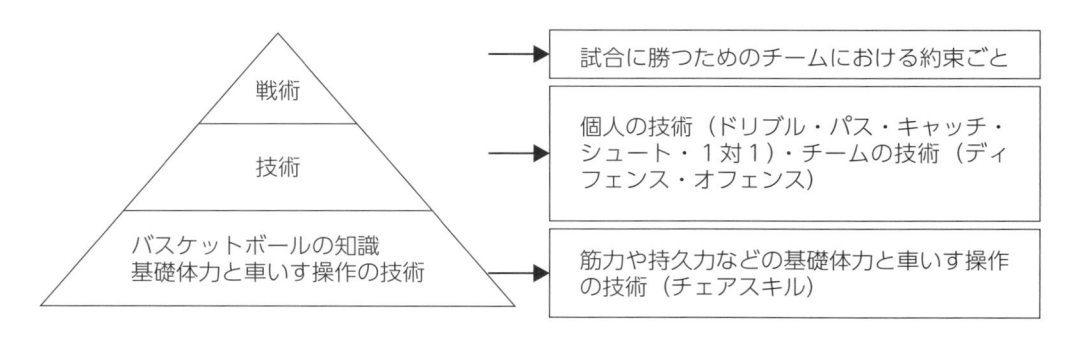

戦術 → 試合に勝つためのチームにおける約束ごと

技術 → 個人の技術（ドリブル・パス・キャッチ・シュート・１対１）・チームの技術（ディフェンス・オフェンス）

バスケットボールの知識　基礎体力と車いす操作の技術 → 筋力や持久力などの基礎体力と車いす操作の技術（チェアスキル）

技術の向上をめざすには、バスケットボールの知識＋基礎体力＋車いす操作の技術（チェアスキル）が必要とされる。

　ここでは基本的な車いす操作の技術（チェアスキル）と個人の基礎的な技術について解説する。

② **車いす操作の技術**

　1）前進　12時から3時の方向へプッシュ

　2）後進　12時から9時の方向へプッシュ

　3）ブレーキ（両手）
　　上体をややバックレスト側へ

　4）ブレーキ（正方向の片手）
　　ターンしたい方向の手を活用

　5）ブレーキ（逆方向の片手）
　　ターンをしたい方向とは逆の手を活用

　6）方向転換［スピン・ターン（フロント・バック）］など

　　・スピン：車いすの中心（重心）を軸（起点）にして両方の後輪を同時に逆方向へ回転させ、その場で方向転換をする車いす操作

　　・ターン：片方の後輪の位置は動かさずに、もう一方の後輪を回転させて方向転換をする車いす操作

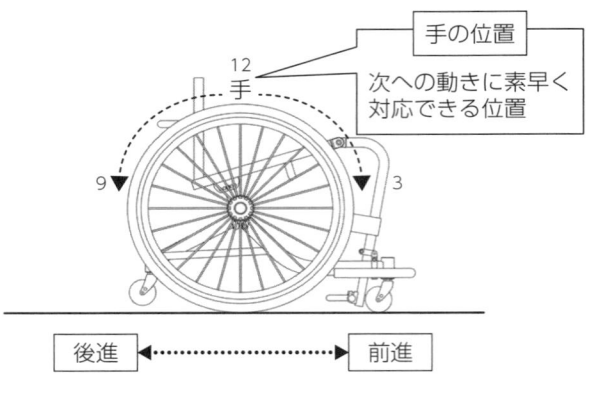

後輪を時計に例えての基本的な（腕）の動作

手の位置／次への動きに素早く対応できる位置

12　手
9　3
後進　前進

スピン　ターン

③ **クラス分けの分類からみた障がいの程度（座位バランス）と身体能力**

　選手には一人ひとり障がいの程度により、持ち点でクラス分けされている。例えばクラス分けは車いすの駆動、ドリブル、パス、ボールコントロール、シュート、リバウンドなどの動作はもとより、接触プレイ時の身体の反応など基本的なバスケットボールの動きでみられる身体能力（車いす座位における体幹のバランス能力とボールコントロール範囲）に応じて分類されている。そのため、各選手の身体能力を理解し選手との対話と配慮を持って技術指導にあたらなければならない。

　以下にクラス分けの分類による特徴の一例を示すが、例えばクラス1.0の選手にパスを出す場合は、より正確に出さなければならない。事前に相手の動きなど運動範囲を確認しておくことが重要である。

1.0	腹筋・背筋の機能がなく座位バランスがとれないため、背もたれから離れたプレイはできない。体幹の保持やバランスを崩して元の位置に戻すとき、上肢（手）を使う。
2.0	腹筋・背筋の機能がある程度残存しているため、前傾姿勢がとれる。体幹を回旋することができるため、ボールを受けたりパスしたりする方向に体幹の上部を向けることができる。
3.0	下肢にわずかな筋力の残存があり、足を閉じることができる。第2腰髄から第4腰髄損傷の選手及び両大腿切断者で断端長が2分の1以下の選手。
4.0	股関節の外転を使って、少なくとも片側への体幹の側屈運動ができる。第5腰髄以下の選手及び両大腿切断で断端長が3分の2以上の選手、また片大腿切断で断端長が3分の2以下の選手。

④ **ディフェンス**

　バスケットボールは1チーム5人で構成されているため、1対1・2対2・3対3・4対4・5対5など、ディフェンスやオフェンスの技術を高める必要がある。ここでは基本的な1対1の動きについて解説する。

1）ゼロポジション（zero position）

　オフェンスとの間合いを車いす1台分（1車身）あけて、オフェンスに対して90度に位置した状態

2）リード（read）

　相手の動きを読む（予測する）こと

2-2）リトリート（retreat）

　1対1でディフェンスがオフェンスに行かせたい方向へ導くための動き

2-3）リアジャスト（readjust）

　リード・リトリートした後に、1対1でオフェンス（相手）をホイールポジションでディフェンスすること

3）ホイールポジション（wheel position）

　ディフェンスがオフェンスを止めている状態をあらわす言葉で、図のようにオフェンスの後輪がそのディフェンスのハンドリム内に入っていること

図説

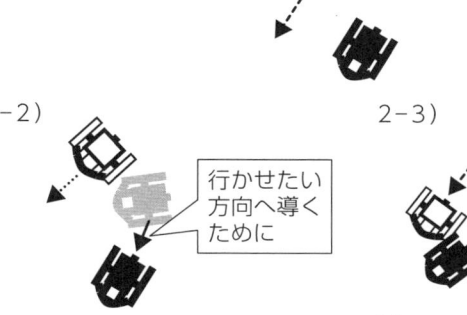
1）
オフェンス　1車身あける
ディフェンス

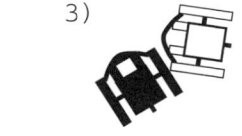
2）行きたい方向

2-2）行かせたい方向へ導くために

2-3）

3）

⑤　**オフェンス**

ピック（picking/pick）

　味方のオフェンスの動きをフリーにするための動きの1種

1）ピッカー（picker）

　ピックを仕掛けるオフェンス（味方）のこと

2）ピッキー（pickee）

　ピックを仕掛けられるオフェンス（味方）

3）ロールイン（roll in）

　ピックなどのあとにターンしてインサイドに入る動き

4）ピック・アンド・ロール（pick and roll）

　チームオフェンスで最も使われるチームスキルの1種

例）オフェンスに段差がついている状態で、ミッドラインに近い側のオフェンスがミッドラインより遠い側のオフェンス（味方）についているディフェンスを止める動き

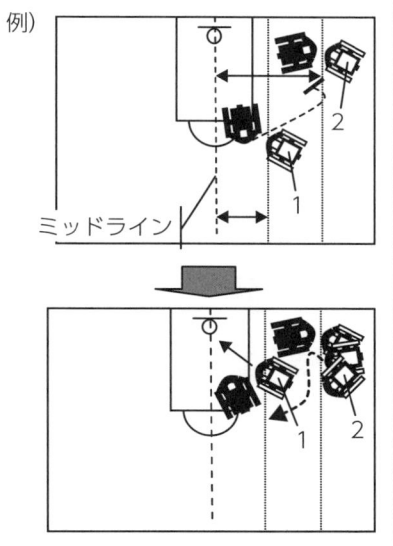
例）
ミッドライン

（4）　指導上の留意事項

○　障がい状況を把握・理解する

○　障がいの程度に応じた指導と練習後の身体のケアに努める

○　障がいの程度による発汗・排尿などの確認

○　コンタクトの激しい競技であるため、適正な車いすを選択する

○　チームの目標を明確にする

　知的障がい者のバスケットボール競技の試合は、公益財団法人日本バスケットボール競技規則と同じルールで試合を行っている。そこで、知的障がいのある人たちのバスケットボール指導法については、選手の実態に応じて健常者の方が日頃行っている練習、ファンダメンタルをしっかりと行っていくことが大事である。ここでのファンダメンタルとは、「シュート、パス、ドリブル、オフボールの動き、ディフェンスの動きや状況判断、戦術理解といったバスケットボール競技に必須の個別な動作を正しくできる」といったスキルで、選手として技術的な基本を身につけることである。

　本稿では、知的障がいのある人たちで結成されているクラブチーム、特別支援学校の日頃の練習方法を一部紹介する。

（1）　指導上の留意点

　個人技術のレベルアップをするために、ファンダメンタルをしっかりと身につける。

　体幹を鍛えて強い体を作る。シュートやボールハンドリングの練習を正しいフォームで、繰り返し練習する。年間を通して同じメニューを提供することで練習に見通しを持たせ、選手自ら主体的に、自信をもって練習に取り組めるようにすることが重要である。また、自宅でできるトレーニング、平日および休日に練習する機会を多く持つことがとても大切である。

★トリプルスレット：ドリブル、パス、シュート動作に無駄なく移行できる体制

写真52　トリプルスレット　　　　写真53　ゲーム中のトリプルスレット

★シュートフォーム

写真54　シュート時のボールの持ち方　　写真55　ジャンプシュート　　写真56　セットシュート

（2）練習の内容

① ランニング

　　左3周　右3周

② ストレッチ

　　20種類（デジタイマー：プログラムタイマー15秒・3秒のリズム）

③ フットワーク

その1（1往復）

　スキップ　バックスキップ　サイドキック　キャリオカ　ももあげ　ジャンプ
ジャンプキック　ダッシュ（立ったまま　座った状態　うつ伏せ）　クオーターダッ
シュ（コートを4つに分けて折り返す）

写真57　股関節

写真58　両足ジャンプ

写真59　クオーターダッシュ

その2（30秒×2回）

　★指導者の笛、手の合図に合わせて連続して行う

　　ハーキー、ジャンプ、スタンスの左右、腹ばいの動作を合図を
　　見て素早く判断して行う

その3（30秒×2回）

　★指導者の笛、手の合図に合わせて左右前後サイドステップで行う

写真60　ハーキー

④ ドリブル

オールコートドリブル（各種類×2回）

　★自分の前にはディフェンスがいることを想定させる

　　左手連続ドリブル（1分）　右手連続ドリブル（1分）　両手連続
　　ドリブル（1分）　ドリブルチェンジ・フロント　ビハインド・
　　ザ・バック　ビトゥイーン・ザ・レッグ　バックロール

写真61　左右前後サイドステップ

写真62　両手連続ドリブル

写真63　ビハインド・ザ・バック

写真64　ビトゥイーン・ザ・レッグ

⑤ パ ス
- 2人1組対面パス
  チェストパス、左右サイドパス、左右アンダーハンドパス
  左右ショルダーパス、バウンドパス、タップパス

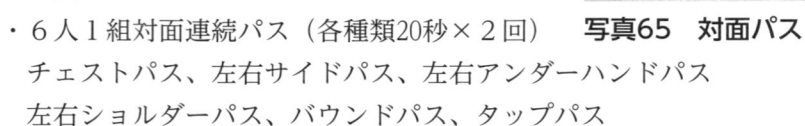
写真65　対面パス

- 6人1組対面連続パス（各種類20秒×2回）
  チェストパス、左右サイドパス、左右アンダーハンドパス
  左右ショルダーパス、バウンドパス、タップパス
⑥ シュート
- ゴール下連続シュート（30秒間×10回）
  ★シュートを打ったら落ちてくるボールをジャンプして取り素早くシュートを打つ。休まず30秒間を連続して行う

写真66　ゴール下連続シュート（左・右）

- 2人1組のジャンプシュート（2分間×10回）
  ★自分の得意な場所または、確実にシュートを決められる場所
  ★右手でシュートを打つ場合は右足で踏みきり空中でボールをキャッチして左足・右足で止まってジャンプシュート。左手でシュートを打つ場合はその逆

写真67　2人1組のジャンプシュート

写真68　オールコートドリブルシュート

- ポジション別シュート練習（30秒×5回）
  センターポジション：左右からパスをもらってからのゴール下シュートの連続
  ガード、フォワード：左右からパスをもらってからのレイアップシュート連続
  ★スピードを意識して確実にシュートを決める
- オールコートドリブルシュート（左右100本）
  ★5秒間でステップシュートをする
- ツーメン（3分間×左右2回）
  ★走るコース、周りの状況を判断しながら
  ★シュートの入った本数（男50本、女30本）を設定
- スリーメン（3分間×左右2回）

★走るコース、周りの状況を判断しながら

★シュートの入った本数（男50本、女30本）を設定

写真69　ツーメン

⑦　**チーム練習**
・オールコート１対１練習（10分間）

★オフェンスはスピード、前後、左右の変化、各種ドリブルを多用する

★ディフェンスはスタンスをしっかりとり、ボールマンにプレッシャーをかけながらボールマンのスピードによってサイドステップ、クロスステップを使い分け、ボールマンのコースをしっかりと止める

写真70　　　　　　写真71
オールコート１対１　１対１（１/４コート）

・１対１（１/４コート）

★オフェンスは左右、シュートフェイクをかけてディフェンスを抜いてレイアップシュート、ジャンプシュートを行う

・２対２（１/４コート）

★ボールを持っていない人がスクリーンになる

・ゲーム

★チームに分かれて８分間のゲームを行う

★練習で行ったことをゲームの中で積極的に行う

写真72　ゲーム

・体幹トレーニング（１分）

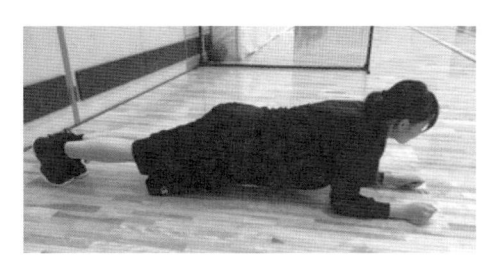

写真73　プランクポーズ　　　写真74　片足バランス　★器具を利用

　スポーツの場面において「見る」ことが中心の聴覚障がい者にとって、視覚から得る「情報」をどのように活用すれば技術や動作の向上に効果的であるか。その手段として「見る」ことをどのようにとらえ分析することでスポーツ指導において有効であるか。また、1つのプレーの形を習得するためには具体的にどのような方法がよいか。以下、「見る」ことだけでなく「情報の処理」および「動作」への連携・連動について、その一連の動作をプレーとして体得するための手順や方法などを示す。

（1）　指導の要点

　聴覚障がい者にとって一連のプレーとは、その動作を含めて考えると「見る」という情報そのものと、「見た」情報を的確に処理する能力およびその処理した情報をもとに行動に移す身体運動能力に分かれる。そこで、聴覚障がい者のスポーツ指導において必要な要因としては以下のことが考えられる。

①　視覚情報の多様化
- ・いかに多くの情報を瞬間的に取り入れられるか
- ・見える範囲（視野）内における中心点と周辺部の焦点（視点の切り替え）

②　情報処理能力の向上
- ・情報をどのように論理的に処理するか
- （その得られた情報を選別し処理するための思考のパターン化）

③　動作能力（運動能力）の向上
- ・思考のパターン化したものを正確かつ合理的に身体動作に移す
- ・基本的な能力（瞬発力＋反応＋判断等）および技術の向上

　個々の要因（能力・技術）については、1つひとつの向上が求められるが、各要因の項目ごとの向上だけではプレーとしてのバランスがとれないため、項目を具体的に分析し、連携のとれた練習をしなければ上達はありえない。このように連携した動作が1つのプレーの完成形となって現される。

〈パス、レシーブの応用例〉
①　3人組でパス

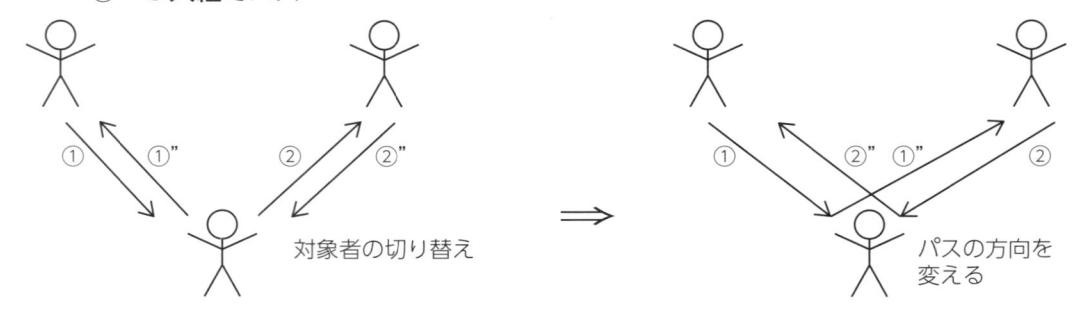

② **振向きレシーブ**

合図と同時に振り返り、ボールを素早く視野にとらえレシーブ

いろいな状況を設定する（コース、高さ、スピード、障害物など）

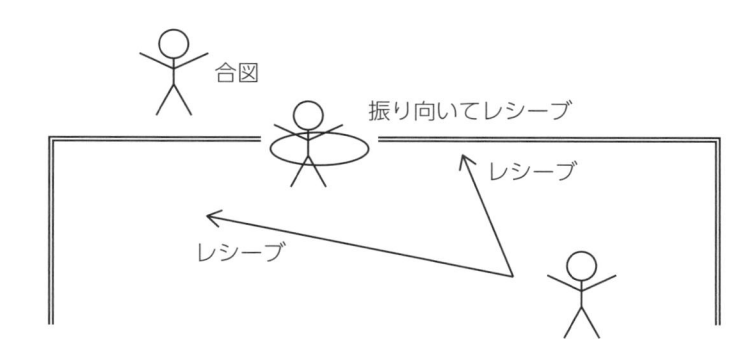

③ **チーム（6人）でパスゲーム**

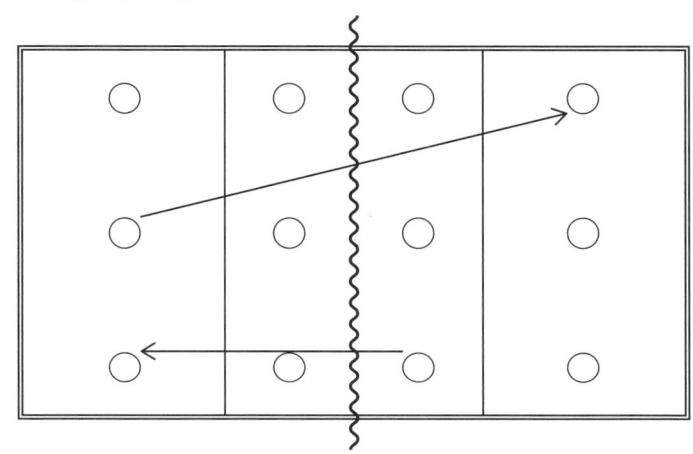

○ボールを2球同時に使用し、1回で相手に返球する

○注意点
・ボールの予測（落下点・返球）
・ポジションどり
・プレー中のプレイヤーのカバー

（2）　動作手順および方法

〈イン・アウトのジャッジにおける一連の動作例〉

対　象	ボ　　ー　　ル	
視覚情報 （眼）	○中心視野——ボール ○周辺視野——ライン、ネット、マーカー、アンテナ、天井等	
状況判断 （脳）	○ボールの状況判断 　①コース（左・右）　　③スピード（強・弱） 　②高　低（前・後）　　④回　　転（前後・左右など） ○ボールの軌道（落下地点）およびポジションどり ○コース、高さ、スピード、回転などから判断する	
動　作 （身体各部）	（インの場合） ・移動（落下位置）しながら返球位 　置へ向けてのレシーブ姿勢づくり	（アウトの場合） ・移動（落下位置近く）しながらボー 　ルを見送る

〈サーブカットにおける一連の動作手順の例〉

状　況	サーブを打つ前	サーブを打つ瞬間	サーブが打たれた後
	サーバー	フォーム	ボール
視覚情報 （対　象）	サーバーポジション レシーブポジション （味方のポジション）	打球の強弱 ボール	返球位置（セッター） 周囲の状況 （味方の動き）
↓ 状況判断	サーブの種類 コースの予測 イメージを描く ＊さそい（かけひき）	落下点・コース 球速（強弱） 球種　　　　判断 ドライブ・変化系の判断	サーブコース イン・アウト 球　速　　判断 変　化 状　況 レシーブ後の動作予測
↓ 動　作	ポジショニング （構え）	レシーブ動作開始 （構え〜移動）	①移動（落下位置）してレシーブ ②ボールタッチの判断 　・タイミング 　・高低 　・リズム感 ③レシーブ後の動作

〈指導手順・方法〉

ステップ1	状　況	ネットなしで1人でレシーブする
	条　件	レシーブ位置を固定して行う
	注意点	ボールの落下点、球速、変化を見る
ステップ2	状　況	ネットごしに1人で行う
	条　件	レシーブ位置を変えて行う
	注意点	ボールの落下点、球速、変化を見る
ステップ3	状　況	ネットごしに2人でレシーブする
	条　件	左右平行に位置し、衝突しないようにレシーブする
	注意点	どちらがレシーブするか素早く判断し動作に入る（合図）
ステップ4	状　況	ネットごしに3人で行う
	条　件	三角形をつくり、前後、左右のボールをレシーブする
	注意点	前後、左右の位置取り、高さの判断 味方レシーバーのモーションの確認と誰がレシーブするボールか判断し連携した動作に入る

（3）　チーム育成のための段階的指導

第1段階：スポーツのできる環境整備

　　　　　＊継続して活動できるように諸環境を確認し対処する。

第2段階：スポーツを楽しむ、目的・目標の創生期

　　　　　＊スポーツに対する意欲を高め、真摯に取り組む姿勢を育てる。

第3段階：目的・目標に向かっての鍛練期

　　　　　＊仲間と共に目標達成に向けて練習などに励むとともにチームとして
　　　　　　の役割、個人としての責任等を理解する。

第4段階：目標達成・仕上げ期

＊これまでの練習の成果を試し、大会・試合等をとおして戦術・技術・精神・体力面等の総括と新たな目標づくり。

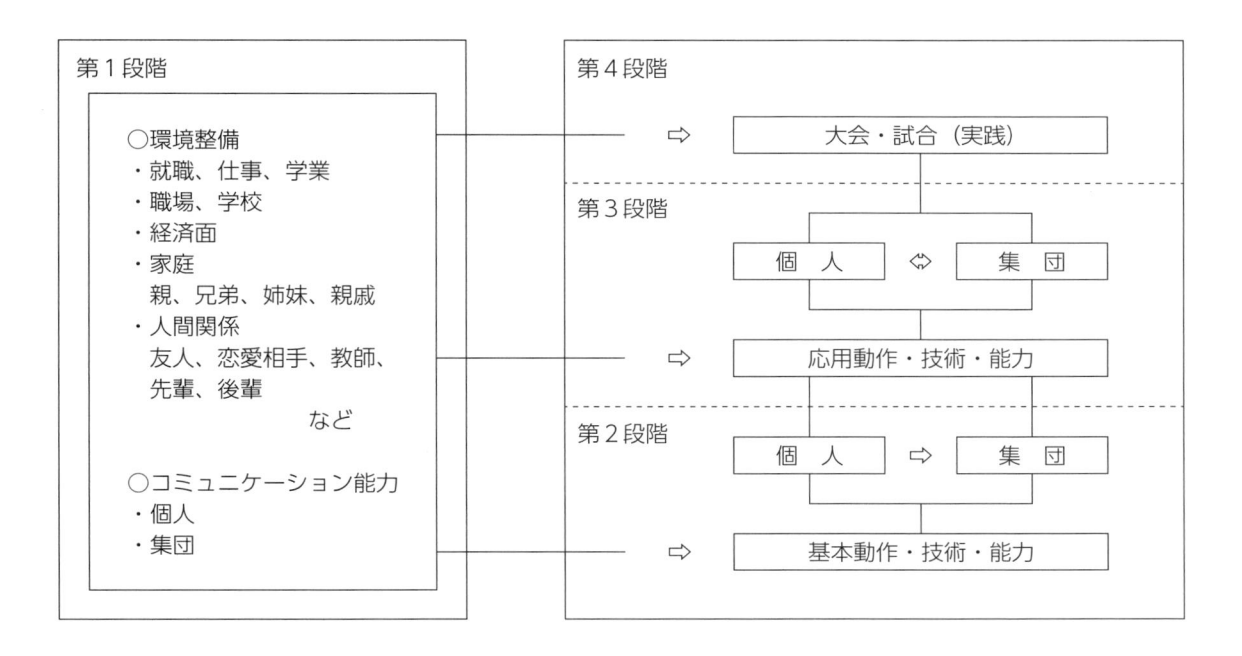

（4）　まとめ

　上達の方法としては、健聴者のスポーツ指導とほとんど同じようなところがあるが、「見る」ことに情報を頼っている聴覚障がい者にとっては「見る」ことだけに力点が置かれた指導だけでは技術の向上は限られるであろう。むしろ個別の動きを細かく分析し、何の要素が欠けているのか、動きの要点などを場面に応じて理解させながら、連係のとれた指導が望ましい。

　そのためには、1つひとつのプレーについて動作のみを練習する分習法だけでなく、「見た」情報を的確に動きへと結びつけるために、一連の動作を全体につなげた全習法を織り込むことが効果的である。また、動作を見て「まねる」ことも1つの上達法ではあるが、まねるだけのプレーは論理的な理解が乏しいためミスが多くなり、創造性のあるプレーは生まれない。プレーの幅を広げるためにはプレーの動作をよく理解することや体の使い方、機能的な動きなどを習得し、個々の特性に応じたプレーをめざすことが大切である。

　最後に聴覚障がい者のチームづくりを考えるとき、お互いのコミュニケーションを円滑にすることはもちろんであるが、技術の向上だけをめざすのではなく、チームとしても個人としても目的を明確にし、活動できる条件や環境（職場、仕事、学校、家庭、人間関係、コミュニケーション能力など）を整えることが重要である。

10 バレーボール（知的障がい）

（1） 指導法について

　知的障がいのある人へのバレーボールの指導というと、まず「難しい」というイメージを持たれることが多い。しかし、知的障がいのあるなしに関係なく、そもそもバレーボールは、「高いネットを挟んでボールを落とさずに3回でつなげる」「ゲームの攻防にローテーションがともなう」などの特性があり、すぐに試合を楽しむというわけにはいかない。その中で、知的障がいがある人へ指導を進めていく中では、「より具体的に」「わかりやすく」が大切である。例えば、レシーブで「低く構える」と伝えただけでは、程度がわかりづらい。そこで「見本」が必要であり、あるいは低く構えるための物理的な「用具」を用いるなどの工夫が必要である。また、一連の動き、技術をより細分化することで重要なポイントを明らかにしたり、動きにリズムをつけたりしてイメージを持ちやすくすることも大切である。その一例として「スパイク」と「アンダーハンドレシーブ」の指導例を紹介する。

スパイク

　下記の連続写真は、スパイクの助走の様子である。スパイクで重要なのはこの助走（ステップ）の取り方にある。タイミングよく高くジャンプするために必要不可欠な技能である。そこで、スパイクの助走を指導する段階的ドリルを紹介したい。一般的な助走といえば3歩助走（厳密には4歩）であるが、最も重要なのは最後の1歩である。そこで、指導をする際はこの最後の1歩から取り組むと効果がある。

スパイク助走

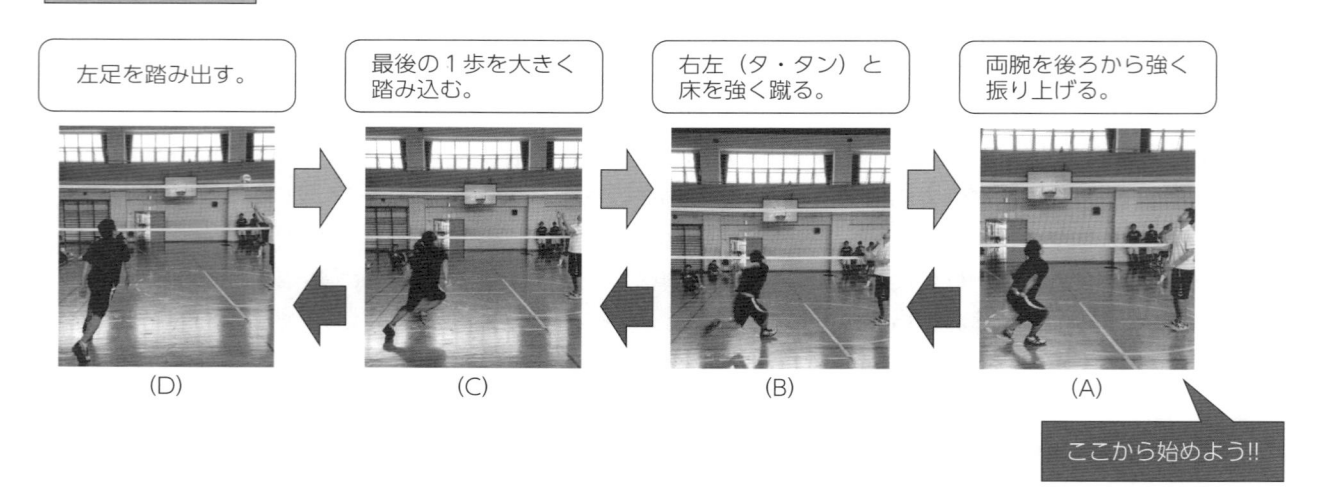

| 左足を踏み出す。 | 最後の1歩を大きく踏み込む。 | 右左（タ・タン）と床を強く蹴る。 | 両腕を後ろから強く振り上げる。 |

（D）　　　　　　（C）　　　　　　（B）　　　　　　（A）

ここから始めよう!!

　〔スパイク指導の手順—ステップ（助走）編—〕
① 　その場からのジャンプキャッチ（A）（助走の最後の形づくり）
　　・足の位置は指導者側を向くように
　　（スピードを受け止め、上方に力を伝えるため）
　　・高く跳べるように膝を深く曲げる
　　・腕は後ろから上に振り上げる（ボールと一緒に振り上げる）

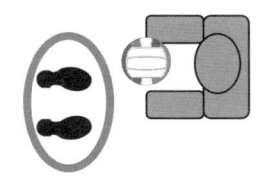

② 「右→左（1・2）」とステップを踏んでのその場ジャンプキャッチ（B）
　・「タ・タン」や「1・2」など言葉にしてリズムを取りやすく
　・ステップを踏んでも①と同じ形が作れるように

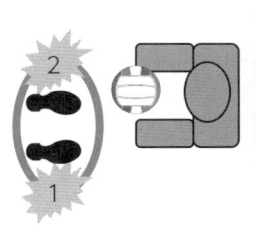

③　1歩下がって（1歩踏み込んで）からの、ジャンプキャッチ（1歩助走）（C）
　・左足を置く位置をテープやフープでマークする
　・体を前傾させて、左足に体重をのせる
　・「右足・左足（タ・タン）」と踏み込む
　・少しずつ幅を広げ（マーク下げ）て「強く大きく」踏み込めるようにする

④　2歩下がって（2歩踏み込んで）からのジャンプキャッチ（完成形）（D）
　・最初の1歩（左足）を③で用意したマークに踏み入れてスタート
　・「左足」→「右足・左足（タ・タン）」と2歩助走
　・「タン」→「タ・タン」や「1」→「2」など言葉にしてリズムを取りやすく

　　このドリルの有効性は、助走という一連の動きを細分化して、助走の最後の1歩に意識を向けることにある。2歩、3歩と歩数が増えても、助走のスピードを受けとめ、強く踏み込むために必要な正しい足の向きを常に意識することができる。そして、実際にボールを打つときは、リズムよく助走してジャンプするだけで、タイミングは指導者があわせているので、選手は腕を振り下ろすだけの意識でよい。

アンダーハンドパス

　初心者の人が陥りやすいアンダーハンドパスは、ボールを上げようという意識から必要以上に腕を振ってしまうことである。また、ボールを待つ構えをキープすることが難しい。そこで、**写真75**のように椅子を用いることで低い姿勢を保持し、レシーブの際の余計な動きを減らすことができる。

　〔椅子を用いたアンダーハンドパス〕

① **写真75**のように椅子に浅く腰を掛ける。
　・重心の位置に注意（椅子を抜いても構えがキープできる位置）
　・この段階で、理想の構えを体感する

② 実際にレシーブする（**写真76**）（指導者は正面に位置してボール出しを行う）。
　・選手が足を1歩だけ出して届く位置にボールを投げ入れる
　・選手には「足を1歩だけ出して当てるだけ」と伝え構えは崩さない
　・選手が上下動をしないように指導者も目線を下げるとより効果的

写真75　アンダーハンドパス

写真76　レシーブの様子

　このドリルを繰り返し行い、段階的に椅子を取り払う。構えが高くなっても、「椅子に座るイメージで」の言葉かけで、低く構えてボールを下から見ることが可能となる。上達したら、返球させたい場所に人を立てて、そこに向かって足を出す（重心を移動する）などの応用も可能である。また、写真のような簡易型のゴールがあれば、角度を変えることで、遠近によりボール返球の軌道を下図のようにイメージしやすくすることもできる。

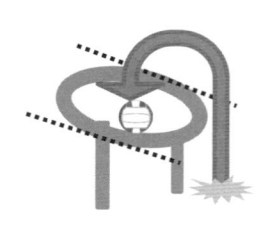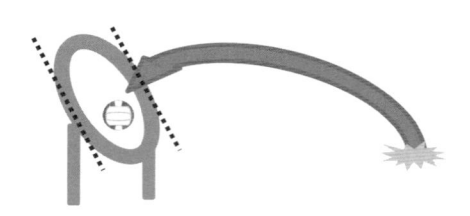

◆コラム◆　知的障がい・女子バレーボール

　ここでは、東京都代表となる東京都選抜チーム（女子チーム）を紹介する。このチームは、東京都立の知的障害教育特別支援学校における部活動やその卒業生で編成されたチームである。代表チームとしてチーム編成するときは、各大会での活躍度や練習会での成長をみて、全国大会に出場する12名を選抜している。練習会には、各特別支援学校から選抜されたメンバーと東京代表メンバーになりたいと願う向上心のある希望者が参加している。

(1)　東京ドルフィンズの活動について

① 活動の趣旨　　　　バレーボールの底辺の拡大および、バレーボールを愛好する知的障がい者の技能の向上と東京都代表選手の強化をねらいとする。

② 活動日　　　　　　月２回程度、特別支援学校の体育館を使用して練習

③ めざすチーム像　・ボールに対する執着心を育て、決して自分のコートにボールを落とさない。粘り強いチーム。
　　　　　　　　　　・限界点を作らず、向上心を持って成長するために練習できるチーム。
　　　　　　　　　　・攻撃は最大の防御であることを常に意識し、サーブから攻めていくチーム。
　　　　　　　　　　・選手一人ひとりの特性を活かし、ベンチ12名で戦えるチーム。

④ チームの規則　　**東京代表としてのバレーボールの活動**を自覚することを常に心にとめて、好きなバレーボールを生活の一部とする。

(2)　練習内容

　さて、女子選手たちを育成するとき体力・筋力の向上と維持が大切である。高等部を卒業して社会人になると、途端に運動不足で体重の増加や、食生活など生活自立の低迷から不規則な生活となり、体力・筋力の低下がみられるようになる。体力と筋力のアップを第一に考え、３ヵ月をかけて、徐々にトレーニングメニューを増やし、最終的にこれまでの倍以上の内容と量にし、体力アップを図った。その成果は、トレーニング増加８ヵ月後に開催された全日本IDバレーボール選手権大会で、前年度よりゲーム終盤での動きのよさとジャンプ力・姿勢保持がよくなり、各技能の精度が向上し集中力も高まった。あらためて体力・筋力の重要性に気づかされた。彼女たちにとってはけっして楽しい練習ではないが、「バレーボールが上手になりたい」という目標には、最も大事なことだと選手自身が確信できた。

〈練習メニュー〉
　9：00　ランニング（バレーボールコート10周）
　9：05　準備運動・ストレッチング
　9：15　各種ダッシュ等、サーキット・トレーニング３セット
10：00　サーブ（３カ所にカラーコーンを置いてねらう　エンドラインから70cm）
10：20　対人（キャッチボール左右、ミート、オーバーパス、アンダーパス、対人レシーブ）
10：45　レシーブ練習（サーブカット、ツーマン、スリーマンなど）
11：30　アタック・セッター練習（個人、コンビなど）
12：00　ゲーム
12：50　整理運動など
13：00　練習終了、ミーティング

11 バレーボール（精神障がい）

（1） 競技規則について

全国障害者スポーツ大会における精神障がい者バレーボール競技の競技規則（全国障害者スポーツ大会競技規則集[2]に記載）は、（公財）日本バレーボール協会競技規則（６人制規則）を基本としているが、次の３つの相違点がある。

① ネットの高さは2.24m
② ボールはソフトバレーボール球・糸巻きタイプ（モルテン社製、円周78±1cm、重量210±10g）を使用
③ 男女混合制

この競技規則を指導者や選手が熟知したうえで練習に臨むことが大前提である。

（2） 基本練習方法について

精神障がい者を対象にバレーボール指導を行う場合は、第Ⅴ編第15章６、第Ⅵ編第18章３に記載されている精神障がいの特性を指導者が充分理解したうえで臨まなければならない。また併せて、仲間で協力しあってプレーするバレーボールの競技そのものの楽しさも理解してもらうことが重要である。

（3） 障がい特性を考慮した指導法

① ゆっくり急がずに：精神障がい者は習得に時間がかかることが多く、試行錯誤を繰り返す中で無理をしたり焦ることが多いので、内容や時間には余裕をもって進める。

② 具体的で１つずつの指示を出す：「入力→処理→出力」がうまくできず、優先順位をつけるのが苦手なことが多いので、曖昧な指示を避け、複数の指示を同時に出さない。

③ 課題や目標は小さいステップで設定する：習得や納得をするまでの時間がかかり混乱しがちなことから、課題は小段階に設定し、無理のない目標を設定する。

④ みんなで声を出す：場面に緊張することが多く平常心を保つことが苦手なことが多いので、練習時から仲間の名前を呼びながらのプレーを心掛け、努めて声を出すようにする。「どんまい」「ナイス」等意識して声を掛け合う。声を出すことで、不要な緊張がほぐれると不安感の減少になり、仲間同士の気持ちの結束にもつながる。

⑤ スキンシップで称え合い励まし合う：失敗を過度に受けとめすぎたり責任を感じたりしやすいことから、互いに手や肩を叩き合うなどねぎらいや励ましを意識したコミュニケーションをとるようにする。

⑥ 後で指導するのではなく、その場で指導する：時間が経って指導されても場面をよく思い出せないことも多く、また、指導されるまでの間、不安感が高まり自己否定感にもつながるので、時間をおかずに、その時、その場で指導する。

⑦ 褒める：精神障がい者は、自信を持ちにくく、過小評価傾向の者も多い。よいプレーのときには指導者から、あるいは選手同士が褒めあう雰囲気を常につくる。

⑧ 練習後、ミーティングを行う：練習後の気分は様々であり、感想や心身の様子

について共有すると相互理解につながり不安感が減る。そして指導者も次の練習計画を立てやすくなる。

⑨　技術はバレーボール専門家、本人の体調や心理的支援は精神保健福祉専門家の力を借りる：技術を向上させるには的確で専門的な指導が必要。反面、疾病管理や精神的体調に関しては精神保健福祉分野の専門性が必要。車の両輪のように協力し合ってこそ支援効果が高まる。別領域のスタッフ同士が、情報や気づき、助言を共有できると、選手対応に生かすことができる。

⑩　地域交流も行う：試合に慣れてくれば、地域のチームや体育会、学生や父兄チームなどと交流試合をしてみる。

（4）　練習や指導時、とくに留意する点

①　運動量や身体的負荷に気をつけ、休息を充分に：病気がかなり回復している場合でも神経が過敏になることもあり、エネルギーを消耗しやすい。また、服薬による副作用で疲労を訴えることも多い。障がい特性上、客観的な身体負荷は、健常者の負荷の感じ方とは違う、という報告[3]もあり、休憩時間は充分に設定して練習を行う。合わせて水分摂取も頻繁に行う。

②　運動やスポーツへの慣れ方や経験の違いを考慮する：常日頃からスポーツをしている精神障がい者と、普段ほとんどスポーツをしない精神障がい者では、その運動パフォーマンスに違いがあるだけでなく、心理的にも受け止め方が違う。後者は、運動・スポーツプログラムを「しんどい」「不安」とネガティヴに受け止めがちなので、運動強度や内容、時間設定に工夫が必要となる。また、事前の説明を丁寧に行う（プログラムの流れや時間設定をわかりやすく説明する、ルールは専門用語を使わずに平易な語句を使い、実際のエリアやコートを指して説明する等）、初心者用のグループを設定するなど不安感を感じないよう、とくに初心者には丁寧に進めることが重要である。

③　リスクマネジメント：環境面での危険が怪我や事故を招く場合がある。例えば不適切な設営の道具等にぶつかる、床に落ちた汗や水で滑る、適切なシューズを履かないで練習する、などである。精神障がい者は細心の注意を払ったり、仮定から推測することが苦手な者も多く、自分の力で環境判断をすることが難しい。よって指導者が十分に注意を払い、怪我や事故を防ぐように指導することが重要である。

④　精神的負荷、ストレス：精神障がい者は、慢性・急性ストレスに弱く、ストレスやプレッシャー、時間や労力の負担が時には精神疾患の再発や増悪[※5]につながることさえある。とくに遠征や大会など、非日常の出来事を体験する場合は、思いがけない状況（混乱や緊張から行動の統制が取れずに興奮する、泣き出す、不眠、遁走、怒りっぽく攻撃的になる、あるいは、スタッフに過度に依存的になったり、逆に過活動になり張り切りすぎる等、普段は見られないことが現れる）に陥ることもある。できるだけ事前の準備をし、万全の体制で臨むようにする。

⑤　けがや不調での交代：練習や試合で、けがをしたり体調不良を訴えた場合、他の選手と交代することがある。その際には身体的、心理的に十分なフォローが必要である。また、少人数での取り組みは心身の負担になるので、普段から多くの選手、人材を育成しておくことが望ましい。

【解説】※5　もともとよくなかった状態がさらに悪くなること。この場合は、急性増悪も含んでおり、急性の場合は、突然の変調により精神症状が急に悪化してくること。

(5) 次段階ステップの練習や県市、ブロック、全国大会等の対外試合をめざすうえでの留意点

　基本的なプレーが身につくと、次のステップとして、試合に勝てる戦略を意識した練習を望むようになるのは、障がいがある者もない者も同じである。現在、精神障がい者バレーボール競技の分野で取り組まれている次段階ステップの練習課題や留意点は次のようなものがある。

① 　場面設定をしたフォーメーションのパターン別練習
② 　リベロを導入した練習
③ 　速さを取り入れた攻撃パターン練習
④ 　変化に対応できる守備練習
⑤ 　試合の途中でメンバーチェンジをした場合の練習
⑥ 　ベンチワークや指示の出し方の工夫と、その理解ができるような指導
⑦ 　試合中の窮地や接戦（繰り返されるデュース）を想定し、それを乗り切る練習（心理的、パフォーマンス、技術面）
⑧ 　自分たちのチームより力が上のチームとの練習
⑨ 　試合を意識した練習やスケジュール調整
　・試合会場の規模を想定した練習や視察
　・試合に向けての調整を意識した段階的、計画的練習
　・宿泊や旅程移動等、試合以外の調整や話し合い
⑩ 　試合前のメンタル面の調整や配慮。加えて医療調整や環境調整
　・精神症状の安定化（確実な服薬、生活リズムを整える、休養・睡眠・栄養を取る等）
　・不安感の解消（仲間と分かち合う、他者に話してためこまない、自分なりのリラックス方法を行う、暗示をかけたり楽観的思考の癖をつける等）
　・不穏時の対処（頓服の準備、自分の薬剤処方を知っておく、試合等のことを医師に事前に告げておく等）

(6) 近年の全国障害者スポーツ大会で好成績をあげている埼玉県チームの練習ポイント[4]

① 　選手の構成：県大会優勝チームを中心とした選抜チームがあり、県大会出場選手であれば選抜チーム練習に参加は可能。県内の選手が集まり刺激になり、各チームへ技術や情報を持ち帰ることもでき、交流も広がる。
② 　練習について：基礎的練習は、各自が所属するチームで取り組んでいることを前提とし、選抜練習では各チーム選手の息を合わせることを目的としたフォーメーション練習を中心に行う。紅白戦を何度も繰り返し、選手が交代で各ポジションに入る。どの選手がどのポジションについても最大のパフォーマンスを発揮できるような状況設定をした練習を行う。
③ 　選手が主導で進める：練習メニューや選手の起用は当事者である選手が中心になって決めていく。選手の主体性が育ち、選手自身が臨機応変の対応や創意工夫していく力をつけていくためでもある。選手自らが自分や仲間のことを考え、時に裏方に回ったり、けん引していける力をつける。
④ 　メンタル面について：いかに選手が自信を持ってプレーできるかがポイント。人間関係性づくりや意見を言ったり周囲と合わせていくことが苦手な選手にも配

慮をする。指導者は各選手の特徴や性格を把握し、特に人間関係に関しては各選手の意見に耳を傾けることが重要。

⑤　大会に出場するとき：選手が独りになれる時間を確保するためにも、遠征や大会では個室の宿泊室は必須である。

【基本練習メニューの例　全練習時間：3〜4時間】

20分	コートづくり、用具の準備	ネットを正しく張る。付属用具のセット、ボールの準備などを全員で行う。
15分	ウォーミングアップ	けがや身体への負担を減らすために、筋肉をほぐし身体を温める。ランニング、ストレッチ体操を主とし、筋や腱、関節等を意識して十分ほぐし伸ばす。

～基本練習～

5分	パスのウォーミングアップ	キャッチボール、ワンバウンドスロー（両手・右手・左手）など、ボールを扱うことに慣れる。
10分	オーバーハンドパス、アンダーハンドパスを二人組で行う	二人組で基本的なパスを交互に送りあう。 1人でオーバーハンドパス、アンダーハンドパスを連続して打った後に相手に返す。
15分	全員でのパス練習	2グループに分かれて向かいあい、先頭が相手グループの先頭にパスをして、次々入れ替わる。 ＊丁寧なパスを送れるようになること
15分	サーブ	2グループが両サイドからサーブを次々と打ち入れる。 ＊フォームを意識し、得意なサーブを身につけ、場面で使い分けができるようになること
休　　　憩		
20分	レシーブ、トス、アタックの3段攻撃練習	三角点の3箇所に分かれて、向かいコートからくる球をレシーブ→トス→アタックの流れで連携プレーの練習をする。 ＊左右反対、多様なトス、コース別アタック、と応用版も行う
20分	6人がコートに入って、レシーブ、トス、アタックの3段攻撃練習	試合形式やラリーを続けるのではなく、前段の3段、連携プレーを6人設定した中で行う。
休　　　憩		

～試合形式での練習～

60〜90分	コートに6人ずつ入り、試合形式での練習 ＊試合形式練習に十分な時間を充てる。長時間の試合をこなすことで、体力や持続力をつけることも大きな目的	サーブから始める。すべての動作は基本に忠実に行う。途中で適宜止めて、解説、指示、手本を示して、見せ（魅せ）、確認していく。2セット先取の試合形式で、3〜4試合分は行う。 ＊点数をつけて、試合を設定して行う。窮地の設定をしたり、場面に応じたサーブを打つ、など具体的な指示をする。選手の入れ替えや配置替え、場面想定などしてフォーメーションの確認も行う。本番に動じないための練習を意識する ＊適宜、途中で休憩をとる
10分	クールダウン	筋肉や腱をよく伸ばし、後に疲労がたまらないよう丹念にストレッチを行う。
10分	片付け	コートや用具を全員で片付ける。

12 ソフトボール

(1) 競技の特性

　ベースボール型競技の特性として「始まり」と「終わり」がわかりやすいことや、選手一人ひとりの得意不得意に合わせてポジションを設定することができる点が、ベースボール型の面白さの大きな要因である。また、指導者は選手たちに合わせた戦略を立て、チームとして一丸になることができるスポーツである。

　ソフトボールはベースボール型競技の中でも、スピード感に溢れる競技である。テレビなどで馴染みのある野球と比べ、塁間や、ピッチャープレートからホームベースまでの距離[※6]も近い。また、ボールの握り方は変わらないものの、ピッチャーは「下手投げ」[※7]をしなければならないというルールがある。

(2) 練習方法について

　ソフトボールは「投げる」・「打つ」・「捕る」・「走る」といった様々な運動要素が必要とされる競技である。また、ポジションによって、必要とされる力が大きく変わるため、個人個人で具体的な課題を設定し、取り組みたい。

　知的障がいの選手を指導する際には、選手が自分の身体を思っているとおり動かすことができていない場合が多いことを念頭に置くことが重要である。そのため、理想と実際の動きが一致するようビデオカメラ等で撮影をし、自分の身体がどのように動いているかを見て、理想の動きと一致しやすい環境の設定などが必要となる。

① 投げる

　正しい投げ方を身につけて、肩や肘の負担を減らし、けがを防止する。始めは動作を大きくし、あえて身体全体に刺激を入れる。また、大きく動かすことで身体の痛い部分はないか、動かしにくい部分はないかなど、セルフケアを行うことも目的の一つである。

　　・オーバースロー

　　　身体全体を使った動きを覚える。

　　意識：体を大きく使い、始めはリリース（指からボールが離れる瞬間）を意識
　　　　　する。次に少しずつ距離を離し、ボールを同じ高さで投げられるよう力
　　　　　の入れ具合やリリース時の指へのボールのかかり方を確かめる。

写真77　オーバースロー

・スナップスロー

　手首を主に使った動きを覚える

　意識：肘を起点に狙った場所へ正確に投げることを意識する。イメージは、指
　　　　先を狙った場所へ向け、ボールを押し出すことが大切である。

写真78　スナップスロー

② 打　つ

　第一にバットを振り切ることを覚え、第二に脱力をしてバットの芯がボールに当
たる感覚を覚えることで、ミート力と遠くに飛ばすポイントを習得する。

・素振り

　バットと身体の動きを覚える

　意識：ゆっくりとした素振りでバットの動きをイメージする。次に、スピード
　　　　を段階的に上げていきヘッドが返る感覚や振り抜いた感覚を養う。最後
　　　　に、実践を想定して力強くバットを振り抜く。

写真79　素振り

・トスバッティング

　バットの芯に当たる感覚を覚える

　意識：脱力をして、素振りでイメージをしたスイングを用い、バットの芯で
　　　　ボールをとらえる。また、打球は投げ手にワンバウンドで打ち返す意識
　　　　をする。

写真80　トスバッティング

- ロングティーバッティング
  脱力した状態から強く振り、遠くに運ぶ
  意識：素振りやトスバッティングの応用で、ボールを強く叩き遠くに運ぶ（飛ばす）意識をする。力を使うだけでなく、身体を大きく使うことで身体の連動性を高める。また、ボールを見ることやイメージどおりにバットを振ること、バットの芯にしっかりと当てることなどを意識して行うとよい。

写真81　ロングティーバッティング

③　捕　る

グラブの使い方を覚え、安全に捕球する技術を習得する。段階的に、ゴロ捕球であれば、捕球後すぐに送球ができる態勢を整えるようにする。他には、捕球時にステップを意識することで、次の動作への意識づけを行い送球のブレを少なくする。ソフトボールを行ううえでの基礎・基本の動作であり、最も奥深いのが捕球である。

- ゴロ捕球
  自らの目線よりも低い打球の捕球方法を覚える。
  意識：グラブは低く構え、脱力を行う。打球がどこに飛んでいくのかを強くイメージし、ボールの動線にグラブを置く意識を高める。次の動作につながりやすいよう、捕球に慣れてきたら、打球に対してボールの下から覗き込む意識で打球へと向かい、グラブを捕球後胸に引き付け送球へとつなげる意識をする。

写真82　ゴロ捕球

- フライ捕球
  自らの目線よりも高い打球の捕球方法を覚える
  意識：打球の落下地点を素早く予測し、グラブをボールの動線に置くイメージを高める。キャッチボールなどで、ボールを見て捕球する意識を常に持つことで、フライ捕球にも活かすことができる。また、打球の落下地点へ素早く移動するために、ボールを見ながら走る必要性がある。キャッチボール時に後方へ下がって捕球するなどの練習を行うことで落下地点の予測とともに、ボールをしっかりと見て捕球する意識をする。

写真83　フライ捕球

④　走　る

　ソフトボールではリードがなく、ピッチャーの手からボールが離れた瞬間から離塁をすることが認められている。

　　・ベースの踏み方と離塁の仕方

　　　確実なタイミングでの離塁方法を覚える

　　　意識：ピッチャーのモーションを観察し、リリースのタイミング直前にベースの後方に位置した足を強く蹴りだすことを意識する。

写真84　離塁

⑤　投げる（ピッチャー）

　前述したように、ボールの握りについては大きく変わらない。動作として、下手投げを行う。下手投げの際に「ブラッシング」[8]という技術を用いて、大きな円運動から小さな円運動への変換時にかかる力でボールを押し出すことで、球のスピードや回転数を上げる。

【解説】※8　ウインドミル、スリングショットなどのモーションで勢いよく旋回させた腕を腰部に接触させること。

写真85　投球動作

（3）　最後に

　ソフトボールはチームスポーツである。一人一人が仲間を大切にして、協力をしていくことのできるチーム作りを行っていこう。

写真86　東京代表チーム

13 サッカー

(1) サッカーはグローバルなスポーツ

　サッカーは世界中で愛好されているスポーツである。4年に一度開催される FIFAワールドカップ大会に人々は熱狂する。ルールが単純なこと、ボールを足で扱うことの面白さ、ゴールの喜び等が人々を惹きつけるのであろう。

　知的障がい者のスポーツとしてもサッカーは盛んである。広く世界中で行われており、Virtus（旧INAS：国際知的障害者スポーツ連盟）が主催するサッカーおよびフットサル世界選手権大会は4年ごとに開かれている。2002（平成14）年より日本代表チームも参加し、その活躍は目覚ましいものがある。

　さて日本において知的障がい者のサッカー競技は、スペシャルオリンピックス大会、ゆうあいピック大会を通じて行われ始めた。そして2001（平成13）年より全国障害者スポーツ大会へと継承され、年々競技スポーツとしての性格が高まってきている。

　当初は、競技規則や試合時間を参加者の能力に合わせて適応させていたが、その後の競技人口の増加や競技レベルの向上とともに、現在では健常者と同様にFIFAルールで行われている。

(2) 知的障がい者サッカーの特徴と傾向

　サッカーは自由なボールゲームといわれている。初めから計画されたようなパターン化された攻撃や守備は存在しない。競技中は間断なく攻守が入れ替わることになり、そのため選手たちは臨機応変に判断・決断をしてプレーしなければならない。

　知的障がいを持った人たちは個人によって違いはあるが、人の言動や指示を理解しづらかったり、自身で状況をイメージして行動に移すことが難しいことが多々見られる。また、意思の疎通の不得手により人とうまく関わることができないなどのことが社会生活上に現れる。これらがサッカーをするうえでプレーのスムーズさに影響を与えるように思われることがある。

　経験の度合いにもよるが、ボールの奪い合いにおける即時の状況判断や、自陣から敵陣までのパスの組み立てや展開の予測等は困難がともないがちである。どちらかというと、攻守において個人でドリブル突破を図ったり、ロングキックを多用するシンプルなスタイルがよく見られる。

　しかしながら練習や試合経験を積むことによって技術・競技力が向上するとともに、パスをつなぎチームでボールを保持する戦術も近年全国的に発展してきている。

(3) サッカーの技術とプレーの原則

　ここではサッカーの基本的な技術やプレーの考え方を紹介する。

　特別な練習方法はなく、丁寧に説明し、シンプルに繰り返し練習することが技術や戦術理解の向上に効果的と思われる。

① ボールコントロール

　サッカーの基本的技術として「キック」「ストップ」「ドリブル」「ヘディング」があげられる。

「キック」の中で最も重要な技術はインサイドキックである。パスだけでなくシュートにも利用される正確性の高いキックである。反復練習で「正確さ」と「強さ」を身につけることが向上につながる。

　インステップキックはボールを強く蹴ることができる技術である。長い距離のパスやシュートに利用される。小さい振りで、強く正確に蹴る技術を身につけることが大切である。

写真87　インサイドキック（正面から）

写真88　インサイドキック（側面から）

写真89　インステップキック（正面から）

軸足のつま先は蹴る方向へ

膝下の振りを速く

自然に振り抜く

足の甲でボールの中心を蹴る

写真90　インステップキック（側面から）

　「ストップ」はボールを止める技術である。ボールを自在に止めることができなければサッカーにならない。パスを確実にストップし自在にコントロールすることができれば次の動作へスムーズに移ることができる。

　初めのうちはインサイドで、そしてインステップ、アウトサイド、また胸や太腿など身体全体でできるようになることが肝要である。

　「ドリブル」はサッカーの技術の中でとても魅力的なものである。相手を抜き去る感激は格別であり、守備陣を切り裂くドリブル突破はチームを勝利へ導く。試合においては、コンパクトで速いパスまわしだけでなく、優れたドリブラーが常に必要とされている。

　「ヘディング」もボールをコントロールする重要な技術の一つである。足では届かない高い位置のボールにも対応できる空中戦での強力な武器となる。足と同様に「正確さ」と「強さ」が大切である。

　しかし、練習の方法を誤るとヘディングに恐怖心を持たせてしまうことにつながる。そのために、初めは近い距離から緩いボールで練習するなどの配慮が必要である。

ボールを運ぶ

おでこの真ん中で

ももで勢いを吸収

胸で勢いを吸収

写真91　ドリブル　　**写真92　ヘディング**　　**写真93　ももでコントロール**　　**写真94　胸でコントロール**

②　攻撃の原則

　攻撃の最大の目標はゴールを奪うことである。

　シュートを打たなければゴールは得られない。どんなにパスをつないで相手ゴールへ迫ってもそれがシュートへ持ち込めなければ意味がない。

　積極的にシュートを打つこと。「シュートへトライ！」の気持ちが大切である。

　実際のシュート場面では個人の精神力、技術力がものをいうので強い気持ちと正

確な技術を身につけることが必要である。

③ 守備の原則

守備の最大の目的はボールを奪うことである。

相手がミスをするのを待つような受け身の守備ではなく、相手からボールを取り返すために積極的に相手を追い詰めてボールを奪うことが求められる。フォワードのフォアチェック※9やインターセプト※10を狙う動き、ディフェンスの追い込みなどが守備の基本姿勢である。

ボールを奪われた瞬間からチームが一丸となって積極的にボールを奪い返す行動に移る。それがセンタリングを上げさせない、シュートを打たせない結果につながる。

④ 攻守の切り替え

相手にボールを奪われた瞬間から守備が始まり、ボールを奪い返した瞬間から攻撃が始まる。素早い攻守の切り替えが試合を有利にする。そのためには取られそうだ、取り返しそうだと常に予測して次の行動に備えることが肝心である。

動き（動作）だけでなく考え（発想）の転換も大事である。

⑤ 積極的な気持ち

ミスを恐れず、元気よく自分の思ったプレーができること。

負けず嫌いで、何事にも自分から積極的に関わっていくことのできる姿勢を作らなければならない。

(4) まとめ

サッカーは11人の共同作業といわれる。

その共同作業を成功させるためにも一人ひとりの技術力を上げることが重要である。

しかし、知的障がいのある人たちにとっては前述したように技術の習得に困難なことが多々ある。実際の試合においては、攻守におけるグラウンドの俯瞰的思考や、守備におけるボールと相手の同一視などは苦手であろう。また、生活環境に関連した幼少期・少年期における身体活動経験の少なさも不利に働くように思われる。

したがって練習においては、デモンストレーションなどを用いて説明や指示を簡潔に具体的に行うように心がけること。また、様々な遊戯的要素を含んだ活動で身体を動かすことの楽しさを伝えられるとよいであろう。

そして、「1対1」「2対2」「4対4」などのスモールサイドゲームでボールタッチやゲーム経験を増やすことを通じてプレーする楽しさ・面白さを感じられるように配慮することが効果的である。

「年齢」「障がいの程度」「サッカーの理解度」などを考慮しつつ、何度も繰り返して少しずつ向上していけるように取り組むことが大切である。

【解説】※9 フォワード（やミッドフィールダー）が前線から積極的にプレッシャーを仕掛けてボールを奪い、攻撃に転じる守備方法。

【解説】※10 相手ボール保持者のパスコースを予測し、そのパスコースに入りボールを奪うこと。

14　フットベースボール

フットベースボールは、ソフトボールのルールを基本とし、投手が転がしたサッカーボールを相手チームのキッカーが蹴って得点を競う知的障がい者の競技である。男女を問わず、グローブ等の特別な用具を使用することもなく、比較的容易に取り組むことができる。ここでは、初心者を含むプレイヤーで構成されるチームの指導のポイントと練習プランを紹介する。

(1)　攻　撃

フットベースボールは、たくさん得点を取ったチームが勝利を得ることができる競技である。すべてのプレイヤーがホームランを蹴ることができれば何の問題もないがこれはなかなか難しい。どうすればより確実に得点することができるかがポイントとなる。フットベースボールでは、強く速いゴロやライナーで、内野手や外野手の間を抜けていく打球がアウトになりにくく、得点に結びつきやすい。その

写真95　軸足をボールの真横まで踏み込む

ために、初心者には足の甲でボールを蹴るインステップキックを身につけさせたい。軸足をボールの真横まで大きく踏み込み、つま先を下に向けてしっかりと足首を伸ばしてボールを蹴る。そのときに蹴り足の膝を前に出すことで、弾道が低く強い打球を蹴ることができる。ボールを蹴ることに慣れていないプレイヤーにはやや怖さを感じさせる蹴り方ではあるが、繰り返し練習し、ぜひ習得させたい。

ただし、試合で勝利を得るためにはより多く得点を取らなければならない。短打を重ねても大量得点に結びつかないことがある。ホームランを蹴ることができる長打力のあるプレイヤーを育てるためにプレイヤーの能力に合わせて取り組んでいくことも必要である。

(2)　守　備

経験の浅いプレイヤーには、打球を確実に捕球することと捕球後に素早く正確に送球することを身につけさせたい。捕球する方法は、手のひらのみを使って捕球する方法と両腕と胸を使ってボールを抱え込むように捕る方法がある。両手のひらだけで捕球するほうが送球動作に移りやすいので内野手にはこの方法を習得させたい。外野手は、確実に飛球（フライ）を捕ることが重要となるので、抱え込みの捕球方法も習得させる必要がある。

すべてのプレイヤーに、対人のキャッチボールを丁寧に取り組ませたい。基本的な投げる技術の習得はもちろんだが捕球技術を向上させる最高の練習である。捕球するプレイヤーに意識させたいポイントとして、投げるターゲットとなるように手のひらをしっかりと示させたい。投げるほうはコ

写真96　手のひらでの捕球。送球動作に移りやすい

写真97　抱え込み捕球。確実な捕球ができる

ントロールしやすくなり、捕球するほうは、捕球の準備動作となる。

　また、捕球後の素早い送球をするためにフットワークも重要である。ボールの速度に合わせた細かいステップでのフットワークを習得させたい。

写真98　手のひらだけで捕球したあとに素早く送球する。フットワークも重要なポイントとなる

　キャッチボールの練習にも様々な工夫を凝らす必要がある。距離を変える、移動しながら投げる等々、試合で起こりえる場面を想定した練習を行うことで、プレイヤーの集中を保ちながらより実践的な練習を行うことができる。

（3）　走　塁

　フットベースボールには、「停止球」※11という独自のルールがある。速く巧みな走塁は得点に直結するため、走塁についても丁寧に練習を行う。

　走塁では、スピードを落とさずに走るためのコース取りを身につけさせる必要がある。経験の浅いプレイヤーは、塁間を直線的に走ろうとしてしまうことが多いので、繰り返し丁寧に練習を行い、スピードを落とさずに走り抜けることができるコースを習得させる。また、常に次の塁を狙う意識をプレイヤーにもたせることも重要である。走者になったら、常に次の塁を狙い、審判から「停止球」の合図が出されるまでは全速力で走り抜けることができるよう指導したい。

　指導者としてランナーコーチの役割も重要となる。走者が安心して走ることができるように、わかりやすく的確な指示とゼスチャーをすることが大切である。

（4）　投　手

　ソフトボールと同様、試合の中で投手が占める役割は大変大きい。キッカーが蹴ることができない投球をすることができれば、得点を取られることはない。

　フットベースボール競技の好投手は、まずは速いボールを投げられることである。キッカーは、投手が投げたボールに向かって助走をしながら蹴る動作を行いつつ、ストライクかボールかを見極めなければならない。ボールを蹴ろうとする動作をいったん始めると止めることは容易ではなく、ストライクコースを外れていたり、バウンドしていたりしても蹴ってしまうことが多い。ボールを見極める時間が短くなる速い投球はぜひ身につけさせたい。

【解説】※11　攻撃で蹴られたボールが野手からピッチャーズサークル内にいる投手に戻されたときに、塁間にいる走者は通過した直前の塁に戻らなければならない。

写真99　投手は、キッカーの軸足となるコースを狙い、身体全体を大きく使って速いボールを投げる

　次に大切な点はコントロールである。キッカーは軸足側に食い込んでくるようなボールを苦手とする。このコースに確実に投げるコントロールも身につけさせたい。しかし、投手は両手で同時にボールをリリースしなければならないために、このタイミングが一致し

ないとコントロールが定まらない。これを実現するためには、たくさん投げ込んで、身体で覚える必要がある。これと同時に、速い腕の振りと背筋や下半身のバネを上手に使うことができるフォームの習得も身につけさせたい。

(5) 実践的な練習の中で

知的障がい者はルールを覚えることを苦手とする傾向がある。しかし、実践的な練習の中で繰り返し確認しながら取り組むことで、ルールを覚えることは十分可能である。また、試合で必要となる素早い判断力も実践的な練習の中で培うことが可能である。毎回の練習においてゲーム形式の練習を行い、ルールを覚え、試合の中で判断する力を身につけさせていく。さらに、ゲームの中で、チームのメンバーと連携したり、励ましあったりすることでフットベースボールの楽しさを味わうことができるようにしたい。

(6) 指導者として

フットベースボール競技は、全国障がい者スポーツ大会正式種目として実施されているが、サッカーやバレーボール、ソフトボールなどと違い、知的障がい者のためのスポーツとして独自性の強い競技である。自らがプレイヤーとして経験したことのある人が指導者となっていることは少なく、また、指導者としての経験も浅い人が多い。競技規則や練習方法についても、指導者の努力や工夫が必要とされるため、苦労されていることも多いであろう。

競技規則は、日本ソフトボール協会オフィシャルソフトボールルールを準用している。したがって、指導者は、フットベースボールのルールを理解するだけでは不十分であり、オフィシャルソフトボールルールについても熟知する必要がある。さらにはオフィシャルソフトボールの競技運営等に関する知識も理解し、対応できるようにしておく必要がある。

指導方法についても、守備や走塁については野球やソフトボールの方法を、またボールを蹴る技術についてはサッカーの指導方法を学ぶ必要がある。次の項で、経験の浅いプレイヤーを含むチームの練習方法として一例をあげるが、ぜひ各チームで、プレイヤーと指導者が創意工夫を凝らしながら様々な取り組みを行ってもらいたい。それぞれのチームに合った練習をする中で、知的障がいのある人が余暇活動としてフットベースボール競技を楽しんだり、また、全国障害者スポーツ大会に参加するようなチームとなったりすることを目標に、より多くの人に取り組んでもらえるスポーツとして指導を行ってほしい。

（7） 練習プラン（例）

日時：9/27（日）9：00～12：30	場所：○○公園運動広場
練習目標：試合の中での動き方を覚える	参加者：18人

時間	練 習 内 容
9：00	☆ウォーミングアップ ・ジョギング（グラウンド5周）　・ストレッチ　　　・ブラジル体操 ・アジリティトレーニング　　　　・ダッシュドリル
9：30	☆キャッチボール（二人組で行う） ・シングルハンドキャッチ（投げられたボールを片手で捕球する） ・頭上トスキャッチ（投げられたボールをわざと頭上にはじいたあとに捕球する） ・ノーバウンド送球、ワンバウンド送球（塁間の距離で行う） ・遠投（約30メートル程度） ・速投（10～12メートル程度）
10：00	☆キック（二人組で行う） ・インステップキックミート練習 （落としたボールを蹴る、投げてもらったボールを蹴る） （置いたボールをインステップキックで蹴る） ・バント練習 （投手役が転がすボールのスピードを徐々に速くする） ☆キック（キッカーと内外野の守備に分かれる） ・転がってくるボールを蹴るフリーキック （キッカー6人グループで5分交代、狙う方向や打球の質を限定する） （守備練習も兼ねてキッカーの蹴ったボールに丁寧に対応する）
10：45	☆ゲーム形式でのフリーキック（6人組3グループで行う） ・試合と同じように、投手が投げたボールをキッカー席から蹴る。 ・ボールカウントを指定して、条件を設定して行う。 ・走者の位置を指定し、それに合わせた攻撃および守備の方法を確認しながら行う。 ・走者は、走塁方法やタッチアップなどの練習も意識しながら取り組む。 ・投手の変化球や速球、右投げ、左投げなどの対策も行う。
11：30	☆ゲーム（実力が均等になるように分けてチームを編制する） ・ルールやプレイの状況を確認するために、必要に応じてゲームを止めリプレイを行う。 ・プレイヤーの状況判断にまかせて、指導者からの指示を行わずにゲームを進める。
12：20	☆クールダウン ・整理体操　　　・ストレッチ

自分で落としたボールを足の甲でとらえる

二人一組で、投げてもらったボールを蹴り返す

15 ボウリング

(1) 競技の概要

　全国障害者スポーツ大会のボウリング競技は、（公財）全日本ボウリング協会競技規則を用い、競技方式はデュアルレーン（アメリカン方式）で競技をする。（公財）全日本ボウリング協会の競技規則には140近い条文があるが、規則をほとんど知らずとも「ファールラインを越えずにできるだけ多くのピンを倒す」というコンセプトの理解と、最低限「競技投球者は、投球の準備態勢に入ろうとしているすぐ右側レーンの競技者に対してのみ優先投球権を認めなければならない（競技規定134条2項）」と記されているマナー規則さえ知っていれば、競技に参加することができる。

　ボウリングはお金を払えばプレーをする場所の確保ができ、プレーの様式が簡単なこと、プレーをするうえで必要な用具を購入する経済的負担がないなどの理由で、障がいのある人には親しみやすい競技といえる。また、最近はガターレスのボウリング場も増え、スコアを確実に記録することができるので初心者から楽しむことができ、これらが理由と思われるが、大都市圏では福祉作業所のレクリエーション活動として月に一度ボウリングを楽しんでいる人たちも多い。

(2) 指導の実際

① ハウスボールの選択

　ボールは自分に適したボールを使用する必要がある。ボールの重さと指穴の位置や深さが選択の基準になるが、一般的にボールの重さは自己の体重の1/10が目安とされておりボールを持って腕を振ったときに、ボールの重さで身体がふらついてしまうようなものは重過ぎる。指穴には中指と人差し指を第2関節まで入れ、親指は根元まで穴の奥に入れて持ったときに、手のひらにピッタリとした感覚が伝わり、指がスムーズに抜けるものがよいといわれている。ほとんどのハウスボールは、使用する競技者が、このような握り方で投げることを前提に指穴があけられており、同じ重さでも穴の間隔が異なる、あるいは、深さが異なるものが用意され、使用者の手のひらの大きさや指の長さに配慮がなされている。傍からみていて「投げやすそう！」と思われたら、ハウスボールにはボールを管理する番号がふられているのでメモしておくと、次回から迷わずにボール選びができる。趣味として個人で続けて楽しみたい、楽しませたいと思ったら、マイシューズ、マイボールの購入を勧めたい。自分の投球フォームにあった穴をあけてくれるので、ボールの回転が容易に生まれ、スコアアップにつながる。

② 投球練習

　ボールが選択できたら次に投球であるが、初めはボールでなく小さめのカバンに500mlペットボトルを数本縛って入れ、カバンを振ってスウィングの練習をしてみよう。足を軽く前後に開き、カバンを体側に沿って前後に振る。身体の側面で肩関節を軸として時計の振り子のように、身体から離れずに肩の真下を通る軌跡を描いてカバンを振ることができるようになったら、実際にボールを使って同じ動作をしてみる。この動作が投球の基本であるので、ボールを持って繰り返しそのボールを振る練習をする。そのときに、腕を振るという感覚よりも、ボールの重さを利用して肩を軸に腕を前後に動かすという感覚を体験させる。慣れたら徐々に動作を大き

くするが、ボールが体側をまっすぐに移動していることを意識させるために（ボールが身体から離れないで、体側を通過させる）、競技者の脇に人が立ち、その人にぶつからないようにボールをスウィングできれば前後に最短距離でスウィングができているといえる。

　次に通常の投球のように、両手でボールを持ってアドレスの姿勢をとり、一歩踏み出して投球する練習に入るが、バックスウィングをしたときに、ボールが最も高い位置に達したらボールを持っていない側の足を一歩踏み出し投げてみる。そのときにファウルラインを意識すること、目線はレーン上に描かれている自分の目標としている印（スパット）をみて投げる。ボールを離す位置は、肩の真下で、ボールから指を抜き、指先と手のひらをピンに向けてボールを押し出すという気持ちでと教える。このタイミングが遅いと、ボールを放り投げる感じの投球となり（ロフトボール）、落下したときにドーンと大きな音がしてレーンを傷めるので、練習の初期の段階で、指導者はボールが真下に来る少し前に手をたたいて合図をするか声掛けをしてリリースのタイミングをしっかり教えておきたい。

　慣れてきたら、ゆっくり歩いてボールを投げる練習に取りかかる。ボウリングは他のスポーツ同様にフォームを固めることが必要で、投げ方が一定になればスコアもまとまってくる。ゆっくり歩いて最後の一歩の歩幅を少し大きくとり、ボールの重量を利用したバックスウィングからそれまで練習した、前後の腕の振り、リリースのタイミングなどに注意をして投げてみる。アプローチから投げるまでの歩数を４歩あるいは５歩と教えている人が多いが、ボールをリリースする位置からスタンディングドットに向かって歩き、何歩でいくつめのドットに到着するかを数えてレーンまでの歩数を決め、回れ右をしてピンに向かってその歩数で投げればよい。歩数は人によって歩幅も異なるのであくまでも個人の投げやすい歩数でよい。この投げ方は、まっすぐ目標に向かって投げる（ストレートボール）投げ方で、一見やさしそうだが、腕を振る方向がずれると目標には到達しない。しかし、基本の１つなのでしっかり練習をさせたい。

③　ボールの曲げ方

　高いスコアを出すためには、ボールを曲げる技術の習得が必要だ。１番ピンと３番ピンの間にボールが曲がって通過するように投げると（フックボール）ストライクになる確率は高くなる。指導者の中にはフックボールから投げ方を教える人もいるくらいで、ボールを曲げるための技術はそれほど難しくなく、思いどおりの軌跡を描くかどうかは別として少しの練習で誰でもボールを曲げられる。今まで述べてきた投球フォームで、リリースのときに、ストレートボールではピンに向いている指先を、自分の体側に向けてボールをなでるような感覚で投げるとボールは自然に曲がる。このとき曲げる意識が強いと手首を回転させがちだが、手首はあくまでも固定して前に振り上げる感じで投げることが重要である。何度か投げるとボールの軌跡と力の入れ具合の関係がつかめてくるので、後は経験から学べばよい。フォームが固まってきたら、徐々に課題の矯正をしていく。

　最後にぜひ知っておいてほしいことを記すが、知的障がいに限らず、発達障がい（発達障害者支援法でいうところの）の人たちに指導するときの配慮点についてである。指導時にそれとか、こことか代名詞を使うことがよくあるが、代名詞は文章の脈絡の理解ができていないと何を指示しているか理解できない。言語による理解の苦手な人が多い上記の人たちには、名詞を使ってできるだけ具体的に指示を出し、目の前で説明を加えつつ実際に動作を演じながら指導することが望ましい。

16　ボッチャ

（1）　ボッチャ競技の概要

①　ボッチャとは

　ヨーロッパで生まれたボッチャは、重度脳性麻痺者もしくは同程度の四肢重度機能障がい者のために考案されたパラリンピック正式種目である。ジャックと呼ばれる白いボールに、赤・青のそれぞれ6球ずつのボールを投げたり、転がしたり、他のボールに当てたりしていかに近づけるかを競うものであり、障がいによりボールを投げることができなくても、勾配具（ランプ）を使い、自分の意思を競技アシスタントに伝えることができれば試合を行うことができるスポーツである（一般社団法人日本ボッチャ協会公式サイトより一部抜粋）。

②　パラリンピック競技としてのボッチャ

　ボッチャはパラリンピックでは1984（昭和59）年ニューヨーク（エイルズベリー）大会より実施されている。当初は脳原性麻痺の障害区分のうちC1、C2U、C2Lの選手を対象として実施されていたが、2004（平成16）年のアテネ大会以降は脳原性麻痺以外の区分（BC4）の追加がされ、2012（平成24）年のロンドン大会以降は競技アシスタントや勾配具（ランプ）を使用する区分（BC3）に機能が同程度の脳原性麻痺以外の障がい者の出場が認められた。

　日本は2008（平成20）年北京大会でチームBC1/BC2に初出場している[12]。

③　国内で実施されるボッチャ競技

　日本国内では平成初期よりボールセットが備品として配置されているスポーツセンターや施設は少なくなかったが、的当てゲームやローカルレクリエーションの用具として扱われ、公式規則が十分に周知されていなかった。1996（平成8）年千葉県で正規規則に準じた大会が実施されると東日本では特別支援学校、西日本ではスポーツセンターを中心に競技を活用する場所が増え始め、1999（平成11）年第1回日本選手権が大阪で行われた。その後各地で正規規則を準用する競技大会だけでなく、正規規則をアレンジすることを前提としたレクリエーション大会等も増えた。2016（平成28）年にリオ大会でチームBC1/BC2が銀メダルを取得したこと、2020（令和2）年に東京パラリンピック競技大会が開催されることをきっかけにボッチャの認知度も向上し、競技人口の増加とともに、その関わりやすさから多くのイベント等で取り上げられるようになってきた。

④　全国障害者スポーツ大会で実施されるボッチャ競技

　全国障害者スポーツ大会でのボッチャ競技の実施について日本障がい者スポーツ協会では、重度障がい者・高齢障がい者のスポーツ参加機会の拡大が課題となっている中、調査研究委員会を設立し、2014（平成26）年から2年間の調査研究を行った。委員会では、全国各地域の重度障がい者・高齢障がい者のスポーツ参加の実態を把握し、障がいの種類や程度によらず取り組むことができる競技の特性から「ボッチャ」を導入するための検討がなされてきた。パラリンピックで実施されるボッチャ競技が3対3のチーム戦、2対2のペア戦、そして個人戦等、バリエーションがあることなどから、全国障害者スポーツ大会の性格を踏まえた地域予選会等の実施イベントの検討や規則の応用などが求められ、2019（令和元）年現在では正規規則を踏まえつつ、以下の特性を盛り込み独自の規則を設定[13]し2021（令和3）

【解説】※12　日本代表は、2008年北京大会よりチームBC1/BC2で初出場。2012年ロンドン大会では個人BC3とチームBC1/BC2で出場、2016年リオ大会では個人BC3では初勝利し、チームBC1/BC2で銀メダルを取得することができた。2012年のロンドン大会では21カ国103人、2016年リオ大会では23ヵ国108人の出場があり、2020年東京大会では116人の出場が予定されている。

【解説】※13　競技規則および障害区分については、当該年度の「全国障害者スポーツ大会競技規則集」を参照。2020年度規則集には付録として掲載されている。

年三重大会より実施を予定している。

- ・各チーム２人ずつ出場し、個人戦で行う
- ・チーム構成は、男女の区別はなく、立位・座位の選手各１名ずつとする。
- ・２エンド戦で行い、１エンド終了後、選手が交替する。
- ・２エンド終了後の合計点でチームの勝敗を決定する。

（2） ボッチャ競技の指導

ボッチャ競技はシンプルな規則であることから比較的容易に競技に参加することができる反面、投球精度が高まらないと本来の戦術展開の妙味を体験することなく単なる的当てゲームになってしまう。

① 特性に応じた投球方法の検討[14]

ボッチャ競技に関わる選手は、上肢の過度の筋緊張を有することが多い。そのため上投げ、下投げのどちらが選手にとって負荷が少なく試合を継続することができるかを見極めることは肝要である。

また、ランプを使用する選手は、ボールを「握る」「つまむ」「投げる」の動作が機能上困難なものであり、競技アシスタントとのコミュニケーションをもって競技を成立させる。

１）上投げ選手の特性

上投げを選択する選手は、肩の可動域の制限があり、ボールを握ることや手首の可動域に制限が多い選手が投球する場合に有効な投球方法である。肩、肘の位置を決めて投球することで筋緊張の影響を受けにくい。短～中距離の精度を高めやすいが、コート端などの長距離は身体全体を用いて投球することになるため、体幹機能に制限が多いと安定しにくい。肩の可動域の制限がより多い場合は、車いすの向きを必ずしも対象に向けず、腕の可動域が最も安定する角度を見つけることも検討したい。

２）下投げ選手の特性

下投げを選択する選手は、肩の可動域の制限が少なく、ボールを比較的しっかりと握ることができる、また手首の返しが可能である場合に有効な投球方法である。

車いすの向きが正しく対象に向けられていること、距離に応じてボールをリリースする角度が明確になっていること、腕の振りが一定していることなどを中心に指導を行うことで再現性は高められる。投球に体幹を用いずに投げることが多いため、短～長距離の精度が安定させやすい。上投げより制限が少ない選手が用いやすいが、投球を安定させるために意識する身体箇所が多いので練習時間が長くなりがちであり、選手にとって高負荷とならない配慮が求められる。

３）ランプ投球選手の特性

勾配具（ランプ）の使用の手順、ボールの選択等、投球にあたって限られた持ち時間の中で競技アシスタントとのコミュニケーションを図りながら競技を進めていくため、お互いの取り決めを設けることが肝要である。また、競技アシスタントも競技者の一部ととらえることもできるが、あくまで主体者は選手であり、競技アシスタントは選手の競技意図を具体化するためのパートナーであることを大切にしたい。

勾配具（ランプ）を用いて投球する選手は、上肢に投球が困難な程の機能制限があるばかりでなく、座り続けることや長時間の試合を継続する体力的な制限があることも少なくない。選手がよりよいコンディションで試合に出場することができるための健康管理についても丁寧に行うことが望ましい。

【解説】※14 ボッチャの投球においては、上肢による投球が困難ではあるが、下肢の操作性が高い選手は下肢による投球が認められている。下肢による投球を行う選手は競技アシスタントを用いることができる。競技アシスタントは、選手の指示により「ボールを置く」「ボールを丸める」「車いすの向きを直す」「選手の姿勢を直す」などを行うことができる。下肢による投球は、床に置いたボールをコート内に蹴り入れることにより平面的だが狙いを定めやすい「蹴る」方法や、ロビング等立体的な戦術を組み込むことができる「足の甲に置いて投げ入れる」方法がある。とくに選手の身体機能を総合的に判断し、上肢機能の制限が多くても下肢の操作性に優れる場合は、ランプによる投球以外の方法も検討して指導することが望ましい。

写真100　上投げ選手

写真101　下投げ選手

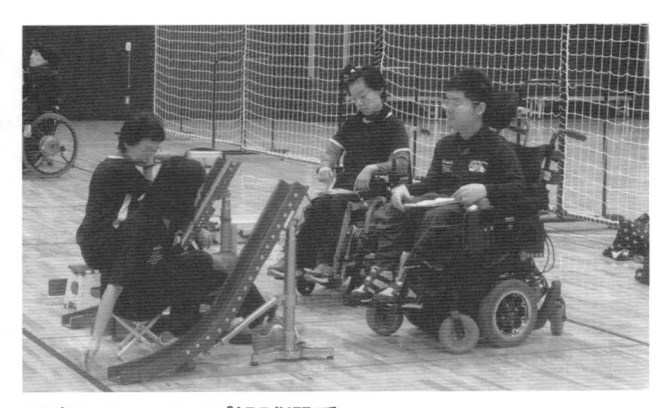
写真102　ランプ投球選手

②　投球精度の向上

　投球精度を向上させるということは、選手が最も理想的な投球をする状態の再現性を高めるということである。一義的には反復練習が最も妥当な指導法ではあるが、選手の機能状態を考慮し、高負荷とならない指導が求められる。

　ボッチャの投球技術の種類は、以下の3種類が主なものである。

1）アプローチ（図2）

　任意の目標球（例えばジャック）に対して投球したボールを近接させる技術で、競技を進める上で最も基礎的な投球技術である。ベクトルの正確性は車いすの向きを確認し、腕の振り方のブレを最小限に抑えることで身につけていくことができるが、距離の正確性については、力の加減、体幹の使い方、ボールのリリースポイント等の投球フォームの細かいチェックが必要となる。

図2　アプローチ

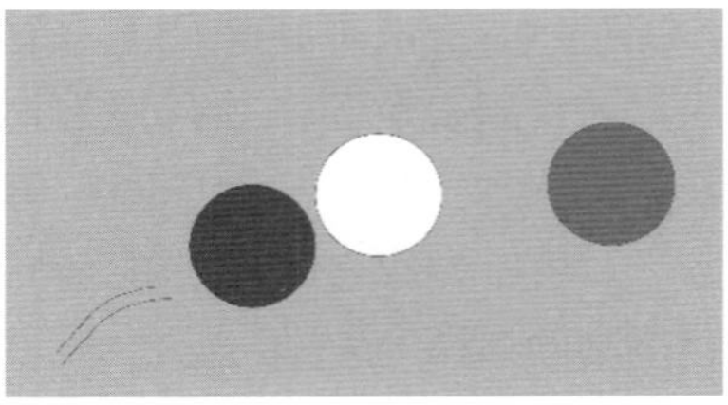

2）プッシュ（図3）

　任意の目標球を押し出して空間を生んだり、さらに投球した自ボールを任意の場所に留めたり、押し出したボールを別の目標に近づけるなどの投球技術。投球の方向性を定めることが重要であり、力加減が容易な投球技術である。

図3　プッシュ

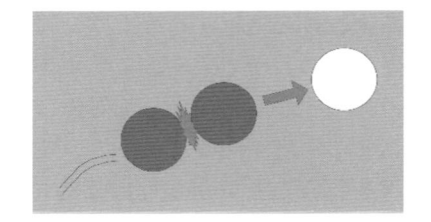

3）ヒット（図4）

　任意の目標球を大きく動かし、試合展開を変えるための投球技術である。ボールを動かすために、遠投に近い力強い投球技術が必要になるため、アプローチの投球フォームと変わることが多い。投球の方向を安定させることが必要になる。

図4　ヒット

③　戦術の向上

　ボッチャは単なる的寄せゲームではなく、詰将棋のように試合の流れを構築し最後の一手で勝利を得るスポーツである。そのためにジャックを置く位置を考えたり、相手の得意な投球技術を予測したり、2手先を考えたボール配置を考えた投球を話し合うなど様々な試合の進め方を、議論をしながら獲得していくことは練習メニューの中にはぜひ取り入れたい。

1）アプローチ、プッシュ、ヒットの投球技術の選択

　ボール配置を確認した際、その試合場面でどの投球技術が次の一手に進める過程の中で望ましいかを選択し実践できるよう指導する。

- ・得点するために、ジャックをプッシュする。ジャックに近い相手のボールをヒットする。
- ・攻守を入れ替えるために、ジャックをヒットする。ジャックに近い相手のボールをヒットする。
- ・失点を防ぐために、ジャックの近くにアプローチする。相手のボールが少ない場所にジャックをヒットする。

2）投球コースを考える

　選手は、試合時は互いの投球ボックスの範囲の中で投球しなければならない。ジャックや自ボールの位置、相手のボックスとの位置関係からどの位置に、どのようにボールを配置させるかを考えながら試合を進める意識を持たせるようにすることが望ましい。

- ・ジャックと相手の間に相手のブロックになるようにアプローチする。
- ・自分のボールが相手のブロックになる場所にジャックをプッシュする。
- ・投球ボックスの中からジャックなどの任意のボールが大きく見える所に前後左右移動して、投球位置を決める。

（3）　指導者としての留意事項

　ボッチャは重い機能障がいを有する選手を対象として開発された競技である。重い機能障がいを有する選手の中にはコミュニケーションに困難さがあったり、併せ有する知的障がいに対する配慮が必要であったりする場合もある。そのため、必要に応じて伝える内容を丁寧に、わかりやすい表現を用いることが求められる場合もある。しかし、それはあくまで規則を準用することを前提とするものであり、規則自体を変更する、簡易化するというものではないということは理解したい。内輪のイベントを楽しむためにボッチャのエッセンスを活用することはとても好ましいことではあるが、ローカルルールが拡散してしまうと大会ごとに使用する規則が違ってしまうことが増え、結果的に選手が混乱してしまうことがあることも指導者は留意すべきである。また、多くの支援を必要とする選手も主体性を発揮できるところにボッチャ競技の魅力があるため、指導者、支援者が選手の過度な代弁者とならないように注意していきたい。

引用・参考文献

＊「1）」などは引用文献。「・」は参考文献。

■第Ⅰ編　障がい者スポーツの意義と理念

●第1章　スポーツのインテグリティと指導者に求められる資質

・相原正道ほか著『スポーツガバナンスとマネジメント』晃洋書房、2018年

・勝田隆著『スポーツ・インテグリティの探究：スポーツの未来に向けて』大修館書店、2018年

・（公財）笹川スポーツ財団編『入門スポーツガバナンス：基本的な知識と考え方』東洋経済新報社、2014年

・（公財）日本障がい者スポーツ協会編『障がい者スポーツ指導教本　初級・中級〈新版〉』ぎょうせい、2016年

・（公財）日本スポーツ仲裁機構ホームページ（http://www.jsaa.jp/guide/sports/p07.html）2019年8月10日閲覧

・（公財）日本体育協会『平成26年度コーチ育成のための「モデル・コア・カリキュラム」の作成事業報告書』2015年

・（公財）日本体育協会『平成27年度コーチ育成のための「モデル・コア・カリキュラム」の作成事業報告書』2016年

・菅原哲朗著『スポーツ法危機管理学：スポーツ施設／スポーツ管理者／スポーツ指導者のための』エイデル研究所、2005年

・スポーツ指導者の資質能力向上のための有識者会議（タスクフォース）『スポーツ指導者の資質能力向上のための有識者会議（タスクフォース）報告書　私たちは未来から「スポーツ」を託されている：新しい時代にふさわしいコーチング』2013年

・友添秀則編著『よくわかるスポーツ倫理学』ミネルヴァ書房、2017年

・友添秀則編『スポーツ・インテグリティーを考える：スポーツの正義をどう保つか（現代スポーツ評論32）』創文企画、2015年

・PHP研究所編『実践！グッドコーチング：暴力・パワハラのないスポーツ指導を目指して』PHP研究所、2019年

●第2章　スポーツの意義と価値

1）財団法人日本体育協会『地域スポーツ指導者B級スポーツ指導員／少年スポーツ上級指導員／スポーツプログラマー・Ⅱ期　共通科目教本』財団法人日本体育協会、2004年、p. 15

2）濱島朗ほか編『社会学小辞典』有斐閣、1985年、p. 345

3）菅原礼監修『スポーツ社会学講座1　スポーツ社会学の基礎理論』不昧堂出版、1984年、p. 76

4）上掲書3）p. 93

・井上俊ほか編『スポーツ文化を学ぶ人のために』世界思想社、1999年

・井上俊、菊幸一編『よくわかるスポーツ文化論』ミネルヴァ書房、2012年

・財団法人日本体育協会『地域スポーツ指導者C級スポーツ指導員／少年スポーツ指導員／スポーツプログラマー・Ⅰ期　共通科目教本』財団法人日本体育協会、2004年

・杉本厚夫著『スポーツ文化の変容：多様化と画一化の文化秩序』世界思想社、1995年

・西山哲郎著『近代スポーツ文化とはなにか』世界思想社、2006年

・橋本純一編『現代メディアスポーツ論』世界思想社、2002年

・藤田紀昭著『障害者スポーツの世界：アダプテッド・スポーツとは何か』角川学芸出版、2008年

●第3章　障がい者スポーツの意義と理念

・（公財）日本障がい者スポーツ協会『障がい者スポーツの歴史と現状』2019年

■第Ⅱ編　障がい者スポーツ指導とコミュニケーション

●第4章　コミュニケーションスキルの基礎

1）平田オリザ著『わかりあえないことから：コミュニケーション能力とは何か』講談社、2018年、pp. 21-26

2）ゲオルク・クニール、アルミン・ナセヒ著／舘野受男ほか訳「5．コミュニケーションと行為」『ルーマン社会システム理論：「知」の扉をひらく』新泉社、1995年、pp. 95–111

3）仲真紀子編著『認知心理学：心のメカニズムを解き明かす』ミネルヴァ書房、2010年、p. 11

4）大久保春美「第1章　スポーツ指導者に求められるもの」（公財）日本障がい者スポーツ協会編『障がい者スポーツ指導教本　初級・中級〈新版〉』ぎょうせい、2016年、p. 5

5）国土交通省総合政策局安心生活政策課『発達障害、知的障害、精神障害のある方とのコミュニケーションハンドブック』
（http://www.mlit.go.jp/common/001132782.pdf）2020年1月17日最終閲覧

6）東京都障害者IT地域支援センター「iPhone、iPad用・障害のある人に便利なアプリ一覧」（https://www.tokyo-itcenter.com/700link/sm-iphon4.html）2020年1月17日最終閲覧

7）全国手をつなぐ育成連合会「わかりやすい情報提供のガイドライン」（http://zen-iku.jp/wp-content/uploads/2015/04/3_150130guideline.pdf）2020年1月17日最終閲覧

■第Ⅲ編　障がい者スポーツの推進と障がい者スポーツ指導員の参画

●第6章　障がい者スポーツに関する諸施策

・二本柳覚編著／鈴木裕介、遠山真世著『これならわかるスッキリ図解障害者総合支援法〈第2版〉』翔泳社、2018年

・東京都社会福祉協議会編集『障害者総合支援法とは』2013年

・小澤温「障害者福祉制度の近年の動向と課題」『社会保障研究』2巻4号、国立社会保障・人口問題研究所、2018年

・松井亮輔、川島聡編『概説　障害者権利条約』法律文化社、2010年

・佐藤久夫著『共生社会を切り開く：障碍者福祉改革の羅針盤』有斐閣、2015年

・笹川スポーツ財団『スポーツ白書2017』かいせい、2017年

・内閣府『令和元年版　障害者白書』2019年

・文部科学省「第2期スポーツ基本計画」2017年

・スポーツ庁「スポーツ基本法」2011年

・高橋明著『障害者とスポーツ』岩波書店、2004年

・藤田紀昭著『障害者スポーツの環境と可能性』創文企画、2013年

・（公財）日本障がい者スポーツ協会『障がい者スポーツの歴史と現状』2019年

・（公財）日本障がい者スポーツ協会編『障がい者スポーツ指導者教本　初級・中級〈新版〉』ぎょうせい、2016年

●第8章　地域における障がい者スポーツ振興

1）（公財）日本障がい者スポーツ協会『障がい者のスポーツ環境づくり「ガイドライン」』

2）3）4）スポーツ庁『地域における障害者スポーツ普及促進に関する有識者会議報告書』

・（公財）日本障がい者スポーツ協会、（公財）笹川スポーツ財団『平成28年度国庫補助事業都道府県・政令指定都市障がい者スポーツ協会実態調査報告書』

●第9章　障がい者スポーツ指導員としてのキャリア形成

1）（公財）日本障がい者スポーツ協会『平成30年度国庫補助事業「公認障がい者スポーツ指導員実態調査」報告書』2019年

2）林晋子「オリンピック選手に対するステレオタイプ内容の探索的検討」『飯田女子短期大学紀要』第34集、2017年、pp. 27–35

3）Saleebey, D.(ed.), op. cit., pp. 84–87

4）切田節子、長山恵子著『アクティブラーニングで身につけるコミュニケーション力：聞く力・話す力・人間力』近代科学社、2016年

5）新井和広、坂倉杏介著『グループ学習入門：学びあう場づくりの技法：アカデミック・スキルズ』慶應義塾大学出版会、2013年

■第Ⅳ編　安全管理

●第12章　救急処置法

・NPO法人日本救急蘇生普及協会監修『BLS（Basic Life Support）救急法』東山書房、2017年

・全日本指定自動車教習所協会連合会編『応急救護処置』2007年、pp. 86-88

■第Ⅴ編　身体の仕組みと障がいの理解

●第13章　身体の仕組みと体力づくり

1）九州大学健康・スポーツ科学研究会編『実習で学ぶ健康・運動・スポーツの科学〈改訂版〉』大修館書店、2016年、p. 108

・Kahleほか著／越智淳三訳『解剖学アトラス〈第3版〉』文光堂、1990年

・本間研一監修／大森治紀、大橋俊夫総編集『標準生理学〈第9版〉』医学書院、2019年

・中村隆一ほか著『基礎運動学〈第6版補訂〉』医歯薬出版、2012年

・堀清記編集『TEXT生理学』南山堂、1999年

・北川薫編『トレーニング科学』文光堂、2011年

・樋口満監修／湊久美子、寺田新編集『栄養・スポーツ系の運動生理学』南江堂、2018年

・大阪体育大学体力トレーニング教室編『体力トレーニングの理論と実際』大修館書店、2015年

・中谷敏昭ほか「若年者の下肢筋パワーを簡便に評価する30秒椅子立ち上がりテスト（CS-30テスト）の有効性」『体育の科学』52巻8号、2002年、pp. 661-665

・日本障害者スポーツ協会編『障害者のスポーツ指導の手引』ぎょうせい、2004年

・矢部京之助ほか編著『アダプテッド・スポーツの科学：障害者・高齢者のスポーツ実践のための理論』市村出版、2004年

・Shiba S. et. al., *Longitudinal Changes in physical capacity over 20 years in athletes with spinal cord injury* . Arch Phys Med Rehabil. 91: pp. 1262-1266, 2010

・三井利仁ほか「脊髄損傷者の運動生理の特性と病態像」『Monthly Book Medical Rehabilitation』No.187、2015年、pp. 1-6

・笠原政志ほか「ディトレーニング中のストレッチングが筋量に及ぼす影響」『体力科学』59巻、2010年、pp. 541-548

●第14章　各障がいの理解

・西田朋美「視覚障がい者の障害区分」『平成27年度障害区分研修会資料』

・（公財）日本障がい者スポーツ協会編『障がい者スポーツ指導教本　初級・中級〈新版〉』ぎょうせい、2016年、pp. 34-39

●第15章　障がい各論　1　身体障がい（肢体不自由）

1）加藤真介、佐藤紀「外傷性脊髄損傷の疫学」『Monthly Book Medical Rehabilitation』No.209、2017年、pp. 1-5

2）Tafida MA, Wagatsuma Y, Ma E, Mizutani T, Abe T, *Journal of Orthopaedic Science* 23: pp. 273-276, 2018

3）永江敬ほか「障害者のスポーツの必要性　病態生理学」『臨床スポーツ医学』25巻6号、2008年、pp. 569-574

●第15章　障がい各論　2　身体障がい（視覚障がい）

4）西田（清水）朋美「視覚障害者スポーツに関する眼科医へのお願い：東京2020パラリンピックに向けて」『日本の眼科』85巻4号、2014年、pp. 579-580

5）林知茂、清水朋美「特集　スポーツ眼科A to Z　視覚障がい者のクラス分けについて」『Monthly　Book　OCULISTA』No.58、2018年、pp. 75-87

6）李俊哉「障害者のスポーツ参加への条件　視覚障害者」『臨床スポーツ医学』25巻6号、2008年、pp. 631-634

7）林知茂、西田（清水）朋美「サイエンティフィック・クエスチョン　ロービジョンケアの観点から視覚障害者スポーツの有用な点と注意点を教えてください」山本修一編『ロービジョンケアの実際（専門医のための眼科診療クオリファイ26）』中山書店、2015年、pp. 272-277

●第15章　障がい各論　3　身体障がい（聴覚・音声言語障がい）

8）内藤泰ほか「難聴対策委員会報告：難聴（聴覚障害）の程度分類について」『AUDIOLOGY JAPAN』57巻4号、2014年、pp. 258–263

9）『身体障害認定基準及び認定要領：解釈と運用〈新訂第2版〉』中央法規出版、2010年、pp. 151–153〔荘村明彦〕

●第15章　障がい各論　4　身体障がい（内部障がい）

・身体障害者手帳診断書の取扱便覧

・（公財）日本障がい者スポーツ協会編『障がい者スポーツ指導教本　初級・中級〈新版〉』ぎょうせい、2016年

・Kawasaki T, Tajima F. et al., *Renal function and endocrine responses to arm exercise in euhydrated individuals with spinal cord injury*. Eur J Appl Physiol. 12（4）: pp. 1537–47, 2012

・「日本臨床スポーツ医学会学術委員会内科部会勧告」『日本臨床スポーツ医学会誌』Vol. 13 suppl、2005年

●第15章　障がい各論　5　知的障がい（発達障がいを含む）

10）American Psychiatric Association編／髙橋三郎、大野裕監訳／染矢俊幸ほか訳『DSM-5　精神疾患の診断・統計マニュアル』医学書院、2014年

11）Sara S. Sparrowほか著『日本版Vineland-Ⅱ適応行動尺度：面接フォームマニュアル』日本文化科学社、2014年

■第Ⅵ編　障がい者スポーツ指導の基礎

●第17章　各障がいのスポーツ指導上の留意点と工夫

・高橋誠編著『教育研修技法ハンドブック：主要66技法の集大成マニュアル』日本ビジネスレポート、1987年

・田中暢子ほか編著『実践で学ぶ！　学生の社会貢献：スポーツとボランティアでつながる』成文堂、2018年

・藤田紀昭著『MADE in NFU　ニュースポーツ＆ゲーム100』日本福祉大学研究課、2009年

・（公財）日本障がい者スポーツ協会編『障がい者スポーツ指導教本　初級・中級〈新版〉』ぎょうせい、2016年、pp. 222–227

●第18章　障がい者のスポーツ指導における留意点　1　身体障がい

・（公財）日本障がい者スポーツ協会編『障がい者スポーツ指導教本　初級・中級〈新版〉』ぎょうせい、2016年、pp. 40–42

●第18章　障がい者のスポーツ指導における留意点　2　知的障がい

1）小林芳文、大橋さつき、飯村敦子編著『発達障がい児の育成・支援とムーブメント教育』大修館書店、2014年、p. 26

・厚生労働省『知的障害児（者）基礎調査』2005年

・（公財）日本障害者スポーツ協会編『障がい者スポーツ指導教本　初級・中級〈新版〉』ぎょうせい、2016年

・マリアンヌ・フロスティッグ著、小林芳文訳『フロスティッグのムーブメント教育・療法：理論と実際』日本文化科学社、2007年

・小林芳文、大橋さつき、飯村敦子編著『発達障がい児の育成・支援とムーブメント教育』大修館書店、2014年

●第18章　障がい者のスポーツ指導における留意点　3　精神障がい

2）永島正紀「スポーツ精神医学概説」『臨床精神医学』31巻、2002年、pp. 1305–1313

3）後藤雅博、水野雅文、福田正人編『統合失調症　第7巻（統合失調症と身体の健康）』医薬ジャーナル社、2014年、pp. 29–37〔堀正士〕

4）岡村武彦「精神科臨床におけるスポーツの可能性」『精神神経学雑誌』121巻、2019年、pp. 306–312

5）Dauman, N. Begemann, MJH. Heringa, S. et al., *Exercise improves clinical symptoms, quality of life, global functioning, and depression in schizophrenia*: a systematic review and meta-analysis: Schizophr Bull: 42: pp. 588–599, 2016

6）Firth, J. Stubbs, B. Rosenbaum, S. et al., *Aerobic exercise improves cognitive functioning in people with schizophrenia*: A systematic review and meta-analysis: Schizophr Bull: 43: pp. 546–556, 2017

7）横山浩之「精神障害者スポーツの効果」『スポーツ精神医学』10巻、2013年、pp. 27–31

●第19章　発育・発達に応じた指導法

1 ）白石正久、古田靖子編『はじめの一歩を大切に：障害乳幼児の保育・療育』全国障害者問題研究会出版部、1994年、p. 178

2 ）多田俊文編著『子どもの発達課題と教育』開隆堂出版、2002年、pp. 100-101

3 ）前掲書 2 ）、p. 110

4 ）茂木俊彦著『新・障害児教育入門：気になる行動・障害をどう理解するか』労働旬報社、1995年、pp. 112-113

5 ）前掲書 1 ）pp. 176-177

・高石昌弘ほか著『からだの発達：身体発達学へのアプローチ―』大修館書店、1981年

・高石昌弘「発育発達と子どものからだ」『子どもと発育発達』 1 巻 1 号、2003年

・小林寛道ほか著『幼児の発達運動学』ミネルヴァ書房、1990年

・㈶日本障害者スポーツ協会編『障害者のスポーツ指導の手引』ぎょうせい、2004年

・東京大学教養学部保健体育研究室編『身体運動科学』東京大学出版会、1992年

・松浦義行「子どもの運動発達」『子どもと発育発達』 1 巻 2 号、2003年

・山本秀人編著『水遊び・水泳を100倍楽しむ本：0 ～ 5 歳児』いかだ社、2007年

・大阪保育研究所編『幼児期から学童期へ』あゆみ出版、1986年

●第20章　スポーツ心理学

1 ）Cohn, N., *Understanding the process of adjustment to disability*: Journal of Rehabilitation, 27: pp. 16-18, 1961

2 ）Fink, S.L., *Crisis and motivation*; A theoretical model, Archives of Physical Medicine and Rehabilitation, 48: pp. 592-597

3 ）内田若希ほか「自己概念の多面的階層モデルの検討と運動・スポーツによる自己変容：中途身体障害者を対象として」『スポーツ心理学研究』35巻 1 号、2008年、pp. 1-16

4 ）橋本公雄「スポーツにおけるドラマ体験とライフスキル」『体育の科学』55巻、2005年、pp. 106-110

5 ）高山成子「脳疾患患者の障害認識変容過程の研究：グランデッドセオリーアプローチを用いて」『日本看護科学会誌』17巻 1 号、1997年、pp. 1-7

6 ）Uchida, W., Marsh, H., & Hashimoto, K., *Predictors and correlates of self-esteem in deaf athletes,* European Journal of Adapted Physical Activity, 8 （1）: pp. 21-30, 2015

7 ）Uchida, W., & Hashimoto, K., *Dramatic experiences in sport and psychological well-being in elite athletes with acquired physical disability*, Journal of Health Science, 39: pp. 71-78, 2017

8 ）岸本太一、齊藤まゆみ「脳性運動障害児を対象とした水泳活動の意義」『障害者スポーツ科学』 6 巻、2008年、pp. 26-32

9 ）Kennedy, P., Taylor N, and Hindson L., *A pilot investigation of a psychosocial activity course for people with spinal cord injuries,* Psychology, Health and Medicine, 11: pp. 91-99, 2006

10）大平誠也、荒井弘和「運動場面に使用する簡単な言葉と顔の絵を用いた感情尺度の開発」『発育発達研究』68巻、2015年、pp. 10-16

11）Herring, M.P., Jacob, M.L., Suveg, C., and O'Connor, P.J., *Effects of short-term exercise training on signs and symptoms of generalized anxiety disorder*, Mental Health and Physical Activity, 4: pp. 71-77, 2011

12）Marzolini, S., Jensen, B., and Melville, P., *Feasibility and effects of a group-based resistance and aerobic exercise program for individuals with severe schizophrenia*, A multidisciplinary approach, Mental Health and Physical Activity, 2: pp. 29-36, 2009

13）西田保「メンタルトレーニングを支える理論と科学的根拠」日本スポーツ心理学会編『スポーツメンタルトレーニング教本〈三訂版〉』大修館書店、2016年、p. 14

14）吉澤洋二「目標設定技法」日本スポーツ心理学会編『スポーツメンタルトレーニング教本〈三訂版〉』大修館書店、2016年、p. 83

15) 松本裕史「目標設定と動機づけ」荒木雅信編著『これから学ぶスポーツ心理学〈改訂版〉』大修館書店、2018年、pp. 37–49

16) 長谷川望「イメージトレーニング」日本スポーツ心理学会編『スポーツ心理学事典』大修館書店、2008年、pp. 441–443

17) 荒井弘和「メンタルトレーニング」平野裕一ほか共編『グッドコーチになるためのココロエ』培風館、2019年、pp. 111–117

18) 土屋裕睦「イメージ技法」日本スポーツ心理学会編『スポーツメンタルトレーニング教本〈三訂版〉』大修館書店、2016年、pp. 103–107

19) 関矢寛史「メンタルトレーニングとは」日本スポーツ心理学会編『スポーツメンタルトレーニング教本〈三訂版〉』大修館書店、2016年、p. 10

20) 加賀秀夫「スポーツ心理学とは」『C級コーチ教本：共通科目前期用』日本体育協会、1988年、pp. 51–54

●第21章　スポーツと栄養

1）Schmid, A., Huonker, M., Barturen, J.M., et al. 1998. Catecholamines, heart rate, and oxygen uptake during exercise in 246 persons with spinal cord injury. Journal of Applied Physiology 85: pp. 635–641

2）Kao, C.H., Ho, Y.J., Changlai, S.P., and Ding, H.J. 1999. Gastric emptying in spinal cord injury patients. Digestive Diseases and Sciences 44: pp. 1512–1515

3）Johnson, R.K., Hildreth, F.G., Contompasis, S.H., and Goran, M.L.1997. Total energy expenditure in adults with cerebral palsy as assessed by doubly labelled water. Journal of the American Dietetic Association 97: pp. 966–970

4）Schmalz, T., Bluementritt, S., and Jarasch, R. 2002. Energy expenditure and biochemical characteristics of lower limb amputee gait: the influence of prosthetic alignment and different prosthetic components. Gain and Posture 16: pp. 255–263

5）Maughan RJ, Shirreffs SM. J. IOC Consensus Conference on Nutrition in Sport, 25–27 October 2010, International Olympic Committee, Lausanne, Switzerland. J Sports Sci. 2011; 29 Suppl 1: S1.

6）大阪府「脊損ケア手帳」

7）内野美恵「パラリンピアンの食生活と栄養」『戸山サンライズ』266号、全国障害者総合福祉センター、pp. 10–12

8）Costill. DL. and Miller. J. Nutrition for endurance sports: carbohydrate and fluid balance. Int J Sports Med, 1: pp. 2–14, 1980

9）Fujita. S. et al. Effect of insulin on human skeletal muscle protein synthesis is modulated by insulin-induced changes in muscle blood flow and amino acid availability. Am J Physiol Endocrinol Metab, 291: E745–E754, 2006

10)（公財）日本体育協会『日本体育協会スポーツ活動中の熱中症予防ガイドブック』2014年

11）Price, M.J., and Campbell, I.G. 2003. Effect of spinal cord lesion level upon thermoregulation during exercise in the heat. Medicine and Science in Sports and Exercise 35: pp. 1100–1107

12）Goosey-Tolfey, V.L., Diaper, N., Crosland, J. 2, and Tolfrey, K. 2008. Fluid intake during wheelchair exercise in the heat: effects of localized cooling garments. International Journal of Sports Physiology and Performance 3: pp. 145–156

13) Brouns. F. Nutritional needs of athletes. Jphn Wiley and Sons, 70, 1993

●第22章　最重度の障がい者のスポーツの実際（重症心身障がい児・者を含む）

1）若林秀隆「高齢者の廃用症候群の機能予後とリハビリテーション栄養管理」『静脈経腸栄養』28巻5号、2013年、pp. 21–26

2）Terada K, Satonaka A, Terada Y, & Suzuki N, *Nutritional aspects of a year-long wheelchair dance intervention in bedridden individuals with severe athetospastic cerebral palsy rated to GMFCS level V*: Gazz Med Ital, 2018, 177, pp. 360–366

3）「脳性麻痺と合併症の治療」日本リハビリテーション医学会監修『脳性麻痺リハビリテーションガイドライン〈第2版〉』金原出版、2014年

4）Terada K, Satonaka A, Terada Y, & Suzuki N, *Cardiorespiratory responses during wheelchair dance in bedridden individuals with severe cerebral plasy*: Gazz Med Ital, 2016, 175, pp. 241–247

5）Terada K, Satonaka A, Terada Y, & Suzuki N, *Training effects of wheelchair dance on aerobic fitness in bedridden individuals with severe athetospastic cerebral palsy rated to GMFCS level V*: Eur J Phys Rehabil Med, 2017, 53, pp. 744–750

6）American College of Sports Medicine, *ACSM's Guidlines for Exercise Testing and Prescription*, 2018, TENTH EDITION

7）Mark D P, Jennifer M R, & Edward A H, *Chronic Conditions in Adults with Cerebral Palsy*, JAMA, 2015, 314, pp. 2303–2305

8）中澤惠江「重症心身障害を有する子どもとのコミュニケーションと環境について：子どもにとって分かりやすい予告の受信は、主体的な発信につながること」『日本重症心身障害学会誌』42巻1号、2017年、pp. 19–25

9）落合三枝子編『重症心身障害児者の療育＆日中活動マニュアル』日総研出版、2019年

10）寺田恭子「重症心身障がい者施設での車いすダンスの試み」『名古屋短期大学紀要』51号、2013年、pp. 73–82

11）寺田恭子「重度脳性麻痺者の心肺機能に関する研究：電動車いすダンスの実践を通して」『名古屋短期大学紀要』49号、2011年、pp. 19–26

■第Ⅶ編　全国障害者スポーツ大会

●第23章　全国障害者スポーツ大会の概要
●第24章　全国障害者スポーツ大会の歴史と目的・意義

・（公財）日本障がい者スポーツ協会編『障害者スポーツ指導教本　初級・中級〈新版〉』ぎょうせい、2016年

・『障がい者スポーツをめぐる取り組み①　全国障害者スポーツ大会の概要（Journal of CLINICAL REHABILITATION別冊）』医歯薬出版、2019年

・（公財）日本障がい者スポーツ協会『障がい者スポーツの歴史と現状』2019年

●第25章　全国障害者スポーツ大会の実施競技と障害区分

・（公財）日本障がい者スポーツ協会編『障がい者スポーツ指導教本　初級・中級〈新版〉』ぎょうせい、2016年、pp. 67–76

・「全国障害者スポーツ大会の障害区分」（公財）日本障がい者スポーツ協会『No Limit』Vol. 59、エックスワン、2014年

●第26章　全国障害者スポーツ大会選手団編成とスタッフの役割

・（公財）日本障がい者スポーツ協会編『全国障害者スポーツ大会競技規則集2019年度版』規則集pp. 11–147、解説pp. 18–28

●第27章　全国障害者スポーツ大会競技の指導法と競技規則　3　アーチェリー

1）（公財）日本障害者スポーツ協会『障害者スポーツ指導教本初級・中級〈改訂版〉』ぎょうせい、2012年、pp. 77–79

・中川一彦「パラリンピックの歴史」『月刊ノーマライゼーション』17巻197号、㈶日本障害者リハビリテーション協会、1997年

・（公社）全日本アーチェリー連盟『全日本アーチェリー連盟競技規則2018～2019年』

・（公財）日本障がい者スポーツ協会編『全国障害者スポーツ大会競技規則集2019年度版』

●第27章　全国障害者スポーツ大会競技の指導法と競技規則　11　バレーボール（精神障がい）

2）（公財）日本障がい者スポーツ協会編『全国障害者スポーツ大会競技規則集2019年度版』

3）古林俊晃ほか「スポーツプログラム参加による精神障害者の感情の変化」『スポーツ精神医学』3巻、2006年

4）河本次生「精神障害者バレーボール埼玉県チームの練習について」2019年

・田所淳子ほか『障害者のスポーツ指導書：精神障害者バレーボール技術Ⅵ』日本身体障害者スポーツ協会多摩事務所、2003年

・石井義信著『サッカー』ベースボール・マガジン社、1984年

・湯浅健二著『闘うサッカー理論：勝つための戦術とチームマネージメント』三交社、1995年

・（公財）日本サッカー協会『キッズ（U-6）指導ガイドライン』2003年

・（公財）日本サッカー協会『キッズ（U-8）指導ガイドライン』2003年

・（公財）日本サッカー協会『キッズ（U-10）指導ガイドライン』2003年

・（公財）日本サッカー協会『JFA指導指針2017』2017年

執筆者紹介 （執筆順）

藤田　紀昭 （ふじた・もとあき）〈第Ⅰ編第1章〜第3章／第Ⅱ編第5章〉
1962年、香川県生まれ。現在、日本福祉大学教授。（公財）日本障がい者スポーツ協会技術委員会副委員長。主な著書は『パラリンピックの楽しみ方』（小学館）など。

岩瀬　裕子 （いわせ・ゆうこ）〈第Ⅱ編第4章〉
元宮城テレビ放送アナウンサー（女子アナによるサッカー実況国内第一号）。（公財）日本障がい者スポーツ協会公認障がい者スポーツコーチ養成講習会「メディア対応」担当講師。2016年・2020年東京オリンピック・パラリンピック招致活動（スペイン語圏IOC委員担当）を経験。

小淵　和也 （おぶち・かずなり）〈第Ⅲ編第6章〉
1979年、栃木県生まれ。（公財）笹川スポーツ財団 スポーツ政策研究所 政策ディレクター／研究調査グループ 事業開発チーム チームリーダー。

滝澤　幸孝 （たきざわ・ゆきたか）〈第Ⅲ編第7章〉
1971年、埼玉県生まれ。現在、（公財）日本障がい者スポーツ協会スポーツ推進部スポーツ推進課・指導者育成課課長。

角正　真之 （かくしょう・まさゆき）〈第Ⅲ編第8章〉
1982年、大阪府生まれ。現在、（社福）大阪市障害者福祉・スポーツ協会障がい者スポーツ振興部スポーツ振興室主任。（公財）日本障がい者スポーツ協会技術委員。

佐藤　敬広 （さとう・たかひろ）〈第Ⅲ編第9章〉
1976年、岩手県生まれ。現在、東北文化学園大学医療福祉学部准教授。（公財）日本障がい者スポーツ協会技術委員。（一社）宮城県障害者スポーツ協会副理事長。元（公社）東京都障害者スポーツ協会東京都障害者総合スポーツセンタースポーツ支援室主任。主な著書（共著）は『イラスト アダプテッド・スポーツ概論』（東京教学社）など。

増田　和茂 （ますだ・かずしげ）〈第Ⅳ編第10章・第11章〉
1952年、東京都生まれ。現在、（公財）兵庫県障害者スポーツ協会。関西福祉大学、兵庫大学非常勤講師。障害者スポーツネットひょうご代表。主な著書（共著）は『アダプテッド・スポーツの科学』（市村出版）など。

山田　忠樹 （やまだ・ただき）〈第Ⅳ編第12章〉
1945年、京都府生まれ。現在、㈱セフティスポーツプランニング社長。愛知学院大学非常勤講師、NPO法人日本救急蘇生普及協会理事長、NPO法人日本健康運動指導士会常務理事。

鳥居　昭久 （とりい・あきひさ）〈第Ⅴ編第13章〉
1963年、長野県生まれ。東京保健医療専門職大学リハビリテーション学部准教授。（公財）日本障がい者スポーツ協会トレーナー部会委員。愛知県アスレティックトレーナー連絡協議会理事。

常見　恭子（つねみ・きょうこ）〈第Ⅴ編第14章／第Ⅶ編第25章〉
1963年、富山県生まれ。現在、埼玉県総合リハビリテーションセンター健康増進担当主任。（公財）日本障がい者スポーツ協会技術委員。

小林　章郎（こばやし・あきお）〈第Ⅴ編第15章1〉
1960年、大阪府生まれ。現在、医療法人社団松下会白庭病院院長、整形外科医。（公財）日本障がい者スポーツ協会医学委員、日本障がい者スキー連盟チームドクター、1992年アルベールビル～2018年ピョンチャン冬季パラリンピック選手団医師、（公財）日本スポーツ協会公認スポーツドクター。

清水　朋美（しみず・ともみ）〈第Ⅴ編第15章2〉
1966年、大分県生まれ。現在、国立障害者リハビリテーションセンター病院第二診療部長。IPC/IBSA公認VI international classifier（visual impairment）。（公財）日本障がい者スポーツ協会医学委員・クラス分け部会員。主な著書は『新しいロービジョンケア』（メジカルビュー社）など。

石川浩太郎（いしかわ・こうたろう）〈第Ⅴ編第15章3〉
1967年、兵庫県生まれ。現在、国立障害者リハビリテーションセンター病院第二診療部第二耳鼻いんこう科医長。日本耳鼻咽喉科学会専門医、日本耳鼻咽喉科学会補聴器相談医、臨床遺伝専門医、厚生労働省補聴器適合判定医師、厚生労働省音声言語機能等判定医師など。

河﨑　敬（かわさき・たかし）〈第Ⅴ編第15章4〉
1980年、大阪府生まれ。京都府立医科大学大学院医学研究科リハビリテーション医学 講師。日本リハビリテーション医学会指導医・専門医、障がい者スポーツ委員。（公財）日本障がい者スポーツ協会 医学委員会メディカルチェック部会員、障がい者スポーツ医。

稲垣　真澄（いながき・ますみ）〈第Ⅴ編第15章5〉
鳥取県立鳥取療育園園長。国立精神・神経医療研究センター精神保健研究所知的・発達障害研究部客員研究員。（公財）日本障がい者スポーツ協会医学委員。主な著書は『子ども・大人の発達障害診療ハンドブック』（中山書店）など。

加賀　佳美（かが・よしみ）〈第Ⅴ編第15章5〉
山梨大学医学部小児科講師。（公財）日本障がい者スポーツ協会公認障がい者スポーツ医。

大西　守（おおにし・まもる）〈第Ⅴ編第15章6〉
1952年、東京都生まれ。精神科医。現在、（公社）日本精神保健福祉連盟・精神障がい者スポーツ推進委員会委員長。（公財）日本障がい者スポーツ協会評議員・医学委員、日本外来精神医療学会理事長、日本スポーツ精神医学会名誉理事、日本障害者スポーツ学会理事など。

川村　慶（かわむら・けい）〈第Ⅴ編第16章〉
1969年、大阪府生まれ。義肢装具士。川村義肢株式会社代表取締役。（公財）日本障がい者スポーツ協会科学委員（用具開発担当）。（一社）日本車椅子シーティング協会代表理事。

兒玉　　友（こだま・ゆう）〈第Ⅵ編第17章〉
日本福祉大学スポーツ科学部助教。（公財）日本障がい者スポーツ協会技術委員、同障がい者スポーツコーチ部会委員。主な著書に『障害のある人への配慮を工夫したスポーツ施設利用マニュアル』（一誠社）など。

大槻　洋也（おおつき・ひろや）〈第Ⅵ編第18章1〉
1955年、長野県生まれ。現在、至学館大学健康科学部健康スポーツ科学科教授。日本パラリンピック委員会強化委員長。（一社）日本車いすテニス協会理事。

太田　澄人（おおた・すみと）〈第Ⅵ編第18章2〉
1974年、滋賀県生まれ。現在、長野県障がい者福祉センタースポーツ課係長。（公財）日本障がい者スポーツ協会技術委員。

岡村　武彦（おかむら・たけひこ）〈第Ⅵ編第18章3〉
1958年、愛媛県生まれ。精神科医。現在、大阪精神医学研究所・新阿武山病院・院長。大阪医科大学臨床教育教授。NPO法人日本ソーシャルフットボール協会前理事長。大阪サッカー協会スポーツ医学委員。日本スポーツ精神医学会理事。主な専門分野は、臨床精神医学、スポーツ精神医学など。

山﨑　珠美（やまざき・たまみ）〈第Ⅵ編第18章4〉
1971年、長野県生まれ。現在、長野県障がい者福祉センタースポーツ課長。（公財）日本障がい者スポーツ協会技術委員。

山本　秀人（やまもと・ひでと）〈第Ⅵ編第19章〉
1954年、北海道生まれ。現在、日本福祉大学子ども発達学部教授。主な著書は『幼児の運動指導法』（労働旬報社）、『水遊び・水泳を100倍楽しむ本』（いかだ社）、『0．1．2歳児　発達をおさえた運動あそび』（Gakken）など。

橋口　泰一（はしぐち・やすかず）〈第Ⅵ編第20章〉
1978年、千葉県生まれ。現在、日本大学松戸歯学部准教授。日本パラリンピック委員会 医・科学・情報サポート事業 統括リーダー、強化委員、（公財）日本障がい者スポーツ協会科学委員。日本スポーツ心理学会認定スポーツメンタルトレーニング指導士。

荒井　弘和（あらい・ひろかず）〈第Ⅵ編第20章〉
1975年、東京都生まれ。現在、法政大学文学部教授。日本パラリンピック委員会 医・科学・情報サポート事業 競技団体サポートスタッフ（心理）。日本スポーツ心理学会認定スポーツメンタルトレーニング上級指導士。

内田　若希（うちだ・わかき）〈第Ⅵ編第20章〉
九州大学大学院人間環境学研究院講師。（公財）日本障がい者スポーツ協会科学委員。主な著書に『自己の可能性を拓く心理学─パラアスリートのライフストーリー』（金子書房）など。日本スポーツ心理学会認定スポーツメンタルトレーニング上級指導士。

内野　美恵（うちの・みえ）〈第Ⅵ編第21章〉
1967年、群馬県生まれ。現在、東京家政大学ヒューマンライフ支援センター准教授。管理栄養士、公認スポーツ栄養士。アトランタパラリンピックより障がいのある選手の食事指導に携わる。（公財）日本障がい者スポーツ協会科学委員、日本パラリンピック委員会医・科学・情報サポートスタッフ（栄養）。

寺田　恭子（てらだ・きょうこ）〈第Ⅵ編第22章〉
1963年、神奈川県生まれ。現在、桜花学園大学保育学部教授　博士（学術）。NPO法人日本車いすダンスネットワーク副会長。認定NPO法人アジア車いす交流センター理事。主な著書は『健康づくりのための運動の科学』（化学同人）など。公認障がい者スポーツコーチ。

加地　信幸（かぢ・のぶゆき）〈第Ⅵ編第22章コラム〉
1971年、広島県生まれ。現在、広島文化学園大学人間健康学部スポーツ健康福祉学科准教授。HBG重度・重複障害児スポ・レク活動教室「はなまるキッズ」代表。元、広島県立廿日市特別支援学校小学部主事など。主な著書（共著）は『障害児体育の授業』（創文企画）、『特別支援教育時代の体育・スポーツ』（大修館書店）など。

髙山　浩久（たかやま・ひろひさ）〈第Ⅶ編第23章・第24章〉
1963年、東京都生まれ。東京都障害者総合スポーツセンター副所長。（公財）日本障がい者スポーツ協会技術委員長。主な著書は『障害者スポーツ指導書シリーズ②　障害のある人へのスポーツ支援』（特定非営利活動法人日本障害者スポーツ指導者協議会）、『障害者のスポーツ施設利用促進マニュアル』（東京都オリンピック・パラリンピック準備局、（公社）東京都障害者スポーツ協会）など。

前田　究（まえだ・きわむ）〈第Ⅶ編第26章〉
1971年、京都市生まれ。現在、（社福）鹿児島県身体障害者福祉協会スポーツ情報課長。鹿児島県障害者スポーツ協会事務局長。鹿児島県障害者スポーツ指導者協議会会長。鹿屋体育大学非常勤講師。（公財）日本障がい者スポーツ協会技術委員。主な著書（共著）は『車椅子マラソン』（不昧堂出版）など。

北村　大河（きたむら・たいが）〈第Ⅶ編第27章1〉
1974年、高知県生まれ。現在、高知県立障害者スポーツセンター　チーフ。（公財）日本障がい者スポーツ協会技術委員、（一社）日本パラ陸上競技連盟競技運営委員。

小西　暢子（こにし・のぶこ）〈第Ⅶ編第27章2〉
1967年、大阪府生まれ。現在、（公財）東京2020オリンピック・パラリンピック競技大会組織委員会　水泳競技副スポーツマネージャー（パラリンピック）。元大阪市長居障害者スポーツセンタースポーツ振興担当係長。（一社）日本身体障がい者水泳連盟専任クラシファイア/技術委員。World Para Swimming公認PIテクニカルクラシファイア／エジュケーター。2010広州アジアパラ大会／2012ロンドンパラリンピック大会の水泳チーフクラシファイア。（公財）日本障がい者スポーツ協会医学委員会クラス分け部会員。

大河原裕貴（おおかわら・ひろき）〈第Ⅶ編第27章3〉
1972年、愛知県生まれ。現在、社会福祉法人名古屋市総合リハビリテーション事業団スポーツ振興部スポーツ事業課課長（名古屋市障害者スポーツセンター勤務）。（一社）日本身体障害者アーチェリー連盟理事。主な著書（共著）は『障害者・高齢者のためのリハビリテーション体育』（サンウェイ出版）。

若山　浩彦（わかやま・ひろひこ）〈第Ⅶ編第27章４〉
1970年、東京都生まれ。現在、（公財）日本障害者リハビリテーション協会・全国障害者総合福祉センター（戸山サンライズ）委託事業課長。NPO法人日本障害者フライングディスク連盟事務局次長。NPO法人日本障害者フライングディスク連盟公認指導者。

白石三重子（しらいし・みえこ）〈第Ⅶ編第27章５〉
1968年、埼玉県生まれ。現在、埼玉県障害者交流センタースポーツ指導担当主査。（公財）日本障がい者スポーツ協会技術委員。（一社）埼玉県障害者スポーツ協会副会長。（一社）日本肢体不自由者卓球協会事務局長。

渡辺　照夫（わたなべ・てるお）〈第Ⅶ編第27章６〉
1961年、福島県生まれ。現在、全日本グランドソフトボール連盟会長・全国障害者スポーツ大会埼玉県選手選考委員・埼玉県グランドソフトボールチーム監督。選手から通算して40年のグランドソフトボール歴、ルール検討委員の経験があり、現在、連盟として競技普及とパラリンピックの正式競技とするために活動している。

小川　智樹（おがわ・ともき）〈第Ⅶ編第27章７〉
1963年、愛知県名古屋市生まれ。現在、（公財）東京2020オリンピック・パラリンピック競技大会組織委員会　車いすバスケットボール競技スポーツマネージャー（パラリンピック）。社会福祉法人名古屋市総合リハビリテーション事業団事務局参事（地域スポーツ振興）。名古屋市障がい者スポーツ指導者協議会副会長。

小嶋　隆司（こじま・たかし）〈第Ⅶ編第27章８〉
1957年、東京都生まれ。現在、東京都立王子特別支援学校主幹教諭。東京都IDバスケットボール連盟事務局長。日本FIDバスケットボール連盟副理事長。

山口　幸彦（やまぐち・さちひこ）〈第Ⅶ編第27章９〉
1956年、長崎県長崎市出身。障がい者スポーツ指導者協議会九州ブロック会長、（公財）日本障がい者スポーツ協会理事、障がい者スポーツ指導者協議会運営委員長、福岡障害者スポーツ指導者協議会事務局長。（一社）福岡県障がい者スポーツ協会理事。

平塚　雄二（ひらつか・ゆうじ）〈第Ⅶ編第27章10〉
1957年、熊本県生まれ。現在、東京都特別支援教育推進室就労支援員。日本IDバレーボール連盟理事長、（公社）東京都障害者スポーツ協会理事、（公社）東京都障害者スポーツ協会知的障害バレーボール部会部長。

小関　直樹（こせき・なおき）〈第Ⅶ編第27章10〉
1961年、東京都生まれ。順天堂大学卒。現在、都立特別支援学校（知的障害・高等部）校長。東京都選抜知的障害者バレーボール部女子監督、日本IDバレーボール連盟理事。

加部　　務（かべ・つとむ）〈第Ⅶ編第27章10〉
1971年、東京都生まれ。日本体育大学卒。現在、保健体育科教員として都立特別支援学校（知的高等部）勤務。東京都選抜知的障害者バレーボール部男子監督。

田所　淳子（たどころ・じゅんこ）〈第Ⅶ編第27章11〉
1964年、高知県生まれ。精神保健福祉士。中級障がい者スポーツ指導員。現在、（公社）日本精神保健福祉連盟精神障害者スポーツ推進委員会委員。主な著書は『障害者のスポーツ指導書精神障害者バレーボール（技術Ⅵ）』（日本障害者スポーツ協会）など。高知県精神障害者バレーボールチーム元コーチ。

吉田　久明（よしだ・ひさあき）〈第Ⅶ編第27章12〉
1989年、東京都生まれ。日本工業大学卒。現在、東京都立府中けやきの森学園（知的障害部門）勤務。東京都選抜ソフトボールチームコーチを務める。

津島　直樹（つしま・なおき）〈第Ⅶ編第27章13〉
1954年、東京都生まれ。現在、指定就労継続支援Ａ型事業所「ダイニング街なか」サービス管理責任者。知的障がい者サッカーの普及・育成指導事業に従事している。NPO法人日本知的障がい者サッカー連盟普及委員長。

井上　学（いのうえ・まなぶ）〈第Ⅶ編第27章14〉
1962年、群馬県生まれ。現在、都立特別支援学校副校長。日本知的障がい者フットベースボール連盟副会長。元東京都選抜フットベースボールチームコーチ。

西應　大輔（にしおう・だいすけ）〈第Ⅶ編第27章14〉
1975年、香川県生まれ。現在、都立特別支援学校教諭。日本知的障がい者フットベースボール連盟理事。東京都選抜フットベースボールチーム監督。

米田　博之（よねだ・ひろゆき）〈第Ⅶ編第26章15〉
1954年、鳥取県生まれ。現在、東京都IDボウリング連盟会長。全国障害者スポーツ大会競技別技術指導員。

齋藤　保将（さいとう・やすまさ）〈第Ⅶ編第26章16〉
1968年、新潟県生まれ。埼玉県立特別支援学校、さいたま市立特別支援学校教諭（1992年～）、埼玉県障害者ボッチャ協会（現埼玉県ボッチャ協会）事務局長（2007年～2013年）、（一社）日本ボッチャ協会理事（2013年～）。

◆編　集
（公財）日本障がい者スポーツ協会
〔編集委員〕

髙山　浩久	東京都障害者総合スポーツセンター
藤田　紀昭	日本福祉大学
佐藤　敬広	東北文化学園大学
常見　恭子	埼玉県総合リハビリテーションセンター健康増進担当
兒玉　友	日本福祉大学
山﨑　珠美	長野県障がい者福祉センタースポーツ課

障がいのある人のスポーツ指導教本（初級・中級）
2020年改訂カリキュラム対応

❖━○━━○━━○━━○━━○━━○━━○━━○━━○━━○━❖

令和2年3月30日　第1刷発行
令和2年7月10日　第2刷発行

編　　集　　（公財）日本障がい者スポーツ協会
発　　行　　株式会社**ぎょうせい**

〒136-8575　東京都江東区新木場1-18-11
電　話　編集　03-6892-6508
営業　03-6892-6666
フリーコール　0120-953-431
URL:https://gyosei.jp

〈検印省略〉
※乱丁・落丁本はお取り替えいたします。　　©2020　Printed in Japan
印刷　ぎょうせいデジタル㈱
ISBN978-4-324-10803-1
（5108602-00-000）
〔略号：障スポ教本2020〕